Alfred Hoffmann

China

Kultur, Politik und Wirtschaft

Festschrift für

Alfred Hoffmann

zum 65. Geburtstag

Herausgegeben für die
Abteilung für Ostasienwissenschaften
der Ruhr-Universität Bochum

von *Hans Link*, *Peter Leimbigler* und *Wolfgang Kubin*

HORST ERDMANN VERLAG

ISBN 3-7711-0223-5

Umschlaggestaltung: Karlheinz Groß
Gesamtherstellung: Becht-Druck, Ammerbuch-Pfäffingen

Inhalt

Zum Geleit

Hochverehrter Herr Professor!

Die Feier Ihres 65. Geburtstages am 28. März 1976 nehmen Ihre Freunde, Kollegen, Schüler und die Abteilung für Ostasienwissenschaften der Ruhr-Universität Bochum zum Anlaß, Ihnen ihre Verbundenheit und Dankbarkeit durch diese Festgabe zum Ausdruck zu bringen. Trotzdem ist uns allen bewußt, daß wir Ihren Verdiensten damit nicht gerecht werden können.

An erster Stelle ist hier Ihr Wirken als Lehrer zu nennen. Sie selbst haben den Unterricht immer als Ihre wichtigste Aufgabe angesehen und sich ihm mit unermüdlichem Einsatz für Ihre Schüler hingegeben. Dank Ihrer souveränen Sprachbeherrschung konnten Sie das klassische wie das moderne Chinesisch in all seinen Nuancen lebendig darstellen und so Gefühl und Verständnis für die Sprache vermitteln. Das war ein wesentlicher Teil der soliden Grundausbildung, an der Sie energisch festgehalten haben, und es ist die notwendige Grundlage für die selbständige Arbeit, die Sie vom fortgeschrittenen Schüler erwarteten. Sie haben sich nicht gescheut, in einer Zeit, da dies nicht mehr selbstverständlich war, im Unterricht Ihre Liebe zum Alten und zugleich Interesse am Neuen zu zeigen. Beides ging wohl noch über das hinaus, was der chinesische Weise gefordert hat: »Das Alte üben und das Neue kennen: dann kann man als Lehrer gelten.« (*Lun-yü* II, 11.)

Diese Haltung freundlicher Offenheit und Zugänglichkeit, die undogmatische, aber nicht unkritische Bereitschaft, sich selbst belehren zu lassen und in allen Dingen stets zuerst das Gute zu suchen, haben Sie neben dem bloßen Wissen an Ihre Schüler weitergeben wollen. Sie haben versucht, ihnen die Ideale der östlichen und, wo es sich so ergab, auch der westlichen Kultur näher zu bringen, und dabei verstanden, die chinesische Philosophie, Geschichte und vor allem Dichtung von ihren Anfängen bis hin zur Moderne auf anschauliche Weise zu vergegenwärtigen und die Erfahrung, die sich darin niedergeschlagen hat, nutzbar zu machen. Das fand seinen Ausdruck auch in Ihren Übersetzungen chinesischer Lyrik, die durch feinsinnige Interpretationen der Sinologie in diesem Bereich neue Dimensionen erschlossen haben.

In alledem haben Sie die große Tradition von Sinologen wie Otto Franke, Alfred Forke oder Fritz Jäger fortgesetzt, die Ihre Lehrer waren. Freilich waren deren Zeiten andere. Wo frühere Generationen, sicher des ererbten Besitzes, weiterbauen konnten, da hieß es für Ihre Generation neu zu beginnen. Die Stätten der Lehre und Forschung, für jene der ruhige Ort ihres Wirkens, mußten wiederhergestellt und, da sie bald nicht mehr ausreichten, neue Universitäten errichtet werden. Dieser Aufgabe haben Sie in Marburg, Berlin und schließlich in Bochum einen Großteil Ihrer Kraft gewidmet.

In Bochum haben Sie als einer der ersten Ordinarien die Erfordernisse der Zeit klar erkannt und wie kein anderer für das Ostasieninstitut das Opfer gebracht, alle persönlichen Interessen und Forschungsvorhaben lange Zeit hintanzustellen. Nur Ihr liebevolles Verhältnis zum Buch hat es Ihnen wohl möglich gemacht, neben der Lehrtätigkeit mit der gleichen Freude an der Sache auch noch die Hauptlast des Aufbaus der Bibliothek der jetzigen Abteilung für Ostasienwissenschaften zu tragen. Die aus dem Nichts geschaffene, inzwischen reichhaltige und mit mehr als nur dem Notwendigsten versehene Bibliothek ist zum Mittelpunkt der Abteilung geworden; sie ist heute und für die Zukunft die Grundlage für die Arbeit der hiesigen Wissenschaftler und Studenten.

In besonderem Maße schuldet Ihnen dafür die jüngere Generation der Sinologen Dank, die sich nun bemühen müssen, Ihr Werk aufzunehmen und weiterzuführen. Und obwohl dabei nichts schmerzlicher vermißt werden wird als Ihre sicher oft benötigte Hilfe, so hat doch der Wunsch Vorrang, daß Sie noch die wohlverdiente Muße finden mögen, Ihre Arbeitskraft mehr den eigenen Projekten zu widmen. Die ganze Fachwelt wird sich mit Ihnen freuen, wenn Sie weitere Früchte Ihrer langjährigen Arbeit ernten, vielleicht noch Neues in Angriff nehmen können, und beides gleichermaßen dankbar entgegennehmen.

Diese Freude wird auch geteilt werden von den Fachvertretern der Ornithologie, der *scientia amabilis,* Ihrer großen Leidenschaft seit jeher. Es ist zu hoffen, daß Sie Ihre Arbeiten fortsetzen, mit denen Sie schon früh die volle Anerkennung dieser Wissenschaft gewonnen haben, denn es ist nicht abzusehen, wann sich ein zweites Mal eine so glückliche Verbindung von Fachwissen auf diesem und sinologischem Gebiet finden wird. Dies ist aber das unerläßliche Rüstzeug für Arbeiten wie Ihre Studie über den Wasserfasan oder das jüngst erschienene Glossar chinesischer Vogelnamen.

In diesem Sinne wünschen wir Ihnen an Ihrem 65. Geburtstag noch viele Jahre guter Gesundheit und ungeminderter Schaffensfreude, sinologisch und ornithologisch!

Die Herausgeber

Nachschrift: Die Herausgeber danken allen, die mit ihrer freundlichen Hilfe zum Erscheinen dieses Bandes beigetragen haben, vor allem Herrn Prof. Dr. Willy Kraus, der uns in organisatorischen Fragen beriet, Frau Barbara Chang, die so freundlich war, die chinesischen Zeichen für die meisten Beiträge zu schreiben, und Herrn Auerbach vom Erdmann Verlag, dessen Bemühungen wir die rechtzeitige Fertigstellung verdanken.

Verzeichnis der Schriften Alfred Hoffmanns

1. [Übers.] Hu Schï: Das Werden der literarischen Revolution. Aus dem Chinesischen übertragen. — In: OR 16 (1935), S. 160—165, 187—190, 214—217.
2. Hsiä Bing-hsin. Ein Beitrag zur zeitgenössischen Frauendichtung Chinas. In: OR 16 (1935), S. 242—245.
3. [Übers.] Hsiä Bing-hsin: Der Übermensch. Novelle. Aus dem Chinesischen. — In: OR 16 (1935), S. 273—275.
4. Büffelkämpfe in China. — In: OR 16 (1935), S. 295—300.
5. [Übers.] Lu Hsün: Kung I-gi. Novelle. Aus dem Chinesischen. — In: OR 16 (1935), S. 324—326.
6. [Übers.] Dschu Dsï-tjing: Geschichte eines Lachens. Novelle. Aus dem Chinesischen. — In: OR 16 (1935), S. 434—439.
7. [Übers.] Hu Schï: Neun Jahre häuslichen Unterrichts. — In: OR 16 (1935), S. 459—462, 481—485.
8. [Übers.] Wĕng Wĕn-hau: Erdbeben in China. — In: OR 16 (1935), S. 487—489.
9. [Übers.] Nung Ying: Die Frau als Arbeiterin in den ländlichen Gebieten Kwangsi's. — In: OR 16 (1935), S. 511—512.
10. Die Novemberbeschlüsse der Kuomintang. — In: OR 16 (1935), S. 640—642.
11. Das 6. chinesische Reichssporttreffen in Shanghai. — In: OR 16 (1935), S. 657—660.
12. Die wichtigsten deutschen und chinesischen Sportausdrücke. — In: Mitteilungen des Seminars für Orientalische Sprachen an der Friedrich-Wilhelms-Universität zu Berlin 39 (1936), 1. Abt.: Ostasiatische Studien, S. 1—32.
13. [Übers.] Hu Schï: Ein Wort an das japanische Volk. — In: OR 17 (1936), S. 17—19.
14. Tagung der Gesellschaft für Völkerkunde in Leipzig. — In: OR 17 (1936), S. 553—554.
15. [Übers.] Hu Schï: Ursprung und Entstehung der Tsï-Dichtung. Aus dem Chinesischen übersetzt und mit Anmerkungen versehen. — In: Sinica-Sonderausgabe, Forke-Festschrift, Frankfurt 1937, Heft I, S. 88—107.
16. [Übers.] Gu Djiä-gang: Der heutige Stand der Mohammedanerfrage in China. — In: OR 18 (1937), S. 335—337.
17. [Übers.] Hu Schï: Schuljahre in Shanghai. 3. Teil der Selbstbiographie. — In: OR 18 (1937), S. 464—466, 486—489, 516.
4. Teil. — In: OR 18 (1937), S. 516—517, 538—541, 566—569.

18. [Übers.] Tsai Yüan-pei: Chinas Kultur und die Academia Sinica. — In: OR 19 (1938), S. 21—25.
19. [Übers.] Hu Schï: Wie ich in das Ausland ging. 5. Teil der Selbstbiographie. Aus dem Chinesischen übertragen. — In: OR 19 (1938), S. 40—42, 71—75.
20. [Übers.] Ureinwohner Amerikas in China? — In: OR 20 (1939), S. 198—199.
21. [Übers.] A Ying: Geschichte des chinesischen Romans zu Ende der Tjing-Zeit. Aus dem Chinesischen übertragen und mit Anmerkungen versehen. — In: OR 20 (1939), S. 269—273, 293—298, 318—322, 378—382, 404—407.
22. [Übers.] Hu Schï: Überblick über die Geschichte der chinesischen Literatur von 1870—1920. Aus dem Chinesischen übertragen und mit Anmerkungen versehen. — In: OR 20 (1939), S. 430—431, 450—453.
23. [Übers.] Hu Schï: Dseng Guo-fan und die Tung-tscheng Schule. Aus dem Chinesischen übertragen und mit Anmerkungen versehen. — In: OR 20 (1939), S. 451—453.
24. Kurze Einführung in die Technik der San-ch'ü. — In: Sinologische Arbeiten 1, Deutschland-Institut, Peking 1943, S. 119—135.
25. [Übers.] The Fire-waggon. Novelle von Lao She. Aus dem Chinesischen. In englischer Sprache veröffentlicht in der Zeitschrift XXth Century, Shanghai 1944.
26. Nanking. Eine Beschreibung der Stadt. Mit 200 Aufnahmen von Hedda Hammer. — Shanghai 1945. 254 S.
27. Über die Brutpflege des polyandrischen Wasserfasans, Hydrophasianus chirurgus (Scop.). — In: Zoologische Jahrbücher, Abt. f. Systematik, Ökologie und Geographie der Tiere 78 (1949), S. 367 bis 403.
28. Über die Brutbiologie des Wasserfasans. — In: Ornithologische Berichte 2 (1950), S. 119—126.
29. Der Indische Kuckuck (Cuculus micropterus Gould). Studien aus Peking und Nanking. — In: Bonner Zoologische Beiträge 1 (1950), S. 21—30.
30. Die Lieder des Li Yü, 937—978, Herrschers der Südlichen T'ang-Dynastie. Als Einführung in die Kunst der chinesischen Lieddichtung aus dem Urtext vollständig übertragen und erläutert. — Köln 1950. 276 S. (Vorher phil. Diss. Hamburg 1949 [Masch.].)
31. Frühlingsblüten und Herbstmond. Ein Holzschnittband mit Liedern aus der Sung-Zeit, 960—1279. Aus dem Chinesischen übertragen und erläutert. — Köln 1951. 112. S.
32. Über den Gesang der Indischen Baumstelze (Dendronanthus indicus). — In: Bonner Zoologische Beiträge 3 (1952), S. 11—16.
33. Vogel und Mensch in China. — In: NOAG 88 (1960), S. 45—77.

34. Die Dichtungen des Wang Wei. Aus dem Chinesischen vollständig übertragen und mit Anmerkungen versehen. Buch 1. — In: Studia Sino-Altaica, Festschrift für Erich Haenisch zum 80. Geburtstag. Wiesbaden 1961, S. 102—114.
35. [Übers.] Yamane Yūzo: Japanische Wand- und Wandschirm-Malerei (shōhei-ga). Unter besonderer Berücksichtigung der Momoyama-Periode. — In: NOAG 91 (1962), S. 37—58.
36. Japanische Bücher aus Natur und Kunst. Für Kenner und Liebhaber. — In: NOAG 91 (1962), S. 63—67.
37. [Hrsg.] Gedichte des Po Chü-i (nebst einem Gedicht des Yüan Chen). Übersetzt von Erwin Ritter von Zach † 1872—1942. — In: NOAG 93 (1963), S. 7—51.
38. [Hrsg.] Sung Yü's Chiu Pien (Neun Umstimmungen). Übertragen von E. von Zach †. — In: NOAG 93 (1963), S. 52—59.
39. Dr. Erwin Ritter von Zach (1872—1942) in memoriam. Verzeichnis seiner Veröffentlichungen. — In: Oriens Extremus 10 (1963), S. 1—60.
40. Bemerkungen zu E. Haenisch: »Lehrgang der klassischen chinesischen Schriftsprache«, Band 3 und 4. — In: NOAG 95/96 (1964), S. 73—106.
41. Die literarische Revolution Chinas. — In: Ostasienwissenschaftliche Beiträge zur Sprache, Literatur, Geschichte, Geistesgeschichte, Wirtschaft, Politik und Geographie. Hrsg. von der Abteilung für Ostasienwissenschaften der Ruhr-Universität Bochum. Wiesbaden 1974. (= Veröffentlichungen des Ostasien-Instituts der Ruhr-Universität Bochum. Bd. 11.) S. 65—79.
42. Glossar der heute gültigen chinesischen Vogelnamen. Ein lexikographischer Beitrag zur modernen chinesischen Sprache. Chinesisch-deutsch und deutsch-chinesisch, mit einer systematischen Übersicht über die Vögel Chinas. — Wiesbaden 1975. (= Veröffentlichungen des Ostasien-Instituts der Ruhr-Universität Bochum. Bd. 13.) 366 S.

Buchbesprechungen

43. T'ien Hsia Monthly. — In: OR 16 (1935), S. 489.
44. Rüdenberg, Werner: Chinesisch-Deutsches Wörterbuch. 6400 Schriftzeichen mit ihren Einzelbedeutungen und den gebräuchlichsten Zusammensetzungen. 2. verb. Aufl. Hamburg 1936. — In: OR 17 (1936), S. 271—272.
45. Nachod, Oskar: Bibliographie von Japan 1930—1932. Mit Ergänzungen für die Jahre 1906—1929. Band 4 des Gesamtwerkes. Aus dem Nachlaß ergänzt und herausgegeben von Dr. Hans Praesent. Leipzig 1935. — In: OR 17 (1936), S. 272.

46. Lin Yutang: Mein Land und mein Volk. Aus dem Englischen übertragen von W. E. Süskind. Eingeleitet von Pearl S. Buck. Stuttgart und Berlin. — In: OR 18 (1937), S. 215—217.
47. Stübel, H[ans]: Die Li-Stämme der Insel Hainan. Ein Beitrag zur Volkskunde Südchinas. Unter Mitwirkung von P. Meriggi. Mit 260 teils farbigen Abbildungen und Lichtdruck auf Tafeln, 12 Sprachtabellen und einer Übersichtskarte der Insel Hainan. Berlin 1937. — In: OR 18 (1937), S. 355.
48. Gruber, K. und W. Exner: Die westlichen Kaisergräber bei Peking. Peiping 1937. — In: OR 18 (1937), S. 441.
49. Emme, F.: Die ersten 111 chinesischen Zeichen. Peiping [1937?]. — In: OR 18 (1937), S. 441.
50. We, I-hsin: Liste der deutschen Bücher, die bisher ins Chinesische übersetzt worden sind. Woosong 1936. (= Schriftenreihe der Staatlichen Tung-Chi-Universität. H. 1.) — In: OR 18 (1937), S. 441.
51. Kuhn, Franz [Übers.]: Eisherz und Edeljaspis oder Die Geschichte einer glücklichen Gattenwahl. Ein Roman aus der Ming-Zeit. Aus dem Chinesischen übertragen. Gestaltung der Verse von Albrecht Schaeffler. Leipzig o. J. — In: OR 18 (1937), S. 469.
52. Chih Pei Sha: A Chinese First Reader. Berkeley ²1938. — In: Ostasiatische Zeitschrift 24 (1938), S. 173—174.
53. Mitteilungen der Ausland-Hochschule an der Universität Berlin 40 (1937), Abt. 1, Ostasiatische Studien. [Enthält:] 1. Pernitzsch, M. G.: Shanghai. 2. Trittel, W.: Das 4-Ecken-Aufschlagesystem und die amtliche Lateinumschrift der Reichssprache. — In: OR 19 (1938), S. 129.
54. Praesent, Hans und Wolf Haenisch [Hrsg.]: Bibliographie von Japan 1933 bis 1935. Mit Ergänzungen für die Jahre 1906 bis 1932. Bd. 5 des von Oskar Nachod herausgegebenen Gesamtwerkes. Leipzig 1937. — In: OR 19 (1938), S. 199.
55. Plaetschke, Bruno: Das Bergland der Nordwestlichen Mandschurei. Ergebnisse topographischer Erkundungen und landschaftskundlicher Untersuchungen. Gotha 1937. (= Ergänzungsheft Nr. 232 zu »Petermanns Mitteilungen«.) — In: OR 19 (1938), S. 575.
56. Clark, Grover: China am Ende? Fünf Jahrtausende chinesische Kultur, Gesellschaft, Religion, Politik und Wirtschaft. Leipzig 1936. — In: OR 19 (1938), S. 575—576.
57. Weck, Wolfgang: Heilkunde und Volkstum auf Bali. Stuttgart 1937. — In: OR 19 (1938), S. 576.
58. Thurnwald, Hilde: Menschen der Südsee. Charaktere und Schicksale. Ermittelt bei einer Forschungsreise in Buin auf Bougainville, Salomo-Archipel. Mit einem Vorwort von Prof. Dr. Richard Thurnwald. Stuttgart 1937. — In: OR 19 (1938), S. 576.

59. Scharschmidt, Clemens: Die wichtigsten chinesischen Zeichen im Japanischen. Berlin 1938. — In: OR 19 (1938), S. 576—577.
60. Pernitzsch, M. G.: Das Staatswesen des heutigen China. Eine Übersicht. Sonderabdruck aus den Mitteilungen der Ausland-Hochschule an der Universität Berlin 39 (1936). — In: OR 19 (1938), S. 577.
61. Pernitzsch, M. G.: Shanghai. Sonderabdruck aus den Mitteilungen der Ausland-Hochschule an der Universität Berlin 40 (1937). — In: OR 19 (1938), S. 577.
62. Trittel, W.: Das 4-Ecken-Aufschlagesystem und die amtliche Lateinumschrift der Reichssprache. Sonderabdruck aus den Mitteilungen der Ausland-Hochschule an der Universität Berlin 40 (1937). — In: OR 19 (1938), S. 577—578.
63. David-Neel, Alexandra: Vom Leiden zur Erlösung. Sinn und Lehre des Buddhismus. Leipzig 1937. — In: OR 19 (1938), S. 578.
64. Rosenkranz, Gerhard: Die älteste Christenheit in China in den Quellenzeugnissen der Nestorianer-Texte der Tang-Dynastie. Berlin-Steglitz 1938. (=Schriftenreihe der Ostasienmission H. 3/4.) — In: OR 19 (1938), S. 578.
65. Chardourne, Marc: Ostasiatische Reise. Aus dem Französischen von Vivian Rodewald-Grebin. Berlin 1936. — In: OR 19 (1938), S. 578.
66. Monumenta Nipponica. Studies on Japanese Culture Past and Present. Sophia University Tokyo 1 (1938), 1. — In: OR 19 (1938), S. 578—579.
67. Rumpf, Fritz: Japanische Volksmärchen. Übersetzt, ausgewählt und eingeleitet von Fritz Rumpf. Jena 1938. — In: OR 20 (1939), S. 246.
68. van Meurs, H.: »Hiao«. Chineesche Kinderliefde. Hilversum 1938. — In: OR 20 (1939), S. 246—247.
69. Fochler-Hauke, Gustav: Der Ferne Osten. Macht und Wirtschaftskampf in Ostasien. Leipzig und Berlin 1938. — In: OR 20 (1939), S. 247.
70. Wilberg, Erich: Landschaften und Antlitze. Peking 1939. — In: OR 20 (1939), S. 247.
71. Schmitt, Erich und Y. Lou: Einführung in das moderne Hochchinesisch. Ein Lehrbuch für den Unterrichtsgebrauch und das Selbststudium nebst chinesischem Zeichenheft. Shanghai 1939. — In: OR 20 (1939), S. 437—438.
72. Engels, Erich: Mutter Erde = Gute Erde. Ein Buch von chinesischer Landschaft. Wien-Peking 1939. — In: OR 20 (1939), S. 481.
73. Kiang, L. K.: Die Leibesübungen im alten China. Würzburg-Aumühle 1939. (= Beiträge zur Sportwissenschaft. Schriften des Instituts für Leibesübungen der Universität Leipzig.) — In: OR 20 (1939), S. 481.

74. Feddersen, Martin: Chinesisches Kunstgewerbe. Berlin 1939. (= Bücherei des Kunstsammlers. Bd. 1.) — In: OR 20 (1939), S. 481—482.
75. Amann, Gustav: Bauernkrieg in China. Chiang Kai-sheks Kampf gegen den Aufstand von 1932 bis 1935. Heidelberg 1939. — In: OR 20 (1939), S. 482.
76. Indiana University Conference on Oriental-Western Literary Relations. Papers edited by Horst Frenz and G. L. Anderson. (= University of North Carolina Studies in Comparative Literature. No. 13.) — In: Sinologica 5 (1958), S. 250—251.

I.
Moderne und klassische Literatur

Zeitgenössische chinesische Dichtung
Die revolutionäre Tradition in der neuen Lyrik

von Barbara Chang, Bochum

Seit Winter 1973 erscheinen in chinesischen Zeitungen und Zeitschriften immer wieder neue Dichtungen und Volkslieder, die von Arbeitern, Bauern und Soldaten verfaßt sind. Diese Amateurschriftsteller stellen nach der großen proletarischen Kulturrevolution einen ständig wachsenden Anteil der Kunst- und Literaturschaffenden Chinas. Das brachte auch eine Veränderung des gedanklichen Inhalts der Lieder und Gedichte mit sich. Sie bringen vor allem die innige Liebe ihrer Verfasser zum Vorsitzenden Mao zum Ausdruck; die Dichter loben den neuen Menschen und die neuen Verhältnisse unserer Zeit. Neben ihren persönlichen Erfahrungen haben dabei ihre weitreichenden Ideale, ihr Optimismus, ihr Verantwortungsbewußtsein der Zukunft gegenüber, kurz: ihre revolutionäre Begeisterung Eingang in ihre Werke gefunden. Deshalb sind diese von außerordentlich starkem kämpferischen Charakter und mitßreißender Kraft, eine Waffe im politischen Kampf, dem Wort Maos entsprechend: »Die revolutionäre Literatur und Kunst sind ein Teil der gesamten Sache der Revolution.« (MAO TSE-TUNG, *Ausgewählte Werke*, Bd. 3, S. 96.) Die Geschichte dieser neuen Dichtung soll im folgenden kurz umrissen werden.

China ist in den letzten Jahrzehnten ununterbrochener revolutionärer Umwälzungen großgeworden; der revolutionäre Charakter der neuen Lyrik war fast von ihrer Entstehung an vorhanden. »Die Dichtung folgt dem Zeitalter, und gleichwohl führt sie das Zeitalter an«; das sagte CHU TZU-CH'ING in dieser Zeit. Heute empfinden wir die wahre Kraft dieses Satzes noch stärker. Es ist hinreichend gezeigt worden, daß sich der Inhalt der chinesischen Dichtung frei entfalten konnte, seit diese infolge der neuen literarischen Revolution vom 4. Mai (1919) sich von den Fesseln der Form befreit hatte. Obwohl ihre Geburt damals einer natürlichen Tendenz entsprach, ist die neue Lyrik doch plötzlich, durch die literarische Revolution, Wirklichkeit geworden, und nicht wie frühere Gedichtformen allmählich aus Musik und Gesang des Volkes hervorgegangen. Da ihr dieser Nährboden fehlte, wirkte sie in der ersten Zeit unvermeidlich blaß und fahl, schwach und siech. Die bourgeoisen Dichter klammerten sich an den ausländischen Stil und schrieben einige weder chinesische noch westliche, zungenbrecherische und schwer verständliche Sachen. Während jenes Zeitraumes schüttelten nicht wenige den Kopf über die neue Lyrik, wie überhaupt die Stimmung in der Gesellschaft jener Zeit so war, daß man das Fremde hochachtete, das Eigene jedoch geringschätzte.

Nach den Ereignissen vom 18. September 1931, als der japanische Imperialismus seine Agression gegen China fortsetzte und verstärkte, und es soweit kam, daß es für die chinesische Nation um Sein oder Nichtsein, Fortbestand oder Untergang ging, da unterdrückte die Kuomintang-Regierung die Welle von Vaterlandsliebe, die das chinesische Volk erfaßt hatte. In jeder großen Stadt gab es in den Restaurants und Teehäusern, an allen öffentlichen Plätzen augenfällige Anschläge mit der Anweisung: »Nicht über Staatsangelegenheiten reden!« Bis zum Vorabend des Widerstandskrieges war das ganze Reich von dunklen Wolken dicht bedeckt, die den Menschen den Atem nahmen, aber das chinesische Volk war nicht gewillt, sich verachten zu lassen, und es gab niemanden, der nicht bekümmert und zornig gewesen wäre. Der Dichter hat die Gefühle der Volksmassen hinausgeschrien: WEN I-TUOS »Ein Wort«:

Es gibt ein Wort, das auszusprechen schon Verderben ist,
es gibt ein Wort, das eine Feuersbrunst entzünden kann.
Denk nicht daran, daß es fünftausend Jahre lang nicht offen ausgesprochen wurde,
kannst du das Schweigen des Vulkans durchschauen?
Du kannst nicht sicher sagen, daß nicht plötzlich von Dämonen besessen,
plötzlich, ein Donnerschlag aus heiterem Himmel,
der Ruf hervorbricht: »Unser China«!

Dies Wort, wie sollen wir es heute sagen?
Du glaubst nicht, daß selbst ein »Eisen-Baum« erblühen kann?
Also, es gibt ein Wort, höre es dir an:
Wenn der Vulkan nicht mehr erträgt sein Schweigen,
tut's nicht mehr not zu zittern, die Zunge auszustrecken,
mit dem Fuß zu stampfen,
wenn, ein Donnerschlag aus heiterem Himmel,
der Ruf hervorbricht: »Unser China«!

(Chung-kuo hsin-shih hsüan, S. 35)

Dies Gedicht gleicht einer Prophezeiung: Das fünftausendjährige Schweigen geht schwanger mit dem China des Volkes.

Beim Ausbruch des Widerstandskrieges entwickelte sich schnell die lange unterdrückte Reichsidee des chinesischen Volkes, und seine patriotische Stimmung erreichte den höchsten Aufschwung. Die Einheitsfront entstand, Kuomintang und Kommunistische Partei arbeiteten zusammen, und die Truppen und das Volk sangen laut und einstimmig:

Die Gewehrmündungen nach außen gerichtet, im gleichen Schritt nach vorn marschieren!
Nicht der Bevölkerung schaden, nicht die eigenen Leute schlagen!
. . .

(*K'ang-Jih chan-cheng ko-ch'ü hsüan-chi,* S. 15)

Als der Befehl der Regierung zur Generalmobilisierung proklamiert wurde, stimmte das ganze Land zu. Man rief:

Arbeiter, Bauern, Soldaten, Intellektuelle und Kaufleute,
wir wollen zusammen dem Untergang wehren.
Laßt uns unsere eisernen Hämmer, Messer und Gewehre ergreifen,
und aus den Fabriken, Gehöften und Klassenräumen hinaus
an die Front gehen!
Marschieren wir auf das Schlachtfeld der nationalen Befreiung!
. . .

(Ebd., S. 25)

Das ganze chinesische Volk hegte gleichermaßen Haß gegen den Feind und gewann das Mitgefühl vieler Nationen der Welt.

. . .
Der Kampf der unterdrückten Brüder in der ganzen Welt geht
in eine Richtung.
Die Stimmen von zig Millionen Menschen rufen stark und laut
Widerstand,
die Stimmen von zig Millionen Menschen, sie singen für den
revolutionären Kampf.

(Ebd.)

Zum ersten Male fühlte das chinesische Volk, daß es selbst einen Staat hatte, empfand, daß dies China sein eigenes war. Das chinesische Volk hatte den Sinn seiner Existenz gefunden, und alle waren willens, soviel sie konnten und soviel sie hatten beizusteuern, um das Schicksal der eigenen Nation zu wenden. Das harte Leben im Widerstandskampf ermutigte und erzog das chinesische Volk; man konnte nicht mehr einfach in den Tag hinein leben, und auch die Dichter wollten nicht weiter nur mit den Gedanken und mit der Sprache spielen. Die Gedichte, die dem Verstehen nur Genuß und Freude zu bieten hatten, wurden immer seltener. Die Dichter nahmen angesichts der drängenden Wirklichkeit des Krieges die Propaganda- und Erziehungsaufgaben auf sich und spornten mit ihren Dichtungen das Volk an und stärkten den Glauben an den Sieg.

Der Widerstandskrieg gegen Japan kam einer nationalen Revolution gleich, und China zerstörte Altes und schuf Neues; das Volk erhob sich aus einer Blutlache gegen die fremde Gewalt und wollte mit einem neuen Leben eine neue Geschichte beginnen. Die Dichter sind die Vorhut der Epoche; der Gedanke der nationalen Befreiung stachelte sie an, aus ihrem kleinen, von Dunst und Wolken umwundenen Gesellschaftskreis herauszutreten, und so nahmen sie teil am Kampf des Volkes. Die neue Dichtung ist aber nicht nur eine Waffe des Kampfes, sie ist auch ein Werkzeug des Aufbaus. Ho Ta sagt:

Unsere Gedichte sind nichts als des Schmiedes
»Hammer«,
des Zimmermanns
»Säge«,
des Bauern

»Hacke«,
des Soldaten
»Gewehr«.

(»Wir sind keine Dichter«, *Chu Tzu-ch'ing hsüan-chi,* S. 233)

»Unsere« Gedichte sind es, nicht mehr »meine« eigenen; der neue Dichter ist der Sprecher der Massen. Den Massen verbunden, zum Volk zurückgekehrt, erforderte die Sprache der Dichtung von sich aus Verständlichkeit, klaren Stil, und tendierte zur Einfachheit; damit sie mitteilend sein konnte, wurden gleichzeitig gewisse prosaische Elemente mit verschmolzen, z. B. in Langgedichten wie Ai Ch'ings »Ta-yen-ho«. Auch die Rezitationsbewegung der Dichtung dieser Zeit entwickelte sich infolge der Bedürfnisse der Massen. Die Rezitationsgedichte sind Gedichte der Massen, sie bringen Liebe und Haß der Massen zum Ausdruck, sie sprechen ihre Bedürfnisse und Erwartungen aus und fordern darüber hinaus zur Aktivität auf. Es gibt Rezitationsgedichte anklagenden und verspottenden, aber auch überzeugenden und anspornenden Inhalts. Die Kraft dieser Lyrik erweist sich während der Rezitation. Der Rezitation wegen sollte dem Rhythmus in dieser Dichtung besondere Aufmerksamkeit geschenkt werden und die Form einem Volkslied harmonisch angepaßt sein. Sehr viele Dichter übernahmen nun die vortreffliche Tradition des Volksliedes zur Schöpfung von Lyrik nationaler Form, die das Volk mit Freude lesen und mit Vergnügen hören sollte, und schrieben frische, lebendige neue Lyrik im Stil der Volkslieder, oder man verwendete Formen volkstümlicher Gesangskunst: ununterbrochen gab es neue »Ta-ku« (ein Sprechgesang mit Trommelbegleitung) und »K'uai-pan« (ein Sprechgesang mit einer Art Kastagnettenbegleitung) aus den Händen erfahrener Schriftsteller; die Form war auf Volkstümlichkeit, der Inhalt aber auf die Zukunftsvision des Sieges ausgerichtet. Je tiefer die Dichter in volkstümliche Elemente vordrangen, desto mehr stärkten sie den erwartungsvollen optimistischen Glauben der Nation. »Die Lyrik führt das Zeitalter an«; die Dichter müssen in ihrer Dichtung ein neues China schaffen; genau das waren die Gefühle der ganzen Nation. In einem Zeitabschnitt der Finsternis und der Verachtung hat der Dichter TSANG K'O-CHIA bereits gesagt:

Kümmere dich nicht darum, wie es jetzt ist, warte ab,
bald wird es so einen Tag geben:
Die Welt fährt sich einmal über das Gesicht,
dann wird eine wundersame Wandlung erfolgen.

(»Bald wird es so einen Tag geben«, *Tsang K'o-chia shih-hsüan*, S. 7)

So ein Tag, den die Menschen mit ganzer Kraft herbeisehnten, sollte endlich kommen. China befand sich in einer Wandlung, der chinesische Nationalcharakter befand sich in einer Wandlung, und die Weisen der Gedichte und Lieder wurden allmählich freudig und emporstrebend. Den Menschen wuchsen Flügel, womit sie in ihren Träumen flogen. AI CH'INGS »Zur Sonne« ist das Fortschreiten aus dunkler Nacht über die Dämmerung zum frischen Morgen. Der seiner Zeit treue Dichter gibt der Menschheit noch trostreiche Nachrichten mit:

Und außerdem, bitte berichte ihnen
und sage, daß bald schon kommen wird, was sie erwarten.

(»Botschaft der Morgendämmerung«, *Chung-kuo hsin-shih hsüan*, S. 202)

Die Morgendämmerung kam tatsächlich: der Sieg im Widerstandskrieg. Traurig war nur, daß es an diesem neuen Morgen keine Sonne gab. Die Stürme der krisengeschüttelten Wirtschaft und die dunklen Wolken des Bürgerkrieges bedrückten das sich dringend nach Ruhe sehnende Volk schwer. Im Herrschaftsgebiet der Kuomintang bildeten die politischen Spottgedichte die Hauptströmung der Dichtung nach 1945. In Vertretung des Volkes verliehen die Dichter dem Zorn und Widerstand Ausdruck. Von YÜAN SHUI-PAI gibt es folgendes Gedicht:

Die Quittung wird auf die Steuermarken geklebt,
der Nagellack wird auf die Zehen geschmiert.

Die Marines patrouillieren auf den Straßen,
die Jeeps machen ihren Weg auf menschlichen Leibern.

[Damals war Inflation, und damit Steuer und Zoll gestiegen, so daß sehr viele Steuermarken geklebt werden mußten; es war so, als ob nicht die Steuermarken auf die Quittung, sondern die Quittung auf die Steuermarken geklebt würde. Der Schluß will sagen, daß die US-Truppen auf chinesischem Territorium nach Belieben ihr Unwesen trieben.]

...
Die Demokratie ist auf den Mund gemalt,
die Freiheit ist an Klauseln gebunden.
Die Vorlage, gerade vereinbart, ist schon im Archiv verschwunden,
der Text ist auf Wasser geschrieben.

[Diese Strophe entlarvt die politischen Lügen der Kuomintang-Regierung.]

...
Die Köpfe sind es, die gegen Gewehrkugeln schlagen,
der Friede wird auf der Schwertspitze getragen.
Wo liegen »Chinas Geschicke«?
Sie hängen an einer langen, langen Nase.

[Die damalige Regierung räumte innen brutal auf, nach außen vertraute und hoffte sie auf Amerika, und es gab ein Buch von Tschiang Kai-schek, »Die Geschicke Chinas«, worauf hier angespielt wird.]

(»Die Quittung wird auf die Steuermarken geklebt«, *Chung-kuo hsin-shih hsüan*, S. 230 ff.)

Es ging damals unter der Bevölkerung Shanghais ein Volksgesang:

Vor den Mund ist zwar ein Schloß gehängt,
doch im Herzen ein jeder einen Feuerball trägt.

(*Chung-kuo ko-yao tzu-liao*, 2. Slg. Bd. 2, S. 261)

WEN I-TO's Entrüstung früherer Jahre erscheint hier wieder.

Eine große Menge intellektueller Jugendlicher ging aus dem Herrschaftsgebiet der Kuomintang fort nach Yenan. Der Weg war schwierig, und außerdem wurden sie mit allen Mitteln durch die Agenten der Kuomintang behindert und zurückgehalten. So mußten sie sehr viele Schwierigkeiten auf sich nehmen, bis sie ihr ersehntes »heiliges Land« der Revolution erreichen konnten. Der Dichter K'o Chung-p'ing fragt im Namen von Yenan:

Jugend! Chinas Jugend!
In Yenan wird Speise von Hirse gegessen,
in Yenan werden Schuhe aus Hanf und Stroh getragen.
Weshalb liebt ihr Yenan?

Die Jugend antwortet:
Wir fürchten nicht, unsere Fußsohlen weichzulaufen,
wir fürchten nicht, auf dem Weg neun Geister und achtzehn Gespenster zu treffen.
Wir fürchten nur, wir könnten die Hirse von Yenan nicht zu essen bekommen,
wir könnten nicht an die Front gelangen, zum Widerstandskampf.
Wir fürchten nur, wir könnten den Kanon (der Lehren) von Yenan nicht bekommen,
wir könnten uns nicht in die revolutionärste Jugend verwandeln.

Hören wir weiter, auf welche Weise die Jugendlichen in Yenan ihr Leben besingen:

Was sollten wir fürchten, daß unter freiem Himmel unser Hörsaal ist,
unsere Bank – ein Ziegelstein,
unser Tisch – ein kleines Brett, auf ein Paar Beine gelegt?
Wir lernen so freudig, so begeistert:
Unsere Lehrer sind Helden,
sie haben bereits ihre Examen gemacht auf Wiesen und Weiden, auf wolkenumhüllten Bergen.

[Bezieht sich darauf, daß sie durch die Prüfung des langen Marsches gegangen sind.]

Die Jugendlichen in Yenan können ihre begeisterten Gefühle nicht unterdrücken:

Ah! Was man nicht genug besingen kann, ist die Revolution,
woran man sich nicht sattsehen kann, ist der helle Mond!
Die heißen Gefühle von uns jungen Menschen

sind wie das Wasser, das endlos strömt.
Es hält uns hier, wir wollen bleiben, bleiben,
ist es auch tiefe Nacht, wir wollen noch an des Yen-Flusses Ufer bleiben.

Plötzlich sehen wir dort im Zentralamt
noch drei, fünf Lichttupfen sternengroßen Lampenscheins.
Es ist ganz offensichtlich, daß in der Lehmhöhle alte Kader hart noch an der Arbeit sind.
Und nun wird uns wieder erst bewußt der nächste Tag des Kampfes,
der nächste Tag, der nächste Tag, der gleichermaßen Lernen im Kampf ist, Arbeit im Kampf und im Kampf Produktion.
Die Jugend im Kampfe
will mit den Wundermitteln des Kampfes, die der Vorsitzende Mao (uns) gegeben,
zur Front,
ins breite Volk.

(»Yenan und die Jugend Chinas«, *Chung-kuo hsin-shih hsüan*, S. 87 ff.)

Tag für Tag nur das Leben des Kampfes, das war das Ideal der revolutionären Jugend, ihr höchster Genuß. Yenan bot ein sauberes, frisches und freundliches Bild. In Yen Ch'ens Gedicht »Frühmorgens« ist beschrieben, wie am Ufer des Flusses Yen die Esel frisches Wasser forttragen, die Mädchen dabei sind, Wäsche zu waschen, und die Jugend, die zum Lernen geht, mit der Vögel Schar um die Wette singt; es sind die Hirten und die Kinder aus dem Dorf, die Schafherden und die Rinderherden beschrieben – alles voller Leben, so wie es zur Zeit der Jugend sein sollte. Weil sie »mühsam aufbauen und vergrößern«, haben sie für das Vaterland ein »unvergleichlich prächtiges Bild einer neuen Ära entrollt.« (*Chung-kuo hsin-shih hsüan*, S. 244.)

Wir sehen uns noch aus Juan Chang-chings »Lied von den Wassern des Chang(-Flusses)« das »Schafhirtenlied« an, das, im Stil eines Volksliedes, sehr sinn- und reizvoll ist:

Wasser des Chang, neunundneunzigfach gewunden ist euer Lauf,
fröhlich singen die strömenden Wasser des Chang.
In T'ao-hua-wu (Pfirsichblütenfried) wachsen grüne Bäume,
an beiden Ufern werden große Straßen gestampft.
Zusammengestürzt ist das zehntausendjährige alte Gefängnis!

In Stücke geschlagen ist der zehntausendjährige alte Käfig!
Am freien Himmel fliegen freie Vögel,
der Chang, der befreit worden ist, lacht fröhlich für immer.

(*Chung-kuo hsin-shih hsüan*, S. 290)

Die Menschheit hat sich aus dem zehntausendjährigen alten Gefängnis, dem eisernen Käfig befreit; auf die Erde kehrt der Frühling wieder: wie könnten Berge und Flüsse da nicht fröhlich lachen?

Als im Jahre 1949 der Volksbefreiungskrieg sich schon dem Abschnitt des Endsieges genähert hatte, rief der Dichter K'o Chung-ping aus: »Merzt des Feindes allerletzte Wurzeln aus!« Die letzten beiden Strophen daraus lauten:

...
Die Berge in Aufruhr, die Meere in Aufruhr vor Freude,
Berge versetzend, Meere umwälzend verfolgen den Feind wir.
Erst, wenn der Feind vernichtet ist, gibt es wirklichen Frieden,
merzt des Feindes allerletzte Wurzeln aus!

Die Berge, die Meere in freudigem Aufruhr,
die Berge von Menschen, die Meere von Menschen in Aufruhr vor Freude,
in Süd und Nord, in Süd und Nord das ganze Volk befreit,
die Ströme und Berge des Volkes gehören von nun an wieder dem Volke.

(*Chung-kuo hsin-shih hsüan*, S. 91 f.)

Dies Gedicht auf eine Volksweise vermittelt wahrhaft den Ruf des Volkes.

Am 1. 10. 1949 wurde die Volksrepublik gegründet. Ein neues Zeitalter hatte begonnen. Puschkin sagt: »Das Volkslied ist der Spiegel des Zeitalters«; und der neuen Zeit gemäß wuchsen die neue Lyrik und das neue Volkslied wie ein Paar von Zwillingsbrüdern einander verbunden und einander ähnlich heran, und es gab mehr und mehr neue Lyrik in volksliedhafter Form. Durch die Bodenreform und die Bildung landwirtschaftlicher Produktionsgenossenschaften wurden die dörflichen Verhältnisse (»erstens arm und zweitens blank«) grundlegend verändert. Die Bauern, zu deren Gunsten sich das Blatt nun gewendet hatte, sangen aus vollem Herzen:

Nach der Bodenreform freudiges, vollstes Leben,
Kleidung und Nahrung in Hülle und Fülle den Frieden genießen,
den Boden entgegennehmen, die Heimat wiederbekommen,
die Gesänge der Umwälzung werden ohne Ende gesungen.

(*Chung-kuo ko-yao tzu-liao*, 2 Slg., Bd. 2, S. 255)

Infolge des erneuerten materiellen Lebens veränderte sich auch das geistige Gesicht des Volkes. Während es schon weit im frühesten Altertum Gedichte und Lieder gab, die die harte körperliche Arbeit des Menschengeschlechts beklagten, die aus dem Schmerz und Haß des Volkes entstanden sind, ist das im neuen Volkslied auf den ersten Blick hin Erkennbare dagegen das freudige Gefühl, welches sie zum Ausdruck bringen, und der von den Dichtern vermittelte, im ganzen Reich gleiche zukunftsfrohe und idealistische Glaube. Es war das ehemals mühevolle Leben der Massen gewesen, am Morgen nichts zu haben, um sich für den Abend zu versichern, und heute nicht um morgen zu wissen. Durch dieses Leben gezwungen, achteten sie nur auf das Jetzt und dachten nicht an die Zukunft; besonders die Kleinbauern, die unter dem Druck des Systems des Privateigentums stets ihrem Ende nahe waren, ertrugen Generation für Generation Hungersnöte unter von Menschen geschaffener Ausbeutung und natürlichen Katastrophen. Wo hatten *sie* eine Zukunft? Nach der Befreiung machten sich die Bauern frei vom mehrtausendjährigen Joch des Privateigentums: jetzt erst hoben sie ihr Haupt und sahen in die Zukunft, und sie sangen mit lauter Stimme:

...
Wenn wir aufgehört haben, die Vergenossenschaftung zu besingen,
dann besingen wir weiter den großen Sprung nach vorn,
besingen, daß Erde und Wasser nicht die Abhänge hinunterschwimmen,
besingen, daß der Mu-Ertrag nun mehr als tausend Pfund ist,
besingen, daß Rinder und Schafe herumlaufen, (genug, um) die Berge zu bedecken,

besingen, daß die Bergesschluchten in Goldgruben verwandelt
werden.
Dem Klang der Lieder folgend überqueren wir den Gelben Fluß,
und jenseits der Großen Mauer wollen wir die Freuden in den
Gebieten südlich des Großen Stromes besingen.

(*Hsin min-ko lun-wen chi*, S. 19)

Der Wunsch, in den Gebieten der Sandstürme, der Dürre und der Überschwemmungen jenseits der Großen Mauer letzten Endes so freudig zu sein wie in den an Fisch und Reis reichen Gebieten südlich des Großen Stromes, rührt daher, daß die Bauern, nachdem sie die Vergenossenschaftung in die Praxis umgesetzt und die Kraft des Kollektivs kennengelernt hatten, von der Einstellung frei waren, den Himmel für ihre Ernährung sorgen zu lassen, und sich mutig und mit Selbstvertrauen der Herausforderung der Natur zuwandten:

Vergenossenschaftung,
die Kraft ist gewaltig.
Den Himmel fürchten wir nicht,
die Erde fürchten wir nicht.
Durch Berge hindurch kann man sich graben,
Erde kann man abstechen,
den Wind und den Regen herbeirufen, alles aus eigener Kraft.
Laß Dürre sein,
laß Überschwemmung sein:
Wir können immer gutes Feldgewächs erzeugen.

(*Hsin min-ko lun-wen chi*, S. 24)

Der Mensch, so dachte man, werde mit Sicherheit über die Natur obsiegen, und die Bauern waren freudig entschlossen:

Im ersten Lenz des Sprungs nach vorn
faßte ein jeder Mut,
man holte Tausendmeilenpferde ein,
ein Lenz ersetzte Lenze zehn.
...

Die Bauern mobilisierten besondere Arbeitsanstrengungen; sie wollten den Dörfern ein neues Gesicht geben, ihr eigenes Leben von Grund auf verbessern, und sie wollten für ihre Nachkommenschaft, ihre Kinder und Enkel den immerwährenden Bestand der chinesischen Nation sichern:

Die Vorfahren bahnen den Weg, die Nachfahren wandeln darauf.
Die Vorfahren pflanzen den Baum, den Nachfahren wirft er Schatten.
Mit festem Willen pflanzen wir tausendjährige Bäume
und hinterlassen den Nachfahren Glück.

(*Hsin min-ko lun-wen chi*, S. 22)

Die Nachkommen glücklich zu machen ist ein vortrefflicher Zug des chinesischen Volkscharakters.

Weiter erklären sie aufrecht und unbefangen:

...
Wer sagt, daß es am Himmel keine Straßen gebe?
Die Terassenfelder werden gepflegt bis hinauf zu der weißen Wolken Gipfel.

(*Hsin min-ko lun-wen chi*, S. 28)

Oder es heißt:

...
Die Bauern steigen auf Treppen zum Himmel hinan,
sie nehmen das Himmelsreich wieder und geben es den Menschen zurück.

(*Hsin min-ko lun-wen chi*, S. 14)

Der feste Wille und die Kampfentschlossenheit der die Umwälzung tragenden Bauern nimmt das Himmelreich für die Menschen wieder in Besitz.

Im Winter 1957 ließ der »große Sprung nach vorn« der sozialistischen Produktion in den breiten Volksmassen eine noch nie dagewesene Flut von Volksliedschöpfungen anschwellen. »Die Gesänge der Werktätigen erfüllen den ganzen Himmel mit ihrem Schall«; jene Helden, die mit ihren Händen gleichsam Wunder vollbrachten, sangen Siegeslieder von kampfentschlossener Begeisterung. Jetzt kam die ruhmreiche Tradition des chinesischen Volksliedes in großem Maße zur Geltung. Die Kommunistische Partei rief die Literatur- und Kunstschaffenden des ganzen Landes auf, die neuen Volkslieder zu studieren, tief in das reale Leben der Arbeiter und Bauern einzudringen, ihr eigenes Denken von Grund auf umzugestalten, und sich die Gedanken und Gefühle der Klasse der Arbeiter und Bauern anzueignen; das Leben der Volksmassen war die »unerschöpfliche einzige Quelle für alle Literatur und Kunst.« (MAO, *Ausg. Werke* Bd. 3, S. 89).

Die Werktätigen und gleichzeitig Kämpfenden aus dem breiten Volke sind auch Hoffende, Phantasierende; die Färbung der revolutionären Romantik erscheint in den neuen Liedern und Gedichten in noch nie dagewesenem Maße. Die überschwengliche Begeisterung, mit festem Willen das Leben der Revolution zu widmen, ergibt in Gedicht und Lied zwangsweise die Färbung revolutionärer Romantik; aber die Werktätigen sind darüber hinaus auch Realisten, die die Revolution in die Praxis umsetzen. Die revolutionäre Romantik und der revolutionäre Realismus sind im neuen Volkslied harmonisch miteinander vereint, und nur die mit revolutionär-romnatischem Realismus ganz erfüllten Dichtungen können Chinas mit rapider Schnelligkeit sich entwickelnde Realität widerspiegeln und daneben noch anspornende und erzieherische Wirkung zeitigen. Wenn ein Gedicht produziert wurde, dann spornt das Gedicht hinwiederum dazu an, die Produktion vorwärtszutreiben. So gibt es einen sich wiederholenden Kreislauf, der sich von Stufe zu Stufe höherwindet. Während der Kampagne zur Frühjahrsbestellung singt eine alte Frau beim Antreiben des Schöpfrades in der Nacht, um die Müdigkeit und Erschöpfung zu vertreiben:

Das Schöpfrad klingt ding dang,
Weizenkeim, wachs rasch heran.
Wasser zu trinken geb ich dir,
Korn zu essen gibst du mir.

(*Hsin min-ko lun-wen chi,* S. 36)

Wie frisch, wie natürlich ist das direkt bei der Arbeit entstandene Lied: in vier äußerst kurzen Versen vermittelt es die dicht lebendige Atmosphäre und den strahlenden Eindruck des neuen

Dorfes. Lebendiges und aufrichtiges Gefühl, einfache und kraftvolle Sprache: genau das ist des Volkes immerwährende Dichtung.

Die Dörfer des ganzen Landes schritten hochbegeistert in ihrem seit alters noch nie dagewesenen Werk voran und entfalteten gleichzeitig mit dem Klassenfeind einen scharfen Klassenkampf, und auch der Kampf der beiden Wege vertiefte sich und machte in jeder Stadt und Gemeinde, in jedem Dorf weitere Fortschritte. In HAO JANS berühmtem Roman »Strahlender Himmel«, der das dörfliche Leben dieses Zeitabschnittes beschreibt, heißt es in einem Lied, das das Leitmotiv wiedergibt:

...
Das Schöpfrad der Zeit
kann niemand bremsen.

...
Wir
Himmelsstütze des Sozialismus
Wir
vorderster Posten des Klassenkampfes
Echtes Gold
wie könnte es durch Feuer verbrennen?
Noch größere Schritte nehmen,
die Brust hoch recken
für den Sieg des Sozialismus.
Sich kühn auf tausend- und zehntausenderlei schwierige
Hemmnisse stürzen
Wir folgen der Partei für immer
für immer gehen wir vorwärts mit großen Schritten wie im Flug
vorwärts mit großen Schritten wie im Flug.

(*Yen-yang t'ien, Bd. 3*, S. 1782 f.)

Die revolutionäre Jugend singt mit lauter Stimme. Überall in China gibt es rapiden Fortschritt, überall Gedichte. Das Volk, das mit beiden Händen eine Zukunft schafft, »folgt der Partei mit festem Willen.« Es weiß nicht nur aus eigener Erfahrung, daß die Aufrufe der Partei dadurch, daß sie von den Massen in die Praxis umgesetzt werden, in riesige physische Kräfte verwandelt werden können, damit ihr eigenes Leben verändert werde; es weiß auch um die große Bedeutung seiner Existenz, seiner Arbeit und seines Kampfes, und erst dadurch kann es so stolz auf sich sein. Mit diesen Gefühlen und Gedanken schreibt es Gedichte, propagiert es die Politik und besingt es das neue Leben. Nach der großen Kulturrevolution ist das noch besser sichtbar geworden.

Als nach der großen Kulturrevolution die Bewegung zur Kritik an Lin Piao und Konfuzius vorangetrieben wurde und dies für die Gebiete der chinesischen Politik, Ideologie und Wirtschaft tiefgreifende Veränderungen mit sich brachte, sagte der Ministerpräsident CHOU EN-LAI in seinem Bericht auf dem 10. Parteitag der KPCh: »Wir müssen dem Klassenkampf im Bereich des Überbaus einschließlich der verschiedenen Sektoren der Kultur Aufmerksamkeit schenken und alle jene Teile des Überbaus umgestalten, die der ökonomischen Basis nicht entsprechen.« (*Peking Rundschau*, Jg. 1973, Nr. 35/36, S. 25.)

Professionelle und Amateur-Schriftsteller stimmten dem zu und nahmen diese revolutionäre Pflicht auf sich; sie eroberten das Gebiet der Literatur und Kunst, die traditionsreiche revolutionäre Lyrik zeigte einen weiteren Aufschwung, und die von Arbeitern, Bauern und Soldaten als Amateuren geschaffenen Gedichtsammlungen erschienen eine nach der anderen. Hier ist das Musterbeispiel das Dorf Hsiao-chin im Kreis Pao-ti des Regierungsbezirkes Tientsin. Die Genossenschaftsmitglieder der Kommune des Dorfes Hsiao-chin haben der Parole »Die Landwirtschaft lernt von Ta-chai« folgend Aktivitäten in der Schöpfung von Gedichten und Liedern entwickelt. Der alte Armbauer WEI WEN-CHUNG z. B. sieht die Feldfrüchte reichlich auf den Fluren stehen, und er denkt daran, daß diese Feldfrüchte nicht mehr erpreßt und gewaltsam genommen werden, sondern dem Volk gehören:

In der Zeit reicher Ernte ergreife ich für ein Gedicht den Pinsel,
in meiner Brust habe ich tausend Lieder und zehntausend Gesänge.
Berge von Baumwolle, Meere von Korn: ja, ich kann mich nicht
satt daran sehen,
und kann meine Gefühle bei diesem Gedicht, den Sinn der Bilder
nicht ganz beschreiben.

Im folgenden schildert er weiter mit Begeisterung den Willen der Bauern, der Partei zu folgen:

In der Zeit reicher Ernte ergreife ich für ein Gedicht den Pinsel,
heldenhafte Gefühle und starken Willen bewahre ich im Grund meines Herzens.
Unterwegs auf dem Marsch über zehntausend Meilen: ohne Unterlaß schreite ich hin!
Unerschütterlich fest meine Absicht, der Partei für ewig zu folgen.

(*Kuang-ming jih-pao* v. 12. 2. 75)

[Die beiden »wa« in »... k'an-pu-kou wa« und »... pu-t'ing-pu wa« verleihen dem ganzen Gedicht Leben.]

Nach der großen Kulturrevolution stimmte eine große Anzahl intellektueller Jugendlicher dem Aufruf der Partei zu und »stieg auf die Berge, ging hinab aufs Land« in die Dörfer, machte sich dort ansässig und erfuhr eine nochmalige Erziehung durch die Arm- und unteren Mittelbauern. Sie sahen, wie die Arm- und unteren Mittelbauern sich nicht um Schwierigkeiten scherten, begeistert und enthusiastisch revolutionäre Theorie studierten, und waren davon außerordentlich angetan. So kam es zu dem Gedicht »Der Theoretiker«:

Dicht ist die Schwärze der Nacht,
der Mond steht schräg im Westen,
die Volksmiliz ist von der Übung ins Dorf zurückgekehrt.
In den Häusern leuchten hell strahlend elektrische Lampen,
der Lampenschein wirft Schattenbilder auf die Fenster.

Durchs Fenster schauen wir hinein,
der Oheim Wang sitzt unter der Lampe.
In der Linken hält er das kostbare Buch,
mit der Rechten ergreift er den Pinsel;
Zeile für Zeile notiert er, was ihn besonders beeindruckt,
Schweiß auf der Stirn: er achtet nicht darauf, ihn zu trocknen.

Je länger ich schaue, desto erregter werde ich im Innersten,
eilig inspiziere ich das ganze Dorf genau.
Vom Süden des Dorfes bis zum Norden des Dorfes
glänzt prächtig elektrisches Licht ...

Ah! Jedes Haus, jedes Heim funkelt in goldenem Glanz!
Wie viele Theoretiker sitzen wohl unter den Lampen?

(*Kuang-ming jih-pao* v. 31. 12. 1974)

Infolge des relativ hohen Bildungsniveaus des Verfassers WANG HSÜ, der gegenwärtig als Pionierleiter der politischen Abendschule des Dorfes Hsiao-chin Dienst tut, weist die Form dieses Gedichtes Ausdrucksformen des klassischen und nachklassischen Liedes (tz'u und ch'ü) auf. Aber seine Sprache ist die gewöhnliche Sprache der Bauern. Man sagt, daß der Autor anfangs gemeint habe, für das »hei« im letzten Teil hätte er auch »a« verwenden können, aber die Bauern erklärten, daß »a« vom Standpunkt des Zuschauers aus gesagt würde, beim Wort »hei« dagegen der Sprecher sich selbst mit einbezöge und ein Gefühl des Stolzes zeige, und dies mit ihrer Sprechweise übereinstimme. Diejenigen, die dies Gedicht jetzt lesen, werden, so meine ich, die lebendige Darstellung durch dieses »hei« bewundern, durch das es das Wunderbare »des gemalten Drachen, dem noch die Augen hinzugefügt werden« (worauf er lebendig wird und davonfliegt), besitzt, und was sehr viel besser und klarer ist als das in der neuen Dichtung so gebräuchliche »a«. Der Sekretär der Parteizelle des Dorfes Hsiao-chin sagt, daß diese Lieder und Gedichte von den alten Armbauern und alten Parteimitgliedern ideologisch überwacht werden, und die aktiv vorwärtsdrängenden jugendlichen Genossen mit ihren revolutionären Gedanken und Gefühlen ihnen ihre Kraft widmen würden ... Auch die Frauen des Dorfes erreichten während der Bewegung zur Kritik an Lin Piao und Konfuzius ein höheres geistiges Niveau; sie erkannten ihre eigene Kraft besser, und bei einem Gedicht-Forum der politischen Abendschule trat die stellvertretende Sekretärin der Parteizelle und Vorsitzende der Versammlung der Frauenvertreter des Dorfes Hsiao-chin, CHOU K'O-CHOU, als erste auf:

Neuer Himmel, neue Erde, neue Zeit,
wie aufrecht die Kommunarden, von welcher Hochherzigkeit!
Mit wachem Geist, am ganzen Körper stark,
treten sie mit großen Schritten an zum Gedichtwettstreit.
Auf, kommt zum Gedichtwettstreit, zum Gedichtwettstreit!

Die Brust voller festem Willen und Heldenhaftigkeit,
besingt laut die große Kulturrevolution,
für uns hat in der Welt begonnen eine neue Frühlingszeit.

(*Kuang-ming jih-pao* v. 22. 4. 1974)

Die im Gedicht besungenen Gefühle lassen uns empfinden, daß die Frauen »die Hälfte des Himmels« tragen können. Durch das Schreiben, Vortragen, Wettstreiten und Kritisieren von Gedichten wurden das Bildungsniveau und das politische Bewußtsein im Dorf angehoben. Die Bauern, die früher keine Kultur kannten, wollten nach der großen proletarischen Kulturrevolution zu den Herren der neuen sozialistischen Kultur werden. Die von den Bauern selbst geschaffenen Gedichte und Lieder machen das Gesicht des neuen Lebens und die geistige Situation im neuen sozialistischen Dorf des heutigen China sichtbar.

Die heutigen revolutionären Lieder und Gedichte befolgen genau die Instruktionen der Linie der revolutionären Literatur und Kunst des Vorsitzenden Mao; während der Kampagne zur Einübung »Vorbildlicher Theaterstücke« entfalteten sie sich weiter, und die Dichter machten sich das Schreiben von Gedichten zur revolutionären Aufgabe. Mit ihnen wollten sie das gedankliche und kulturelle Schlachtfeld erobern. Diese revolutionäre Lyrik ist einfach und klar in der Sprache, sie ist voll von starkem Klassengefühl und revolutionärem Kampfgeist; ihre Funktion ist, das Volk zu solidarisieren und zu erziehen, den Feind zu schlagen und zu vernichten.

Die Flut des Gedichte-Schreibens breitete sich nach der großen Kulturrevolution über ganz China aus, und unter den Arbeitern, Bauern und Soldaten gab es allerorts ausgezeichnete Amateurdichter. Obwohl die revolutionäre Lyrik heute schon so weit gediehen ist, ist dies doch nicht mehr als ein Anfang. Der Entwicklung des Zeitalters folgend, so glauben wir, werden diese einer nach dem anderen hervorsprießenden Keime durch Tau und Regen (die Gedanken Mao Tse-tungs) befruchtet werden, so daß sie gleichermaßen an gedanklicher Tiefe und künstlerischer Ausarbeitung gewinnen werden; denn wir wissen, daß es erst in einer Zeit, da das Volk sein eigener Herr ist, möglich wird, daß seine Kunst nicht wieder irgendwelche Einschränkung und Behinderung erfährt, sondern sich vollständig entwickeln kann. Und auch nur dann, wenn ein jeder aus der Masse die Empfindungen, die seinem eigenen Herzen entströmen, niederschreiben kann, gilt die Literatur und Kunst als wahrhaft dem Volke wiedergegeben. Die große proletarische Kulturrevolution hat diese historische Aufgabe erfüllt und eine weite Bahn für Lieder und Gedichte geebnet. In einem Zeitalter, da sich ein 700-Millionen-Volk eine Zukunft schafft, ein neuer Mensch, neue Verhältnisse entstehen, wird die Lyrik, die den Spiegel des Zeitalters bildet, einen nie dagewesenen Aufschwung zeigen. Bedenkt man, eine wie unebene holprige Strecke wir zurückgelegt haben, und dennoch von jetzt an ein China sind, das auf einer glänzenden großen Straße rapide Fortschritte macht, so erscheint die neue Lyrik als ein Garten auf fruchtbarem Grund, eine farbenprächtige, volle, glitzernde Frühlingslandschaft. Wir lieben die Lieder und Gedichte, und schätzen und lieben das Leben für die neue Lyrik und für die revolutionären Gedanken, die den Wert der Lyrik gesteigert haben. Nur wenn die Dichtung voller revolutionärer Gefühle ist, wird sie einer neugeborenen chinesischen Nation helfen können, für ewig ihre Jugend zu bewahren, wird über lange Zeit immer wieder aufs neue Verderbtes bekämpfen und Neues erzeugen helfen, und erst dann ist es wahrhaftig eine Lyrik, die das Zeitalter anführt.

Literaturverzeichnis

CHU TZU-CH'ING: *Chu-Tzu-ch'ing hsüan-chi.* Komp. u. d. Leit. v. MAO TUN v. Hsin-wen-hsüeh hsüan-chi pien-chi wei-yüan-hui. Peking: K'ai-ming shu-tien 1952. 239 S. (= *Hsin-wen-hsüeh hsüan-chi* 1.)

Chung-kuo hsin-wen-hsüeh ta hsi hsü-pien. 10 Bd., Bd. 8: *Shih-chi.* Hongkong: Hsiang-chiang wen-hsüeh yen-chiu-she, o. J. 16, 517 S.

Chung-kuo ko-yao tzu-liao. Hg. Chung-kuo min-chien wen-i yen-chiu tzu-liao-she. 2 Slg., Slg. 2, Bd. 2: Hg. Pei-ching Ta-hsüeh

Chung-wen-hsi Ch'ü Ch'iu-pai wen-hsüeh hui. Peking: Tso-chia ch'u-pan she 1959. 388, 16 S.

HAO JAN: *Yen-yang t'ien.* 3 Bd. Peking: Jen-min wen-hsüeh ch'u-pan she 1962.

Hsin min-ko lun-wen chi. Hg. Tung-feng wen-i ch'u-pan she. Sian: Tung-fang wen-i ch'u-pan she 1958. 66 S.

K'ang-Jih chan-cheng ko-ch'ü hsüan-chi. 1 Slg. Hg. »Chieh-fang-chün ko-ch'ü hsüan-chi« pien-chi pu. Peking: Chung-kuo ch'ing-nien ch'u-pan she 1957. 201 S.

Kuang-ming jih-pao von Dezember 1973 bis Februar 1975.

MAO TSE-TUNG: »Reden bei der Aussprache in Yenan über Literatur und Kunst« (Mai 1942), in: MAO TSE-TUNG, *Ausgewählte Werke,* 4 Bd., Peking: Verlag für fremdsprachige Literatur 1968–1969, Bd. 3, S. 75–110.

TSANG K'O-CHIA (Hg.): *Chung-kuo hsin-shih hsüan: 1919–1949.* Nachdr. d. Ausg. Peking: Chung-kuo ch'ing-nien ch'u-pan she 1965, o. O. u. o. J. 8, 313 S.

TSANG K'O-CHIA: *Tsang K'o-chia shih-hsüan.* Hg. FANG YIN. Peking: Jen-min wen-hsüeh ch'u-pan she 1956. 4, 5, 276 S.

Aus dem unveröffentlichten chinesischen
Manuskript übertragen von Hans Link.

Ein Fünf-Wort-Kurzgedicht im Huai-nan-tzu

von Günter Debon, Heidelberg

Im »Wald der Sprüche«, der das 17. Buch des *Huai-nan-tzu* bildet, findet sich folgende Sentenz:

> Der Heilige hat seinen Ort im Dunkel;
> Das Menschenvolk hat seinen Ort im Licht.
> Der Heilige nimmt seinen Weg im Wasser;
> Das Menschenvolk nimmt seinen Weg im Reif.
>
> (Sheng-jen ch'u yü yin; Chung-jen ch'u yü yang.
> Sheng-jen hsing yü shui; Chung-jen hsing yü shuang.)[1]

聖人處於陰，衆人處於陽.
聖人行於水，衆人行於霜。

Der Sinnspruch zerfällt in zwei korrespondierende Hälften, die jeweils wiederum aus zwei eng parallel geführten Sätzen bestehen. Die erste Hälfte bereitet dem Verständnis kaum Schwierigkeiten: Ein Lob des Dunkels verwundert nicht im Bereich des Taoismus. Zwar tritt es im 28. Abschnitt des *Tao-Tê-ching* als gleichberechtigt mit dem Hellen auf: »Erkennt eure Helle, Bewahrt euer Dunkel!« – doch heißt es an anderer Stelle desselben Werkes auch: »Den Weg erleuchten gleicht der Dunkelheit« (Abschnitt 41); oder vom Tao wird gesagt: »Versunken ach! So dunkel ach!« (Abschnitt 21). Im gleichen Sinne schreibt noch Li T'ai-po: »Zum Großen Tao muß man im Dunkel kehren.«[2] All dies Zitate, die sich beliebig vermehren ließen. Daß in ihnen der Begriff des Dunklen mit ganz verschiedenen Wörtern wiedergegeben ist (*hei* 黑 , *yao* 窈 , *ming* 冥 *mei* 昧 , *an* 暗), wird sich daraus erklären, daß sie fast ausschließlich in Reimstellung stehen. Bemerkenswert am *Huai-nan-tzu*-Spruch ist indessen, daß hier der Terminus *yin* aus dem Begriffspaar der Yin-

Yang-Lehre gewählt worden ist. Während im *Tao-Tê-ching* (Abschnitt 42) und an vielen Stellen des *Huai-nan-tzu* beiden Gliedern des Begriffspaares Gleichberechtigung zuteil wird, ist im vorliegenden Sinnspruch das Yin eindeutig bevorzugt.

Die zweite Hälfte des Spruches könnte, bei flüchtiger Betrachtung, sozial interpretiert werden, zumal eine Leseart hier »Der Edelmann« (*chün-tzu*) statt »Der Heilige« hat und »Der kleine Mann« (*hsiao-jen*) statt »Das Menschenvolk« – als *lectio difficilior* sogar die glaubwürdigere Version.[3] Die Sätze wären dann so zu verstehen: Während der Heilige bzw. der Edelmann die Möglichkeit der Bootsreise besitzt, muß das Volk bzw. der kleine Mann sich schon im morgendlichen Reif auf den Weg machen. Analog könnte in den ersten Sätzen auf die Tätigkeit der Bauern angespielt werden, die nämlich den Sonnenhang (*yang*) bevorzugen, während dem ›Heiligen‹ ein Aufenthalt im kühlen Dunkel seiner Halle vergönnt ist. So heißt es im 15. Buch des *Huai-nan-tzu:* »[Der Heilige] weilt im Dunkel (*yin*) seiner Halle droben und kennt dennoch den Lauf von Sonne und Mond . . .«[4]

Der Kommentar des KAO YU 高誘 (3. Jh. n. Chr.) macht indessen deutlich, daß Satz 3 und 4 nicht im sozialen, sondern im philosophischen Sinne zu verstehen sind (sofern beides immer reinlich zu trennen ist). KAO YU schreibt: »Das Wasser hat eine Gestalt, aber kann nicht zerstört werden. Demgemäß nimmt der Heilige darin seinen Weg und bleibt ohne Spur. Wenn man auf Reif und Schnee tritt, gibt es Spuren. Demgemäß nimmt das Menschenvolk darin seinen Weg.«[5]

KAO YUS Ergänzung »und Schnee« wird noch einleuchtender, wenn wir andere Stellen im *Huai-nan-tzu* heranziehen, etwa eine Sentenz aus dem 16. Buch, dem »Berg der Sprüche«. Sie lautet: »Ein Ju-Gelehrter sein und zu Haus im Dorfe hocken; ein Mohist sein und bei Hof die Flöte blasen; die Spuren austilgen wollen und durch den Schnee stapfen; einen Ertrinkenden retten und nicht naß werden wollen: das heißt Gangbares verneinen und Nichtiges begehen.«[6] Der Verfasser des *Huai-nan-tzu*-Spruches hätte das Wort »Schnee« (*hsüeh*) auf Grund des Reimes nicht verwenden können und hätte es ebensowenig, auf Grund des Metrums, einfügen können.

Das Bild der Fußspur im Schnee bzw. Reif war anscheinend geläufig; und wenn KAO YU die Spur zum Drehpunkt seines Kommentars macht, ist das plausibel. Zugleich gibt er uns damit einen Schlüssel zum Verständnis der ersten beiden Zeilen in die Hand. Ein beliebtes Komplement zum Begriff der Fußspur nämlich ist der des Körperschattens. Noch die heutige Umgangssprache kennt den Ausdruck *wu-ying wu-tsung* 無影無蹤, »spurlos verschwunden sein«. Aber auch im *Huai-nan-tzu* finden sich mehrere Belege. Z. B. heißt es im 16. Buch: »Wenn unsere Füße über die Erde schreiten, machen sie Spuren; wenn wir im prallen Sonnenlicht gehen, machen wir Schatten. Das bedeutet ›leicht [zu tun] und schwierig [zu korrigieren]‹.«[7]

Das durch den Kommentar des KAO YU vorgeschlagene Verständnis des Schlußsatzes kann hier außer acht gelassen werden. Indessen werden wir durch das Begriffspaar »Spur – Schatten« auf eine Stelle hingelenkt, die dem *Huai-nan-tzu*-Spruch als Hintergrund gedient haben kann: eine Parabel, die im 31. Kapitel des *Chuang-tzu* von jenem alten Angler vorgetragen wird, der dem schönen Kapitel seinen Namen gegeben hat. Ihm hatte Konfuzius die Fährnisse und Nöte geklagt, in die er durch sein moralisch-politisches Wirken geraten war. Der alte Angler nun erzählt dem Philosophen von einem törichten Mann, der sein Schattenbild und seine Fußspuren fürchtete. Er begann zu laufen, um ihnen zu entfliehen; aber je schneller er lief, desto mehr Spuren hinterließ er, und auch sein Schatten wich ihm nicht vom Leibe. So lief er sich zu Tode. »Er wußte nicht, daß man im Dunkel weilen muß (*ch'u yin*), damit der Schatten zur Ruhe kommt, und daß man in der Stille weilen muß, damit die Spur endet.«[8] Besonders die Worte *ch'u yin* bestärken uns in der Annahme, daß diese Parabel dem *Huai-nan-tzu*-Spruch zugrunde liegt.

Sie war damals offenbar verbreitet: Auch der Dichter MEI SHENG 枚乘 (gest. 141 v. Chr.) zitiert sie in seiner Eigenschaft als Kammerherr des Liu P'i, Königs von Wu, und zwar in einem Warnschreiben an seinen Dienstherren, als dieser 154 v. Chr. Umsturzpläne gegen den Kaiser Ching schmiedete.[9]

Das Gleichnis im *Chuang-tzu* stellt zunächst eine Maxime

praktischer Lebensweisheit dar: Im Tilgen der Spur liegt die Voraussetzung für ein unbeschadetes Dasein in einer Zeit und einer Umwelt der Rechtsunsicherheit. So heißt es auch im *Chuang-tzu* 20, 4, wiederum anläßlich einer Zurechtweisung des Konfuzius, der »leuchtend einherging, als hätte er Sonne und Mond im Arm«, so daß er in bedrohliche Lagen geraten war: »Der höchste Mensch verwischt seine Spuren (*hsiao-chi* 削迹), entsagt der Macht und sucht nicht Werke noch Namen.«[10] Ähnlich werden in *Chuang-tzu* 12, 13 die Männer einer vollkommenen Welt beschrieben: »Ihr Wandel (*hsing*) ist ohne Spur, ihre Taten sind ohne Überlieferung.«[11] Die ›Spuren‹ stehen hier metaphorisch für Leistung und Ruhm.

Zunächst war das Fehlen von Fußspur und Körperschatten wohl ein Merkmal des Göttlichen gewesen. Auch der *Huai-nan-tzu* hat entsprechende Passagen. Da heißt es im 15. Buch, das von der Kriegstaktik handelt: »Also besteht die Kunst (*tao*) der Kriegsführung darin, daß man [dem Feind] Schwäche demonstriert, ihm aber mit Stärke begegnet . . ., daß man so tut, als ginge man nach Osten, wenn man nach Westen will . . ., gleich einem Geiste, der ohne Fußspuren ist, gleich dem Wasser, das unverwundbar ist . . .«[12] Und – ebenfalls an unseren Spruch anklingend – wird im ersten Buch, das dem »Ergründen des Tao« gewidmet ist, von dem Regen- und Flußgott Feng I 馮夷 gesagt: »Auf seinem Wolkenwagen drang er in den Wolkenregenbogen ein und schweifte im feinsten Dunst . . . Selbst wenn er Reif und Schnee durchmaß, blieb er ohne Spur; selbst vom Sonnenlicht beschienen, warf er keinen Schatten . . .«[13]

Die Verknüpfung von Regeln gewiegter Kriegstaktik mit einem Preis des Göttlichen sollte nicht verwundern: Sie gehörte von jeher zum Taoismus als einer Lehre vom »Weg«, der zunächst, ganz handfest, als Kunstgriff verstanden werden kann. Auch im *Tao-Tê-ching* finden sich Sätze von erstaunlichem Kalkül.[14] Und es fügt sich, daß im *Chuang-tzu* der erwähnte Flußgott und Wagenlenker Feng I zusammen mit jenen Göttergestalten aufgezählt wird, die das Tao, die besondere Kunst, erlangten.[15]

Unversehens aber wandelt sich der namentlich faßbare Kunstbeherrscher zum abstrakten Denkbegriff. So heißt es, ebenfalls im ersten Buch des *Huai-nan-tzu,* an einer Stelle, wo vom ›Einen‹ die Rede ist: »Seine Bewegungen sind gestaltlos, es verändert sich wie ein Geist, sein Wandel ist spurlos ...«[16] Dieser Gedanke wird zu Beginn des 14. Buches noch weiter ausgeführt. Dort geht es um das ›Große Eine‹ (*t'ai-i*); die Passage lautet: »Der Wahre Mensch war niemals vom Großen Einen getrennt. Der Heilige Mensch ist kein Namensträger, kein Pläneschmied, kein Diensttuer, kein kluger Hausherr. Er verbirgt sich im Gestaltlosen, wandelt im Spurlosen, schweift im Zeichenlosen ...«[17]

Auch im *Chuang-tzu* wird der Begriff des ›Einen‹ mit dem der ›Spurlosigkeit‹ verbunden. So heißt es in Kapitel 16,3 von den ›Verborgenen Gebildeten‹ des Altertums: »Wären sie auf eine Zeit getroffen, die sie zu einem großen Wandel in der Welt bestimmt hätte, sie wären zum Einen zurückgekehrt und ohne Spur geblieben.« Hier kann die Spurlosigkeit keine Vorsichtsmaßnahme bedeuten; denn die ›Verborgenen Gebildeten‹ werden – an dieser Stelle – als Männer geschildert, die sich selbst *nicht* verbargen, die *nicht* im Schweigen verharrten und *nicht* ihr Wissen zurückhielten.[18]

In diesen Zitaten wird die Spurlosigkeit zum Attribut des All-Einen, auf das jede Mystik hinzielt; die Spur wird zur Verletzung und Befleckung des reinen Urgrundes, zum Sinnbild der Antinomien, die es zu überwinden gilt. Und die Tilgung der Fährte garantiert nun nicht mehr allein den Schutz vor leiblicher Verfolgung, sondern vor der Gefangennahme im Widerstreit des menschlichen Daseins schlechthin.

Es ist nur folgerichtig, vielleicht auch historisch abzuleiten, wenn das Binom in diesem Wortsinn gleichfalls im Zen-Buddhismus eine Rolle gespielt hat. Möglich, daß ›Bruder Chao‹ 僧肇 (384–414) dabei als Vermittler diente. Dieser jung verstorbene Schüler des Kumārajīva hatte zunächst die konfuzianischen Klassiker studiert, war aber zutiefst von Lao-tzu und Chuang-tzu berührt gewesen, bis er durch das *Vimalakīrti-Sūtra* zum Buddhismus fand. In allen Schriften des SENG CHAO tritt sein taoistisches Erbe klar zutage, und nicht zuletzt auf ihn wird es zurückzuführen sein, wenn noch im späteren Zen Reminiszenzen an die taoistische Mystik sich aufdrängen. In seinem *Antwortschreiben an Liu I-min,* das er im Jahre 409/10 zum Lu-shan hinaufschickte, schreibt Bruder Chao, in großer Nähe zu Lao-tzu und Chuang-tzu:[19]

»Wahrlich, das Aufkommen von Sprache und Spur ist der Grund, warum sich unsere Pfade trennen. Denn die Sprache hat etwas Unaussprechliches, und die Spur hat etwas nicht Erspürbares. Darum: Ein Sprecher, der sich aufs Sprechen versteht, sucht eben das, was Sprache nicht aussprechen kann; und ein Spürer, der sich aufs Spüren versteht, folgt eben dem, was nicht durch Spuren erspürbar ist. Die höchste Wahrheit ist nämlich leer und unergründlich . . .«

YÜAN-WU K'O-CH'IN 圜悟克勤 (1063–1135), der Verfasser des *Pi-yen-lu* 碧巖錄, geht in seiner Erläuterung des 15. ›Beispiels‹ auf dieses Wort zurück;[20] und auch im ›Hinweis‹ zum 22. ›Beispiel‹ läßt er den Gedanken noch einmal anklingen: »Wer unbedingt vom Leim gelöst, von Fesseln frei sein will, der muß frischweg die Spur verwischen, die Stimme verschlucken . . .«[21] Mit den Worten »die Spur verwischen«, *hsiao-chi,* benutzt YÜAN-WU eben den in *Chuang-tzu* 20,4 verwendeten Ausdruck.

Schließlich kann auf die Erweckungs-Gāthā des HSIANG-YEN CHIH-HSIEN 香嚴知閑 (9. Jh.) verwiesen werden, die den Begriff der Spurlosigkeit im zen-buddhistischen Denkbereich sehr schön zum Ausdruck bringt. Die Vorgeschichte findet sich im *Ching-tê Ch'uan-teng-lu* 景德傳燈錄: Hsiang-yen hatte bei dem Zen-Meister Wei-shan Ling-yu 溈山靈祐 studiert und war in tiefe Zweifel geraten. Er hatte all seine Notizen verbrannt und sich der praktischen Arbeit hingegeben. Eines Tages, als er im Gebirge beim Roden war, schlug eine Tonscherbe, die er vermutlich aufgewirbelt hatte, an den Stamm eines Bambusbäumchens. Beim Klang des Aufpralls brach Hsiang-yen in Lachen aus und war ›zu wolkenloser Klarheit erleuchtet‹. Sein diesbezügliches Gedicht lautet:[22]

Mit einem Schlag vergaß ich all mein Wissen,
Hab dafür Zucht und Regeln nicht gebraucht.

Mit Arbeit hielt ich hoch den Pfad der Alten,
Sank nicht hinab zum Geist der stillen Schau.
An keiner Stelle mehr gibt's da noch Spuren;
Vom Sinnenstaub gereinigt ist mein Tun.
All jene, die zum Ziel des Wegs gelangten,
Sie nannten dies: der höchsten Höhe Geist.

Auch sonst ist das Binom *wu-chi,* »ohne Spuren«, im Zen-Buddhismus nachweisbar.[23] Besonders in der wohl umgangssprachlich gefärbten Form *mo-tsung-chi* 沒蹤跡, jap. *mosshōseki,* ist es zum Terminus für den durch nichts befangenen Wandel des hoch Erleuchteten geworden.[24]

Wir dürfen vermuten, daß etwas davon bereits im Spruch des *Huai-nan-tzu* anklingt.

Es bleibt die formale Seite zu beleuchten. Die vier Sätze des Spruches bestehen jeweils aus fünf Wörtern mit einer Zäsur nach dem zweiten Wort. Satz 4 reimt auf Satz 2, selbst nach den Anforderungen der klassischen Reimordnung. Allem Anschein nach haben wir es hier mit einem Gedicht zu tun.

Bevor wir uns dieser Frage zuwenden, haben wir uns zunächst mit der Textkritik zu befassen. Denn Wang Nien-sun 王念孫 (1744–1832), der hervorragende Phonetiker und Etymologe, will Satz 3 und 4 des Spruches nicht in der überlieferten Form anerkennen. Er liest: »Der Heilige nimmt seinen Weg im Wasser, das bedeutet, es gibt keine Spuren. Das Menschenvolk nimmt seinen Weg im Reif, das bedeutet, es gibt Spuren.«[25] Als Begründung führt Wang Nien-sun an, ohne die eingefügten sechs Wörter bliebe der Sinn unklar. Vor allem stützt er sich auf den Kommentar des *Wen-hsüan* zur »Poetischen Beschreibung der Nixe vom Lo-Fluß« (*Lo-shen fu* 洛神賦) des Ts'ao Chih 曹植 (192–232). Der Kommentar des Li Shan 李善 (gest. 689) bezieht sich auf den Satz: »... mit kleinen Schritten berührt sie die Wogen, und ihre Seidenstrümpfe lassen Wasserstaub entstehen.«[26] Unter Bezugnahme auf *Huainan-tzu* heißt es nun: »Der Fuß des Heiligen nimmt seinen Weg im Wasser, das bedeutet, es gibt keine Spuren. Das Menschenvolk nimmt seinen Weg im Reif, das bedeutet, es gibt Spuren.«[27] Weiterhin beruft WANG NIEN-SUN sich auf das *T'ai-p'ing yü-lan* (gedr. 1023–1063), in dessen Abteilung »Himmlisches« das Zitat noch einmal auftaucht: »Der Heilige nimmt seinen Weg im Wasser, und es gibt keine Spuren. Das Menschenvolk nimmt seinen Weg im Reif, und es gibt Spuren.«[28] Auch den Kommentar des KAO YU führt WANG NIEN-SUN zu seinen Gunsten an. Er versteht ihn nämlich so: »Das Wasser hat eine Gestalt, aber kann nicht zerstört werden. Demgemäß ›nimmt der Heilige seinen Weg darin, und es gibt keine Spuren.‹« Die zweite Hälfte des Kommentars will WANG analog erweitern: »Reif und Schnee haben eine Gestalt und können zerstört werden. Demgemäß ›nimmt das Menschenvolk seinen Weg darin, und es gibt Spuren.‹«

Diesen Konjekturen widerspricht YÜ YÜEH 俞樾 (1821 bis 1906), der zweite bedeutende Textkritiker des *Huai-nan-tzu.*[29] Er verweist auf das parallele Gleichmaß der vier Sätze, vor allem auch auf den Reim in Satz 2 und 4. Der *Wen-hsüan*-Kommentar und das *T'ai-p'ing yü-lan* hätten demnach den Kommentar mit in den Text gezogen. Und wenn WANG NIEN-SUN die zweite Hälfte des Spruches derartig erweiterte, so fragt YÜ YÜEH, was müßte man dann in der ersten Hälfte hinzufügen?

Wir möchten uns diesen Argumenten anschließen und das Sinngedicht, wie wir es nun nennen können, in seiner überzeugenden Form bestehen lassen.

Damit aber ergibt sich ein letztes Problem: Die Entstehung des Gedichtes mit fünf Worten je Vers ist aufmerksam verfolgt worden, hat dieses Metrum doch die chinesische Dichtung grundlegend umgestaltet und großenteils, bis in die neuere Zeit, geprägt. LU K'AN-JU 陸侃如 und FENG YÜAN-CHÜN 馮沅君 geben in ihrer *Geschichte der chinesischen Dichtung* als früheste Beispiele für ein durchgehendes Fünf-Wort-Metrum »relativ späte«, vom Ausland übernommene Lieder des Musikarchivs (*Yo-fu*) an, nämlich »Weisen zu Trommel und Flöte« und »Weisen zur Querflöte«. Als frühester namentlich greifbarer Dichter, der das Metrum benutzte, ist erst YING HENG 應亨 angeführt, der um 60 n. Chr. wirkte.[30] Der Ursprung des Fünf-Wort-Verses scheint demnach eng mit der Musik verknüpft zu sein.

Die Textgeschichte des *Huai-nan-tzu* ist durch KURAISHI TAKESHIRŌ 倉石武四郎 gründlich untersucht worden.[31] Dabei wurde nur Buch 21, das letzte also, in Zweifel gezogen. Und auch diesem Zweifel ist vor nicht langer Zeit KANAYA OSAMU 金谷治 entgegengetreten.[32] Dürfen wir weiterhin mit der Authentizität des 17. Buches rechnen, müßte unser Sinnspruch vor dem Jahre 122 v. Chr. abgefaßt worden sein. Selbst wenn man die vier sprichwortähnlichen Zeilen nicht als Gedicht im engeren Sinne werten wollte, könnten sie doch in die Diskussion um das Aufkommen des Fünf-Wort-Metrums einbezogen werden.

Anmerkungen:

1 *Chu-tzu chi-ch'eng*, Peking 1954, Bd. 7, *Huai-nan-tzu*, S. 301, Kol. 1 f. In der neuen japanischen Übersetzung des *Huai-nan-tzu* von TOGAWA YOSHIRŌ, KIYAMA HIDEO und SAWAYA HARUTSUGU im *Chūgoku koten bungaku taikei*, Bd. 6, Tokyo 1974, trägt der Abschnitt die Ziffer 202. Frdl. Hinweis von Dr. Gert Naundorf vom Institut für Sinologie der Universität Würzburg.

2 *Li T'ai-po ch'üan-chi*, Peking 1957, S. 862 (= *ch.* 17, Fol. 18 b).

3 Im *Kokuyaku Kambun taisei, E-nanji*, Tokyo 1921, S. 462 u. 174.

4 *Huai-nan-tzu*, S. 264, Kol. 2 f.

5 Ebenda, S. 301, Kol. 2. Das Problem der Authentizität dieses Kommentars wird in EVA KRAFTS Abhandlung »Zum Huai-nan-tzu«, *Monumenta Serica* 16 (1957), S. 195 f., dargelegt.

6 *Huai-nan-tzu*, S. 276, Kol. 3–5. – Bei den im folgenden aufgeführten Zitaten handelt es sich mehr oder weniger um Zufallsfunde. Das *Huai-nan-tzu t'ung-chien* des Centre franco-chinois d'études sinologiques, Peking 1944, bringt nur einen geringen Teil des betreffenden Materials.

7 S. 286, Kol. 2 f.

8 *Chu-tzu chi-ch'eng*, Bd. 3, *Chuang-tzu chi-shih*, S. 446, Kol. 8–10; BURTON WATSON, *The Complete Works of Chuang Tzu*, New York/London 1968, S. 348.

9 *Han-shu*, ch. 51; *Po-na*-Ausg., Fol. 22b.

10 *Chuang-tzu chi-shih*, S. 299, Kol. 3; RICHARD WILHELM, *Dschuang Dsi, Das Wahre Buch vom Südlichen Blütenland*, Jena 1920, S. 150; B. WATSON, S. 214.

11 *Chuang-tzu chi-shih*, S. 199, Kol 10. Der überlieferte Text hat zwar *wei-chi* 爲迹, aber Kommentar und Subkommentar lassen erkennen, daß es ursprünglich *wu-chi* geheißen hat. Dem folgen WILHELM (S. 92) und WATSON (S. 138).

12 *Huai-nan-tzu*, S. 264, Kol. 12–14.

13 S. 2, Kol. 16, – S. 3, Kol. 2. Zu der Gestalt und den verschiedenen Schreibweisen des Gottes siehe E. KRAFT, op. cit., S. 211, Anm. 25, und MOROHASHI TETSUJI, *Dai Kanwa jiten*, Nr. 44579.. 2.1 und 2.

14 Vgl. *Tao-Tê-ching*, Abschnitt 36.

15 *Chuang-tzu* 6, 1; *Chuang-tzu chi-shih*, S. 113, Kol. 3; R. WILHELM, S. 225, Anm. 9; B. WATSON, S. 81, dort P'ing-i statt Feng I.

16 *Huai-nan-tzu*, S. 12. Kol. 4 f.; E. KRAFT, S. 236.

17 *Huai-nan-tzu*, S. 235, Kol. 7 f.

18 *Chuang-tzu chi-shih*, S. 245, Kol. 11–15; R. WILHELM, S. 121; B. WATSON, S. 173.

19 Liu I-min 劉遺民 ist Liu Ch'eng-chih 劉程之, ein Vertrauter des Abtes Hui-yüan. Siehe WALTER LIEBENTHAL, *The Book of Chao* (= *Monumenta Serica Monograph* 13), Peking 1948, S. 109. Text: *Taishō Shinshū Daizōkyō*, Nr. 1858, S. 157 oben, Kol. 6–9.

20 T. 2003, S. 155 Mitte, Kol. 17; WILHELM GUNDERT, *Bi-yän-lu, Meister Yüan-wu's Niederschrift von der Smaragdenen Felswand*, Bd. 1, München 1960, S. 287.

21 Übersetzung von W. GUNDERT, op. cit., S. 385; Text: T. 2003, S. 162 Mitte, zweitletzte Kolumne.

22 T. 2076, im 11. Buch, S. 284 oben. Vgl. CHANG CHUNG-YÜAN, *Original Teachings of Ch'an Buddhism, Selected from the Transmission of the Lamp*, New York 1969, S. 220. – Die Übersetzung von Vers 6 gemäß YAMADA KŌDŌ, *Zenshū jiten*, Tokyo 1915, S. 489.

23 YAMADA KŌDŌ, S. 1045.

24 YAMADA KŌDŌ, S. 1067, sowie JIMBO NYOTEN und ANDŌ FUMIHIDE, *Zengaku jiten*, Tokyo 1915, S. 1418.

25 Sheng-jen hsing yü shui wu chi yeh. Chung-jen hsing yü shuang yu chi yeh. Siehe *Wang Nien-sun Tu-shu tsa-chih* 讀書雜誌 9,17 (= *Chung-kuo hsüeh-shu ming-chu*, hg. von YANG CHIA-LO, Nr. 738, Taipei 1963), Fol. 15a.

26 *Wen-hsüan*, ch. 19; *SPPY*-Ausg., Fol. 10b. Die Übersetzung ist die ERWIN V. ZACHS in *Die Chinesische Anthologie*, hg. v. ILSE MARTIN FANG, Cambridge, Mass., 1958, S. 267.

27 Sheng tsu hsing yü shui wu chi yeh. Chung-jen hsing yü shuang yu chi yeh.

28 Sheng-jen hsing yü shui wu chi. Chung-jen hsing yü shuang yu chi. *T'ai-p'ing yü-lan, ch.* 14, s. v. *shuang.*

29 *Yü Yüeh Chu-tzu p'ing-i* 諸子平議 (= *Chung-kuo hsüeh-shu ming-chu,* Nr. 75), S. 376.

30 *Chung-kuo shih-shih,* Peking 1956, S. 264 f.

31 In *Shinagaku* 3 (1923), »E-nan-ji no rekishi«, besonders S. 450. Vgl. EVA KRAFT, op. cit., S. 192.

32 In *Shinkan shisō kenkyū,* Tokyo 1960, S. 429–556. Vgl. BARBARA KANDEL, »Der Versuch einer politischen Restauration – Liu An, der König von Huai-nan«, *NOAG* 113 (1973), S. 34, Anm. 3, und S. 39, Anm. 29.

Ein Langgedicht von Yu Kwang-chung

Übersetzt und eingeleitet von Andreas Donath, Köln

Der 1928 in Nanking geborene Wissenschaftler und Literat YU KWANG-CHUNG (in nichtwissenschaftlichen Publikationen durch seinen Übersetzer auch Yü Guang-dschung transkribiert, nach der Wade-Giles'schen Umschrift Yu Kwang-chung) ist eine herausragende Erscheinung unter den zeitgenössischen chinesischen Lyrikern. Er veröffentlichte bisher zehn Bände mit Lyrik, sechs Essay-Bücher und zahlreiche Übersetzungen aus dem Amerikanischen. Die Titel seiner Gedichtbücher sind: »Bootsmann-Elegien« (1952), »Die blaue Feder« (1954), »Tropfstein« (1960), »Halloween« (1960), »Lotos-Assoziationen« (1964), »Der Junker von Shao-ling« (1967), »Nachtstadt des Himmels« (1969), »Perkussionen« (1969), »In Zeiten kalter Kriege« (1969) und »Weißjade-Bitterkürbis« (1974). Zur Zeit ist Yu Kwang-chung Professor für chinesische Literatur an der Chinesischen Universität von Hongkong. Yu Kwang-chung hatte ursprünglich Anglistik studiert und an der Taiwan National-Universität den B.A. abgelegt. Zum Master of Fine Arts graduierte er 1959 an der State University of Iowa. Anschließend war er Lektor für Englisch in Taiwan. 1964 erhielt er eine Gastprofessur in Michigan durch die Fulbright-Stiftung. Im Sommer 1966 kehrte er nach Taiwan zurück. Von 1969 bis 1971 war er wieder in den Vereinigten Staaten. Das hier vorgestellte Gedicht entstand im Sommer 1966, als Yu Kwang-chung zum Abschluß seines zweiten USA-Aufenthaltes eine Autoreise durch die Vereinigten Staaten unternahm, die ihn von Washington nach New York und von dort quer durch den Kontinent bis nach Los Angeles führte. Aus dem Erlebnis dieser Trans-Amerika-Fahrt entstand das Langgedicht »Gedanken für Schlagzeug«, das in loser Improvisationsform um drei Themen des Mißvergnügens herum gestaltet ist, die sich zusammenfassen lassen unter den Stichpunkten American way of life, Heuschnupfen und Kulturrevolution. Amerika ist für ihn, den asiatischen Intellektuellen, keine zweite Heimat geworden. Freiheitsstatue und Vietnamkrieg sind die Pole seines Unbehaustseins. In China ist im Frühsommer 1966 der Studentenaufstand Kulturrevolution ausgebrochen und verfinstert das Bild seiner eigentlichen Heimat. An das Wort Maos, um den Geschmack einer Birne zu erkennen, müsse man hineinbeißen, erinnert Yu Kwang-chungs Metapher, daß die chinesische Gegenwart ihm im Hals stecken bleibe. Schließlich leidet der Autor während der hier beschriebenen Reise ganz profan an einem Heuschnupfen, den er mit Humor zu ertragen versucht. Obwohl in moderner Umgangssprache geschrieben, ist das Gedicht nach alter chinesischer Sitte voll von Anspielungen, die im Grunde einen Leser voraussetzen, der in der modernen englischen Literatur ebenso bewandert ist wie in der chinesischen Volkskunde. Der Gedanke liegt nahe, diese Anspielungen durch Fußnoten zu erhellen, doch widerspräche ein solches Unterfangen dem Witz des Gedichtes. Wer mit dem Begriff »Old Possum« nichts anzufangen weiß, den wird auch die Anmerkung, es handle sich um T. S. Eliot, nicht in die Stimmung, nicht in den Drive des Gedichtes versetzen. Der Text spricht für sich, er bedarf keiner Interpretation, Fußnoten würden ihn belasten und die Struktur zerstören. In eine Festschrift für Alfred Hoffmann, der uns die chinesische Lyrik näher gebracht und verständlich gemacht hat, paßt dieses Gedicht kontrapunktisch – es dokumentiert die Perzeption abendländischer Lyrik durch einen chinesischen Dichter.

Gedanken für Schlagzeug

von Yu Kwang-chung

Nach Hyazinthen und Löwenzahn,
nach dem Memorial Day
bin ich immer noch unglücklich
und verlängere meine höchst einseitige
Diskussion mit dem Leben.
Ein Winter verloren,

Bitte teilen Sie uns Ihre Anschrift mit, wenn Sie ständig über unsere Neuerscheinungen unterrichtet werden wollen.

Name und Adresse des Absenders (bitte in Blockschrift):

Wenn Sie unsere Arbeit unterstützen möchten, bitten wir um Unterstreichung der betreffenden Antwort auf die Frage:

Wodurch wurden Sie zum Kauf des Buches veranlaßt?

Name des Autors,
Interesse an Titel und Thema,
Empfehlung eines Bekannten,
Buchhandlungs-Empfehlung,
Schaufensterauslage,
Katalog einer Buchhandlung,
Zeitungsbesprechung,
Anzeige des Verlags,
Verlagsprospekt,
Schutzumschlag.
Ich erhielt das Buch geschenkt.

Diese Karte entnahm ich folgendem Buch:

Für Ihre Bücher interessiert sich außerdem: (Name und Adresse des Interessenten):

Postkarten-
Porto

Horst Erdmann Verlag

D - 7400 Tübingen

Hartmeyerstraße 117
Postfach 1380

ein Frühling verloren,
der Sommer bringt
Heuschnupfen und Nesselfieber,
Hatschi!
Nach dem Niesen noch unglücklich,
festgelegt auf das Unglücklichsein,
falls nicht ein Wunder geschieht,
China, mein China,
wann legen wir unseren Streit bei?

Chiantiflaschen und Teebeutel,
Corn Flakes und Erdbeermarmelade,
gemischtes Eis und Pizza.
Stahl die Stadt, Beton die Straße,
mit siebzig Meilen die Stunde noch unglücklich,
nach einem eiskalten Essen
liegst du mir im Magen, China,
als unverdauliche Pflaume.
China, du bist ein Zopf,
den du als Warenzeichen nachschleifst.

Ich stelle mir vor,
in der Ferne steht eine stolze Pagode.
Ich stelle mir vor,
daß wenigstens eine
noch nicht zerfallen ist,
daß die fünf Gipfel noch immer
den Himmel Chinas stützen.
Aus einem Alptraum erwachst du im Schrei
und siehst dich
von einem schlimmeren Alptraum umstellt.
Ich stelle mir vor,
wie wäre es, zur Abwechslung
auf der Fifth Avenue einen Drachen steigen zu lassen
und oben auf dem Empire State Building
Klarinette zu spielen?

Ich stelle mir vor,
nach dem Frühling den Trenchcoat abzulegen.
Bei jedem Sterben fällt eine Haut von mir ab
und läßt mich noch unglücklicher zurück.
Nach jedem Haarschnitt siehst du im Spiegel
die neueste Ernte des Kummers.
Den Frisiersalon verläßt du
so unglücklich, wie du eintratst.
China, dich kann man nicht stutzen, nicht fortrasieren,

du bist das würgende Magengeschwür, das nicht heilt.
China, wie spielst du mir mit!
Du bist ein Problem, versunken im Qualm
der China-Experten. Sie sagen,
man hätte dich entwürdigt, vergewaltigt und verwüstet,
gedemütigt, verraten und aufs neue vergewaltigt.
China, mein China, du treibst mich zum Wahnsinn.

Washington-Denkmal und Lincoln-Gedächtnis-Halle,
zuletzt die schöne Göttin im Hafen von New York.
Die sechsunddreißig Säulen ihres erhobenen Blicks
tragen ein kraftvolles Selbstvertrauen,
weiß und fest und hart aus Colorado-Stein,
von dem dir nicht ein Zoll gehört,
steigst du die Stufen der Freiheit herab.
Du bist ein Jude, du bist ein Zigeuner,
ohne Kristallkugel kannst du das Schicksal nicht deuten.
Hinter der Wüste, hinter dem Roten Meer
erwartet dich kein Herrscher-Gott.
Vier Fahrspuren laufen ins Endlose,
die Autobahn rollt fünfzig Staaten auf.
Wir haben 1966, auf einem anderen Kontinent.
Dreitausend Meilen schwindlig
vom schnellen Fahren von Küste zu Küste.
Beteiligt am Fahrbahn-Massaker,
unschuldig oder schuldig,
hinweg über Neuschnee und schattiges Eis,
hinein in die Falle Osterverkehr und Memorial Day.
Das Steuerrad ist ein Roulett.
Es dreht einen nüchternen Wachtraum herbei – Chikago.
Die Himmelskratzer stellen den Engeln nach,
ein jedes Fenster öffnet sich
auf einen Versicherungsbau oder auf eine Legende.
Der schlanke weiße Dodge,
windschlüpfrig wie ein Schneeleopard,
reißt mit fliegendem Sprung seine Beute.
Ohio, Michigan, Indiana, Chicago, Evanston.

Dies ist die ausgestreckte Ebene des Mittelwestens,
ein wogendes Grün, gekräuselt vom Sommerwind
und den Erntegesängen der vielen Gemeinden.
In diesem Brotkorb ruhen
die tausend Kleinstädte im Mittagsschlaf,
schlank von Kapellen, rund von Wassertürmen,
rot von Farmhäusern und weiß von Zäunen.

Die Kühe stehen im Gras der Grashalme,
sie kauen den Klee, die Apfelblüten
und die vereinzelte Wolke über dem Heustall.
Sie dösen Dingen nach, die unschuldig sind an Vietnam.
Was suchen die Bienen den ganzen Nachmittag?
Heuschnupfen hängt in der Luft,
noch aufdringlicher als die Spottdrossel.
Halb Amerika niest über Arzneiflaschen.
In China (frag mich nicht, welches Datum
wir nach dem Mondkalender haben,
wie kann ich es wissen) ist Totengedenktag vorüber,
es kommt das Drachenbootfest,
Erinnerung an Ch'ü Yüan, gesäubert
vor vierundzwanzig Jahrhunderten.
Wir registrierten die früheste Dichter-Verbannung
in unserer langen Geschichte, der längsten der Welt,
früher als Dante, Hugo, Majakowski und alle anderen.
Weit, weit dehnt sich der Brotkorb,
der die größere Hälfte Amerikas nährt.
Hier sangen einst Whitmann, Sandburg, Mark Twain,
hier dichtete ich einst, in meinem Zeitalter der Angst,
im Anhauch der Dürre aus Eliots »Waste Land«.
Old Possum ist tot. Das Gras ergrünt aufs neue,
ein jugendliches Grün, von hier bis zu den Rocky Mountains.
Die Ohren der Jugend wenden sich der Westküste zu.
Hypnotisiert vom Rhythmus Bob Dylans
erhören sie Ginsberg und Ferlinghetti.
Von Wichita bis Berkeley
hinab mit T.S.E.
Auf steigt Whitman, und Frisco nimmt alle Musen zur Braut.
So ein Wetter ist das.

Bei so einem Wetter weht was für ein Wind,
ist welche Fahne aufzuziehn, Wetteramt?
Die eigene oder jedermanns Fahne?
Nach so viel Aspirin
ist jeder Husten voll Aussicht auf Besserung.
Was soll das Gerede vom Wetter,
mit dem Rücken zum Wind niest jeder sein eigenes Niesen.
Laßt uns die Seele zuziehen mit einem Reißverschluß.
In China muß jetzt die atembeklemmende Zeit
des Totengedenktags gekommen sein,
mit phosphorleuchtenden Schneckenspuren,
von Pilzen umzingelt die Grabsteine.
Was treiben sie für eine Quellenforschung,

was wollen die Pilze ergründen?
Die Essensreste vom Opfermahl
suchen Hungernde zwischen den Gräbern.
Laß den Donner schlagen, laß die Blitze peitschen,
die verlorene Seele bringt keinen Schrei heraus
im Gelben-Pflaumen-Regen. China, mein China,
zur Zeit des Gelben-Pflaumen-Regens
zerreißt du mir das Herz.

Unter den Wolken, die Lincoln befreite,
mitten im Grase, das Whitman besang,
setz ich mich nieder zum Picknick.
Du steckst mir in der Kehle, China,
du bist zu schwer zu schlucken.
Ein Pessimist aus dem Osten, bezweifle ich,
daß ich noch jung bin, daß ich je jung war
(wie schade – bald tot und niemals jung gewesen!)
Nach dem Memorial Day immer noch unglücklich,
so unglücklich wie nie zuvor.
Wer solche Trübsal brütet,
dem werden niemals Flügel wachsen,
China, mein China, du hast mich früh zerstört.

Nach dem Tage schon wieder die Nacht,
vorformuliert, ein geschmackloser Witz.
Die Ablagerungen des Unglücks erstarren
zu einem schwarzen Mineral, kantig und fest.
Es abzubauen, sinke ich nieder
und explodiere in eine Kette sprühender Vulkane.
Ich bin ein Kontinent mit elektrischen Nerven,
ich trinke verdurstend den Gelben Fluß aus,
ich fühle am Pulsschlag, mein Herz ist nicht tot,
es atmet noch die Luft der Sturmgewitter,
meine Adern sind das Bett des Gelben Flusses,
China ist in mir, ich bin China.
Jede deiner Schändungen hat mein Gesicht gezeichnet,
China, du bist eine peinliche Krankheit,
in meine achtunddreißig Jahre verstrickt.
Soll ich mich schämen, soll ich stolz darauf sein?
Ich weiß nur, du bist immer noch Jungfrau,
so oft du auch geschändet wurdest.
China, mein China, du bist meine Ohnmacht.
Wann legen wir endlich unseren Streit
um meine Schüchternheit und deine Keuschheit bei?

Ein Vorspiel-Gedicht von Feng Wei-min (1511—1578)

von Tilemann Grimm, Tübingen

Alfred Hoffmann ist als Sinologe immer empfänglich gewesen für den Reiz der besonderen sprachlichen Form, sei sie im eigentlich lyrischen Gewand oder in dem der dicht gewobenen klassischen Prosa einhergegangen, im Ansatz zu einer schlichten Naturbeschreibung oder in der breiteren Textur des modernen Schriftstellers. Mit seinen umfassenden Erfahrungen als Philolog ist er auf die eine oder andere Weise unser aller Lehrer und Wegleiter gewesen, und er wird es fernerhin sein. Dabei hat ihn das Genre der *san-ch'ü*[1] und der verwandten *hsi-ch'ü*, der »Theaterlieder« oder Arien, besonders interessiert. Ein Beitrag dazu soll in den nachfolgenden Zeilen zu Wort kommen, der das Komplexe chinesischer Darstellungs- und Daseinsform in den Blick rückt, wie es im Bereich der dramatischen Literatur vielleicht am sinnfälligsten hervortreten kann.

Das klassische Singspiel, *tsa-chü*, das in der Zeit der Mongolenherrschaft in China seine Blüte- und Reifezeit gehabt hatte, konnte auch in der nachfolgenden Ming-Zeit (1368–1644) das Interesse chinesischer Autoren wachhalten. Im Unterschied zur Yüan-Zeit aber sind es eher Autoren des gebildeten Standes gewesen, die sich dieser literarischen Form bedienten; die von ihnen geschriebenen Stücke müssen folglich eher als Literatenstücke gelten, wie Cheng Chen-to einmal hervorhebt. Ob sehr viele von den rund 200 Stücken dieser Art, die während der Ming-Zeit entstanden sind, je auf die Bühne gebracht wurden, ist schwer auszumachen; man darf aber annehmen, daß dies allenfalls in der Form von Liebhaberaufführungen im kleinen Kreis, bei Hof oder in den Landvillen der Mächtigen, geschehen ist.[2]

Obwohl die volkstümlichere, bühnenbezogene Tradition der mingzeitlichen dramatischen Literatur eher in den *k'un-ch'ü* des

16. Jahrhunderts zu suchen ist, jenen sehr musikalischen, gesanglich anspruchsvollen Singspielen des südlichen Typs, so sollte das Interesse des Literaturbeflissenen wie des Sozialgeschichtlers auch der Fortführung des klassischen Dramas, des *tsa-chü*, gelten. Er wird belohnt werden mit überraschenden Einblicken in eine thematisch, sprachlich und darstellerisch durchaus nicht erstarrte Szenerie. Es scheint, daß gerade Literaten-Beamte, also Mitglieder der herrschenden Schicht im traditionellen China, sich dieses Genres angenommen haben, um darin ihre Zeitkritik zum Ausdruck zu bringen, die in direkter Form zu äußern doch zu gefährlich hätte werden können.[3] Dabei zeigen sie mitunter eine Kenntnis der volkstümlichen Szenerie und Sprache, die über das hinausgeht, was man, vielleicht etwas ungeschützt, Bildungsliteratur nennen möchte.

Zu diesem Autorentypus zählt auch FENG WEI-MIN (1511 bis 1578), aus einer Familie stammend, die im 16. Jahrhundert zu einer gewissen Prominenz gelangte: der Vater Feng Yü, *chin-shih* 1508, kam aus einer einfachen Umwelt und stieg zum Vizekommissar für Justiz in der Provinz Kueichou auf; ein Bruder, Feng Wei-na, wurde Finanzkommissar in Kiangsi; und ein Großneffe, Feng Chi, stieg zum Kriegsminister (*ping-pu shang-shu*) auf.[4] Im Gegensatz dazu waren Feng Wei-mins weltliche Erfolge eher bescheiden. Er hat die zweite Staatsprüfung in der Provinz Shantung, wo die Familie beheimatet war, schon als 26jähriger wohl bestanden, zum *chin-shih*-Grad hat es aber trotz mehrerer Versuche nicht mehr gereicht. In dem Jahrzehnt von 1562 bis 1572, also in reifen Mannesjahren, hat er einige Ämter innegehabt, so die Leitung eines Landkreises, dann, etwas über drei Jahre lang, das eines Distrikts-Erziehungsbeamten in Chen-chiang, wo er viele Kontakte zu Dichtern, Stückeschreibern und Malern des Nankinger Umkreises unterhalten haben muß; i. J. 1567 erhielt er den ehrenhaften Auftrag, die Provinzexamina in Yünnan abzunehmen, und er ist im Alter von 62 *sui* immerhin als stellvertretender Präfekt von Pao-ting-fu aus dem Dienst geschieden. Aus einigen Angaben in den Vorbemerkungen zu seinen Gedichten, die überwiegend im Stil der *san-ch'ü* verfaßt sind, ergeben sich Hinweise dafür, daß er seine Ämter mit Seufzen wahrgenommen hat und wegen seiner rechtlichen Einstellung und seiner Kritik an Auswüchsen des Beamten(un)wesens seiner Zeit oft in Schwierigkeiten geraten ist. Seine bald anerkannten literarischen Leistungen und wohl noch mehr das Ansehen, das seine Familie genoß, haben ihn vor Schlimmerem bewahrt.

Von Feng Wei-min sind zwei Dramen im klassischen Stil der Yüan-Zeit überliefert, und zwar die »Erzählung von dem gemeinsamen Vergehen von Mönch und Nonne« *(Tseng ni kung-fan chuan-ch'i)* und der »Bericht von der Erfolgsnachricht aus dem Palast für den Erstgraduierten Liang, den ›unbeugsamen Alten‹« (*Liang chuang-yüan p u - f u - l a o yü-tien ch'uan-lu chi*). Die gesperrten Wörter bilden den Kurztitel des Stückes »Der unbeugsame Alte«. Gerade dieses Letztgenannte scheint autobiographische Züge zu haben, und diese wiederum sind besonders deutlich in dem von mir übersetzten Abschnitt, der aus dem üblichen Rahmen eines gewöhnlich vieraktigen Stückes im klassischen *tsa-chü*-Stil herausfällt. In der kritischen Zusammenstellung dramatischer Literatur *Ch'ü-hai tsung-mu t'i-yao*, Peking 1959 (Bd. 1, S. 322) findet sich denn auch der Hinweis, daß dieses Stück in den Jahren zwischen dem letzten gescheiterten Versuch bei der Reichsprüfung und der ersten Amtsbewerbung, also wohl in den 50er Jahren des 16. Jahrhunderts, geschrieben worden sei. Der Autor habe »sich der Gestalt des Liang Hao bedient, um auf sich selbst anzuspielen« (a.a.O.).

Die Geschichte vom alten Mann, der noch als Achtziger die Staatsprüfung, und zwar als Bester *(chuang-yüan)* besteht, ist schon in der Sung-Zeit aufgekommen, als das Prüfungssystem zum Eintritt in die höhere Beamtenlaufbahn in sein erstes Reifestadium kam. Die Pointe einer solchen Geschichte drängt sich angesichts der zunehmend in den Mittelpunkt der sozialen Aufstiegshoffnungen rückenden Staatsprüfungen förmlich auf: Tausende von Kandidaten kamen jeweils zur Prüfung zusammen, und nur wenige hundert pflegten sie zu bestehen und in die höheren Ränge der Bürokratie aufzusteigen – aus dem Meer von Enttäuschung, Frustration und immer wieder aufkeimender Hoffnung, es vielleicht doch noch zu schaffen, wird wie von selbst eine solche Geschichte geboren. Als ältester Zeuge dafür wird LÜ MENG-CHENG, Jahrgangsbester des Jahres 977, genannt, der die Geschichte, dem *Tsung-mu t'i-yao* zufolge, zum besten gegeben habe. Die übrigen Zeugnisse stammen alle aus der südlichen Sung-Zeit. HUNG MAI (gestorben 1209) nahm die Geschichte so auf, wie sie die *shih-ta-fu* seiner Zeit, also die Beamten-Literaten der höheren Ränge, bereits kolportierten; LI HSIN-CHUAN (gestorben 1243), Kompilator der *Chien-yen i-lai ch'ao-yeh tsa-chi* (komp. 1216), ließ Liang Hao als 23jährigen sein Examen machen (könnte hier eine Fehlschreibung für 73 [s. u.] vorliegen?); und von FAN CHENG-MIN, dem Autor der »Müßigen Betrachtungen aus dem abgelegenen Studio« *Tun-chai hsien-lan,* soll die Legende ihre schriftliche Fixierung erhalten haben, aber das trifft, jedenfalls für die im *Shuo-fu,* Kap. 32, wiedergegebene Fassung des Textes, nicht zu.[5] Fest steht nur, daß die biographische Aufzeichnung für den Han-lin-Sekretär Liang Hao im *Sung-shih,* Kap. 296, für das Jahr der erfolgreich bestandenen Palastprüfung bereits ein Alter von 73 Lebensjahren *(sui)* unterstellt, was aus der Jahresangabe Yung-hsi 2, d. i. 985 n. Chr., und dem Todesjahr des 92jährigen, 1004, geschlossen werden kann; das Geburtsjahr müßte demnach 913 n. Chr. sein. Weshalb die Überlieferung ihm für die Zeit der Prüfungsleistung ein Alter von 82 Jahren andichtet, ist nicht auszumachen. Nicht nur Feng Wei-min behält dies bei, obgleich er die biographische Aufzeichnung im *Sung-shih* gekannt haben dürfte, sondern auch eine Erwähnung im *Ju-lin wai-shih,* dem Roman über die Gelehrten des 18. Jahrhunderts.[6]

Für den geschichtlichen Hintergrund des unten wiedergegebenen Abschnittes aus unserem Theaterstück ist aber wichtiger, was in der biographischen Aufzeichnung im *Sung-shih* als Eingabe an den Kaiser nach dem ersten erfolglosen Prüfungsdurchgang exzerpiert ist. Dieses Exzerpt gehört zu der Legion von prüfungskritischen Beiträgen chinesischer Literaten, im Grunde seit es die staatlichen Prüfungen in dieser Form gegeben hat. Auch Feng Wei-mins »Gedicht« reiht sich hierin ein. LIANG HAO soll danach das Folgende niedergeschrieben haben:

Ich habe die historischen Dokumente daraufhin durchgesehen, wie das Haus der T'ang die Welt regiert hat. Verschiedene weise Herrscher sind darunter hervorgetreten, die Kultiviertheit der Menschen hatte ihren hellen Glanz. Außerdem waren sie auf gemeinschaftliche Regierung aus und suchten dafür in allen Winkeln nach vielfältig Begabten und richteten die Auswahl nach Fächern ein, es gab über vierzig der Art.[7] Die den Pinsel führenden Studierten jener Zeit offenbarten sich vornehm als wahrhaft Gebildete, so daß loyale und unbescholtene Leute bei Hof und in der Regierung waren. Und daß man die Unterweisung und Erziehung auf die Wurzel menschlicher Gesittung gründete, war die Ursache dafür, daß man sich drei Jahrhunderte lang der Gewinnung rechter Menschen erfreuen konnte ... Wenn Eure Majestät nun (in der Sung-Zeit) persönlich sich damit befassen und eine behutsame Auswahl treffen, dann werden Sie dabei bestimmt bis zum äußersten gerecht verfahren. Wozu dann aber solche heranziehen, die über ein Gedicht, ein Stück Kunstprosa, ein Amtsschreiben und eine Erörterung nicht hinausgelangen? Sie heben heraus und befördern, wer Ihnen für die Auswahl nach dem Herzen ist, Sie weisen ab und degradieren, wer Ihrem Sinn zuwider ist; wäre es da nicht besser, solche Fehlentwicklungen wie das Übermaß an (unkontrollierten) Beförderungen und (entsprechend) das Unrecht von Degradierungen gar nicht erst aufkommen zu lassen? ... Wenn Eure Majestät die Auswahl von außergewöhnlichen Leuten wirklich nach Fächern vorzunehmen in der Lage sind ..., dann wird der Nutzen für die Regierung gegeben sein und nicht allein auf der kleinen Geschicklichkeit im Abfassen von Gedichten, Kunstprosa, Erörterung und Amtsschreiben beruhen, um dem Bedarf an Amtsträgern zu entsprechen.[8]

Kunstprosa gewiß auch dies, Rhetorik in geschriebener Form, aber auch Aussage, die womöglich Anregung gewesen ist für das »Gedicht« Feng Wei-mins. Die Verachtung, mit der von der »kleinen Geschicklichkeit« im Abfassen von normierten Schriftsätzen geredet wird, paßt ebenso zu dem realistischen Ton, in welchem Feng Wei-min sein Gedicht abgefaßt hat, wie die Schilderung der »unbedarften Leute«, die sich in Scharen zum Prüfungshof drängen. Jedoch hat Feng eine sozialkritische Note, die dem Schriftsatz von LIANG HAO vollkommen abgeht.

Der erste Akt des Stückes beginnt mit einem Vorspann, der nicht ausdrücklich als *hsieh-tzu*, Vorspiel, bezeichnet ist, jedoch die dafür charakteristische Arienmelodie »Zeit der Freude an Blumen« *shang-hua-shih* enthält. Solche Vorspiele, ob gekennzeichnet oder nicht, sind in der Regel ausgefüllt mit umgangssprachlichen Dialogen; seltener ist eine eher epische, monologische Form, die von dem Hauptdarsteller wohl gesprochen vorgetragen werden soll. Was bei dem hier interessierenden Stück auffällt, ist die besondere lyrische Form, die dieser Prolog erhalten hat; sie ist recht eigenartig in Metrum und Inhalt, rhythmische Prosa vielleicht, oder eine populäre Form des Skandierens zum rhythmischen Schlag auf die Handtrommel. Vom Inhalt her ist das Gedicht so realistisch und bitter zugleich, wie man das in der späteren Dramenliteratur Chinas nicht häufig antrifft.

In Übereinstimmung mit CHENG CH'IEN[9] bin ich der Ansicht, daß wir es mit einem Dichter von hohen Graden zu tun haben, der es verstand, Erfahrenes in eine künstlerische Form zu bringen, die es dem Leser nicht nur erlaubt, das Erfahrene nachzuvollziehen, sondern ihn auch zwingt, Stellung zu nehmen. Das macht dieses Stück auch zu einem historischen Dokument, das Beachtung verdient, wenn z. B. von dem Prüfungssystem der Ming-Zeit gehandelt werden soll. Man könnte in diesem Sinn von einem Stück »bürgerlicher« Literatur sprechen, für die sich gerade in der späteren Ming-Zeit vielfache Beispiele anfinden. Feng Wei-min schrieb dies in einer Zeit, als in China der Konfuzianismus in eine Krise geraten und überhaupt die alte Überlieferung in Frage gestellt schien. Natürlich hat sich der westliche Literarhistoriker zu fragen, wie weit er nicht einem Analogieschluß aufsitzt, indem er unbedacht Europäisches nach China überträgt. Von »bürgerlich« kann auch nur in dem analogen Sinn die Rede sein, daß hier ein konfuzianischer Rebell spricht, wie der Verfasser des *Ju-lin wai-shih* einer war, und wie zahlreiche andere es waren, ein Rebell für Freizügigkeit, für menschliche Gerechtigkeit, vielleicht auch schon für das Recht, ein einzelner sein zu dürfen. Inhaltlich ist es die außerordentliche Lebensnähe des Geschilderten, die die Analogie provoziert; ein anderes zeitgenössisches Beispiel dafür ist der große Roman *Chin-p'ing-mei.* Ich denke, in Anführungsstrichen darf man den Begriff des »Bürgerlichen« schon verwenden.

Es folgt die Übersetzung des ersten Teiles im ersten Akt, eines

Vorspiel-Gedichts in einem klassischen *tsa-chü*-Drama von Feng Wei-min, nach der Textvorlage des Auswahlbandes *Ming-jen tsa-chü hsüan*, Peking 1958.

Der unbeugsame Alte. Erster Akt

Der männliche Hauptdarsteller tritt auf in der Gestalt des Liang Hao:

Oben im Himmel pflanzt man im Morgentau grüne Pfirsiche,
in der Umgebung der Sonne pflegt man im Wolkendunst rote Aprikosen.
Hibiskus blühen am Ufer des Herbststromes,
o klage nicht den Frühlingswind an, sie hätten sich noch nicht geöffnet.[10]

Ich alter Mann heiße Liang, mit Vornamen Hao und dem Beinamen T'ai-su. Ich bin eigentlich in der Präfektur Tung-p'ing (in Shantung) zu Hause. Von Jugend auf habe ich zahllose Schriften gelesen, Lyrik und Prosa, ich hatte einen ungewöhnlichen Eifer. Früh schon empfing ich die Graduierung in meiner Heimatprovinz, aber trotz wiederholter Versuche habe ich die Reichsprüfung nicht bestanden. Unversehens sind mir die Schläfen grau geworden, und meine Jahre schwinden dahin. Frau, Söhne und Freunde mahnen mich oft, mich für ein Amt nominieren zu lassen. Ich denke aber, daß man ein Studium, welches man ein Leben lang betrieben hat, nicht mittendrin abbrechen kann, und ich werde das Ziel meines Lebens nicht aufgeben. Und nun erst, da ein Kaiser der großen Sung-Dynastie den Thron bestiegen hat und es schon das fünfte Jahr der neuen Periode »Friedlicher Aufbau« ist:[11] man läßt die Waffen ruhen und widmet sich den zivilen Aufgaben, und weit öffnen sich die Möglichkeiten für tüchtige Leute! Besonders jetzt, zur Zeit der großen Reichsprüfung, kommen hervorragende Talente aus dem ganzen Reich wie Speichen an der Nabe zusammen und folgen wie ein Echo dem Ruf. Habt Nachsehen mit mir armen Alten, daß ich diese ungelöste Herzensangelegenheit nicht einfach fallen lassen kann und daher zur Hauptstadt kommen mußte, um mich der Prüfung noch einmal zu stellen.

Zunächst bin ich in das Gasthaus in der Ch'ang-an-Straße gekommen und dort abgestiegen. Und nun gedenke ich meines früheren Aufenhaltes hier – das kann einen schon tief bewegen.

(Auf die Melodie) Shang-hua-shih:

Vor 50 Jahren bin ich hier schon einmal herumgewandert,
die grünen Bäume umstehen wie einst den Palastgraben.
Das Pferd am Halfter, gehüllt in die Reisepelze,
gehen die Helden wieder allein dahin zum hohen Prüfungstor.

Und zu derselben Melodie:

Die klaren Wellen des Sees im kaiserlichen Park regen sich Tag und Nacht,
in ihnen spiegelt sich der Herbst an den Schläfen des Scholaren,
ratlos, wie er der Beste im Examen werden kann,
sucht er sich eine Kanne billigen Weins
und betrachtet, halb berauscht, die ›scharf geschliffene Klinge‹.[12]

Ich habe Zither, Schwert und Bücherkiste im Quartier schon abgestellt. Ich muß einmal vor die Examenshalle gehen, das Neueste zu hören und die Examensbestimmungen zu studieren. Und schon bin ich vor der Examenshalle angekommen. Ah! Wenn ich mir die Anlage so ansehe, wieviel ordentlicher sieht sie doch im Vergleich zu früher aus! Was dort an der Seitenmauer hängt, ist eine Verlautbarung. *Betrachtet sie.* Wenn ich mir diese Bestimmungen ansehe, sind sie im Vergleich zu früher ja wirklich viel genauer abgefaßt! Wahrlich, sehr ordentlich und streng!

(Hier beginnt das Gedicht.)

Da sieht man nun die gewaltige Anlage und die zahlreichen, strengen Bestimmungen. Der hohe Turm im Prüfungshof[13] ragt hinauf bis zum Mond-Palast, die Halle der gerechten Aufsicht liegt niedrig wie der Palast des Höllenrichters. Reihe A, Reihe B, dicht bei dicht, zu mehreren tausend und hundert Nummern zusammengestellt; der östliche, der westliche Prüfungshof sauber getrennt, dort folgen aufeinander der erste, der zweite, der dritte Prüfungsdurchgang. Süd-Liste, Mittel-Liste, Nord-Liste, immer geht es um die Urteile, die Darlegungen, die Klassiker,[14] Wandlungen, Urkunden, Lieder, dazu jene Frühling und Herbst und die Riten. Der Prüfungsleiter, das ist der Präsident des Riten-Ministeriums;[15] die Oberaufsicht führt der gegenwärtige Staatskanzler. Die Prüfer, die Aufseher, die Nachprüfer, die Protokollführer, die Beamten, die Prüfungsaufsätze siegeln, auch noch jene patroullierenden Torwächter: so viele Beamte wahren das Gesetz; das Siegelamt, das Gegenleseamt, das Abschreibeamt, und dann noch jene Annahmestellen für die Prüfungsaufsätze: ein jedes Amt versieht seine öffentliche Pflicht. Auf allen Seiten gehen sie hin und her das Klingholz schlagend, überall herum schwingen sie Tag und Nacht die Glöckchen. Hin und her Klingholz schlagen – da sieht man nur armselige Knechte geschlossenen Auges ein Rindenstück klopfen, immerfort klopft es pa-pa-ta, pa-pa-ta! Tag und Nacht Glöckchen schwingen – da sieht man nur elende Burschen mit Händen auf dem Rücken Eisenstäbe schütteln, immerfort rasselt es ding-ding-dong, ding-ding-dong! Hoch emporgehoben Lampen auf Stangen, tausend Lämpchen innen, tausend Lämpchen außen hell erstrahlend rot über rot, Himmel und Erde in flammendem Licht. Dicht gedrängt Studierte aus dem ganzen Reich, eine Reihe vorn, eine Reihe hinten, durcheinander seufzend voll unruhigen Lärms,[16] ein Menschenmeer, ein Gebirge von Menschen.

Man kommt herein, da schallt es mit lauter Stimme dicht am Ohr: »Genau durchsuchen!« Und man wird von ihnen überall abgetastet, sie suchen in den Ärmeln nach vorbereiteten Kommentaren;[17] wenn der Mittag vorüber ist, da ruft es mehrfach direkt über einem: »Beeilen beim Schreiben!« Und sie bedrängen einen mit viel Gelärm, so daß allen gleichermaßen die Funken vor Augen sprühen. Bei Hahnenschrei werden die Kandidaten aufgerufen, Chang ist Chang und Li ist Li, sie finden sich gerade zu drei Worten und zwei Sätzen, jedermann sagt: »Vom älteren Bruder belehrt, belehrt!« Bei Sonnenaufgang werden die Themen verteilt, du bist nun du und ich bin ich, fragen wir dann auch nur ein Wort, einen halben Satz, so heißt es nur: »Der kleine Bruder weiß es nicht, weiß es nicht!« Wenn die Helden alle drin sind im Loch, sitzen sie eingezwängt mit verbogenem Rücken, eng gepreßt an die vier Bretterwände; die Gendarmen bringen Fourage, man neigt das Ohr und lauscht auf die Geräusche, harrend allein der dreitönigen Pfeife.

Halb roh und nicht gar das trockene Mahl, dies ist bestimmt mehrjähriger alter Reis aus dem Staatsspeicher; mit Dreck und Sand vermischt knirscht es einem zwischen den Zähnen, ursprünglich war das ein Trockenfisch aus der Gegend von Tientsin. Hingeworfen dir ein Paar, mir ein Paar, abgestanden vom vorigen Jahr, umsonst verlangst du nach einer schmackhaften Mehlspeise; hingestellt hier eine halbe, dort eine halbe Schale stinkenden Reiswassers, und sogar mit etwas Suppengrün und Haar dazu. Einer ist niedergeschlagen und benommen, nicht krank, keine Schmerzen, ihm ist wohl längst das Innerste nach außen gekehrt;[18] ein anderer zerfurcht sich den Bauch, zerfasert den Magen, kein Hunger, kein Durst, er fühlt nur im Munde einen Brand.

Einige tragen eine feine flügellose Seidenmütze,[19] mit bohrenden Blicken starren sie vor sich hin, sie sehen aus wie Chung K'uei mit der zerwühlten Stirn;[20] einige tragen eine zerrissene Kopfbedeckung und ein fettiges Handtuch, Ohren und Kinn eingewickelt wie ein Turban-Moslem. Einige seufzen hm, hm, hm und ach, ach, ach, sie knittern und kneten nichts heraus, ihr Geist ganz außer sich durchstreift fahrig das Weltall; einige wiederum schreiben Paar auf Paar, Fund auf Fund,[21] sie hören nicht auf, sie werden nicht müde, aber ihr Pinsel, der die Antwort verfehlt, vertropft im Nichts.[22] Einige sind glänzend begabt, jedes Wort wie eine Perle aus der Perlmuschel; andere sind kunstvoll geschickt, jeder Absatz ein Kokon, wie ihn die Seidenraupe spinnt; einige sind die raschen Begabungen, der Gedanke folgt der Hand, die Hand dem Gedanken, im Nu geschieht's, sieh nur, wer erster wird, wer schneller ist; andere sitzen nur vor ihrer Aufgabe, Nacht und Tag, Tag und Nacht, aus ganzem Herzen wollen auch sie den Sieg, der erste sein.

Und man hört immerfort nur die bemalte Trommel schlagen,

cha-cha-cha, dong-dong-dong, von der ersten zur zweiten, von der zweiten zur dritten Nachtwache; und man hört durcheinander die Klinghölzer wie Glocken, ding-ding-ding, dang-dang-dang, Schlag drei wird vier geschlagen, Schlag vier wird fünf geschlagen.[23] Alles ist nur aufdringliches Getön, nichts als äußerliche Geschäftigkeit. Dies aufdringliche Getön führt unsere ganze lebenslange Gelehrsamkeit vor die kurzen Augenblicke in der Prüfungszelle; diese äußerliche Geschäftigkeit zerrt Ruhm einer Epoche aus ein paar Schriftzeichen auf einem Papierstreifen hervor. Wenn Geister und Menschen zusammenhelfen, wird der große Weg ein gerechter sein.[24] Aber hier dies mein Papier, ssu-lang-lang wie Klang von Becken, die man auf die Erde wirft; und hört nur dort das Tor zum Haupterfolg,[25] kua-la-la wie Echo von Donner, der den Himmel erschüttert. Wer weiß denn, ob der Aufsatz wirklich unsere Fähigkeiten wiedergibt,[26] Erfolg und Mißerfolg stehen doch beim Himmel; oder ob Annahme und Ablehnung von Menschen beschlossen werden? Ob spät oder früh, das ist doch Schicksal.

Im Blick auf den Reiter achtet man auf den Brokat und kümmert sich nicht darum, ob unter den Augen der Ruhm sitzt; zwischen den Ranken[27] greift man nach der Melone, da achtet man nur auf das angesammelte Verdienst deiner Vorfahren. Nach dem Mahl des Prüfungsschlusses und des Festumzuges zu Pferd gibt es am dritten Tag ein kleines, am fünften Tag ein großes Festmahl; nach dem Geld für die (Gebühren an) das Ministerium und den Hauptstadtdistrikt ist da noch die Oststadt, die Geld verlangt, und die Weststadt, die Geld verlangt. Ein Krug von Chin-hua, einer von Ma-ku, einer von Huai-an, man will nur den großen Krug mit doppeltem Maß; klarer Wein, berauschender Wein, Perlenwein,[28] alles ist delikater, im Geschmack sich steigernder Wein. Öl, Salz, Soja und Essig fließen in Strömen herbei; Gans, Ente, Huhn und Schwein werden wie aufgereihte Fische aufgetragen. Sehr vielfältig sind die Zeremonien für die Berufung der Weisen, den Gnaden werden weitere hinzugefügt; weit geöffnet sind die Tore für die Auswahl der Studierten, sie eilen und drängen in Sorge, das Nachsehen zu haben.

Ich bin meinen Weg noch nicht zu Ende gegangen, da kommt

von der Seitenmauer her ein junger Freund (mit dem sich anschließend ein humoriger Dialog über die Unterschiede von Alter und Jugend entwickelt).

Anmerkungen:

1 Wörtlich übersetzt »losgelöste«, »freie« Lieder, im Gegensatz zu den formal ähnlichen, aber immer dem Liedzyklus eines Singspielaktes zugehörigen *hsi-ch'ü;* s. ALFRED HOFFMANN, *Kurze Einführung in die Technik der san-ch'ü,* in: *Sinologische Arbeiten 1,* Peking 1943, S. 119–135, bes. S. 120 f.

2 Vgl. CHENG CHEN-TO, *Ch'a-t'u-pen Chung-kuo wen-hsüeh shih,* Peking 1957, Bd. 4, S. 768 f.

3 Vgl. HELLMUT WILHELM, »On Ming Orthodoxy«, in: *Monumenta Serica* 29 (1970–71), S. 1–26, mit Bezug auf die neokonfuzianischen Philosophen der Zeit.

4 Biographisches über FENG WEI-MIN findet sich bei CHENG CH'IEN, »Feng Wei-min chi ch'i chu-shu«, in: *Yen-ching hsüeh-pao* 28 (1940), S. 133–160; Biographie von Feng Chi s. *Ming-shih* ch. 216, worin sich trotz Erwähnung der Verwandtschaft kein Wort über Feng Wei-min findet.

5 *Shuo-fu* Kap. 32 enthält den Text, jedoch ohne einen Hinweis auf Liang Hao. Stattdessen wird von der sexuellen Potenz eines 90jährigen berichtet, s. S. 555 i. d. Nachdr.-Ausgb.

6 Im zweiten Kapitel erzählt jemand von der Aufführung eines Theaterstückes über den 80jährigen Liang Hao, das dem Vater eines Jünglings, der die Prüfungen machen soll, mißfällt; erst als von einem 18jährigen erfolgreichen Kandidaten die Rede ist, gibt er sich zufrieden.

7 KU YEN-WU zählt 19 Fächer auf »im T'ang-System« und fügt hinzu, daß es insgesamt »über 50 Fächer« gewesen seien, wenn man den Angaben der Geschichtswerke folge, s. *Jih-chih-lu,* ch. 16, 5 a *(SPPY).* Die Vielfalt soll gegenüber der Zusammenfassung auf wenige normierte Schriftsätze positiv hervorgehoben werden.

8 Die Eingabe findet sich im Kap. 296 des *Sung-shih,* in der Ausg. *Erh-shih-wu shih,* Hongkong 1959, Bd. 6, 5285 c.

9 Autor einer Würdigung des Dichters, s. o., Anm. 4, bes. *op. cit.* S. 134.

10 Vorstehender Vierzeiler ist ein Zitat von KAO CH'AN, einem dichtenden Beamten der T'ang-Zeit (*chin-shih* 876), der es nach seinem

eigenen Scheitern bei einem vorhergehenden Staatsexamen gedichtet hat; vgl. *Ch'üan T'ang-shih* 10, ts'e 5, ch. 3, 5 a bzw. *Chung-kuo jen-ming ta tz'u-tien,* Shanghai 1933, S. 893. Der Sinn ist: In der Hauptstadt und in der unmittelbaren Umgebung des Kaisers werden glänzende Herren und junge Talente gehegt und gepflegt, aber auch im Alter sind Geisteskräfte noch lebendig; man braucht nicht zu beklagen, daß sie in der Jugend noch nicht aufgeblüht waren.

11 Das Jahr 980 war ein mittelstarker Jahrgang mit 655 erfolgreichen Kandidaten; 985 dagegen, Liang Haos Jahrgang, zählte 957 Kandidaten, die die Prüfung bestanden (992: 1100; 1000: 1538), bis sich die Entwicklung auf rund 500 Kandidaten einpendelte – in der Ming-Zeit waren es nur rund 300 pro Jahrgang; vgl. ARAKI TOSHIKAZU, *Sō-dai ka-kyō sei-do ken-kyū,* Kyōto 1969, im Anhang S. 450 ff.

12 Eigentlich *Wu-kou,* das Krummschwert von Wu, das sein Besitzer dadurch besonders scharf zu machen suchte, daß er es mit dem Blut seiner Söhne imprägnierte – hier wohl auf die Person des alten Prüfungskandidaten zu beziehen.

13 Wörtlich »Turm der klaren Ferne«, zur Bedeutung bin ich dem Textkommentar, *op. cit.* S. 305, gefolgt.

14 Je weiter der Text fortschreitet, desto deutlicher werden die Anachronismen: »Turm der klaren Ferne« und »Halle der gerechten Aufsicht« sind in der Ch'ing-Zeit Standard-Bezeichnungen für alle Provinzprüfungsanlagen, in der Ming-Zeit mindestens für die der beiden Hauptstädte; die drei Prüfungsdurchgänge sind 1370 zuerst dekretiert worden für »Klassikerkommentar«, »Darlegungen« *(lun)* und »Urteile« *(ts'e)*, vgl. *Ming hui-yao,* Nachdr. S. 867, 869; und die drei Listen, s. *Ming hui-yao* S. 872, sind Mittel zur Kontingentierung erfolgreicher Kandidaten nach nördlichen, mittleren und südlichen Provinzen.

15 Wörtlich »dieses Ministeriums« *pen-pu,* als stünde dies alles in einer Verordnung drin; auch die Prüfungsleitung durch den Ritenminister *li-pu shang-shu* ist eine Ming-Institution (s. Anm. 14).

16 Die hier gebrauchten Wendungen sind gleichfalls onomatopoetisch: das Seufzen *ch'uan-hsü-hsü,* die Unruhe *nao-ch'ao-ch'ao.*

17 *P'ai-yen,* eigtl. »die Matten nebeneinander ausbreiten«; wenn man *yen*-Matte als *yen*-ausarbeiten (vgl. *yen-i*) verstehen darf, ergibt sich dieser Sinn; eine ironische Abwandlung von *yen*-Matte für »kaiserliches Klassikerstudium« zu den hier geschilderten entwürdigenden Zuständen wäre auch denkbar.

18 *P'i-li ch'ou-jou:* unter der Haut das Fleisch herausziehen.

19 *Wu chan-ch'ih:* der nichts hat, seine Schwingen auszubreiten, sicher ironisch.

20 Der Geist eines nach gescheiterter Prüfung durch Selbstmord geendeten Kandidaten der T'ang-Zeit, der dem Kaiser in einem Fiebertraum erschien, um kleine Unholde zu verjagen, daher ein Schutzgeist; MOROHASHI 40672. 16.

21 *Shuang-shuang-shuang* »doppelt« und *ch'a-ch'a-ch'a* »herausfinden«.

22 Eigtl. »zwischen den acht Winden«.

23 *Hua-ku,* die bemalte Trommel, und *yün-p'ai,* Wolkenmuster-Klinghölzer, dienten zur Weckung öffentlicher Aufmerksamkeit für Ankündigungen, hier offenbar zur Zeitansage. Um die Kandidaten anzutreiben, wurde anscheinend stets ein Schlag zugegeben.

24 Die beiden Viersilber sehen nach einem Zitat aus, das ich nicht ausfindig machen konnte – vielleicht ein in ironischer Absicht fingiertes Zitat.

25 *San-chi lung-men* = Drachentor für den dritten Grad (des *chin-shih).*

26 *Yu hu chi:* aus einem selbst hervorgeht.

27 Text in *Sheng-Ming tsa-chü* hat »im Korb«, *10* Math. 4104 statt 4105.

28 *Chu-erh-chiu* vielleicht nur im Sinn von »edlem Wein«, als »Jungmännerwein« (»Perl-Knabe«), vielleicht auch in einem verdeckt erotischen Sinn. Eine dreistufige Folge: einfacher klarer Wein, den Kopf benebelnder Wein und die Sinne erregender Wein?

Tai Wang-shu (1905—1950): Ästhetizismus und Entsagung

Ein Beitrag zur modernen chinesischen Dichtung vor 1949

von Wolfgang Kubin, Bochum

1975 jährte sich zum 25. Male der Todestag eines chinesischen Dichters, der zu seiner Zeit hochberühmt und angesehen war, heute aber in China nahezu völlig vergessen ist, nämlich der des TAI WANG-SHU. Nicht ihn dem Vergessen zu entreißen ist Anliegen dieses Aufsatzes, sondern das Werk eines Dichters kritisch zu untersuchen, der unter dem Einfluß des Abendlandes die chinesische Literatur umzugestalten suchte, und dessen Eigenheit wie Wert zu bestimmen. Von Tai Wang-shus Leben und Werk ist recht wenig bekannt geworden, und Materialien dazu sind schwer oder gar nicht zu bekommen.[1] 1905 wird der Dichter in Hang-chou geboren; er studiert in Shanghai französische Literatur an der berühmten Chen-tan-(Aurora-)Universität, die unter der Leitung französischer Jesuiten steht, und zu der nur das gehobene Bürgertum Zutritt hat, und geht 1932 unter dem nachhaltigen Eindruck romanischer Dichtkunst nach Frankreich, anschließend nach Spanien. In beiden Ländern trifft er mit den bekanntesten Dichtern der damaligen Zeit zusammen oder wird zumindest mit deren Werk vertraut (PAUL FORT, MAX JACOB, FRANCIS JAMMES, JULES SUPERVIELLE). Während des antijapanischen Krieges lebt er in Hongkong, wo er 1942 von den Japanern ins Gefängnis geworfen wird. Unmittelbar nach der Befreiung geht er in die Volksrepublik und stirbt dort am 28. Februar 1950 infolge der Krankheiten, die er sich im Gefängnis zugezogen hatte. Sein Werk, das einen tiefen Einfluß durch die moderne französische und spanische Dichtung aufweist (u. a. RUBEN DARIO, FRANCIS JAMMES, GARCIA LORCA, JULES SUPERVIELLE), rechnet man zu dem, was allgemein als die Schule der Symbolisten (*hsiang-cheng-p'ai*), bzw. Modernisten (*hsien-tai-p'ai*) in China gilt. Deren Initiator ist LI CHIN-FA (geb. 1900), ihr Repräsentant Tai Wang-shu.[2] Neben den vielen Übersetzungen, die er zeit seines ganz der Literatur gewidmeten Lebens geschaffen hat (u. a. JAMMES, JIMENEZ, LORCA, PUSCHKIN, REVERDY, SATRE, SUPERVIELLE), nimmt sich dieses Werk von nur 88 Gedichten vergleichsweise schmal aus. Es steht unter dem Einfluß einer Literatur, deren gesellschaftliche Voraussetzungen gänzlich andere als die chinesischen sind, woraus sich die Frage ergibt, was eine Übernahme der ästhetischen Formen begründete. Denn das, was im deutschen Sprachraum mit der Romantik beginnt, die Subjektivierung des Wirklichen, dessen Auflösung, die Trennung von Zeichen und Bezeichnetem, und was in Frankreich Ende des 19. Jahrhunderts zur eigentlichen modernen Dichtung führt, ist ohne den damaligen Gesellschaftszustand weder denkbar noch erklärbar und sollte schlechterdings in eine Literatur, die unter anderen Bedingungen steht, unübertragbar sein. Bei Tai jedoch finden sich Grundzüge der modernen abendländischen Dichtung (z. B. die Diskrepanz von Wort und Ding in den Gedichten »Bergwanderung«, »Sonnenuntergang«, »Sonnett«, die Lösung vom Inhaltlichen, die Betonung formaler Klangstrukturen in den Gedichten »Regengasse«, »Meine Erinnerung«, die Entleerung und Verrätselung der Dinge in den Gedichten »Bergwanderung«, »Sonnett«; der Einbezug des absolut Dissonanten und Häßlichen in dem Gedicht »Sonnett«; der Entwurf einer eigenen imaginierten Wirklichkeit mittels Sprache, deren Anliegen nicht die Mitteilung, Kommunikation ist), die nur zu erklären sind, wenn man davon ausgeht, daß zwischen den modernen Dichtern des Abendlandes und den auf der Suche nach neuen Ausdrucksformen befindlichen Dichtern Chinas eine geistige Verwandschaft bestand, die auf eine zwar in unterschiedlichem Maße entfremdete, aber ähnlich unbefriedigende Realität zurückgeht. Diese Grundzüge haben in der abendländischen Dichtung der letzten hundert Jahre, ob bewußt als Protest gegen die Gesellschaft vorgebracht oder nicht, als Ausgangspunkt die Tatsache, daß das Wirkliche entstellt ist, und die Vernunft, die Idee nicht eingelöst, sondern mehr denn je von ihm getrennt ist (d. h. Trennung von Ding und Namen). Die Erscheinungen dieser entstellten Wirklichkeit werden aber benutzt, um in der Dichtung ein

Reich zweckfreier Schönheit und Vernunft zu errichten, indem hier scheinbar andere Gesetze als in der Wirklichkeit Anwendung finden; in der Tat aber folgt der Dichter in der subjektiven und freien, willkürlichen Anordnung der Materialien zu einem Sinnganzen der Willkür und Entstellung der gesellschaftlichen Verhältnisse. Die Übernahme der entstellten Wirklichkeit in die Kunst ist nur durch eine Rücknahme der Entstellung, eine Ästhetisierung der Sprache möglich: entweder werden die Worte völlig vom Realitätsbezug gelöst, oder aber, weil dies aufgrund der engen Bezüge von Wort und Wirklichkeit meist zum Scheitern verurteilt ist (s. MALLARMÉ), so weit umgewertet, daß sie in der Kunst verwendbar werden. Diese Ästhetisierung einer unerträglich gewordenen Wirklichkeit, die bei BAUDELAIRE noch alle, wenn auch verarbeiteten und insofern gemilderten Zeichen des Schreckens trägt, wird unter dem Einfluß MALLARMES in der nachfolgenden französischen, spanischen und italienischen Dichtung so sehr perfektioniert, daß die Dissonanz in einer neuen Harmonie aufgefangen zu sein scheint. Bei Tai läßt sich nun nicht ein einheitlicher Einfluß oder eine einheitliche Verarbeitung vorgegebener Formen feststellen, sondern ein Konglomerat verschiedener Richtungen, bei denen der gemilderte Ton der modernen französischen und spanischen Dichtung der 20er und 30er Jahre vorzuherrschen scheint.

I

AI CH'ING (geb. 1910) hat im lyrischen Werk Tai Wang-shus vier verschiedene Stilrichtungen unterschieden, und zwar erstens den ornamenthaften, veralteten, unklaren, von Trauer, Pessimismus und Weltflucht durchtränkten Stil der Frühzeit, zweitens einen halb der Realität zugewandten, einfachen, umgangssprachlich geprägten Stil, der nicht frei von Melancholie ist, drittens einen dunklen, chaotischen, nihilistischen und viertens einen der Realität voll zugewandten, schlichten und klaren Stil der Spätzeit. Da AI CH'ING nur vereinzelte Verse als Beleg für den frühen Stil anführt, ansonsten aber dazu keine weiteren Quellen greifbar sind, hat es wenig Sinn, auf diesen einzugehen. Daher soll hier gleich zur Diskussion der zweiten Stilrichtung übergegangen werden, der das bekannteste Gedicht von Tai zugerechnet wird, das ihm auch den Namen »Dichter der Regengasse« eingetragen hat. Es handelt sich um das Gedicht »Gasse im Regen« (»Yü-hsiang«, *TWSSH* S. 3):

Den Schirm aus Ölpapier aufgespannt, allein
Mit meiner Unruhe in einer endlosen, endlosen
Und verlassenen Regengasse,
Hoffe ich eine Frau zu treffen,
Die fliedergleich
Trauer und Groll zusammenschließt.

Wahrlich ist sie
Von der Farbe des Flieders,[3]
Von dem Duft des Flieders,
Von der Melancholie des Flieders,
Im Regen voller Trauer und Groll sie,
Voller Trauer, Groll und Unruhe.

Unruhig läuft sie durch diese verlassene Regengasse,
Den Schirm aus Ölpapier aufgespannt
Wie ich,
Wie ich
Geht sie schweigend,
Teilnahmslos, einsam und traurig.

Sie kommt näher,
Näher kommt sie
Mit seufzergleichen Blicken,
Sie gleitet vorbei,
Wie ein Traum,
Wie ein Traum in ihrer Trauer, Schöne, Flüchtigkeit.

Wie in einem Traum gleitet sie vorbei
Fliederzweigartig,
An meiner Seite gleitet diese Frau vorbei;
Schweigend entfernt sie sich, ist schon fort,
Hat die ödgewordene Hecke erreicht,
Die Regengasse durcheilt.

Im traurigen Gesang des Regens,
Ist ihre Farbe verwischt,

Ist ihr Duft erloschen,
Fort ist sogar ihr
Seufzergleicher Blick,
Die fliedergleiche Trauer.

Den Schirm aus Ölpapier aufgespannt, allein
Mit meiner Unruhe in einer endlosen, endlosen
Und verlassenen Regengasse,
Hoffe ich, vorüberzugleiten
An einer Frau, die fliedergleich
Trauer und Groll zusammenschließt.

Es ist nicht zu leugnen, daß dieses Gedicht von sieben Strophen zu je sechs freien Versen, die einheitlich in Satzstruktur und Zeilenschluß sind, formale Meisterschaft verrät. Im Gegensatz zum Inhalt des Gedichtes, dessen Thematik – Trauer, Einsamkeit, Beziehungslosigkeit – einen haltlosen Seelenzustand voraussetzt, hat die Form einen festen Rahmen erhalten, ist die Wortstruktur stark gebunden. Der äußere Rahmen besteht in der Wiederholung von Strophe eins und sieben, die enge Verwobenheit der Verse, Strophen, Bilder und Worte untereinander wird hervorgerufen durch die unmittelbare oder oft durch die Adverbialpartikel *ti* erweiterte Wiederholung von Worten, durch die Wiederaufnahme von Worten in späteren Versen, durch Variationen und durch Synonyma (z. B. die Synonyma für Melancholie und den Wechsel von *ch'ou yüan* über *yu-ch'ou* zu *ai-yüan* in den ersten beiden Strophen). Diese Technik verleiht dem Gedicht zwar einerseits ein äußeres festes Gefüge, andererseits aber auch eine Lebendigkeit, Bewegtheit, Flüchtigkeit, die mit der im Gedicht beschriebenen Art der Bewegung korrespondiert. Diese Bewegung ist eine äußere wie innere. Was der Dichter für den inneren und den äußeren Zustand des lyrischen Ichs als Kennzeichen hervorhebt, macht er mit denselben Vokabeln auch für die Frau geltend (mit dem Unterschied, daß sie nicht am Ich leidet). Trotz dieser Gemeinsamkeit kommt es zu keiner Begegnung, da die Frau die Gemeinsamkeit nicht (an-)erkennt, d. h. die Gemeinsamkeit ist ästhetisch gesetzt, behauptet (der Dichter verfügt über sie), nicht von der Frau gesehen und gewollt. Die Begegnung bleibt äußerlich, sie besteht aus den Stadien Ferne –

Nähe – Ferne. Dem trägt das lyrische Ich Rechnung, indem es in der letzten Strophe auf die Begegnung verzichtet. Statt weiter das eigene Verhalten, die eigene Situation als die der Frau zu betrachten, will es nun ihr Tun sich zu eigen machen, indem es hofft, so, wie sie an ihm vorüberglitt (*p'iao-kuo*), selbst an ihr vorüberzugleiten. Die Ferne, die ihr Verhalten bestimmt, wird auch zu seiner Hoffnung: an die Stelle der Begegnung soll die Ferne treten; die Ferne wird so zum gemeinsamen Bezugspunkt, die gegenseitig gewährte Ferne zum Punkt der Gemeinsamkeit.

Der abendländische Einfluß in diesem Gedicht wird in der rein ästhetischen sprachlichen Gestaltung der Frau sichtbar, die in ihrem Wesen weder erkannt noch dargestellt oder gar thematisiert wird. Sie ist so weit abstrahiert, daß ihr Medium nur noch der Flieder ist. Die Trauer, die sie kennzeichnet, die Teilnahmslosigkeit sind gesetzt, behauptet, nicht abgeleitet; insofern geht hier ein Bild aus dem anderen als rein ästhetischer Akt hervor, und die inhaltliche Leere der Person, ihre Ästhetisierung und Auffüllung mittels der Natur ist mehr oder minder der Grund für ihre Ferne, ohne daß dies dem Dichter bewußt geworden wäre: beides bedingt einander, alles Abstrahierte wird ungreifbar, unbegegnbar. Weiter ist Ferne Ausdruck eines gesellschaftlichen Zustandes und impliziert das durch gesellschaftliche Verhältnisse bedingte Entzweitsein der Menschen, deren Gemeinsamkeit in der Literatur nur noch über die Dinge, die Worte erzeugt wird, das eigentliche Thema der modernen abendländischen Literatur. Dieses Thema nimmt Tai auf – das gesamte Vokabular des Gedichtes ist nichts anderes als eine Variation von Ausdrücken der Einsamkeit und Trauer, die Grundvokabel ist die immer wieder gebrauchte Wendung *chi-liao* (»einsam, still, verloren«) – ohne die Rückverbindung zur Gesellschaft zu sehen, und gestaltet es als ästhetisches Spiel.

Noch deutlicher als hier wird in dem Gedicht »Meine Erinnerung« (»Wo ti chi-i«, *TWSSH* S. 16) die moderne abendländische, ästhetizistische Technik eines vom Konkreten abstrahierenden, impressionistischen, bloß nach der Welt des Schönen suchenden Wortgebrauchs sichtbar.

Meine Erinnerung ist verläßlich,
Verläßlicher als meine besten Freunde.

Sie haust auf der brennenden Zigarette,
Haust auf dem Pinsel, der grade Linien malt,
Haust auf der zerbrochenen Puderdose,
Haust auf dem Rosenbaum an zerfallner Mauer,
Haust auf einer halbgeleerten Weinflasche,
Auf einer zerrissenen Gedichtkladde längst vergangener Tage, auf gepreßten und getrockneten Blumenblättern,
Auf einer trüben Lampe, auf stillem Wasser,
Auf allen belebten und unbelebten Dingen,
Sie haust überall, so wie ich in dieser Welt.

Sie ist scheu und fürchtet den Lärm der Menschen,
Doch in Stunden der Stille, sucht sie mich vertraut auf.
Sie spricht mit leiser Stimme,
Aber ihre Rede ist sehr, sehr lang,
Sehr lang, sehr genau, ohne jemals innehalten zu wollen:
Ihre Rede ist uralt, immer erzählt sie dieselben Dinge,
Voller Harmonie ihre Stimme, immer singt sie dieselben Lieder;
Manchmal ahmt sie die liebliche Stimme eines jungen Mädchens nach,
Ihre Stimme voller Sanftheit,
Voller Tränen, voller Seufzer.

Ihr Kommen kennt keine Regel,
Geschieht zu irgendeiner Zeit, an irgendeinem Ort,
Oft wenn ich schon zu Bett bin und im Halbschlaf vagen Gedanken nachhänge.
Oder sie wählt eine frühe Morgenstunde,
Jedermann würde es als unhöflich tadeln,
Doch wir sind alte Freunde.

Niemals ist sie willens einzuhalten,
Außer wenn ich traurig weine,
Oder sehr tief schlafe,
Aber niemals werde ich ihrer überdrüssig,
Denn sie ist verläßlich.

Formal gliedert sich dieses Gedicht in fünf Strophen mit ungleicher Verszahl und freien Versen, deren Zeilenschluß mit dem grammatischen Satz immer übereinstimmt. Es beginnt mit einer allgemeinen Aussage, die im letzten Vers wiederholt wird. Die Auswahl der in der zweiten Strophe (deren Verse bis auf den ersten immer mit *shang* »oben« enden und entweder mit *t'a*

»sie« oder *tsai* »hausen« beginnen) genannten Orte für die Erinnerung (das, was er sieht, gehört zur Welt eines Intellektuellen: das Zimmer, von dem nach draußen geschaut wird) ist willkürlich; Richtwert ist lediglich die vermeintliche Schönheit des Bildes. Die konkrete Aussage ist gleich Null, die Bildwelt und die Bildwahl entsprechen gängigen Leerformeln der modernen europäischen Dichtung. Die Bilder, die zu der längst erwarteten Feststellung im letzten Vers führen, nämlich daß die Erinnerung überall existiert, hätten beliebig fortgeführt, gekürzt oder in einer anderen Reihenfolge miteinander verknüpft werden können. Mit dem Verlust des Wirklichen in seiner Besonderheit, Einmaligkeit und Unvertauschbarkeit, seiner Abstraktion, der Überführung in die willkürliche Verfügbarkeit hängt auch die Ästhetisierung des Verfalls zusammen, wie sie in den Bildern »zerbrochene Puderdose«, »Rosenbaum an zerfallener Mauer«, »zerrissene Gedichtkladde« sichtbar wird, und wie sie schon in dem vorhergehenden Gedicht in dem Bild der »ödgewordenen Hecke« in Erscheinung getreten ist: selbst der Niedergang, das Chaos der eigenen Zeit sind der Dichtung so unwirklich geworden, daß sie ihre Schrecken verlieren und so nivelliert als Stimulans für die Evokation des sogenannten zweckfreien Schönen herhalten können.

II

Wenn Ai Ch'ing davon spricht, daß die Gedichte der zweiten Stilrichtung noch einen Realitätsbezug haben, so muß das so verstanden werden, daß das Sprachmaterial noch nicht so weit abstrahiert und der Wirklichkeit entledigt ist, daß es zum Geheimcode wird. Zum Geheimcode wird das Wort bei Tai erst in der darauffolgenden Periode, zum Beispiel in dem Gedicht »Sonnenuntergang« (»Hsi-yang hsia«, *TWSSH* S. 2).

Die Abendwolken überfluten den Abendhimmel mit Brokat,
Die Fluten des Bachs strömen Gold im noch verbliebenen Licht;

Mein dünner, langer Schatten wirbelt über die Erde
Wie der einsame Schatten eines alten Baumes in den Bergen.

Die Berge, purpurn vor Tränen,
Betrauern das ewige Ende des Tages;
Doch Blätter tanzen durch die Luft und heißen
Die Falten im Gewand der stillen Nacht willkommen,
jenen Hauch frischen Wind.

Aus verfallenen Gräbern steigt ein Duft dunkler Vergangenheit,
Schlägt in Zweigen alter Bäume die Fledermäuse in Bann;
Sie flüstern unentwirrbar, uneinsehbar,
Winden sich hin und her tief im Abenddunst.

Die dunkle Nacht kommt heimlich vom Himmelsende,
Voller Sehnsucht gehe ich ziellos umher;
In meinem einsamen Herzen habe ich wahrlich
Ausgelöscht die Trauer, ausgelöscht die Freude.

Dieses Gedicht stellt ein Gemisch aus verschiedenen modernen abendländischen Stilrichtungen dar. Die beiden ersten Verse haben einen stark impressionistischen Charakter und dürften durch Verse von RAMON JIMENEZ beeinflußt sein.[4] Das Bild »Die Berge, purpurn vor Tränen« gemahnt zwar an GEORG TRAKL, doch ist hier eher ein Einfluß von seiten RIMBAUDS zu vermuten. Die dritte Strophe erinnert stark an den Expressionismus, und die vierte bietet Nachklänge der Romantik, wobei der erste Vers ein mehr oder minder klassisches Bild zu variieren scheint (vgl. z. B. BRENTANOS »Gelassen stieg die Nacht an Land«; das Bild geht auf Homer zurück). Mehr noch als das vorhergehende Gedicht ist dieses Ausdruck von Einsamkeit, Trauer und Klage des Dichters, der nicht den Grund oder die Gemeinsamkeit des Schmerzes mit anderen sucht, sondern bloß das Unbehagen an der Wirklichkeit ästhetisiert und verspielt. Die Flut der Bilder geben einen auch in künstlerischer Hinsicht (weil die Stilformen durcheinandergehen: zum Thema Niedergang paßt nicht die Ornamentik der ersten beiden Verse) unreflektierten Gefühlsschwall wieder; die Dinge werden als gegeben hingenommen und ungeschichtlich betrachtet. Der Niedergang des Tages (gegenläufige Bewegung von Sonne und Blättern und gegenläufige Gestimmtheit: Aufhören des Sonnenunterganges – Beginn des

Blättertanzes, Trauer – Unbekümmertheit) fällt mit dem Verlöschen des Bewußtseins zusammen. Dieses Verlöschen hat mit dem traditionellen Verlöschen des Bewußtseins in der chinesischen, vom Ch'an-Buddhismus beeinflußten Lyrik nichts zu tun. Es ist nicht Ausdruck eines neugewonnenen Weltverhaltens, sondern Ausdruck der Haltlosigkeit in einer schutzlosen Zeit. Die Aufhebung der Gefühle Trauer und Freude bedeutet eine Aufhebung jeglicher Teilnahme, jeglicher Stellungnahme. Im Gegensatz zur ch'an-buddhistisch beeinflußten Dichtung bedeutet diese Aufhebung nicht, daß Freude und Trauer das Wesen der Dinge für die Erkenntnis verstellten, die Dinge also noch positiv aufgefaßt werden (auch wenn diese Aufhebung tatsächlich schon die Trennung in Wesen und Schein bedeutet), sondern daß die Dinge als so entleert erscheinen, daß sie keinerlei wirkliche Freude und Trauer mehr möglich machen. Diese Zurücknahme des Ichs aus der Wirklichkeit ist nichts anderes als das Spiegelbild einer Gesellschaft, in der die Entzweiung der Individuen und die Entleerung der Dinge so weit fortgeschritten sind, daß sie dem unkritischen Bewußtsein als unüberwindbares Schicksal zu erscheinen beginnen. Die durch den Gesellschaftszustand bedingte Entleerung der Dinge bedeutet, daß Name und Wirklichkeit auseinanderklaffen, daß der Name nur noch Name ist ohne Anspruch auf tatsächliche Einlösung. Dies macht, daß Namen und Materialien der Wirklichkeit dem unkritischen Bewußtsein unterschiedslos werden im schlechten Sinn, und bedingt im künstlerischen Schaffensprozeß die Gleichgültigkeit der Auswahl und die Zufälligkeit der Anordnung. Insofern gewinnen die Worte in ihrer willkürlichen Konstellation und Freiheit vom Wirklichen den Charakter von Geheimzeichen metaphysischer, transzendenter Natur, die dem lyrischen Ich auf der Suche nach einer Wirklichkeit jenseits der Erscheinungen eine eigene Welt von Freiheit, Schönheit, Ruhe, Lebensdeutung vorgaukeln. Noch mehr als für das Gedicht »Sonnenuntergang«, in dem die Wendung »Falten im Gewande der stillen Nacht« – eine Genetivmetapher![5] – ein solches Geheimzeichen darstellt, gilt dies für das Gedicht »Bergwanderung« (»Shan-hsing«, *TWSSH* S. 5).

Wenn ich das Rosa deiner Morgenwolken sehe,
Dann spüre ich die tiefe Wehmut (angesichts) eines sinkenden
Mondes,
Doch Zorn, den Wolken am helligten Tage gleich,
Wirbelt auf in meinem Herzen.

Aber höre ich nicht deinen zarten Vogelruf,
Dann bin ich wie das Weinen fließender Wasser,
Doch Tränen den Bergblumen mit gefrorenem Tau gleich
Füllen unwillkürlich meine Wimpern.

Wir gehen auf ungewissem Bergpfad,
Wo der Duft unserer Träume auf die Kriegsgewänder fällt,
Wie jenes Morgenwolkenrosa, wie jener Vogellaut,
Wie deine nicht endenwollende, unentwirrbare Gesinnung.

Das Thema Bergwanderung ist traditionell und läßt sich zumindest bis in die T'ang-Zeit zurückverfolgen. So hat z. B. Tu Mu (803–852) ein berühmtes Gedicht gleichen Titels verfaßt. Doch Tai Wang-shus Gestaltung des Themas ist alles andere als traditionell; sie besteht aus einer willkürlichen Verknüpfung disparater Teile, einer Bilderfolge, die hin und wieder Satzteile enthält, welche sich auf die Wirklichkeit beziehen lassen, und die mehr oder minder uninterpretierbar ist. Worum es geht, nämlich nicht eigentlich um eine Bergwanderung, sondern um die Einsamkeit, Entzweiung, Trauer, kann wohl ausgemacht werden; zwar könnten die Worte des Gedichtes einer traditionellen Dichtung über eine Bergwanderung entnommen sein (Wolke, Mond, Wasser, Blumen, Tau, Pfad), aber ihre Zuordnung untereinander läßt sie alles andere als realitätsbezogen und nachvollziehbar erscheinen. Die Wolken bedeuten hier nicht wirklich Wolken, der Duft nicht Duft usw. Die Willkür in der Bildgestaltung steht dem Surrealismus nahe.

Die Sinnverdunkelung zeigt sich bei Tai nicht nur in der Bilderfolge, sondern auch in dem Aufbrechen des konventionellen grammatischen Satzes. War im obigen Gedicht der grammatische Bezug des Vergleichs noch relativ ausgeprägt, so geht die Auflösung der Grammatik in dem berühmten »Sonnett«[6] (»Shih-szu-hang«) von 1927(?), welches das erste seiner Art in der chinesischen Literatur sein soll,[7] so weit, daß das Verständnis erheblich erschwert wird.

Nieselregen fällt auf das strähnige Haar deiner Schläfen,
Kleine Perlen unter grüne Meeresalgen gestreut,
Tote Fische von den Wogen dahingetrieben,
Und es blitzt ein geheimnisvolles und düsteres Licht darin auf,

Das meine freudlose Seele[8] führt und leitet
In den Schlaf im Königreich des Traumes Liebe und Tod,
Wo es eine goldene Luft gibt und eine purpurne Sonne,
Wo bedauernswerte Geschöpfe glückliche Tränen auf ihre Brust rinnen lassen;

Wie eine schwarze, kraftlose, abgemagerte Katze,
Mach ich im düsteren Licht einen verhärmten Eindruck und strecke meine Glieder,
Und schütte aus all meinen falschen und wahren Stolz,

Und später dann folge ich ihm wankend im leichten Dunst und verschwindenden Mond,
Wie der Schaum leichtroten Weines im Bernsteinglas,
Und verstecke meine Augen voller Liebe im Dunkel der Erinnerung.

Im Gegensatz zu MICHELLE LOIS Auffassung[9] ist hier wohl eher davon auszugehen, daß der Dichter seine Liebe einer lebenden Person zuwendet. Da diese unerfüllt bleibt (Zentralthema), gerät er aus der Wirklichkeit in den Bereich der Imagination und Erinnerung (an die Begegnung überhaupt, in der letzten Zeile). Die Bildfolge ist willkürlich, Bilder und Phrasen sind austauschbar (statt »goldene Luft« hätte es auch ›silberne Luft‹ heißen können, statt »purpurne Sonne« ›blaue Sonne‹, statt »goldene Luft und purpurne Sonne« auch ›purpurne Luft und goldene Sonne‹, statt »bedauernswerte Geschöpfe« auch ›verlorene Geschöpfe‹, statt »glückliche Tränen« auch ›blutige Tränen‹), wenn auch mitunter eine assoziative Reihung vorliegt (Regentropfen – Perlen – Schuppen/Augen(?) toter Fische – Licht). Diese sagt jedoch nichts über die Notwendigkeit der Assoziation aus; andere Assoziationsmöglichkeiten wären nicht auszuschließen. Die individualistische Sehweise verhindert die Ableitung des in Auflösung begriffenen Lebens aus den gesellschaftlichen Gegebenheiten, stattdessen wird der Verfall ästhetisch aufbereitet, genießbar gemacht, bis er in die Nähe des Kitsches und der Warenästhetik rückt (z. B. in Strophe zwei). Ein greifbarer Inhalt liegt nicht vor: Thema ist die Ferne zur Geliebten, die Einsamkeit des Individuums und der Zerfall. Der Vagheit des Inhalts entspricht die Vagheit der Grammatik, die die Bezüge der Bilder mehr verdeckt als klärt (Beispiele sind *t'a* im ersten Vers der vierten Strophe, übersetzt durch »ihm«, sowie der Übergang von einer Strophe zur anderen). Diese Vagheit ist die notwendige Folge der Unbestimmtheit des Lebensbezuges nach dem Rückzug aus der Wirklichkeit in ein Reich der Sprache, das nun, nachdem Schönheit und Geist sich als in der Realität nicht zu verwirklichen erwiesen haben, deren letzter Hort geworden ist. Hier meint das Individuum noch sich selbst zu haben, obwohl es so tief gezeichnet ist, daß selbst dieses letzte Paradies von den Gesetzen der Wirklichkeit geprägt ist, und Schönheit nur noch als etwas aus, in und jenseits der wirren Folge von Bildern Entstandenes gedacht werden kann.

III

Die Reise, die Tai Wang-shu nach Frankreich führt, läßt ihn Abstand nehmen von der rein ästhetisierenden, wirklichkeitsfremden Schreibweise, läßt ihn zeitweise verstummen und dann später zu einem neuen Stil finden, der das Wirkliche einbekennt, wenn auch sein Bewußtsein trotz einiger Fortschrittlichkeit konservativ geblieben ist. Dieser Wandel hat zwei Gründe. Zum einen trifft Tai mit Dichtern zusammen, bzw. lernt er deren Werke kennen (ARAGON, ELUARD, LORCA, SUPERVILLE),[10] die sich politischen Tagesfragen stellen, andererseits beunruhigt ihn die Entwicklung in seiner Heimat. Ein politisches Bewußtsein erwächst, das fortan den Dichter nicht mehr losläßt und sein Werk entscheidend prägt. Zum Neujahr 1939 nach langen Jahren des Schweigens entsteht das Gedicht »Wünsche zum Neuen Jahr«

(»Yüan-tan chu-fu« *TWSSH* S. 49), das Zeichen einer neugewonnenen Lebenshaltung ist.

Das Neue Jahr möge uns neue Hoffnung bringen.
Lauter Segen! Unser Land,
Blutbesudeltes, versengtes und zerrissenes Land,
Möge wiederauferstehen mit unbeugsamerem Geschick.

Das Neue Jahr möge uns neue Kraft bringen.
Lauter Segen! Unserem Volk,
An Entbehrungen gewöhntem Volk, heldischem Volk,
Werden die Nöte die Befreiung zur Freiheit bringen.

Das Neue an diesem sicherlich nicht hoch einzustufenden Gedicht wird in dem Gebrauch der Vokabeln »Volk«, »Befreiung«, »Freiheit« sichtbar, die auf ein wirklichkeitsbezogenes Bewußtsein und eine klare Sprache hindeuten (es darf aber nicht übersehen werden, daß dieser Text nicht Partei bezieht, sondern nur konventionelle Kritik am Imperialismus ist). Eines seiner besten und kraftvollsten Gedichte hat Tai am 27. August 1942 »Im Gefängnis auf die Wand geschrieben« (»Yü-chung t'i-pi«, *TWSSH* S. 53).

Wenn ich hier sterbe,
Freunde, so seid nicht traurig,
Ich werde ewig leben
In euren Herzen.

Einer von den euren ist dann gestorben,
In einem Kerker unter japanischer Okkupation,
Seinen tiefen, tiefen Haß, den er hegte,
Solltet ihr ewig im Gedächtnis tragen.

Wenn ihr wiederkehrt, und aus der Erde
Seinen geschundenen Leib hervorholt,
Dann sorgt, daß euer Siegesjubel
Seine Seele in die höchste Höhe trägt,

Und legt dann seine gebleichten Gebeine auf eines Berges Gipfel,
Damit sie in der Sonne trocknen und im Wehen des Windes baden:
In jenem finsteren Erdenverließ
War das sein einziger schöner Traum.

Die ersten beiden Verse der letzten Strophe zeigen, daß auch in einer dichten realistischen Sprache eine lyrische, unter dem Einfluß moderner abendländischer Dichtung stehende Ausdrucksweise nicht fehl am Platze ist, wenn sie in den Dienst des Wirklichen gestellt wird. Noch deutlicher wird dies in dem vielleicht besten seiner Gedichte, das Tai am 3. Juli 1942 unter dem Titel »Mit meiner verstümmelten Hand« (»Wo yung ts'an-sun ti shou-chang«, *TWSSH* S. 55) verfaßt hat.

Mit meiner verstümmelten Hand
Berühre ich dieses unermeßliche Land:
Diese Ecke ist bereits zu Asche geworden,
Jene ist nichts mehr als Blut und Kot;
Dieser See muß meine Heimat sein
(Im Frühling gleichen dort die blumengeschmückten Deiche Barrikaden aus Brokat,
Die zarten Weidenzweige in den Händen sind von erlesenem Duft),
Ich spüre die Wasserpflanzen und die sachte Kühle des Wassers;
Der schneebedeckte Gipfel des Ch'ang-pai-shan[11] läßt mich vor Kälte erstarren,
Die schlammhaltigen Wasser des Gelben Stromes entgleiten meinen Fingern;
Auf den Reisfeldern im Süden, deine jungen Pflanzen waren einst so zart, so schmiegsam, wächst nun nichts als Unkraut.
Die Lichee-Blüten im Süden welken einsam dahin,
Überall tauche ich in die bitteren Wasser der Südsee, wo kein Fischerboot treibt ...
Meine unförmige Hand fliegt vorüber an der endlosen Landschaft,
Meine Finger sind in Blut und Asche getaucht, in meinen Handflächen nisten Schatten,
Nur jene ferne Ecke gibt es, die nach wie vor geordnet, warm, hell, fest und voll blühenden Lebens ist.
Über sie streichle ich zärtlich mit meiner verstümmelten Hand,
Als wäre es das weiche Haar der Geliebten, die Brüste in den Händen eines Kindes.
Alle Kraft nehme ich in meiner Hand zusammen,
Um sie der Oberfläche aufzupressen und anzuvertrauen zusammen mit all meiner Liebe, all meiner Hoffnung,
Denn nur dort gibt es Sonne, gibt es Frühling,
Wird die Dunkelheit vertrieben und das Leben wiedererweckt werden,
Denn nur dort gibt es ein Leben, das nicht dem des Viehs gleicht,
Ein Tod, der nicht der der Ameisen ist ... dort, im ewigen China.

In diesem Gedicht vereint Tai alle Techniken seiner verschiedenen Entwicklungsstufen. Die Bildwelt setzt sich zusammen u. a aus Einflüssen der T'ang-Lyrik (Verse 6, 7, 12, 13) und der französischen und spanischen Moderne (Vers 15). Aber im Gegensatz zu dem Gedicht »Sonnenuntergang«, wo auch eine Mischung verschiedener Stilarten zu beobachten war, werden diese hier mit als Mittel zum Zweck benutzt; daher wirkt das Gedicht einheitlich und geordnet nicht nur im äußerlichen Sinne der Zweiteilung in die Verse 1–15, die das China einst und jetzt, und die Verse 16–24, die das künftige China behandeln.

Daß der symbolistische bzw. modernistische Dichter Tai Wang-shu heute nahezu vergessen ist, und nur diese letzten beiden Gedichte in Anthologien nach 1949 Eingang gefunden haben, hat seinen Grund nicht nur im Wandel von einer Gesellschaftsordnung zur anderen und in dem damit verbundenen Entzug der Grundlage für eine symbolistische Kunstauffassung (diese Grundlage bildeten die untereinander in Entzweiung und Kampf begriffenen Individuen), sondern auch im Werk selbst: die Fragwürdigkeit einer der Realität sich entziehenden Literatur, die keinerlei Stellung zu den Zeitereignissen nimmt und diese völlig ignoriert, muß Tai bewußt gewesen sein; anders sind sein Schweigen und sein Wandel nicht zu erklären. Aber auch aufgrund der Uneinheitlichkeit der Gedichte in sich und untereinander dürfte das Werk von Tai Wang-shu nur mehr von historischer Bedeutung in der Entwicklung der modernen chinesischen Literatur sein. Dort hat es seinen Wert darin, daß es die Art und Weise des damaligen, zwar versteckt gegen die Gesellschaft protestierenden, gleichwohl ästhetizistischen bürgerlichen Denkens in China aufzeigt.

Anmerkungen:

1 Die wenigen greifbaren Nachrichten finden sich bei Michelle Loi, *Roseaux sur le mur: Les poètes occidentalistes chinois 1919–1949*, Paris: Gallimard 1971, besonders S. 147–160, und in Ai Ch'ings Vorwort der hier zugrundegelegten Textausgabe der Gedichte Tai

WANG-SHUS, *Tai Wang-shu shih-hsüan,* Hongkong 1974 (Nachdr. d. Ausg. Peking 1957; künftig: *TWSSH*), S. 1–11. Dort weist AI CH'ING auch auf frühere Ausgaben hin, nämlich das *Wang-shu shih-kao* (»Die Gedichtkladde des Wang-shu«) und das *Tsai-nan sui-yüeh* (»Zeiten der Not«). Unter dem Titel *Wo ti chi-i* (»Meine Erinnerung«, 1929) – auch Titel eines Gedichtes – und *Wang-shu ts'ao* (»Wang-shus Entwürfe«, 1932) sind dann noch zwei Sammlungen erschienen, die größtenteils schon im *Wang-shu shih-kao* enthalten waren.

2 Im allgemeinen werden LI CHIN-FA und TAI WANG-SHU gleichermaßen unter die Symbolisten gezählt. Tai hat jedoch 1932 zusammen mit TU HENG die Zeitschrift *Hsien-tai* (»Die Moderne«) als Organ seiner eigenen Schule, der Hsien-tai-shih-p'ai (»Gesellschaft für moderne Lyrik«) gegründet; von daher scheint die von LOI übernommene Bezeichnung Modernismus angebracht zu sein, zumal es auch den Anschein hat, als ob TAI mehr vom spanischen Modernismus denn vom französischen Symbolismus beeinflußt gewesen wäre. Eine theoretische Grundlegung des Modernismus findet sich in seiner 1933 erschienenen Schrift *Shih-lun ling-cha* (»Aphorismen zur Dichtkunst«; s. Anhang zum *TWSSH,* S. 71–80), in dessen 16 Paragraphen Tai, hauptsächlich unter dem Einfluß des spanischen Modernismus, den vollen und von jeglicher Reglementierung freien Ausdruck der lyrischen Gestimmtheit fordert. Vgl. hierzu LOI, S. 153 ff. Zur Charakterisierung des Symbolismus in China vgl. das Zitat von CHU TZU-CH'ING in LOI, S. 147; vgl. weiter JULIA C. LIN, *Modern Chinese poetry: An introduction,* London: Allen a. Unwin 1972, S. 152–168.

3 Der Ausdruck *ting-hsiang,* hier mit Flieder übersetzt, ist spätestens seit der T'"ang-Zeit (618–906) in der chinesischen Lyrik nachweisbar (u. a. bei TU FU, LIU TSUNG-YÜAN, LI HO); s. EDWARD H. SCHAFER, *The golden peaches of Samarkand: A study of T'ang Exotics,* Berkeley a. Los Angeles: Univ. of Cal. Pr. 1963, S. 171 f. Vgl. auch LOI. S. 275–278; dort wird u. a. auf eine gewisse Gemeinsamkeit dieses Gedichtes mit dem Gedicht »Tristesses« (1905?) von FRANCIS JAMMES hingewiesen.

4 Vgl. LOI, S. 152.

5 Zur Genitivmetapher s. HUGO FRIEDRICH, *Die Struktur der modernen Lyrik: Von der Mitte des neunzehnten bis zur Mitte des zwanzigsten Jahrhunderts,* 1. Aufl. d. erw. Neuausg., Hamburg: Rowohlt 1967, S. 210 f.

6 In: *Chung-kuo hsin-wen-hsüeh ta-hsi,* Bd. 8: Shih-chi, Hongkong: Hsiang-chiang wen-hsüeh yen-chiu-she, o. J., S. 251 f.

7 Nach WANG LI; Beleg bei LOI, S. 520, die eine andere Auffassung vertritt.

8 Zu *ch'ing-se ti ling-hun* (wörtl. »grüne Seele«) vgl. die etwas konstruiert wirkende Auffassung bei LOI, S. 290.

9 LOI, S. 520, Anm.

10 Vgl. hierzu LOI, S. 151.

11 Name eines Berges in Shantung im Süden des Tsou-p'ing-Kreises.

Isonokami no Otomaro und seine chinesische Dichtung im Kaifūsō

von Bruno Lewin, Bochum

I

Diese Festschrift ist einem Sinologen gewidmet, der wie wenige seines Metiers auch die ältere japanische Literatur kennt und der im einzelnen zu beurteilen vermag, was deren Entstehung und Entwicklung der chinesischen Schriftkultur verdankt. Im ersten Bochumer *Manyôshû*-Seminar des Wintersemesters 1966/67 wurde mir dies durch Alfred Hoffmanns Beiträge ebenso bewußt wie seine tiefen Einblicke in die chinesisch konzipierte Dichtung des alten Japan. Die folgenden Darlegungen knüpfen in guter Erinnerung dort an, um die Lebendigkeit chinesischen Dichtens im Japan der Nara-Zeit und die Querverbindungen zwischen den großen Anthologien *Manyôshû* und *Kaifûsô* am Beispiel einer geschichtlichen Person jener Tage aufzuzeigen.

Im Mittelpunkt dieser Betrachtungen steht die Gestalt des Isonokami no Otomaro, eines japanischen Edelmannes aus der ersten Hälfte des 8. Jahrhunderts, der es zu höchsten Amtswürden brachte, doch berühmt wurde durch eine Hofaffäre, die zwar seine Karriere jäh unterbrach, ihn aber in der Dichtung weiterleben ließ. Er stammte aus einer Familie (Isonokami), die neben denen der Fujiwara, Ôtomo und Ki manchen Gelehrten hervorgebracht hat.

»Gelehrt« war im damaligen Japan gleichbedeutend mit »sinologisch gebildet«, und diese Bildung hatte in der Nara-Zeit (710 bis 784) schon eine gewisse Tradition. Seit dem ersten Eindringen der chinesischen Schriftkultur waren drei bis vier Jahrhunderte vergangen. Die ersten Vermittler waren aus Korea gekommen, wo der entsprechende Prozeß dank der chinesischen Kulturkontakte seit der Han-Zeit einige Jahrhunderte vorher eingesetzt hatte. Diese Vermittler und ihre Nachkommen blieben lange

Zeit die alleinigen Träger der Schriftkultur in Japan. Sie brachten nicht nur Lehrschriften wie das *San-tzu-ching* und den konfuzianischen Kanon (*szu-shu wu-ching*) ins Land, sie bildeten auch eigene Schreibergilden (*fubitobe*).[1] Weitere Impulse waren vom Buddhismus ausgegangen, der im 6. Jahrhundert Japan über den koreanischen Staat Paekche erreichte, doch erst unter Suiko-tennô (592–628) begann der japanische Adel sinologisches Wissen aufzunehmen und für seine Zwecke nutzbar zu machen: Die Gestalt und das Werk des Regenten Shôtoku-taishi sind repräsentativ für diese Entwicklung. Neben koreanischen Mentoren traten nun auch Berater direkt aus China in Erscheinung, nachdem rege diplomatische Beziehungen zum Sui- und dann zum T'ang-Reich eingesetzt und den Kulturimport verstärkt hatten. In der Taika-Reform (645) erreichte der chinesische Einfluß einen ersten Höhepunkt, und am Hofe des Tenji-tennô (668–671), der als Kronprinz Naka-no-ôe tatkräftig an der Taika-Reform mitgewirkt hatte, entfaltete sich eine erste literarische Aktivität des japanischen Hofadels. An Tenjis Hof in Ômi – nahe dem heutigen Ôtsu am Biwa-See – sammelten sich auch bedeutende Köpfe des koreanischen Adels, die nach dem Untergang der Reiche Koguryô und Paekche in den 60er Jahren des 7. Jahrhunderts nach Japan geflüchtet waren. Hier wurden die ersten japanischen Gesetzbücher und Geschichtswerke in chinesischer Sprache konzipiert, hier gewann die Idee eines japanischen Schulsystems für die Träger des jungen Beamtenstaates Gestalt, hier nun setzte auch die Pflege chinesischer Dichtung in Japan ein.

Die intensiven Kontakte zur jungen T'ang-Dynastie und zum emigrierten koreanischen Adel förderten die Aufnahme chinesischen Wissens am Hofe zu Ômi und den Drang zur Nachahmung chinesischen Dichtens. Im Vorwort zum *Kaifûsô* (751) wird berichtet, daß der Kaiser Literaten an den Hof lud, Gelage veranstaltete und dabei ebenso wie die Anwesenden Gedichte verfaßte; und diese Dichtungen hätten mehr als hundert Hefte gefüllt.[2] Das sind die frühesten Niederschriften chinesischer Dichtung in Japan, von denen wir Nachricht haben. Doch kennen wir nur wenige Stücke aus jener Zeit, denn die meisten Schriftdenkmäler, die unter der Ägide des Tenji-tennô entstanden, wurden im Thronfolgekrieg der Jinshin-Ära (672) vernichtet. So sind denn die beiden an erster Stelle im *Kaifûsô* überlieferten Gedichte des Kronprinzen Ôtomo (648–672), Sohn des Tenji-tennô und Unterlegener im Thronfolgestreit mit seinem Onkel Ôama (Temmu-tennô), die ältesten bekannten chinesischen Gedichte japanischer Provenienz überhaupt. Er und sein Vetter Prinz Ôtsu (663–686), im *Kaifûsô* sogar mit vier Gedichten vertreten, gelten traditionell als die Wegbereiter chinesischer Dichtkunst in Japan, und so heißt es später im *Konjaku-monogatari* (um 1100), daß Prinz Ôtomo die literarischen Künste über alles liebte und daß die Abfassung von Shih und Fu in Japan in seiner Zeit begann.[3]

Seit Tenji-tennô ist also die chinesische Dichtkunst bei Hofe gepflegt worden, und es ist mit großer Wahrscheinlichkeit anzunehmen, daß private Sammlungen chinesischer Gedichte *(kanshishû)* ebenso wie solche japanischer Gedichte *(wakashû)* vorhanden waren. Wir wissen von einer solchen Sammlung des Fujiwara no Umakai (gestorben 737) aus der Tempyô-Ära, ohne den Titel zu kennen.[4] Ältere Sammlungen aus den Regierungsperioden von Tenji-tennô bis Genshô-tennô (668–724) sind verschollen geblieben, doch ein unmittelbarer Vorläufer der ersten überkommenen Anthologie *Kaifûsô* ist mit Titel und einigen Liedern durch die Aufnahme in selbige Anthologie erhalten geblieben. Es handelt sich um das *Kambisô* des Isonokami no Otomaro.

II

Die Gestalt des Isonokami no Otomaro ist aus Zeugnissen des Annalenwerkes *Shoku-Nihongi* (797, berichtet über die Zeit von 697–791), des *Kaifûsô* und des *Manyôshû* relativ gut greifbar und führt uns direkt in die Welt des zeitgenössischen japanischen Hofadels. Die Stationen in Otomaros Amtskarriere werden im *Shoku-Nihongi* wie üblich verzeichnet: 724 (Jinki 1/II) erhielt er den Folgenden 5. Rang 2. Klasse verliehen,[5] 729 (Tempyô 1/I) den Folg. 5. Rang 1. Kl. Im selben Jahr wurde er zum Gouverneur von Tamba ernannt (Tempyô 1/IX).[6] Weiter ging es im Rangaufstieg: 736 (Tempyô 8/I) Wirklicher 5. Rang 2. Kl., 737 (Tempyô 9/IX) Wirkl. 5. Rang 1. Kl. und 738 (Tempyô 10/X) Folg. 4. Rang 2. Kl. Gleichzeitig erhielt er die Stellung eines Staatsverwaltungsdirektors zur Linken (*sadaiben*). In den Jahren 743, 746 und 748 stieg Otomaro bis zum Folg. 3. Rang auf. 744 (Tempyô 16/IX) wurde er als kaiserlicher Inspektionsbeauftragter für das Kyûshû-Gebiet eingesetzt (*Saikaidô no junsatsu-shi*), danach übernahm er die Kultusbehörde (*jibu no kami*) – als solcher 746 (Tempyô 18/III) erwähnt – und wurde Gouverneur von Hitachi (Tempyô 18/IV). Später zum Minister der Zentralbehörde (*nakatsukasa no kami*) ernannt, verkündete er den kaiserlichen Erlaß anläßlich der Goldfunde in Nordjapan im Jahre 749 (Tempyô-shôhô 1/IV).[7] Im selben Jahre erreichte er die Würde eines Mittleren Kabinettsrates (*chûnagon*) (1/VII). Er starb 750 (Tempyô-shôhô 2/IX/1).

Diese recht farblose Aufstellung wird ergänzt durch eine Biographie, die Otomaros vier Gedichten im *Kaifûsô* vorangestellt ist. Da übrigens nur neun der 64 Autoren des *Kaifûsô* mit einer einführenden Biographie bedacht wurden,[8] spricht dies für die hohe Bewertung der Person durch den oder die Kompilatoren. Der »Asomi Isonokami no Otomaro, Mittlerer Kabinettsrat sowie Minister der Zentralbehörde vom Folgenden 3. Rang« wird dort wie folgt vorgestellt:[9]

> Der Mittlere Kabinettsrat Isonokami war der dritte Sohn des Kanzlers zur Linken.[10] Aus adliger Familie und von hohem Ansehen, war er mit hervorragenden Fähigkeiten begabt. Freundlich im Aussehen, still und edel war er, und gar wohl gesittet. Obgleich sich sein Interesse auf die alten chinesischen Schriften konzentrierte, liebte er auch die Poesie sehr. Einmal gab es einen Tadel des Hofes, und fern in südlicher Wildnis irrte er umher. Angesichts tiefer Wasser und Sümpfe erhob er klagend die Stimme, und in der Dichtung gab er Ausdruck, was er im Herzen empfand. Schließlich lagen zwei Schriftrollen »Dichtungen, Kummer hegend« (*Kambisô*) vor, die jetzt bei den Leuten in Umlauf sind. In den Tempyô-Jahren wurde er zum Gesandten für das T'ang-Reich ernannt. Immer schon war es bei dieser Auswahl schwierig, den geeigneten Mann zu finden. Als damals im Thronsaal die Auswahl erfolgte,

gab es niemanden, der den hohen Herrn übetroffen hätte. So wurde ihm denn die Gesandtschaft übertragen. Alle freuten sich darüber. Die Ehrungen, die man ihm damals angedeihen ließ, waren alle von dieser Art. Am Ende aber trat er die Gesandtschaft nicht an. Später wurde ihm der Folgende 3. Rang und das Amt eines Mittleren Kabinettsrates verliehen. Nachdem er in die höchsten Hofränge aufgestiegen war, erneuerten sich seine feinsinnigen Talente mit jedem Tag. Weitreichend waren seine guten Vorhaben, doch die Werke, die ihn überlebten, waren groß angelegt, ohne vollendet zu sein.[11] Wie lange er lebte, ist unbekannt.[12]

Von der erwähnten Gesandtschaft nach China verlautet nichts an anderer Stelle; jedenfalls hat Isonokami offenbar das T'ang-Reich nicht besucht. Doch über die Hofaffäre, die ihm den »Tadel« einbrachte, erfahren wir im *Shoku-Nihongi* Genaueres: Otomaro wurde 739 (Tempyô 11/III) wegen unerlaubter Beziehungen zur Muraji Kume no Wakame, Gattin des 737 (Tempyô 9/VIII) verstorbenen Kaiserlichen Rates Fujiwara no Umakai und Mutter des Momokawa, nach Tosa verbannt, die Wakame nach Shimôsa. Während die Wakame schon im nächsten Jahr anläßlich einer Amnestie zur Rückkehr nach Nara begnadigt wurde,[13] mußte Otomaro noch länger im Exil bleiben, und er wird erst wieder 743 anläßlich einer Rangverleihung bei Hofe erwähnt.[14] Diese Affäre bildet den Anlaß und Hintergrund für die Gedichte von und um Otomaro, die im *Manyôshû* und im *Kaifûsô* überliefert sind.

Für einen feinsinnigen Mann, als der uns Otomaro aus seiner Biographie und seiner Dichtung entgegentritt, muß die Verbannung in das abgelegene, unkultivierte Tosa jener Tage ein harter Schlag gewesen sein. Das Verdikt der Verbannung gehört zu den schweren der »Fünf Strafarten« (*gokei*), die im *Yôrô-ritsuryô*, dem Gesetzeskodex von 718, angegeben sind.[15] Otomaros Vergehen, das der Kategorie der sittlichen Vergehen (*fugi*, eines der »Acht ruchlosen Verbrechen« *hachigyaku*) nahestand, wurde wegen der Einbeziehung des Hochadels im Umkreis des Kaiserhauses schwer geahndet, und von den drei möglichen Stufen der Verbannung wurde ihm die härteste auferlegt.[16] Man unterschied nämlich je nach Abstand von der kaiserlichen Residenz eine »nahe«, »mittlere« und »ferne« Verbannung.[17] Auch die Kume no Wakame wurde in die ferne Verbannung geschickt: Shimôsa war die Nachbarprovinz von Hitachi, dem entferntesten Verbannungsgebiet der damaligen Zeit, und dazu lag es in diametral entgegengesetzter Richtung zu Tosa, beide an der damaligen Peripherie des Reiches.

Seit der Nara-Zeit haben zahlreiche Adlige, Angehörige des Kaiserhauses eingeschlossen, das schwere Los der Verbannung auf sich nehmen müssen, und eine umfängliche Poesie vom Altertum bis ins Mittelalter hinein kündet von ihrer Sehnsucht nach der heimischen Landschaft und dem vertrauten Leben im Zentrum des Reiches.[18] Als erstes Beispiel dieser Poesie der Verbannten kann ein Tanka des Hozumi no Oyu aus dem *Manyôshû* (III/288) angesehen werden, der 722 wegen der Beteiligung an einer angeblichen Verschwörung gegen die Kaiserin Genshôtennô zum Tode verurteilt, dann aber zur Deportation nach Sado begnadigt wurde:

> Falls mein Leben, ach, wahrhaft glücklich verläuft, werd' ich sie noch einmal sehen: die weißen Wellen, die bei Ôtsu in Shiga an den Strand schlagen.[19]

Das ähnliche Schicksal, das Otomaro nur einige Jahre später ereilte, hat in weit stärkerem Maße literarischen Ausdruck gefunden. In einer Gedichtstaffel des *Manyôshû* (VI/1019–1022) wird das Ereignis seiner Verbannung aus dreierlei Sicht besungen, und in vier Gesängen des *Kaifûsô* (Nr. 115–118) gibt der Verbannte seiner Sehnsucht nach der fernen Hauptstadt selbst Ausdruck.

Von den »Drei Liedern aus der Zeit, da Exzellenz Isonokami no Otomaro in die Provinz Tosa verbannt wurde« – so die Einleitung zu der genannten Gedichtstaffel des *Manyôshû*[20] – klingt das erste moritatenhaft und ironisch bei strenger Verwendung der Kunstmittel eines altjapanischen Langgedichtes *(nagauta)*:[21]

> Der alte Gebieter auf dem Stein – Herr Isonokami aus Furu[22] – ward von einem schwachen Weib verführt, aus welchem Grunde man ihm wie einem Pferde einen Strick anlegte, ihn wie ein Wild

mit Pfeil und Bogen umstellte, und er, des hohen Herrschers Befehl gehorchend, in das himmelsferne Provinzgebiet davonging. Kehrt er denn nicht zurück vom Matsuchi-Berg[23] (wo man alte Kleider walkt)?

Man möchte annehmen, daß dies Nagauta unbekannten Verfassers in Nara als »Zeitung« in aller Munde war, nachdem man von der Liaison erfahren hatte. Andere Töne werden in dem nächsten Nagauta angeschlagen. Der Tenor der Besorgtheit und sprachliche Formulierungen lassen vermuten, daß dies Gedicht von einer Otomaro nahestehenden Dame stammt, vielleicht von Kume no Wakame selbst:[24]

Des hohen Herrschers Befehl gehorchend, geht er hinweg ins Land [Tosa][25] (das sich an die anderen anschließt). – Meinen geliebten Herrn[26] mögen die unaussprechlich Ehrfurcht gebietenden Gottheiten von Suminoe[27] in Menschengestalt, auf des Schiffes Bug als Schutzgötter thronend, an den Landspitzen der Inseln, die er berührt, an den Landspitzen der Küsten, denen er sich nähert, auf rauhe Wellen und Winde nicht treffen lassen. Sie mögen Unheil und Krankheit fernhalten, auf daß er rasch zurückkehren möge in das Heimatland.

Schließlich folgt ein Nagauta mit Abgesang *(kaeshiuta)*, das aus der Sicht des Verbannten spricht und von Otomaro selbst verfaßt sein könnte:[28]

Für meinen Herrn Vater bin ich das geliebte Kind, für meine Frau Mutter bin ich das geliebte Kind. Doch während all die vielen Leute, die zur Hauptstadt ziehn, am Furcht einflößenden Kashiko-Paß,[29] wo man sein Reiseopfer bringt, ihre Opfer spenden, gehe ich von dannen den Weg ins ferne Tosa.
Der kleine Strand der Gottheit von Ôsaki ist schmal. Dennoch werden all die Schiffer wohl kaum vorüberfahren.[30]

Auch die Autorenschaft dieses dritten Stückes ist ungewiß, und während sich das Nagauta mit großer Wahrscheinlichkeit auf Otomaros Weg in die Verbannung bezieht, ist dies vom Kaeshiuta nicht einmal sicher: Ôsaki, südlich der heutigen Stadt Wakayama gelegen, wurde zwar in alter Zeit mitunter als Hafen für die Überfahrt nach Tosa benutzt, meist wählte man jedoch einen nördlicheren Ausgangspunkt in der Provinz Izumi mit dem Weg über die Insel Awaji und durch die Shikoku-Provinz Awa. Die Frage muß offenbleiben, ob es sich um einen echten Abgesang zu dem Langgedicht handelt.

Hier sei eingeschaltet, daß wir nur zwei japanische Gedichte *(waka)* kennen, die im *Manyôshû* überliefert sind und wohl tatsächlich von Otomaro stammen. Es sind zwei Kurzgedichte aus dem 3. Buch des *Manyôshû*. Das eine (III/374) ist ein Scherzgedicht auf den Namen des Hausberges beim Familiensitz der Isonokami und lautet so:

Ame furaba	Wenn es regnet,
kimu-to omoeru	gedenke ich Dich aufzusetzen,
Kasa-no yama[31]	Regenhut-Berg!
hito-ni na-kishime	Laß Dich nicht von andern aufsetzen,
nure-wa hizutomo.	selbst wenn sie ganz durchnäßt sind.

Das andere (III/368) wird in einer Originalglosse des *Manyôshû* dem Otomaro mit Vorbehalt zugeschrieben,[32] verfaßt anläßlich der Betrauung mit dem Gouverneursposten von Echizen:[33]

Ôbune-ni	Im großen Boot,
makaji shiji-nuki	die festen Ruder zahlreich eingesetzt,
Ôkimi-no	des hohen Herrschers
mikoto kashikomi	Befehl gehorchend
isomi-suru-kamo.[34]	fahr' ich die Küste entlang.

Ein drittes Gedicht aus diesem Teil des *Manyôshû* (III/287), Exzellenz Isonokami zugeschrieben, ist mit großer Wahrscheinlichkeit ein Tanka von Otomaros Vater Maro, anläßlich einer Reise der Jitô-tennô nach Shiga im Jahre 702 verfaßt.[35]

Die Gestalt Otomaros, vor allem die durch ihn verschuldete Hofaffäre, haben also in der zeitgenössischen Anthologie japanischer Dichtung ihre Verewigung gefunden. Als Dichter tritt Otomaro aber hier nur undeutlich in Erscheinung. In dieser Eigenschaft ist er in den vier Gesängen des *Kaifûsô* weit besser profiliert.

III

Das *Kaifûsô* ist laut Vorwort im Jahre 751, also zur Regierungszeit der Kôken-tennô und einige Jahre früher als das *Manyôshû* erschienen, und mit seinen 120 chinesischen Gedichten japanischer Provenienz ist es die erste erhaltene Anthologie dieser Art mit entsprechend hohem literarhistorischem Wert. Unter seinen 64 Autoren figuriert Otomaro in der chronologischen Ordnung der aufgenommenen Beiträge an vorletzter Stelle vor Fujii no Hironari. Der Umstand jedoch, daß er als einer der wenigen Autoren der Sammlung mit einer beigegebenen Biographie ausgezeichnet ist[36] und daß von ihm vier Gedichte aufgenommen wurden gegenüber der vorherrschenden Anzahl von einem oder zweien pro Autor,[37] weist auf seine hohe Bewertung durch den Kompilator hin und könnte zur Identifizierung desselben beitragen – denn dieser bleibt im Dunkel.[38]

Otomaro gehört auch zu dem knappen Drittel der *Kaifûsô*-Dichter (20), die mit Beiträgen im *Manyôshû* vertreten sind, allerdings ohne dort stärker hervorzutreten, wie wir sehen konnten. Seine *Kaifûsô*-Gedichte hingegen besitzen einige Bedeutung. Sie entsprechen in ihrer Form dem größten Teil der dort zu findenden Stücke. Es handelt sich um Fünfwortgedichte *(wu-yen-shih)* zu je acht Versen.[39] Die chinesischen Gedichte (jap. *kanshi*) dieser Sammlung, die in etwa dem Entwicklungsstand der chinesischen Poesie während der Liu-ch'ao-Epoche, repräsentiert durch die Sammlung *Wen-hsüan*,[40] entsprechen, wurden von den Japanern nach ihrem chinesischen Lautwert gelesen, wobei natürlich mit artikulatorischen Japanisierungen zu rechnen ist.[41] Nachstehend nun Otomaras *Kaifûsô*-Gedichte in chinesischer Lautung, japanischer Version und deutscher Übersetzung.[42]

Kaifûsô 115: »Ein Fünfwortgedicht, gerichtet an einen alten Freund in der Hauptstadt, während ich in die Wildnis des Südens verschlagen bin.«

Liao^2 hsiung^4 yu^2 ch'ien^1 li^3
(ryôkei senri-ni asobi)
Fernhin durchstreife ich tausend Meilen,
p'ai^1 huei^2 hsi^1 ts'un^4 *hsin*^{1} (*si̯əm*)
(haikwai sunshin-wo oshimi)
umherwandernd beklage ich mein Geschick.

Feng^1 ch'ien^2 lan^2 sung^4 fu^4
(fûzen ran ka-wo okuri)
Mit dem Winde schicken die Orchideen ihren Duft,
yüeh^4 hou^4 kuei^4 shu^1 *yin*^{1} (*i̯əm*)
(getsugo katsura kage-wo nobu)
im Mondenschein werfen die Kassienbäume Schatten.

Hsieh^2 yen^4 ling^2 yün^2 hsiang^3
(shagan kumo-wo shinogite toyomoshi)
Die schräg gereihten Wildgänse trotzen den Wolken und es hallt
ch'ing^1 shan^2 pao^4 shu^4 *yin*^{2} (*ngi̯əm*) ihr Ruf,
(keisen ki-wo mudakite naku)
die leichten Zikaden halten sich an den Bäumen und zirpen.

Hsiang^3 szu^1 chih^1 pieh^2 t'ung^4
(sôshi shirinu wakare-no kanashibi-wo)
In den Gedanken an Dich wird mir der Trennungsschmerz bewußt,
t'u^2 lung^4 pai^2 yün^2 *ch'in*^{2} (*g'i̯əm*)
(itazura-ni moteasobu hakuun-no koto)
vergebens greife ich zur Koto, (ich so fern) wie die weißen Wolken.

Formal steht dies Gedicht – wie auch die folgenden drei des Otomaro – dem klassischen chinesischen »Fünfwortgedicht der strengen Regel« (*wu-yen lü-shih*) nahe: es besteht aus acht Versen (*pa-chü*), von denen je zwei paarig sind (*lien*); jeder Vers gliedert sich in zwei Halbverse mit der Zäsur nach dem zweiten Wort; das zweite und das dritte Verspaar zeigen strengen Parallelismus in ihrem internen Aufbau (hier auch das erste Verspaar, was dem Dichter freigestellt ist); der Reim am Ende jedes Verspaares – in unserer Transkription durch *Kursivdruck* gekennzeichnet – verbindet dieselben als Strophen zum ganzheitlichen Gedicht. Worin dies Kanshi wie auch die anderen aus dem *Kaifûsô* noch die strenge Regelhaftigkeit der zeitgenössischen »Shih der neuzeitlichen Form« (*chin-t'i-shih*) der T'ang-

Dichtung vermissen lassen, ist die Behandlung der Tonfolgen der chinesischen Wörter.[43] Aus einem Vergleich der strikten Versschemata mit der Tonfügung des Gedichtes von Otomaro lassen sich unschwer die Abweichung vom strengen Tonmaß des Lü-shih erkennen. Otomaro und die anderen japanischen Poeten seiner Zeit haben sich nicht genau an die aus der T'ang-Zeit stammenden Regeln gehalten, was im übrigen für die gesamte *Kaifûsô*-Poesie zutrifft.[44] Aus diesen formalen Kriterien kann man die engere Beziehung der *Kaifûsô*-Poesie zur chinesischen Dichtung der Liu-ch'ao-Epoche mit ihren dichterischen Freiheiten ablesen.

Inhaltlich ist das obige Gedicht durch die Motive der Trennung, Sehnsucht und Herbstesstimmung geprägt, die den nach Tosa, in die »Wildnis des Südens« verbannten Dichter bewegen. Hierfür stehen emblematisch die ziehenden Wildgänse, die zirpenden Zikaden,[45] der Mondschein, die weißen Wolken; und die Erwähnung der Orchideen und Kassienbäume, die auch das Herbstmotiv anklingen lassen, signalisieren überdies die Reinheit der Gefühle, die der Dichter für den fernen Freund hegt.[46] Es ist nicht abwegig zu vermuten, daß dieser »alte Freund« in Wahrheit die Kume no Wakame ist, die ja vor Otomaro 740 zur Rückkehr in die Hauptstadt begnadigt wurde. Die Emblematik des Gedichtes läßt einen weiblichen Adressaten zumindest nicht ausschließen. Zu beachten ist bei der Komposition des Shih, daß die assoziativen Bilder der Wahrnehmungssphäre, die mit Gemütsbewegungen verknüpft sind, in den parallelistisch aufgebauten Strophen zwei und drei erscheinen. Hier liegt das poetische Zentrum, in dem die Emotion des Dichters verhalten doch dringlich Ausdruck gewinnt. Insgesamt bewegt sich das Gedicht allerdings in den festen Bahnen chinesischer Poetik, ohne individuelles Empfinden origineller zu gestalten.

Persönlicher und offener wird dagegen die Klage des Verbannten im folgenden Gedicht ausgesprochen.

Kaifûsô 116: »Ein Fünfwortgedicht, gerichtet an einen gewissen Provinzialamtmann,[47] der versetzt wird und in die Hauptstadt geht.«

Yü^2 han^2 nan^2 i^4 yüan^4
(ware-wa fufumu nan'ei no urami)
Ich hege Groll über die Südmark,[48]

chün^1 yung^3 pei^3 cheng^1 *shih*^{1} *(śi)*
(kimi-wa utau hokusei-no uta)
Ihr singt das Lied über den Zug nach Norden.[49]

Shih^1 hsing^1 ai^1 ch'iu^1 chieh^2
(shikyô shûsetsu-wo awarebu)
Der Reiz des Liedes läßt traurig mich die Herbsteszeit empfinden,

shang^1 tsai^1 huai^2 shu^4 *shuai*^{1} (*ṣwi*)
(itaki-kamo kwaiju-no otorouru koto-wa)
wie schmerzlich, ach, ist das Verdorren des Sophorenbaumes![50]

T'an^2 ch'in^2 ku^4 la^4 ching^3
(koto-wo hikite rakkei-wo kaerimi)
Die Koto zupfend blicke ich zurück zum Sonnenuntergang,

pu^4 yüeh^4 shuei^2 feng^2 *hsi*^{1} (*xjḙi*)
(tsuki-ni ayumite dare-ni-ka au-koto-no marera-naru)
wenn ich im Mondlicht mich ergehe, treffe ich kaum einen Menschen.

Hsiang^1 wang^4 t'ien^1 ch'uei^2 pieh^2
(ai nozomite tensui-ni wakaru)
Wir blicken einander an und trennen uns im fernen Land,

fen^1 hou^4 mo^4 ch'ang^2 *wei*^{2} *(jwḙi)*[51]
(wakarete nochi-ni tokoshie-ni tagau koto-nakare)
nach dem Abschied soll nie sich etwas ändern zwischen uns!

Die Person des Provinzialamtmannes, der hier offenbar wegen seiner Amtsablösung, die turnusmäßig erfolgte, nach Nara zurückkehrt, ist nicht bekannt, doch dürften die Abschiedsszenen nicht denen unähnlich gewesen sein, die so beredt von Ki no Tsurayuki im *Tosa-nikki* anläßlich der Amtsablösung des Gouverneurs jener Provinz um 935 geschildert worden sind: Gedicht und Gelage gaben beiden Seiten Trost, nur konnte hier, im Falle des Verbannten, allein die Hoffnung auf eine Amnestie die Traurigkeit bannen. – Auch in diesem Gedicht sind die lyrischen Assoziationen von Herbst, Mond und Einsamkeit besonders stark artikuliert und in der zweiten und dritten Strophe vorherrschend.

Gesteigert wird das Thema der Vereinsamung im nächsten Gedicht Otomaros, das dem ersten im Adressaten und in der Aussage ähnelt, jedoch durch die Motive von Winter, Kälte und Alter Töne der Verzweiflung laut werden läßt.

Kaifûsô 117: »Ein Fünfwortgedicht, gerichtet an einen alten Bekannten.«

Wan^4 li^3 feng^1 ch'en^2 pieh^2
(banri fûjin waki)
Tausend Meilen fern, sind wir getrennt durch Staub und Wind,

san^1 tung^1 lan^2 huei^4 *shuai*^{1} *(swi)*
(santô rankei otorou)
in den Wintermonaten welken die duftenden Orchideen dahin.

Shuang^1 hua^1 yü^2 ju^4 pin^4
(sôkwa iyoiyo kami-ni iri)
Des Frostes Blüten setzen sich zunehmend im Schläfenhaar fest,

han^2 ch'i^4 i^2 p'in^2 *mei*^{2} *(mji)*
(kanki masumasu mayu-wo hisomeshimu)
ein kalter Hauch zieht mehr und mehr die Brauen zusammen.

Hsi^4 yüan^1 mi^2 wu^4 li^3
(sekien kiri-no uchi-ni matoi)
Die Mandarinente am Abend irrt inmitten des Nebels umher,

hsiao^3 yen^4 k'u^3 yün^2 *ch'uei*^{2} *(źwię)*
(gyôgan kumo-no kiwami-ni kurushibu)
die Wildgänse am Morgen quälen sich am Rande der Wolken.[52]

K'ai^1 chin^1 ch'i^2 pu^4 shih^4
(kubi-wo akamu toki shiraezu)
Wann ich den Kragen öffnen kann[53] – ich kenne nicht die Zeit,

t'un^1 hen^4 tu^2 shang^1 *pei*^{1} *(pji)*
(urami-wo nomite hitori itami-kanashibu)
ich schlucke den Groll, einsam in Schmerz und Kummer,

Dies Shih ist durch einen strengen Parallelismus geprägt, der neben der zweiten und dritten Strophe auch die erste umgreift. Dementsprechend sind auf diese Strophen die dichterischen Topoi verteilt, die außer Winter, Kälte und Alter den Trennungsschmerz, das Ersterben der Gefühle und die Vereinsamung zum Ausdruck bringen. Hayashi Kokei hat die Vermutung geäußert, mit dem »alten Bekannten« könne die Kume no Wakame gemeint sein.[54] Die gleiche Vermutung ließ sich auch bei dem ersten Gedicht dieser Staffel äußern (vgl. oben, Nr. 116), doch in beiden Fällen ist kein Beweis zu erbringen. Inhaltlich stehen sich beide Shih jedenfalls sehr nahe, nur daß bei letzterem das Thema der Furcht vor der Vereinsamung noch intensiver zum Ausdruck kommt und daß allein schon durch die jahreszeitlichen Bezüge die gegebene Abfolge der Gedichte dem Nacheinander ihrer Entstehung entsprechen dürfte. Möglicherweise ist das zweite Gedicht entstanden, nachdem Otomaro von der Begnadigung der Kume no Wakame (740) erfahren hat.

Otomaros letztes Kanshi im *Kaifûsô* ist nun zweifellos an die geliebte Frau gerichtet. Es ist eines der äußerst seltenen Beispiele eines Liebesgedichtes in dieser Sammlung: nur das »Lied auf eine schöne Frau« (Nr. 34) eines gewissen KEIJOJIN[55] ist ihm an die Seite zu stellen.

Kaifûsô 118: »Ein Fünfwortgedicht über die Sehnsucht nach der fernen Geliebten[56] in einer Herbstesnacht.«

T'a¹ hsiang¹ p'in² yeh⁴ meng⁴
(takyô shiki-ni yoru ime-mi)
An fernem Orte träumte ich sehr oft des Nachts,

t'an² yü³ li⁴ jen² *t'ung² (d'ung)*
(katarau-koto reijin-to oyaji)
es ist, als sei ich mit der Schönen in vertraulichem Gespräch.

Ch'in³ li³ huan¹ ju² shih²
(shinri yorokoburu-koto makoto-no gotoku)
Im Schlafgemach sind die Freuden wie in Wirklichkeit,

ching¹ ch'ien² hen⁴ ch'i⁴ *k'ung¹ (k'ung)*
(kyôzen uramite munagoto ni naku)[57]
doch plötzlich aufgeschreckt, erfaßt mich Gram, und ich weine ob des leeren Scheins.

K'ung¹ szu¹ hsiang⁴ kuei⁴ ying³
(munashiku omoite keiei-ni mukai)
In eitler Sehnsucht wende ich mich hin zum Schein des Mondes,

tu² tsuo⁴ t'ing⁴ sung¹ *feng¹ (piung)*
(hitori ite shôfû-wo kiku)
alleine aufgesetzt, horch' ich auf den Kieferwind.

Shan^1 ch'uan^1 hsien^3 i^4 lu^4
(sansen ken'i-no michi)
(Zwischen uns) Berge und Flüsse, und des Weges Auf und Ab,

chan^3 chuan^3 i^4 kuei^1 *chung*^{1} *(tiung)*
(tenten neya-no uchi-wo omou)
schlaflos wälz' ich mich herum und denke an der Liebsten Heim.

Der Traum, »in der Trennung das einzige Mittel der Vereinigung mit der Geliebten«,[58] ist ein nicht seltenes Motiv der chinesischen Dichtung und auch der japanischen Dichtung in diesem Bezug wohlbekannt.[59] Im Gegensatz zu der atypischen Position dieses Gedichtes im *Kaifûsô* finden wir im gleichzeitigen *Manyôshû* sehr viele solcher Liebesgedichte, die dort den ursprünglichen und größeren Teil der sog. *shitashimi-uta (sômonka)* ausmachen (den *koi-uta* der späteren Chokusenshû gleichzustellen). Man darf annehmen, daß die Autoren des *Kaifûsô* und ihre Zeitgenossen durchaus auch Liebesgedichte verfaßt haben. Von manchen derjenigen, die gleichzeitig im *Manyôshû* verewigt sind, wissen wir es sogar. Die Beweggründe für die Abstinenz des *Kaifûsô*-Kompilators in dieser Hinsicht können verschiedener Natur gewesen sein. Entweder wurden Liebesgedichte damals fast ausschließlich in japanischer Sprache verfaßt, da diese Form der Unmittelbarkeit des Gefühls besser entsprach; oder die chinesischen wurden nicht aufgenommen, vielleicht wegen ihrer Unvereinbarkeit mit dem Geist einer strengen, konfuzianisch bestimmten Literatur. Bezeichnend ist in diesem Zusammenhang auch die Tatsache, daß keine weibliche Autorin im *Kaifûsô* auftritt, dies ebenso im Gegensatz zum *Manyôshû*, in dem nicht wenige Dichterinnen vertreten sind. Insgesamt kann man feststellen, daß Otomaros Gedichte im *Kaifûsô* die emotional stärkste Partie der ganzen Sammlung bilden. Der größte Teil der *Kaifûsô*-Gedichte spiegelt nämlich das Hofleben in Nachahmung chinesischer Tradition, und entsprechend häufig sind Gedichte aus Anlaß von Hofbanketten (34), Gastmählern (22), Ausflügen der Höflinge (17),[60] auch Empfängen für Gesandtschaften, hier aus dem koreanischen Silla-Reich (10). Dabei ging die Originalität der Autoren nicht sehr weit, und die Abhängigkeit von chinesischen Vorbildern ist unverkennbar, wenngleich eine totale, plagiathafte Reproduktion zu den Seltenheiten gehört.[61] Immerhin ist das *Kaifûsô* in der Thematik seiner Gedichte nicht ergiebig, und wenn Otomaros Beiträge als emotional stärkste Partie herausgestellt wurden, so ist die relative Direktheit seiner dichterischen Aussage auf die Umstände zurückzuführen, unter denen sie entstand. Insofern ist es um so bedauerlicher, daß seine in Tosa entstandene Gedichtsammlung *Kambisô* nur so fragmentarisch überliefert ist.

In seinem Vorwort zum *Kaifûsô* schreibt der Kompilator: »... Wir haben dies Literaturwerk zusammengestellt, um den dichterischen Stil, den die Gebildeten vor uns hinterlassen haben, nicht zu vergessen. Deshalb haben wir *kaifû* ›zur Erinnerung an Dichtung von einst‹ als Titel genommen ...«[62] Zu den erinnerungswertesten Dichtern dieses eigenartigen Literaturdenkmals altjapanischer sinophiler Bildung gehört zweifellos Isonokami no Otomaro. Aus der Bildungstradition seiner Familie könnte sogar die Entstehung der Anthologie *Kaifûsô* erklärt werden, wie oben angedeutet wurde. Diese Bildungstradition macht es auch verständlich, warum Otomaro die Empfindungen und Gedanken in der wohl schwersten Zeit seines Lebens nicht unmittelbar in der Muttersprache, sondern chinesisch formulierte und im *Kambisô* nach chinesischer Manier sammelte. Als Waka-Dichter tritt er hinter sein Kanshi-Niveau zurück, denn kaum Belangvolles ist, von ihm mit Sicherheit verfaßt, im *Manyôshû* überliefert. Seine chinesische Dichtung ist noch den großen Vorbildern der Liu-ch'ao-Epoche verpflichtet, die in den Mustersammlungen *Wen-hsüan, Yü-t'ai hsin-yung* und *I-wen lei-chü* am japanischen Hofe studiert und geschätzt wurden. Isonokami no Otomaro ist zu den markantesten Adepten dieser chinesischen Dichtkunst am japanischen Hofe seiner Zeit zu zählen. Sein Schicksal als Verbannter vom Hofe blieb glücklicherweise nur eine Episode in seinem Leben und ohne wesentliche Wirkung auf seine spätere Karriere. Diese Episode erwies sich aber als ein Kristallisationspunkt altjapanischer Dichtung, der der Nachwelt überliefert ist.

Anmerkungen:

1 Vgl. BRUNO LEWIN: *Aya und Hata. Bevölkerungsgruppen Altjapans kontinentaler Herkunft.* Wiesbaden 1962. S. 177 ff. (Kap. »Der Anteil der Aya und Hata am Werden des japanischen Schrifttums«).

2 Vgl. *NKBT* (= *Nihon-koten-bungaku-taikei*) Bd. 69 (1964): *Kaifûsô.* Bearb. v. KOJIMA NORIYUKI. S. 59/60.

3 »Bun-no michi-woba kiwamete konomi-tamaikeru, shifu-wo tsukuru-koto-wa kono miko-no toki-yori-zo kono kuni-niwa hajimarikeru.« Vgl. *Konjaku-monogatari-shû* XI, 30 (*NKBT* 24, S. 114).

4 Nach dem *Sompi-bummyaku,* einem genealogischen Kompendium der Muromachi-Zeit. Vgl. KOJIMA, a.a.O., S. 4 *(kaisetsu).*

5 Die Erhebung in den 5. Hofrang, die nur auf ausdrückliche Anweisung des Tennô erfolgen konnte, bedeutete am Nara-Hofe den Einstieg in die Gruppe der Großwürdenträger. Die höchsten Ämter und Würden der oberen Kabinettsräte und der Kanzler waren mit den drei obersten Rangstufen verbunden. Vgl. HANS A. DETTMER: *Die Urkunden Japans vom 8. bis 10. Jh.* Bd. 1: *Die Ränge.* Wiesbaden 1972. S. 6–7, 143–144.

6 In einer *Manyôshû*-Glosse zu dem Waka III/368, das dem Otomaro zugeschrieben wird (siehe unten, Anm. 32), ist von seiner Ernennung zum Gouverneur von Echizen die Rede. Diese Ernennung ist im *SN* (= *Shoku-Nihongi)* nicht verzeichnet. Da jedoch manche Gouverneursernennungen in den *Rikkokushi* nicht erwähnt werden und die Glosse zudem vom Kompilator des *Manyôshû,* ÔTOMO NO YAKAMOCHI (718?–785), also einem Zeitgenossen Otomaros, stammen dürfte, ist an ihrer Glaubwürdigkeit nicht zu zweifeln. – Die altjapanischen Provinzen wurden entsprechend ihrer Bedeutung für den Kaiserhof in vier Klassen geteilt *(taikoku, jôkoku, chûkoku, gekoku).* Da nach dem Zeremonialwerk *Engishiki* (905) Tamba zu den Oberen Provinzen und Echizen zu den Großen Provinzen gehörte, dürfte die Ernennung zum *Echizen no kami* später, also nach 729 erfolgt sein.

7 Vgl. HERBERT ZACHERT: *Semmyô.* Berlin 1950. S. 81 (Erlaß Nr. 13).

8 Die als erste figurierenden vier Prinzen Ôtomo, Kawashima, Ôtsu und Kadono, sodann Bischof Shaku no Chizô, die drei buddhistischen Äbte Shaku no Benshô, Shaku no Dôji und Shaku no Dôyû sowie schließlich Isonokami no Otomaro.

9 Vgl. *NKBT* 69, S. 176.

10 Isonokami no Maro, gestorben 717 (Nekrolog in *SN* VII, *Yôrô*

1/III/3). Von Temmu-tennô war er als Gesandter nach Silla geschickt worden. Er gehörte zu den Gebildetsten seiner Zeit.

11 Der ganze Satz bietet Verständnisschwierigkeiten, und HAYASHI KOKEI schreibt schlicht, er sei unverständlich (vgl. *Kaifûsô-shinchû*, Tôkyô 1958. S. 245). Im letzten Teilsatz kann es auch heißen: »... Werke waren bedeutend«, falls: 蕩 (MOROHASHI 32002) in 藹 (MOROHASHI 32397) zu emendieren ist. So empfohlen von ÔNO TAMOTSU: *Kaifûsô no kenkyû*. Tôkyô 1957. S. 179 ff.

12 Diese Angabe ist verwunderlich, denn laut *SN* XVII starb er 750 (vgl. oben), also unmittelbar vor der Fertigstellung des Kaifûsô 751. Die gegebenen Zeichen 若干 (MOROHASHI 30796, 22) sind jedoch nur im übersetzten Sinne aufzufassen. Es ist also mit einer verderbten Überlieferung zu rechnen. In einigen Textüberlieferungen fehlen beide Zeichen.

13 *Tempyô* 12/VI. – Sie überlebte Otomaro um 30 Jahre: Ihr Tod wird aus dem Jahre 780 (*Hôki* 11/VI/26) gemeldet. Vgl. BRUNO LEWIN: *Die Regierungsannalen des Kammu-tennô* (*MOAG* XLIII). Tôkyô 1962. S. 28.

14 Über seine Begnadigung verlautet nichts. Wahrscheinlich kam er in den Genuß der großen Amnestie des Jahres 741 (*Tempyô* 13/IX).

15 Vgl. G. v. OTTO: *Geschichte des japanischen Strafrechts*. Leipzig 1913. S. 26 ff. (»Das Yôrô-Ritsu«); für die Kenntnis des altjapanischen Strafrechts noch immer instruktiv. – Man unterschied als Strafarten 1. *chi* Weiche Stockschläge, 2. *jô* Harte Stockschläge, 3. *to* Zwangsarbeit, 4. *ru* Verbannung, 5. *shi* Tötung.

16 Sittendelikte wurden gemeinhin mit Zwangsarbeit geahndet.

17 »Nahe Verbannung« *(konru)* nach Echizen (315 Meilen) und Aki (490 Meilen); »Mittlere Verbannung« *(chûru)* nach Shinano (560 Meilen) und Iyo (560 Meilen); »Ferne Verbannung« *(onru)* nach Izu (770 Meilen), Awa (1190 Meilen), Hitachi (1575 Meilen), Sado (1325 Meilen), Oki (910 Meilen) und Tosa (1225 Meilen). Vgl. *Yôrô-ritsuryô*, Abt. Gokuryô (Gesetze zur Strafverfolgung), § 12. Die Festlegung der Verbannungsgebiete, jeweils im Ost- und Westteil des Reiches, erfolgte erst 724 (*Jinki* 1/III, vgl. *SN* IX). – Exemplarische Daten über Verbannungen im 8. und 9. Jh. nach Aufzeichnungen in den *Rikkokushi* gibt OSKAR NACHOD: *Geschichte von Japan* 2, II. Leipzig 1930. S. 784 (Die Angabe »Suwô« bezügl. »Mittlere Verbannung« bei NACHOD ist durch »Shinano« zu ersetzen).

18 Zum Schicksal der Verbannten und den poetischen Reminiszenzen vgl. MOTOSUE YOSHIAKI (Hrsg.): *Runinchô*. Tôkyô 1964 (behandelt die Verbannungsgebiete Izu, Sado und Oki).

19 Wagainochi-shi / masakiku araba / mata-mo mimu / Shiga-no Ôtsu-

ni / yosuru shiranami. – Erst 740 durfte Hozumi no Oyu nach Nara zurückkehren. Dies Gedicht steht neben dem von »Exzellenz Isonokami« (Nr. 287, siehe unten, S. 96) und bezieht sich auf den Biwa-See wie vermutlich auch jenes. Obgleich beide anläßlich einer kaiserlichen Reise der Genshô-tennô im Jahre 717 (*Yôrô* 1/IX/12) entstanden sein könnten, spricht die Stimmung des obigen Waka eher für den genannten Anlaß, zumal der Weg der nach Sado Verbannten den Biwa-See in der Längsachse kreuzte (Ôtsu – Kaizu), um sich dann über den Hokuriku-kaidô zur Küste der Japan-See bis zum Hafen Naoetsu zu erstrecken (vgl. auch die Wegbeschreibung [*michiyuki*] im Nô-Spiel Ataka über die Flucht Yoshitsunes und seiner Getreuen (1187) von Heiankyô bis Echizen). Ein gleichartiges Waka, Abgesang zu einem Langgedicht unbekannten Verfassers (XIII/3240–3241) wird gemäß einer *Manyôshû-Glosse* auch dem Hozumi no Oyu zugeschrieben.

20 Diese Uta haben ihren Platz in dem chronologisch geordneten 6. Buch des *Manyôshû*, das »Verschiedene Gedichte« *(zôka)* aus der Zeit von 723 bis 744 bringt, und zwar sind sie unter dem Jahre 738 (Tempyô 10) eingeordnet. Die Diskrepanz zu der Annalenmeldung über die Verbannung im Jahre 739 (s. o.) ist wohl so zu erklären, daß die Affäre selbst 738 publik wurde.

21 VI/1019: Iso-no kami / Furu-no mikoto-wa / tawayame-no / matoi-ni yorite / umajimono / nawa tori-tsuke / shishijimono / yumiya kakumite / Ôkimi-no / mikoto kashikomi / ama-sakaru / hinabe-ni makaru / furu-koromo / Matsuchi-no yama-yu / kaeri-konu-kamo.

22 »*Furu*« als Kakekotoba »alt« + Ortsname (in Isonokami, dem Familiensitz des Geschlechtes, nahe der heutigen Stadt Tenri).

23 An der Grenze der Provinzen Yamato und Kii gelegen (auf dem Weg nach Tosa). *Matsuchi* < *matuti;* die Identifizierung mit *mata uti* (> *uchi*) »wieder schlagen« (walken) erklärt die Assoziierung mit dem Makurakotoba *»furu-koromo«.*

24 VI/1020–21: Ôkimi-no / mikoto kashikomi / sashi-narabu / (Tosa-no) kuni-ni / idemasu-ya / wagase-no kimi-wo / kakemaku-mo / yuyushi kashikoshi / Suminoe-no / arahitogami / funa-no he-ni / ushiwaki-tamai / tsuki-tamawamu / shima-no sakizaki / yori-tamawamu / iso-no sakizaki / araki nami / kaze-ni awasezu / tsutsumi naku / yamai arasezu / sumuyakeku / kaeshi-tamawane / moto-no kunibe-ni.

25 *»Tosa-no«* fehlt in den meisten Texten; interpoliert nach *NKBT 5*, S. 176. Bei manchen Interpreten werden die Zeilen 1–6 als Kaeshi-uta zu 1019 angesehen, so daß erst mit *»kakemaku-mo«* ein neues Langgedicht einsetzt. Auch im *Kokka-taikan* wird diese Abgren-

zung vorgenommen (daher die Zählung 1020, 1021). Doch auch bei einer Lesung des Unterstollens »*kuni-ni idemasu-ya / wagase-no kimi-wo*« ergeben sich Interpretationsschwierigkeiten. Offenbar handelt es sich um eine defekte Überlieferung.

26 »*Wagase-no kimi*« ist eine Anredeform, die in der altjapanischen Poesie vorzugsweise von der Frau dem eigenen Mann gegenüber verwendet wird.

27 Schutzgottheiten der Schiffahrt, verehrt im Suminoe-Schrein bei Naniwa (heutiges Ôsaka).

28 VI/1022: Chichigimi-ni / ware-wa manago-zo / hahatoji-ni / ware-wa manago-zo / mai-noboru / yasoujibito-no / tamuke-suru / Kashiko-no saka-ni / nusa matsuri / ware-wa-zo makaru / tôki Tosaji-wo. VI/2023: Ôsaki-no / kami-no obama-wa / sebake-domo / momo-funabito-mo / sugu-to iwanaku-ni.

29 Nicht sicher lokalisierbar; wahrscheinlich nahe dem Übergang der Provinzen Nara und Kii (Matsuchi-no yama, vgl. Anm. 23) in Kii gelegen.

30 Der Unterstollen des Kaeshiuta ist nicht eindeutig interpretierbar: »den Ort verlassen«? »achtlos betrachten«? »hier zuhaus sein«? oder von Otomaro aus gesehen: »ich fahre (er fährt) von hier nach Tosa weg«?

31 Wegen der Kegelform, die an einen Kasa-Hut (aus Bambus, Schilfgras o. ä., insbes. als Regenschutz) erinnert, haben manche japanischen Berge diesen Namen. Hier ist wohl der Mikasa-yama in Nara gemeint, der sich unweit des Stammsitzes der Isonokami in Furu erhebt. Vgl. Anm. 22.

32 »Denkt man jetzt über das Vorstehende nach, so wurde der Asomi Isonokami no Otomaro zum Gouverneur von Echizen ernannt. Vielleicht ist dieser Würdenträger gemeint.« – PIERSON (*The Manyôśû III-130*, S. 185) bezieht das Uta auf Otomaros Verbannung nach Tosa. Der Originalkommentar spricht dagegen.

33 Vgl. oben, Anm. 6.

34 *(Iso-)mi = mï (meguru)*. Der Weg von der Tsuruga-Bucht nach Kawanomura, nahe dem Gouverneurssitz *(kokufu)* von Echizen (das heutige Takefu im Fukui-ken).

35 »Ein Gedicht, verfaßt von Exzellenz Isonokami, als Ihre Majestät sich nach Shiga begab«: Koko-ni-shite / ie-yamo izuku / shirakumo-no / tanabiku yama-wo / koete kinikeri (»Da ich mich hier befinde, wo ist mein Haus? Die von weißen Wolken umwehten Berge überschreitend, bin ich /hierher/ gekommen«). Eine solche Reise der Jitô-tennô ist im *SN* unter dem Datum Taihô 2/X vermerkt. In Betracht käme noch eine Reise der Genshô-Tennô im Jahre 717

(*Yôrô* 1/IX). Da jedoch Maro bereits im 3. Monat des Jahres 717 verstarb, sein Sohn Otomaro erst 724 den Folg. 5. Rang 2. Kl. erhielt und der Ehrentitel »Exzellenz« nur für die hohen Ränge verwendet wurde, sind Genshô-tennô und Otomaro mit großer Wahrscheinlichkeit nicht gemeint (entgegen PIERSONS Annahme in *The Manyôśû III-50*, S. 73). Allerdings könnte 717 Isonokami no Toyoniwa, der 704 den Folg. 5. Rang 2. Kl. erhalten hatte, gemeint sein. Von ihm ist aber außer seiner Amtslaufbahn nichts bekannt.

36 Vgl. oben, Anm. 8.

37 Mit vier Gedichten vertreten ist außer Otomaro Prinz Ôtsu; mit fünf Gedichten die Fujiwara Fubito und Maro sowie Abt Shaku no Dôji; mit sechs Gedichten schließlich nur Fujiwara no Umakai.

38 Über die Verfasserschaft gibt es verschiedene Hypothesen. Genannt werden u. a. Ômi no Mifune, Fujii no Hironari (der letzte Autor in der chronologischen Reihung der *Kaifûsô*-Beiträge), Fujiwara no Yoshio und Isonokami no Yakatsugu (gest. 781), der Sohn Otomaros. Seine Verfasserschaft würde die hohe Bewertung Otomaros im Kaifûsô leicht erklären. Überdies stand Yakatsugu in seinem Bildungsgrad Vater und Großvater zumindest nicht nach, wie insbes. aus dem langen Nekrolog im *SN* (Ten'ô 1/VI) zu ersehen ist (vgl. LEWIN: *Kammu-ki*, a.a.O. S. 70). Als Staatsbeamter brachte er es zum Oberkabinettsrat und Minister der Beamtenbehörde vom Wirkl. 3. Rang. Zu beachten ist schließlich bei der Autorenfrage, daß der Titel des *Kaifûsô* genau nach demjenigen der Sammlung *Kambisô* OTOMAROS modelliert ist (siehe Anm. 62).

39 Das *Kaifûsô* enthält nur 7 Siebenwortgedichte neben 109 Fünfwortgedichten. Dies Verhältnis läßt sich gut mit dem Übergewicht der Fünfwortgedichte auch im chinesischen *Wen-hsüan* vergleichen (396:8). Von diesen 109 Fünfwortgedichten sind 72 achtversig.

40 Das *Wen-hsüan* ist bereits zur Zeit Shôtoku-taishis (um 600) am japanischen Hofe bekannt gewesen, wie wir aus einem Zitat in den Siebenzehn Gesetzesartikeln des Shôtoku-taishi wissen. Der Einfluß des *Wen-hsüan* auf das Entstehen des *Kaifûsô* ist unverkennbar. Er äußert sich allein schon in Form und Inhalt des Vorwortes, in der Gedichtform wie auch in der Wortwahl mancher *Kaifûsô*-Stücke. Selbst auf die Entstehung und Gestaltung des *Manyôshû* ist das *Wen-hsüan* nicht ohne Einfluß geblieben. Vgl. YOSHIDA KÔICHI: *Kaifûsô to Monzen*. In: *Kokugo to kokubungaku 9*, 1932/12. Siehe auch Anm. 61.

41 Man nannte das in der Heian-Zeit *»koe-ni yomu«* (nach dem Lautwert der chin. Zeichen lesen, sinojap.: *ondoku*). Ohne die visuelle Stütze der Zeichen blieb diese Lesung natürlich für den Japaner völlig unbefriedigend, weshalb später auch in dieser Poesie ver-

mischte Leseformen (*ondoku* + *kundoku*, d. h. laut- und sinnwertige Lesungen) versucht wurden, die aber zwangsläufig die Zerstörung der ursprünglichen Gedichtform auslösten. Andererseits gab es schließlich auch mittelalterliche Versuche, das chinesische Shih mit japanischen Sprachmitteln in den sog. *washi* (oder *kanashi*) nachzuahmen. Vgl. Wolfram Naumann: *Das Wa- oder Kana-shi des Kagami Shikô*. In: *Oriens Extremus* 4, 2 (1957).

42 Gegeben wird die neuchinesische Lautung in der Wade'schen Umschrift nach dem *Dai-kanwa-jiten* von Morohashi Tetsuji. Die Reime sind unterstrichen und mit den zeitgenössischen Formen nach dem *Ch'ieh-yün* (601) in der Rekonstruktion von Bernhard Karlgren *(Grammata Serica Recensa)* ergänzt. Die japanische Lesung folgt Kojima Noriyuki in *NKBT* 69, S. 177 ff.

43 Bekanntlich bestimmt die tonale Spannung zwischen Wörtern mit ebenem Ton *(p'ing-sheng)* und Wörtern mit unebenem Ton *(tse-sheng)* wesentlich die Rhythmik des Lü-shih, wobei für das Fünfwortgedicht folgende Schemata gelten (e = ebener Ton, u = unebener Ton, o = beides möglich):
(1) o – u – o – e – u / o – e – o – u – e
(2) o – e – o – u – u / o – u – o – e – e
(3) o – u – o – e – u / o – e – o – u – e
(4) o – e – o – u – u / o – u – o – e – e
oder:
(1) o – e – o – u – u / o – u – o – e – e
(2) o – u – o – e – u / o – e – o – u – e
(3) o – e – o – u – u / o – u – o – e – e
(4) o – u – o – e – u / o – e – o – u – e
Die Verspaare (3) und (4) bilden eine rhythmische Wiederholung der Verspaare (1) und (2). Das zweite und das vierte Wort jedes Verses sind tonal kontrastiert (e – u, u – e, sog. *erh-shih pu-t'ung* »Zwei und Vier sind ungleich«). Das erste der beiden oben gegebenen Schemata, in dem das zweite Wort im unebenen Ton steht, ist die Gedichtform mit »unebenem Auftakt« *(tse-ch'i*, jap. *soku-okori);* das zweite Schema zeigt die seltenere Variante der rhythmisch gegensätzlichen Gedichtform mit ebenem Auftakt (*p'ing-ch'i*, jap. *hyô-okori*). Der Reim steht durchgängig im ebenen Ton; Reimwechsel *(huan-yün)* ist nicht zulässig. Diese strenge Form herrschte erst im China der frühen T'ang-Zeit vor; in der Liu-ch'ao-Epoche gab es noch manche Abweichungen. Allein schon die Reimregel wurde nicht streng beachtet (auch Reime im unebenen Ton, auch Reimwechsel kamen vor).

44 Vgl. hierzu Okada Masayuki: *Nihon-kambungakushi*. Zôteiban. Tôkyô 1954. S. 85 ff.

45 Hier vergleicht sich wohl der Dichter mit einer in Einsamkeit zirpenden Zikade.

46 Zur Topik der chinesischen Dichtung vgl. die Liste bei ALFRED HOFFMANN: *Die Lieder des Li Yü, 937–978, Herrschers der südlichen T'ang-Dynastie.* Köln 1950. – Im übrigen gibt das *Kaifûsô* deutliche Hinweise, auf welchem Wege eine ähnliche Topik in die japanische Dichtung gelangt ist, die zwar schon im *Manyôshû* anklingt, dann aber in der klassischen Dichtung der Heian-Zeit seit dem *Kokinshû* ihren festen Platz im Waka, mit starker Weiterentwicklung in der späteren Renga- und Haikai-Dichtung gefunden hat.

47 »*Jô*«, die dritte Stufe in dem vierstufigen Beamtensystem des altjapanischen Staates *(shitôkan):* Amtsleiter *(chôkan, kami),* Stellvertreter *(jikan, suke),* Amtmann *(hangan, jô),* Amtssekretär *(shuten, sakan).*

48 D. h. Tosa, das Verbannungsgebiet Otomaros.

49 D. h. zurück in die Hauptstadt Heijôkyô (Nara).

50 Der Sophorenbaum war im alten China verbreitet und wurde auch zur Bepflanzung des Wegesrandes verwendet (so belegt im *Chou-shu,* Biogr. v. Wei Lao-k'uan), weshalb der Blätterfall dieses Baumes besonders augenfällig den Herbst anzeigte.

51 Hier liegt ein Fall von Reimwechsel der Strophen (3) und (4) gegenüber den Strophen (1) und (2) vor.

52 D. h. durch Wolken verwirrt, tun sie sich schwer, ihren Weg zu finden; nur ihr Schreien ist zu hören. Diese Strophe gibt wieder der Verlassenheit und Einsamkeit Ausdruck.

53 Ausdruck der Erleichterung (wenn sich die Hoffnung auf Begnadigung erfüllt, der Umgang mit vertrauten Menschen wieder möglich ist). HAYASHI KOKEI interpretiert dies im Sinne von »es sich bequem machen und den Freund erwarten« (an den sich das Gedicht wendet), der dann doch nicht kommt (Emendation von »*shiru*« in »*itaru*«, was nicht einzusehen ist). Aus der Situation des Verbannten scheint mir die oben gegebene Interpretation angemessener. Vgl. HAYASHI KOKEI: *Kaifûsô-shinshaku.* Tôkyô 1927. S. 144.

54 a.a.O. S. 144.

55 Mit der Angabe: Obersekretär zur Linken vom Wirkl. 6. Rang 1. Klasse.

56 Der Terminus *kuei-ch'ing* wurde in der chinesischen Poesie üblicherweise für die Sehnsucht der Frau nach dem Partner verwendet. Dieser Umstand hat frühere Interpreten irritiert und die Frage nicht endgültig beantworten lassen, wer sich hier an wen wendet (vgl. HAYASHI, a.a.O. S. 144). Doch die Formulierungen *t'a-hsiang* und

li-jen wie auch der Zusammenhang mit den drei übrigen Kanshi OTOMAROS und mit seiner Situation lassen seine Autorenschaft unzweifelhaft erscheinen.

57 In diesem Vers ist die Zäsur nicht deutlich ausgeprägt (vor oder hinter *hen*).

58 Vgl. HOFFMANN, a.a.O. S. 249.

59 Z. B. *Manyôshû* XII/2914 (*NKBT* 6, S. 271): Utsukushi-to / omou wagimo-wo / yume-ni mite / okite saguru-ni / naki-ga sabushisa (Meine Liebste, die mir in Sehnsucht so lieblich erscheint, sah ich im Traum, und ich suchte sie nach dem Aufstehen: doch welche Verlassenheit, da sie nicht hier ist.) *Kokinshû* XII/552 (*NKBT* 8, S. 213): Omoitsutsu / nureba-ya hito-no / mietsuran / yume-to shiriseba / samezaramashi-wo (Da ich in Sehnsucht einschlief, war es wohl, daß er mir erschienen ist. Hätt' ich gewußt, es ist ein Traum, ich hätte nicht aufwachen wollen).

60 Vgl. die Inhaltsübersicht der *Kaifûsô*-Gedichte bei OKADA, a.a.O., S. 88. Eine abweichende Klassifizierung gibt HAYASHI (*Kaifûsô-shinchû*, S. 294).

61 So nachgewiesen für das Wu-yen-shih Nr. 25 des KI NO SUEMOCHI, das auf ein Vorbild von CHEN CHANG-CHENG zurückgeht. Vgl. KOJIMA NORIYUKI: *Tempyô-kadan no nagare*. In: *Kokugo-kokubun* 21, 1952/1, S. 22. – Anlehnung der *Kaifûsô*-Poesie an die der Liu-ch'ao- und frühen T'ang-Zeit zeigt mit guten Beispielen auch ÔNO TAMOTSU: *Kaifûsô no kenkyû*. Tôkyô 1957. S. 195 ff. (Kap. Kaifûsô to Rokuchô-shotô no shi). – Otomaro selbst scheint u. a. die Dichtungen von CH'EN YÜEH (Liang-Epoche) und von YANG SU (Sui-Epoche) gut gekannt zu haben. Es zeigen sich z. B. motivliche Anklänge an CH'ENS »Sung-pieh yu-jen« und an YANGS Gedichtzyklus »Tseng-hsieh po-chou« (vgl. OKADA, a.a.O. S. 77). In diesen Gedichten von CH'EN und YANG kommt übrigens auch zweimal der Ausdruck *hsien-pei* (jap. *kambi*) vor, der in den Titel von OTOMAROS Sammlung einging.

62 Vgl. *NKBT* 69, S. 61/62. »*Kaifû-sô*« entspricht strukturell dem Titel »*kambi-sô*«, und es ist wahrscheinlich, daß OTOMAROS Sammlung *Kambisô* als Titelvorbild diente (vgl. oben, S. 91). Der Titeltyp x x *sô*, (MOROHASHI 32401(4) = »*aya no aru bunshô*«, d. h. künstlerischer Text, Dichtwerk) ist in der Liu-ch'ao-Zeit in China aufgekommen (so OKADA, a.a.O. S. 77); er hat nun beim japanischen Nachbarn Nachahmung gefunden.

Witz und Pfiffigkeit inmitten des »dunklen und mysteriösen Tao«

von Hans Steininger, Würzburg

Wir mit Taoismus befaßten Sinologen anerkennen und verstehen sogar bis zu einem gewissen Grade positivistisch eingestellte Kollegen, die bei der Zitierung von Sätzen, die das Tao umschreiben sollen und etwa lauten: »Mystisch und abermals mystisch (ist ES): die Pforte jedweden Geheimnisses« (*Lao-tzu* I/1), in leichten Fällen nur die Nase rümpfen, in schweren Fällen aber »Zustände« von Abscheu und Ablehnung erleiden und diese auch ganz offen zeigen. Die Vokabel »nebulös« wird von helläugigen Historikern gerne im Abgesang einer Ablehnung des »dunklen Tao« verwendet. Um dem nebulösen Tao näherzukommen – was man eigentlich gar nicht unternehmen sollte, weil es allumfassend ist – beschäftigte man sich in der auf Ergebnisse drängenden Tao-Forschung mit naturwissenschaftlich-medizinischen Texten, die größtenteils der taoistischen Literatur im weitesten Sinne zugeschrieben werden. Da die einschlägigen Werke und Traktate in aller Regel dem religiösen Taoismus zugeordnet sind, bekam man unter Umgehung des »mysteriösen Tao« gleichzeitig ein gutes Stück chinesischer Geistesgeschichte in den Griff. Der erste bahnbrechende Gelehrte, der den schwer zu fassenden philosophischen Taoismus in Religion, Mythologie und in die Proto- und Frühnaturwissenschaften hinein auflöste, um aus weniger nebulösem Stoff einen ausgeformteren Taoismus herauszuziselieren, war zweifellos Henri Maspero, dessen Gesamt-Oeuvre über den vielgliedrigen Taoismus, versehen mit einem luziden Vorwort von Max Kaltenmark, uns unter dem Titel *Le Taoisme et les religions chinoises* (Ed. Gallimard, Paris 1971) in einem stattlichen Bande zuhanden ist.

Auf die nicht sehr zahlreichen Nachfolger des französischen Meisters, die seine Arbeit aufnahmen und fortführten, gehe ich nicht ein; denn unser Interesse in diesem Jubelaufsatz zu Ehren von Alfred Hoffmann soll ja eben doch dem »dunklen Tao« gelten. Zuvor aber sei noch darauf verwiesen – und auch als künftige Aufgabe umrissen –, daß uns die Aufdeckungen MASPEROS und seiner Schule im weitesten Sinne (ich bekenne mich auch zu ihr) so sehr fremd nicht erscheinen sollten: Wer etwa die Schriften des AGRIPPA VON NETTESHEIM, die in der *Occulta Philosophia* aus dem Jahre 1533 zusammengefaßt sind, liest, dem wird es da oft recht chinesisch-taoistisch zumute werden. Der Magier sieht auch im Buche des AGRIPPA im scheinbar Unterschiedlichen die Gleichheit; auch er kennt die Ketten, *catenae* (im Chinesischen etwa die Entsprechungsreihen), in die ein jedes Wesen, ein jedes Ding funktional eingeordnet ist – Reihen, die besondere Kräfte verwalten. Der Magier AGRIPPA versteht es, wie der chinesische *Fang-shih,* diese Kräfte zu konzentrieren und Störendes auszuscheiden. So gehören nach dem Nettesheimer in die Reihe, welche dem Planeten Mars zugeordnet ist, unter den Elementen das Feuer, unter den Säften die Galle, unter den Metallen das Eisen, unter den Pflanzen Knoblauch, Nieswurz, Rettich usw. Den Gliedern einer solchen Kette wohnten, wie im Chinesischen, auch »pneumatische Kräfte« inne, die von oben nach unten und *vice versa* geleitet werden konnten – alles Möglichkeiten zur *vivescentia* des Menschen hüben und drüben.[1] Im letzten und dritten Buche seiner *Occulta Philosophia* lobt AGRIPPA gar die »blanke Seele« (chines. Pendant: *hsü-hsin*), und mit Respekt und Erstaunen wird der Sinologe zur Kenntnis nehmen, wie hoch Agrippa das Magiertum als Höchstform des Menschseins einschätzte; denn die Adepten befaßten sich durchaus mit »studia humanitatis«, wie sie im allgemeinen Verstande damals nur dem intelligiblen Bereich zugerechnet wurden.

So sollten auch wir die Schilderung in MASPEROS »Les procédés de ›nourrir le principe vital‹« (im Band *Le Taoisme* ...) in diese Wertschätzung aufnehmen und nach dem Vorgang JOSEPH NEEDHAMS im Ost-West-Vergleich besser verstehen lernen.[2] Wichtig genug wäre es freilich, von den Tricks und dem verschmitzten Lächeln, das zu den »procédés« gehört, zu schreiben. In den Übersetzungen geht es mir meist zu feierlich zu.

Die eigentliche Aufgabe aber dieser Abhandlung sollen nun

ein paar Stellen aus dem von mir übersetzten *Kuanyintzu*-Text sein (dessen Entstehungszeit in den Jahren um 1200 n. Chr. ich bewiesen zu haben meine), in denen die Tao-Jäger, *scil.* die dem Tao Nachjagenden, »auf die Schippe genommen werden«.

Was das »Anliegen« des *Kuanyintzu*-Textes angeht, so werden wir sein Tao, das dem Nichts im Sinne der Mādhyamika-Schule des Nāgārjuna ähnlich ist, aber auch sozusagen retrospektiv von der Kyōto-Schule eines Nishida Kitarō her am besten verstanden werden kann, hier noch nicht darzustellen versuchen. Das soll erst die Gesamtübersetzung und Kommentierung des Textes leisten. Kuan Yin-tzu steht in Rücksicht auf seinen Witz und mit seiner Freude am Hänseln in der frühen Chuang-tzu-Tradition – ebenso wie in der Ch'an-(Zen-)Überlieferung und Denkweise. Er will seine Leser ebenso belehren wie auch amüsieren. Mit einigen Beispielen aus der Fülle vieler anderer will ich das zu belegen versuchen.

Zunächst einmal möchte ich dem Jubilar zwei Köstlichkeiten aus den zahlreichen »unendlichen Aussagen« unseres Textes servieren.

I

Kuan Yin-tzu lehrt:

Tao ist ohne die anderen;
der Heilige meint nicht,
A sei (ein) richtig(er) Tao(iste),
B sei (ein) nicht richtig(er) Tao(iste).

Tao ist ohne das Ich;
der Heilige meint nicht,
selbst voranzukommen im Tao,
selbst zurückzubleiben im Tao.[3]

Die beiden ersten der Himmelsstämme, *chia* und *i*, A und B, sind hier natürlich zunächst ganz allgemein zu nehmen: das »Etwas A« und das »Etwas B«, sei es »Ding« oder »Person«. Wir täuschen uns jedoch wohl nicht, wenn wir hinter dem »shih tao«, »A ist (ein) richtig(er) Tao(iste)« und »fei tao«, »B ist (ein) nicht richtig(er) Tao(iste)« das Schulgeschwätz der Magier, die wir im Zusammenhang mit den Maspero-Studien oben erwähnten, hören: »Herr A ist doch ein rechter Tao-Meister; indessen ist Herr B ein ausgemacht schlechter Tao-Meister.« Und unter denen, die im Tao »voranzukommen« (*chin*) oder »zurückzubleiben« (*t'ui*) vermeinen, kann man neben den Erfolgen und Mißerfolgen der praktizierenden Quacksalber getrost auch die sich eifrig bemühenden Konfuzianer erkennen.

Man sollte aber nun, angeregt durch den Hinweis eines Kommentators, noch weiter denken: Das Zeichen *chi* meint wohl zunächst »selbst«, »ich selbst, du selbst, er selbst« usw., *chi* ist aber zugleich auch das 6. Zeichen in der Reihe der 10 Himmelsstämme. Man wird nicht fehlgehen in der Annahme, daß die Zeichen *chia* = A, *i* = B und *chi* = F nicht unabsichtlich parallel gestellt wurden. Es lohnt sich nun, den Text noch einmal unter die Lupe zu legen und sich klar zu machen, wie durch das allenthalben bemerkbare Streben des Verfassers nach Witz und Knappheit sowie nach Parallelismen und Antithesen sozusagen nur einzelne Glieder seines Gedankensystems ausgedrückt werden. Ähnliches kommt immer wieder im Textverlauf vor. Der vorliegende Text muß also als Ganzes verstanden werden – mit austauschbaren Gliedern sozusagen. Ein Blick auf das Gefüge und die Überlegung des oben Ausgeführten machen das jetzt einfach:

Voraussetzung:
Mein Tao ist immanent und allumfassend.
(Es ist unsinnig, einem Tao außerhalb des »Ich«, einem Objekt-Tao, nachjagen zu wollen.)

Textinhalt:

(Mein) *Tao ist ohne Ich;*	Ego
(Mein) *Tao ist ohne andere.*	Alteri

Demzufolge:
Der Heilige meint nicht:

(Ich) selbst bin (richtig) Tao,	ego 1
(Ich) selbst bin nicht (richtig) Tao,	ego 2
(Ich) *selbst nähere mich dem Tao,*	ego 3
(Ich) *selbst entferne mich vom Tao.*	ego 4

Der Heilige meint nicht:	
A ist (richtig) Tao,	alteri A 1
A ist nicht (richtig) Tao,	alteri A 2
A nähert sich dem Tao,	alteri A 3
A entfernt sich vom Tao,	alteri A 4
B ist (richtig) Tao,	alteri B 1
B ist nicht (richtig) Tao,	alteri B 2
B nähert sich dem Tao.	alteri B 3
B entfernt sich vom Tao,	alteri B 4
C ist (richtig) Tao,	alteri C 1
usw. usw.	alteri C 2–4
D ist (richtig) Tao,	alteri D 1
usw. usw.	alteri D 2–4
in infinitum.	

Wohlgemerkt: Nur das Kursivgedruckte ist im Text vorhanden, alles andere ist fortgelassen. Im *Kuanyintzu* handelt es sich hier um eine besondere Delikatesse – nicht ohne Witz und gespickt mit verhaltenen kleinen Boshaftigkeiten. Alle Tao-Jäger des damaligen »Unterhimmlischen Bereiches« ließen sich dergestalt pauschal einfangen und – ›veräppeln‹!

Im Geiste des Chuang-tzu ist auch die Stelle niedergeschrieben, in der es heißt: »Wenn man davon (*scil.* vom Tao) spricht, so ist das, wie wenn man Schatten weghauchen wollte; und wenn man daran (*scil.* an Tao) denkt, so ist es, wie wenn man Staub schnitzen wollte.«[4]

Solche Formulierungen, die das Unmögliche zum Ausdruck bringen sollen, sind seit dem Aufkommen des Ch'an-(Zen-) Buddhismus in China auch in der taoistischen Literatur sehr im Schwange. Man denke etwa an den Text *Wu-neng-tzu* (Ende T'ang-Zeit), der seine Gesellschaftskritik mit der Metapher umschreibt: »Diese Falschdenker sind wie solche, die Federn absinken und Steine schwimmen lassen wollten.« Eine Fülle von Beispielen ließe sich gerade aus dieser Zeit des Ch'an-Taoismus vorzeigen.[5]

II

Eine andere Darstellung von unfruchtbarem Kreislaufdenken und unendlicher Aussage findet sich (neben einer Fülle ähnlicher Beispiele im ganzen Buch) im 3. Kapitel.

Hier geht es nicht um die Definition des Tao sondern um die Nutzlosigkeit von logischen Diskussionen überhaupt. Auch hier vermeinen wir den Diskurs über *shih – fei* (Recht und Unrecht, Richtig und Falsch) im 2. Kapitel des *Chuang-tzu*-Textes und die Diskussion der Logiker über *pai-ma fei ma* (ein weißes Pferd ist kein Pferd) in abgewandelter Form zu vernehmen, die Kuan Yin-tzu wie folgt abtut:

> Tausendfüßler fressen Schlangen; Schlangen fressen Frösche; Frösche fressen wieder Tausendfüßler ... ; so herrscht gegenseitiges Sich-Auffressen. So spricht man von den Nachteilen (bei einer Diskussion) über Sein und Nichtsein; dann wieder verhandelt man über Nachteile des Nicht-Seins und des Nicht Nichtseins; abermals diskutiert man über die Nachteile bei einer Diskussion, die das Nicht-Sein und das Nicht Nichtsein abzuschaffen trachtet. So daherzureden gleicht doch dem Sägeziehen![6]

Ganz plastisch hat man vor sich das Hin und Her, wie beim Sägen: hie geit se hen, da geit se hen!

Mein Beitrag für Alfred Hoffmann soll abschließen mit dem großartigen, von mir gewiß eigenwillig übersetzten Abgesang der ganzen neun Kapitel des *Kuanyintzu*-Buches. In den letzten ›Strophen‹ wird auf die Doppelnatur eines wahren Heiligen angespielt, wie ich sie vor Jahren in einem Aufsatz zu Ehren meines Lehrers Wedemeyer darlegte.

Dort wird festgestellt: Auch wenn der Heilige als echter Taoiste so unbestimmt und irisierend wie ein Tigerfell in der Sonne schimmere (虎變) und wenn auch seine Taonatur ertöne und erklirre, wie wenn die Saiten eines Instrumentes auf einmal zersprängen (絲棼), so wandele er *in praxi* dennoch sicher wie eine Schildkröte einher (鼈行) und entfalteten sich seine Geschäfte doch so, wie es im gutgeführten Schachspiel zugehe (棋布).[7]

Die Redeweise ist emphatischer als anderswo im Text. Der Verfasser beschwört seine Leser, sich nicht ködern, nicht an die Angel nehmen zu lassen von einem Tao, das sich außerhalb des Menschen befindet.

> Die da von Tao sprechen, gleichen denen, die von Träumen sprechen. Wer da von einem Traume spricht und sagt: ›derartiges Gold und Edelgestein, derartige Geräte und Gefäße, derartige Vögel und Getrier‹, der davon spricht – er kann das sagen, nicht kann er es nehmen und (euch) geben. Und der da zuhört – er kann es hören, nicht kann er es empfangen und bekommen. Nur wer gut zuzuhören versteht, ist (wahrhaft) unparteiisch und disputiert nicht (über dummes, nutzloses Zeug).
>
> Rund sei Euer Tao! Rechtwinkelig Euere Tugend!
> Eben sei Euer Wandel! Spitzig sei Euer Tun![8]

Anmerkungen:

1 Entsprechungssysteme beginnen im Chinesischen in den Zusammenstellungen des Hung-fan (洪範), des »Großen Planes«, im apokryphen Teil des *Shu-ching* (4. Jh. n. Chr.) und kommen elaborierter vor im *Hung-fan wu-hsing chuan* (洪範五行傳) aus den Jahren um 10 v. Chr. Ku Chieh-kang (顧頡剛) beschreibt in seinem Aufsatz »Wu-te chung-shih shuo hsia ti cheng-chih ho li-shih« (五德終始說下的政治和歷史), wie der synkretistische Staatskonfuzianismus es verstand, das System zur Erklärung von Aufstieg und Zerfall in der politischen Geschichte zu verwenden und ihm naturgesetzliche Allgemeingültigkeit und Notwendigkeit zu verleihen. Vgl. *Ch'ing-hua hsüeh-pao*, Jahrg. 1930, Bd. 6, Heft 1, pp. 71–168. Weitergeführt werden die Forschungen von W. Eberhard, »Beiträge zur kosmologischen Spekulation Chinas in der Han-Zeit« in: *Baessler Archiv*, Jahrg. 1933, Heft 16. Das Entsprechungssystem im medizinischen Bereich wird umfassend dargestellt von M. Porkert, *Die theoretischen Grundlagen der chinesischen Medizin*, Münchner Ostasiatische Studien, Bd. 5, Wiesbaden 1973.

2 Zu Agrippa vgl. Heinz Otto Burger, *»Renaissance, Humanismus, Reformation«*, Bad Homburg 1969, p. 374 ff., und dazu den ganzen

Artikel »Alchemy and Chemistry« in: JOSEPH NEEDHAM, *»Science and Civilisation in China«*, Vol. 5, Part II, Cambridge 1974.

3 Als Textgrundlage wurden herangezogen: *Wen-shih chen-ching yen-wai-chih* (文始真經言外旨) aus dem Jahre 1254, Ed. *Tao-tsang* Nr. 722 und Ed. *Tao-tsang ching-hua*, 8. Sammlung, Bd. 9, Taipei 1965 (künftig: *TTCH*) sowie die Ed. im *Szu-pu ts'ung-k'an* aus dem Jahre 1933 samt textkritischem Apparat (künftig: *SPTK*). Zur Übersetzung der Passage vgl. *TTCH*, p. 4 und *SPTK*, Kap. I, p. 2a. Man vergleiche die letzten Zeilen mit *Laotzu*, Kap. 41: *chin Tao jo t'ui* »den Weg voranzugehen ist wie Zurückgehen«. Dazu die Erläuterungen von J. J. L. DUYVENDAK, *Tao Tö King*, Paris 1953, p. 101. Der buddhistische Idealismus war damals eben noch nicht möglich; das Tao ist bei LAOTZU ein metaphysisches Prinzip. Erst Jahrhunderte später kann es im *Kuanyintzu* (*TTCH* p. 3, *SPTK*, Kap. I, p. 1b) heißen: »Wer mein Tao gut versteht, der just in jedem einzelnen Ding vermag sich das ›geheimnisvolle (Tao)‹ zu erschaffen.«

4 *TTCH*, p. 1, *SPTK*, Kap. I, p. 1 b.

5 Dazu GERT NAUNDORF, *Aspekte des anarchischen Gedankens in China*, Würzburg 1972, p. 85.

6 *TSCC*, p. 33 u. *SPTK*, Buch I, Kap. III, p. 14 a.

7 *Sino-Japonica, Festschrift André Wedemeyer*, Leipzig 1956, p. 170 ff.

8 *TSCC*, p. 113 + 114 u. *SPTK*, Buch III, Kap. IX, p. 13 b u. 14 a. Eine aparte Variante der Passage »Nur wer gut zuzuhören versteht ist wahrhaft unparteiisch und disputiert nicht« könnte auch im deutschen Gewande lauten: »Nur wer gut zuzuhören versteht, wird nicht angeschmiert (不泥), wird nicht beredet, *scil.* bequatscht (不辯).«

II.

Geschichte und Geistes-geschichte

Europa und Matteo Ricci in den Augen eines chinesischen Zeitgenossen

von Herbert Franke, München

Die Kenntnisse von Europa im China der Ming-Zeit waren noch weithin bruchstückhaft und mögen uns heute vielleicht gelegentlich sogar ein Lächeln ablocken. Aber gelehrte moderne Überheblichkeit ist wohl nicht am Platze, denn in umgekehrtem Sinne gilt das gleiche – auch manches von dem, was im 16. und 17. Jahrhundert in Europa über China geschrieben wurde, würde einem gebildeten Literaten der Ming-Zeit seltsam erschienen sein. Im folgenden soll von einem kurzen mingzeitlichen Text über Europa und Matteo Ricci die Rede sein, als eine bescheidene Geburtstagsgabe für Alfred Hoffmann, der durch seine Übersetzungen und eine vertiefte Deutung chinesischer Lyrik so manches dazu beigetragen hat, China und seine literarische Kultur dem Westen nahezubringen.

Es handelt sich um den Abschnitt »Die Drei Herrscher in dem Land des Großen Westens« aus dem *Tzu-t'ao hsüan tsa-cho* 紫桃軒雜綴 des Li Jih-hua 李日華. Dieses Werk, welches insgesamt 6 Kapitel umfaßt, ist zwar mehrfach gedruckt worden, wie die Ts'ung-shu-Kataloge angeben, doch ist es mir nicht gelungen, eine dieser Ausgaben aufzutreiben. Dafür konnte der in das Sammelwerk *Chien-hu chi* 堅瓠集 (kompiliert von Ch'u Chia-hsüan 褚稼軒, alias Ch'u Jen-huo 褚人穫, Vorwort dat. 1695) aufgenommene Auszug aus dem *Tzu-t'ao hsüan tsa-cho* der Übersetzung zugrunde gelegt werden (*Chien-hu pi* 祕-*chi,* ch. 4, 3 b – 4 a der Ausgabe *Pi-chi hsiao-shuo ta-kuan).* Der Matteo Ricci betreffende Teil unseres Textes ist auch wiedergegeben in der von Ch'en Yüan gegebenen wertvollen Zusammenstellung von chinesischen Quellentexten zur Jesuitenmission des 16. bis 18. Jahrhunderts.[1]

Über Li Jih-hua, den Autor des *Tzu-t'ao hsüan tsa-cho,* ist nicht viel bekannt. Er hat eine kurze Biographie von ein paar

Zeilen im *Ming-shih* ch. 288, 14 b (Po-na) im Anhang zu der Biographie des Wang Wei-chien 王惟儉. Sein Großjährigkeitsname war Chün-shih 君實; als seine *hao* werden angegeben Chu-lai 竹懶 und Chiu-i 九疑. Er wurde 1565 in Chia-hsing (Chekiang) geboren und bestand 1592 das *chin-shih*-Examen. In seiner Amtslaufbahn erreichte er den Posten eines Juniorchefs der Kaiserlichen Stallungen (*t'ai-p'u shao-ch'ing*) und starb 1635. Li war nicht nur ein fruchtbarer Autor, sondern auch berühmt als Kunstkenner, Maler und Kalligraph.[2] Mit Matteo Ricci ist er, wie aus seinem Text hervorgeht, im Jahre 1597 in Nan-ch'ang zusammengetroffen und war gleich anderen Chinesen der Bildungsschicht von der Persönlichkeit des Jesuiten tief beeindruckt.[3] Vermutlich hat er auch das, was er über Europa schreibt, aus Unterhaltungen mit Matteo Ricci übernommen, wobei es freilich ohne einiges Mißverständnis nicht abgegangen zu sein scheint. Hier nun der Text in Übersetzung:

Die drei Herrscher im Land des Großen Westens

Das Land des Großen Westens liegt 60.000 *li* westlich von China. Das Land heißt Ou-hai 歐海 (»Europäisches Meer«). Das Land hat drei Herrscher. Einer regelt die moralische Erziehung, einer leitet das Rechnungswesen, und einer ist allein für die Rechtsprechung da. Obgleich sie als von gleichem Rang geehrt werden, respektieren die Leute denjenigen, der Recht spricht. Wenn benachbarte Länder einen Einfall unternehmen, dann hebt auch derjenige, welcher Recht spricht, Truppen aus und entscheidet über die Strategie. Sein Amt ist jedoch erblich. Dieser Mann muß allgemein verehrt und über achtzig Jahre alt, jedoch noch kräftig sein, dann wählt ihn die Menge gemeinsam und setzt ihn ein. Deshalb dauert seine Amtszeit auch nicht lange, und doch muß er sich in seiner Stellung Mühe geben, so daß ein solcher Mann nicht sehr erfreut darüber ist.

In dieser Gegend gibt es viele Nashörner, Elefanten, Tiger und Leoparden. Die Leute jagen sie zu ihrem Lebensunterhalt. Auch haben sie Reis, Weizen, Gemüse und dergleichen. Ihre Schrift hat nur einen Stil. Alle empfangen ihre Lehre vom Herrn des Himmels, und sie wissen nicht, daß es in China die Religionen der Konfuzianer, Buddhisten und Taoisten gibt. Was den Herrn des Himmels angeht, so ist er der Herr, der im Uranfang den Menschen und die Lebewesen geschaffen hat. Man hat Tempel errichtet, wo er gemeinsam verehrt wird. Sie sagen, daß der Himmel 32 Etagen habe und daß die Erde nach allen Seiten frei im Raum hänge; daß die Sonne größer als die Erde sei und die Erde größer als der Mond. Auf dem höchsten Punkt der Erde gebe es eine Lücke, und wenn Sonne und Mond auf ihren Bahnen gegenüber dieser Lücke ständen, werde ihr Licht beschattet, und es entstehe eine Finsternis. Die relative Höhe der fünf Planeten sei nicht gleich; Mars sei der höchste, und Merkur der niedrigste; Venus, Jupiter und Saturn befänden sich dazwischen mit ungleichen (Abständen). Darum seien ihre Umlaufbahnen am Himmel von ungleicher Geschwindigkeit. Dies alles ist auf Diagrammen verzeichnet und mit Erläuterungen versehen, und man sollte dies durchaus übernehmen.

In den letzten Jahren des verstorbenen Kaisers Shih-tsung war Li Ma-tou (Matteo Ricci, 1552–1610), ein Mann aus jenem Lande, zusammen mit zehn Begleitern zu Schiff über den Ozean gekommen, wobei er über tausend Länder berührt und 60.000 *li* durchfahren hatte, sechs Jahre lang. Dann kam er nach Annam und betrat unser Gebiet in Kuangtung. Damals waren seine Begleiter schon alle verstorben. Ma-tou jedoch verfügte über außergewöhnliche Künste. Er verstand sich auf das Einatmen des Lebensodems und auf innere Kontemplation, so daß er niemals krank wurde. Er blieb über zwanzig Jahre in Kuangtung und beherrschte die chinesische Sprache und Schrift vollständig. Ma-tou hatte einen purpurroten Bart und jadeblaue Augen; seine Gesichtsfarbe war wie die von Pfirsichblüten. Obgleich er über fünfzig Jahre alt war, sah er aus wie ein Mann von zwanzig oder dreißig. Wenn er jemanden sah, machte er eine tiefe Verbeugung, und deshalb waren die Leute erfreut, mit ihm zu verkehren. Im Wan-li-Jahre *ting-yu* (1597) habe ich, Li Chün-shih, ihn in Yü-chan (Nan-ch'ang) getroffen und eine erfreuliche Unterhaltung mit ihm gehabt. Er zeigte mir seltsame Dinge aus seinem Land: eine bemalte Glasscheibe und eine Gänseei-Sanduhr. Sie hatte die Gestalt eines Gänseeis und war mit Sand gefüllt. Wenn man sie auf den Kopf stellte, floß der Sand heraus, und damit konnte man die Zahl der Stunden messen. Auch hatte er Schriften aus jenem Land mitgebracht, die mit leuchtenden Farben, Gold und Edelsteinen verziert waren. Das Papier war wie die Haut einer schönen Frau. Er sagte, daß es aus der dünn verarbeiteten Rinde eines Baumes in jenem Land gefertigt worden sei. Daraufhin habe ich ihm ein Gedicht gewidmet, welches lautete:

Ein Meer von Wolken beschattet die Morgensonne.
Auf seiner Seefahrt verließ er sich auf ihren rosenfarbenen Dunst.
Von Westen kam er, sechzigtausend Meilen weit.
Nach Osten trieb er auf einsamem Floß.
Im wechselhaften Leben fühlte er sich stets als Gast,
und abgelegene Raststätten waren sein Heim.
Wie hätte er von Heimkehr träumen können,
die Frühlingsfarben weit entfernt am Himmelsrand.

Soweit also der Text über Europa und Matteo Ricci. Was Li Jih-hua vielleicht aus Unterhaltungen mit Matteo Ricci oder aus dritter Quelle über Europa erfahren hat, steckt voller Unklarheiten. Vor allem ist nicht sicher, wen er mit den »drei Herrschern« meint. Die Angaben des Textes treffen weder auf das damalige Italien noch auf das Heilige Römische Reich zu. Meine Vermutung ist, daß es sich hier nicht um eine Beschreibung des derzeitigen Europa oder Italien handelt, sondern um das alte Rom. Der »moralische Erzieher« entspräche dann dem *censor*, der Finanzmann dem *quaestor* und der oberste Richter und zugleich Heerführer dem *praetor*. In der Tat hatte der *praetor* im republikanischen Rom auch militärische Aufgaben. Auch daß das Prätorenamt als Wahlamt geschildert wird, würde hierzu passen. Zudem ist zu bedenken, daß auch der Consul in der Frühzeit der Republik als *praetor* bezeichnet wurde. Auf den Consul könnte sich auch die Angabe beziehen, daß man, um »von der Menge« gewählt zu werden, ein bestimmtes Alter erreicht haben mußte. Achtzig Jahre ist natürlich eine Übertreibung; zu der Zeit Ciceros mußte man vierzig Jahre alt sein.

Auf den ersten Blick absurd erscheint die Erwähnung von Elefanten, Nashörnern und Tigern. Dies kann sich nicht auf Europa beziehen, sondern entweder auf Afrika oder noch eher auf Indien, Länder also, die den Jesuiten im 16. Jahrhundert durchaus bekannt waren. Auch die Erwähnung von Reis könnte auf Indien deuten. Ganz sicher ist das aber nicht, denn der Reis wurde in Norditalien bereits im 16. Jahrhundert angebaut.[4] Daß die Schrift der Europäer nur »einen Stil« habe, ist eine Beobachtung, die angesichts der verschiedenen Schriftstile des Chinesischen naheliegen mußte, wenngleich sie natürlich sachlich in keiner Weise zutrifft. Die Angaben über die monotheistische Religion des Christentums sind dagegen durchaus klar und eindeutig. »Der Herr« wird als Schöpfer des Himmels und der Erden bezeichnet.

Schwierig zu verstehen ist der Abschnitt über Astronomie. Anscheinend hat Li Jih-hua ein »Diagramm« (*t'u*) der Gestirnssphären gesehen. Aber es ist falsch, wenn er sagt, daß Mars und Merkur die jeweils äußersten Planeten seien; nach der von den Jesuiten in China eingeführten ptolemäischen Astronomie wären es Saturn und Merkur, zwischen deren Sphären die anderen Wandelsterne einschließlich der Sonne angeordnet gedacht waren. Vielleicht ist Mars (chinesisch der »Feuer-Stern«) verwechselt worden mit der äußersten Späre, dem Empyreum, d. h. dem Feuerhimmel der antiken und mittelalterlichen Naturphilosophie.[5] Die »32 Stufen« des Himmels sind einstweilen nicht zu deuten. Die übliche Einteilung des Himmels war die in zehn Sphären. Auch die Mitteilung über das Zustandekommen der Finsternisse von Sonne und Mond zeigt, daß Li Jih-hua wohl nicht ganz verstanden hat, wovon die Rede war.[6]

Auch was den Bericht über Matteo Ricci angeht, finden sich zweifellos falsche Angaben in unserem Text. So kann das Datum »gegen Ende der Regierungszeit von Shih-tsung« nicht auf die Reise Matteo Riccis bezogen werden. Shih-tsung regierte von 1522–1566, Ricci kam aber erst am 7. August 1582 in Macao an, nachdem er 1577 von Rom aus zu seiner Reise aufgebrochen war. Zeit und Ort des Zusammentreffens von Li Jihhua und Ricci (Nan-ch'ang, 1597) stimmen dagegen mit den bekannten Daten seiner Reise in China überein. Am 28. Juni 1595 war Ricci in Nan-ch'ang eingetroffen und hielt sich dort drei Jahre auf, bevor er am 25. Juni 1598 nach Nanking weiterreiste. Die Gegenstände, die er 1597 Li Jih-hua zeigte (Glasmalerei, Sanduhr, Schriften), dürften wohl zu den für den chinesischen Kaiser bestimmten Geschenken gehört haben. In der Tat figurieren zwei Sanduhren (neben zwei mechanischen Uhren) unter Riccis Geschenken, und auch das Breviar für den Kaiser war mit Goldfäden verziert.[7] Das mit einer glatten Frauenhaut verglichene Papier soll angeblich aus einer Baumrinde verfertigt worden sein, aber das ist nicht sehr wahrscheinlich, da Rindenpapier in Europa ungebräuchlich war (im Gegensatz zu China und Japan, wo der Papiermaulbeerbaum heimisch ist). Natürlich kann es sich auch um Pergament gehandelt und Li Jih-hua die Erklärung mißverstanden haben.

Das Gedicht, welches Li dem italienischen Jesuiten widmete, braucht hier nicht in allen seinen Anspielungen durchleuchtet zu werden. Es nimmt Bezug auf die weite Reise Riccis und darauf, daß er über See fahrend sich nach den leuchtenden Wolken im Morgenrot richtete auf seiner langen Reise nach Osten. So weit führte ihn die Reise, daß jeder Gedanke an Heimkehr sich verbot und die Zeit seiner Jugend (*ch'un-se,* »Frühlingsfarben«) fern am Horizont verschwunden war. Eine geniale Intuition von seiten des chinesischen Verfassers ist es, daß zum Schluß Matteo Ricci mit Bodhidharma verglichen wird, dem legendären Begründer des Ch'an-Buddhismus in China. Beide, Ricci wie Bodhidharma, waren ja Missionare von Religionen, die, jede auf ihre Art, in der chinesischen Geschichte nachhaltig gewirkt haben.

Anmerkungen:

1 CH'EN YÜAN, »Ts'ung chiao-wai tien-chi so-chien Ming-mo Ch'ing-ch'u chih T'ien-chu chiao« (»Glimpse of the Catholic Mission in China, 16th–18th Centuries, from the writings of non-Christian authors«), *Kuo-li Pei-p'ing t'u-shu kuan kuan-k'an* 8, 2 (1934) 18.

2 Fünf der von ihm benutzten Stempel sind reproduziert in Victoria Contag and Wang Chi-ch'ien, *Seals of Chinese Painters and Collectors of the Ming and Ch'ing Periods*, revised ed. (Hong Kong 1966) 545–546. Über Beziehungen zwischen Li Jih-hua und dem berühmten Maler und Kunsttheoretiker Tung Ch'i-ch'ang siehe auch Nelson I. Wu, »Tung Ch'i-ch'ang (1555–1636): Apathy in Government and Fervor in Art«, in Arthur F. Wright and Denis Twitchett (ed.), *Confucian Personalities* (Stanford University Press, Stanford, Calif. 1962) 285–286.

3 Zwei aufschlußreiche Äußerungen eines chinesischen Gelehrten über Ricci sind von Wolfcang Franke übersetzt worden: »Matteo Ricci in den Augen eines chinesischen Zeitgenossen«, in Herbert Franke (Hrsg.), *Studia Sino-Altaica, Festschrift für Erich Haenisch zum 80. Geburtstag* (Wiesbaden 1961) 72–75.

4 Victor Hehn, *Kulturpflanzen und Haustiere*, Neudr. (Darmstadt 1963) 507.

5 Vgl. den Sphärenplan in Henri Bernard, S. J., *Matteo Ricci's Scientific Contribution to China*, trans. by Edward Chalmers Werner (Peiping 1935), nach S. 64.

6 Zu den gegenseitigen Mißverständnissen zwischen Chinesen und Jesuiten in der Astronomie siehe grundsätzlich jetzt Joseph Needham, *Science and Civilisation in China* vol. III (Cambridge 1959) 437–461.

7 Eine Liste der Geschenke Riccis für den Kaiser siehe bei Vincent Cronin, *The Wise Man from the West* (London 1955) 167–168. Die Quelle für die Geschenkliste ist Riccis eigene Aufzählung, vgl. Pasquale D'Elia, S. J, (ed.), *Fonti Ricciane* vol. II (Rom 1949) 123–124 (A. 5).

Aufzeichnungen über die Brokatuniform-Brigade (Chin-i chih) von Wang Shih-chen. 2. Teil

von Peter Greiner, Freiburg

Vorbemerkung

Das *Chin-i chih* wurde von Wang Shih-chen (1526–1590, *chin-shih* von 1547), einem hohen Beamten der Ming-Zeit (1368–1644), verfaßt. Es stellt die Geschichte der Brokatuniform-Brigade (*chin-i wei*) dar, welche neben der von den Eunuchenbeamten am Kaiserhofe geleiteten Osthalle (*tung-ch'ang*) und ähnlichen Institutionen die bedeutendste und mächtigste Geheimpolizei-Organisation des Ming-Reiches unterhielt. Über den Zeitpunkt der Fertigstellung dieser Schrift ist nichts bekannt; sie wurde nach dem Tode Wang Shih-chens erstmals im Jahre 1614 in einer Sammlung seiner Schriften, dem *Yen-chou shih-liao,* herausgegeben. Die Darstellung endet mit der Geschichte des Lu Ping, ohne daß von dessen Tod im Jahre 1560 berichtet wird; außerdem wird noch der Brokatuniform-Offizier Chu Hsi-hsiao (1518–1574) erwähnt, der Lu Ping um vierzehn Jahre überlebte. Da der letztgenannte nur sehr knapp behandelt ist, kann man annehmen, daß Wang Shih-chen seine Darstellung mit der Biographie Lu Pings abschließen wollte. Wang weilte von 1547 bis 1557 in Peking; danach wurde er in ein Amt nach Shantung versetzt. In der Zeit von 1560 bis 1568 blieb er ohne Amt. Diese Lebensumstände mögen vielleicht erklären, warum der Tod Lu Pings nicht erwähnt wird; und wenn man den Satz aus den einleitenden Bemerkungen zu seiner Schrift »Dann habe ich mich zurückgezogen und das Mitgeteilte weiter ausgeführt . . .« ebenfalls in diesem Zusammenhang sieht, drängt sich die Vermutung auf, daß das *Chin-i chih* in der Mußezeit 1560–1568 entstanden ist.[1] Aber diese Vermutung steht auf einer höchst unsicheren Grundlage, so daß für die Fertigstellung dieser Schrift kein genaues Datum angegeben werden kann.

Wang Shih-chen hatte während seiner Amtszeit in Peking sicherlich Gelegenheit, Offiziere der Brokatuniform-Brigade persönlich in Augenschein zu nehmen und einen gewissen Einblick in die inneren Verhältnisse dieser Organisation zu gewinnen. Mit Lu Ping, dem berühmten Chef dieser Brigade, hatte er sogar einmal eine unmittelbare Auseinandersetzung zu bestehen.[2] Insofern ist sein Bericht über diese Organisation und ihre Geschichte im allgemeinen und seine Darstellung der Geschichte Lu Pings im besonderen von höchstem Interesse. Sein durch persönliches Erleben und eigene Anschauung gewonnenes konkretes Bild von dieser Brigade und ihren hohen Offizieren dürfte auch sein Verständnis für die Vorgänge und Persönlichkeiten aus früherer Zeit, von denen ihm nur schriftliche Zeugnisse eine Vorstellung geben konnten, geschärft haben. Das *Chin-i chih* ist wahrscheinlich der früheste Versuch einer Gesamtdarstellung der Geschichte der Brokatuniform-Brigade, die natürlich vom behandelten Zeitraum her gesehen insofern nicht umfassend sein konnte, als Wang lange vor dem Ende der Ming-Zeit lebte. Eine andere Gesamtdarstellung in *Kuo-ch'ao tien-hui* 139 führt die Geschichte der Brokatuniform-Brigade weiter fort als das *Chin-i chih;* sie wurde 1601 zum ersten Male veröffentlicht und dürfte wohl kaum vor der Promotion des Verfassers zum *chin-shih* im Jahre 1583 begonnen worden sein.[3] Eine Darstellung für die gesamte Ming-Zeit konnte natürlich erst nach dem Ende der Ming-Zeit entstehen, wie z. B. die Geschichte der Brigade in *Ming-shih* 95 (Hsing-fa 3). Gegenüber diesen und anderen Quellen hat das *Chin-i chih* den Vorzug, daß es mehr an Einzelheiten berichtet. Und hinsichtlich der Bewertung von Ereignissen und Persönlichkeiten könnte es sogar als Vorbild gewirkt haben; denn die späteren Darstellungen aus der Kaiserzeit Chinas zeigen hierin kaum Abweichungen vom *Chin-i chih.* – Die Vorzüge des *Chin-i chih* als Quelle dürfen aber nicht über die Mängel hinwegtäuschen. Es enthält in vielen kleineren und auch bedeutenderen Einzelheiten Irrtümer. Chronologische Daten sind selten genau und fehlen oft ganz. Viele Lücken und Ungenauigkeiten müssen aus anderen Quellen ergänzt bzw. geklärt werden. Wie in der traditionellen Geschichtsschreibung Chinas üblich gibt

WANG SHIH-CHEN kaum Auskunft darüber, welche Quellen er bei der Abfassung seiner Schrift benutzt hat. Dies zu wissen, wäre höchst bedeutsam, da das *Chin-i chih* auch für die Ereignisse aus der Zeit, in der WANG SHIH-CHEN lebte, kaum als Primärquelle anzusehen ist. In den heute leicht verfügbaren *Ming shih-lu* und in anderen Werken läßt sich ohne Mühe viel älteres Quellenmaterial finden als im *Chin-i chih*. Aber selbst bei diesen Werken handelt es sich meistens ebenfalls nicht um Primär- oder gar um Originalquellen, und man gewinnt auch aus ihnen keine Fakten, die das von WANG SHIH-CHEN gezeichnete Bild von der Geheimpolizei der Brokatuniform-Brigade wesentlich verändern könnten – mit Ausnahme der Tatsache, daß sich feststellen läßt, daß die Organisation dieser Brigade wesentlich umfassender war, als bei WANG SHIH-CHEN zu ahnen ist; denn die Geheimpolizei war nur eine Teilorganisation im Rahmen einer weit umfassenderen Organisation dieser Brigade. Ein weiterer Mangel ist der prätentiöse und nach klassischen Vorbildern extrem knapp gehaltene Schreibstil WANGS, der das Verständnis erschwert und häufig zu Mehrdeutigkeiten führt; aber darin ist WANG SHIH-CHEN nicht als einziger unter den Historiographen des alten China zu tadeln.

Die Geschichte der Brokatuniform-Brigade von ihrer Entstehung im Jahre 1382 bis zum Ende der Regierung Ying-tsungs 1464 war durch ein stetes Anwachsen ihrer Macht und Bedeutung gekennzeichnet; zugleich wurden aber auch schon die ihr gesetzten Grenzen deutlich, indem selbst die mächtigsten ihrer Geheimpolizeichefs immer von der Gunst des Kaisers abhängig blieben und jederzeit von ihm vernichtet werden konnten. Das wurde besonders deutlich am Beispiel des Aufstiegs und Endes von Chi Kang in der Yung-lo-Zeit und von Men Ta in der T'ien-shun-Periode. Außerdem erwiesen sich die Brokatuniformierten als unfähig, wie die großen Eunuchenmachthaber umfassende Kompetenzen an sich zu reißen und sogar die Stelle des Kaisers zu vertreten. Diese Grenzen wurden auch in der Geschichte der Brigade nach 1464 bis zum Ende der Ming-Zeit nicht überschritten. – Die Stellung der Geheimpolizei der Brigade hatte sich bis zur T'ien-shun-Periode durch häufige Unsicherheiten in der Frage der Legitimität der Thronfolge und den sich daraus ergebenden Loyalitätsproblemen bis zur Unentbehrlichkeit gefestigt. Nach 1464 traten solche Probleme nicht mehr in den Vordergrund; aber durch eine nun schon lange währende Tradition war die Brigade dem Kaiser ein bequemes und gern benutztes Werkzeug zur Sicherung und Durchsetzung seines absoluten Machtanspruches geworden. So konnten aus ihren Reihen immer noch so gefährliche und einflußreiche Männer hervorgehen wie Ch'ien Ning und Lu Ping. An äußerem Glanz erfuhr sie eine Steigerung dadurch, daß ihre leitenden Offiziere nun den höchsten militärischen Rang eines Generalinspekteurs (*tu-tu*) und höchste Ehrentitel verliehen bekamen.

Die Geschichte der Brokatuniform-Brigade von der Zeit ihrer Entstehung bis zum Jahre 1464 wurde bereits in einer eigenen Arbeit behandelt, welche auch den ersten Teil des hier übersetzten Textes enthält.[4] Nun wird die Übersetzung des ganzen Textes zu Ende geführt. Damit ist eine wichtige und im chinesischen Originaltext nicht immer leicht verständliche Quelle zur Geschichte der Geheimpolizei der Ming-Zeit zur weiteren Auswertung verfügbar gemacht, wozu die Anmerkungen schon erste Hinweise geben mögen. Zur Gliederung wurden die Abschnitte mit Überschriften versehen. – Dem verehrten Lehrer sei diese Arbeit als Dank zugeeignet.

Übersetzung

1. Die Regierungsperiode Hsien-tsungs, Ch'eng-hua (1465–1487)

An Yüan Pins Stelle trat der Bereichs-Vizekommandeur Niu Hsün.[5] Er war der Adoptivsohn des Eunuchen Niu Yü. Nach einiger Zeit verzichtete er auf sein Amt. An Hsüns Stelle trat der Bereichs-Kommandeur Chu Chi.

Anfangs war Chu Chi wegen seines Vaters in das Amt eines Hundertschaftsführers eingestellt worden.[6] Sein Vermögen war dürftig, und er hatte noch nicht geheiratet. Er war heruntergekommen und bei den Leuten unbekannt. Einst diente er im Hause des Subkurators (*shao-pao*) Yü Ch'ien.[7] An einem Morgen bat er mit Verbeugung darum, fegen zu dürfen. Der Subkurator kam heraus, um ihn zu sehen, und er verwunderte sich über seine Erscheinung. Er sagte zu ihm: »In meinem Hause habe ich eine Tochter, die Euch als Ehefrau zu Diensten sein könnte. Wäre es möglich?« Chi lehnte höflich ab und wagte nicht, darauf einzugehen. Die Dame des Hauses sagte erbost: »Der alte schlechte Kerl zeugt eine Tochter und verheiratet sie nicht an einen Beamten. Soll sie nun einen armen Soldaten bekommen?« Der Subkurator lachte und antwortete: »Davon versteht ihr Frauen nichts!« Schließlich wurde sie Chi zur Heirat gegeben. Er brachte es später durch das Ansehen des Subkurators bis zum Unterkommandeur. Als der Subkurator starb, wurde er in Prozesse verwickelt und zum Grenzdienst verbannt. Nach seiner Rückkehr wurde er mehrfach bis zum Bereichs-Kommandeur befördert und leitete die Brokatuniform-Brigade über zwanzig Jahre und kam zu hohem Ansehen.[8]

Vor dieser Zeit gab es nur einen einzigen Befehlshaber (*shuai*) der Brokatuniform-Brigade, der das Siegel führte. Er kommandierte hundert Rote Reiter[9] und beaufsichtigte allein die Verfolgung der Verbrecher, Desperados und Räuberbanden in der Hauptstadt. Ein Geheimpolizei-Offizier (*chi-mi ta-shih hsün-pu*)[10] kommandierte eine doppelte Anzahl von Roten Reitern. Die besonders die Rebellenangelegenheiten bearbeitenden Ämter nannte man Östliches und Westliches Kontrollbüro (*tung-hsi szu-fang*).[11] Deren Rote Reiter stammten zum großen Teil aus vornehmen Familien oder waren Söhne von Kaufleuten und nahmen sehr häufig hohe Stellungen ein.[12] Weil der Kaiser sie noch für Beamte der äußeren Behörden hielt, errichtete er bewußt noch die Osthalle (*tung-ch'ang*).[13] Die in Gunst stehenden Eunuchenbeamten traten zum erstenmal hervor und leiteten die Angelegenheiten der Halle. Sie befehligten achtzig Mann. Die Männer waren alle behende und dreist, sie gingen rabiat vor und mit ihren Spitzelaktionen brachten sie die privatesten Angelegenheiten der Leute ans Licht. Zwei Tausendschaftsführer der Brokatuniform-Brigade verwalteten deren Akten, und die Eunuchenbeamten bekamen die Akten in die Hand und brachten sie direkt vor den Thron des Kaisers. Allmählich traten sie mehr als die Brokatuniform-Brigade hervor.

In der Ära Hsien-tsungs begünstigte der Kaiser den Eunuchendirektor (*t'ai-chien*) Wang Chih.[14] Er wollte ihm Ehre und Gunst erweisen und ließ außerdem noch die Westhalle (*hsi-ch'ang*)[15] errichten, welche eine doppelt so große Anzahl an Roten Reitern befehligte wie die Osthalle. Er bekam in kurzer Zeit die disziplinarische Kontrolle über alle großen und kleinen Angelegenheiten ziviler und militärischer Art in der Hauptstadt und in der Provinz sowie über die Angelegenheiten im Volk. Einmal drang er in Amtsgebäude ein und ließ hohe Beamte in Fesseln legen und zu Tode prügeln. Auf eigene Faust überschritt er mit Kurierpferden den Transportkanal (*ts'ao-ho*)[16], drang in die zweite Hauptstadt[17] ein und legte hohe Beamte, die dort als Statthalter weilten,[18] in Fesseln. Im ganzen Reich war man voller Angst und Schrecken und winkte abwehrend mit den Händen; von der Osthalle oder auch nur von der Brokatuniform-Brigade redete man gar nicht erst. Nach langer Zeit erst wurde die Westhalle abgeschafft und nicht mehr errichtet.

2. Mu Pin, ein loyaler Kommandeur
Regierungsperiode Hsiao-tsungs, Hung-chih (1488–1505)

Kaiser Hsiao-tsung war herablassend gütig und weise. Mit den juristischen Angelegenheiten beauftragte er die Herbstbeamten (*ch'iu-kuan*), die Oberste Zensoratsbehörde (*yü-shih t'ai*) und den Obersten Gerichtshof (*t'ing-wei*).[19] Er sagte einmal: »Meine Mitarbeiter sind im ganzen Reich nur die drei edlen Herren und die neun Minister (*san-kung chiu-ch'ing*).«[20] Deshalb hielten sich die Roten Reiter mit ihren selbstsüchtigen Wünschen zurück und wagten nicht zu handeln. Und ihre Befehlshaber, wie Chi Ch'eng, Li Chen und Chao Chien scheuten ebenfalls die ganze Zeit davor zurück und begnügten sich mit ihrem Gehalt.[21]

Allein Mu Pin,[22] der als Kommandeur das Profoßamt (*chen-fu szu*) leitete, hatte einen guten Ruf. Sein Beiname war I-chih.

Er war sehr gelehrt und in der Literatur bewandert, und er trug Gewand und Hut der Konfuzianer. Bei der Verwaltung seines Amtes lehrte er beständig die Prinzipien der Kanonischen Schriften und wandte sie an. Als der Direktor im Finanzministerium (*hu-pu lang-chung*) Li Meng-yang[23] einst eine versiegelte Eingabe einreichte, worin er die Aufsässigkeit des Fürsten von Shou-ning[24] zur Sprache brachte, und daraufhin auf kaiserlichen Befehl ins Gefängnis geworfen wurde, sagte Mu Pin: »Daß ihr die versiegelte Eingabe gemacht habt, ist sehr gut. Wenn Ihr aber über den Fürsten von Shou-ning etwas zur Sprache bringt, warum weist Ihr dann nicht auf die vollständigen Fakten und auf alle seine Helfershelfer hin?« Meng-yang antwortete: »Ich fürchte mich davor, ihnen gegenüber gestellt zu werden.« Pin erwiderte: »Wenn Ihr ihnen gegenübergestellt werdet, wie solltet Ihr dann in Schwierigkeiten kommen? Ich kann seine Helfershelfer vernichten.« Dann ließ er ein Aktenstück einreichen, und Meng-yang wurde nicht bestraft.

3. Die Regierungsperiode Cheng-te (1506–1521)
Mu Pin. Ch'ien Ning

Zu Anfang der Ära Cheng-te ergriff Liu Chin[25] die Zentralgewalt. Er jagte die Großgelehrten Liu Chien und Hsieh Ch'ien aus dem Amt[26] und ließ den Minister Han Wen[27] und andere aus dem Amtsregister streichen. Danach ließ er die Zensoren Liu Li, Tai Hsien und Dutzende anderer Leute nach der Reihe ins Dekret-Gefängnis werfen.[28] Pin erleichterte ihnen die Strafe, wies ihnen Wohnungen an und suchte sie auf Umwegen vor den falschen Anklagen zu retten. Die Zensoren gingen damit einig und informierten alle Beamten, daß man den Entwurf zu einer Eingabe fertigstellte und mit den Namen unterzeichnete. Tatsächlich gingen aber die hinaus und beteiligten sich nicht daran. Mu Pin sagte: »In alter Zeit war man peinlich darauf bedacht, daß man sich nicht mit Leuten zusammenschloß, die in dem Ruf standen, eine Clique zu bilden; werden die Herren das nicht aus Loyalität zu bereuen haben?«

Liu Chin forderte Pin wiederholt auf, eine Eingabe wegzuschaffen, in der er als führender Staatsverbrecher angeprangert wurde. Pin sah sich dazu nicht imstande, wandte sich zu seinen Kollegen um und sagte: »Würde man das zurückhalten, würde dann die aufrechte Haltung all der Herren als Beamte vielleicht eines anderen Tages offenbar werden? In der Sung-Zeit hat Tsou Tao-yüan[29] es versäumt, eine Eingabe als erster (oder: in ursprünglicher Form) einzureichen, und den Schaden davon gehabt. Wie könnten wir aus eigensüchtigen Überlegungen handeln?«

Die Eingabe wurde eingebracht, und Liu Chin ergrimmte gewaltig über Pin. Er spionierte aus, daß er die Zensoren schützte, maßte sich die Herausgabe eines Dekretes an und ließ ihn vor der Audienzhalle prügeln, daß er dem Tode nahe war. Dann verbannte er ihn zum Grenzwachdienst. Nach Liu Chins Hinrichtung forderte man Pin durch den Postkurier zur Rückkehr auf, und er kommandierte das Profoßamt wie früher.

Der Präfekt (*chih-fu*) Liu Hsiang[30] ließ den ihm zur Beobachtung zugeteilten Eunuchen verhaften. Daraufhin machten sie gegeneinander eine Eingabe. Der Eunuchenbeamte Chang Hsiung[31] nahm von dem Eunuchen Bestechungen an und befahl dem Pin heimlich, dem Liu Hsiang die Schuld zu geben; dazu ließ er ihm wegen des Eunuchen Bestechungen zukommen. Aber Pin sah sich dazu außerstande. Chang Hsiung geriet in Wut und brachte ihn (Pin) durch einen Täuschungsplan in Verwicklungen, so daß er ihn (den Präfekten) in die Verbannung nach Wu-ch'ang[32] schickte, wo er erkrankte und starb. Als Pin (nach dem Tode Liu Chins wieder aufgestiegen war, starb sein ältester Sohn. Da trugen die Beamten des Arbeitsministeriums (*kung-pu*), die alten Bräuchen folgten, zu der Trauerfeier 300 Goldstücke bei. Pin zeigte das seinen übrigen zwei Söhnen und sagte: »Bei der Aufsicht über die Strafexekutionen habe ich nicht den Weg des Rechts eingehalten. Der Himmel hat Unglück über einen meiner Söhne gebracht. Ich bin gestraft und das empfangene Gold wird dazu verwendet!« Er lebte in einer niedrigen Hütte und trug schlechte Kleider. Wiederholt wurde er getadelt, aber er war froh und heiter wie immer. – So wird berichtet. Ts'ui Hsien,[33] der Hsiang-t'ai-Gelehrte, hat diese Geschichte aufgezeichnet. Er gedenkt an Pin mit reichlichem Lobe und nennt ihn einen Mann von aufrechter Haltung und tugendhaftem Wandel; nicht einmal die namhaften Gelehrten der Klassiker und die hohen Beamten seien ihm gleich gewesen.

Zu Anfang, als Liu Chin die Staatsgewalt ausübte, trieben die Eunuchenbeamten vereint ihr Unwesen und beredeten den Kaiser, die Westhalle[34] wieder zu errichten. Ku Ta-yung wurde beauftragt, sie zu leiten, und Ma Yung-ch'eng und Ch'iu Chü teilten unter sich die Leitung der Osthalle.[35] Die Schwarzgekleideten Büttel[36] und Wachsoldaten stifteten in Yen (Peking) Unruhe; niemand war seines Lebens sicher, und Chin nahm noch seinen Kumpanen Chang Wen-i[37] und machte ihn zum Bereichs-Kommandeur der Brokatuniform-Brigade. Mit dem Minister des Personalministeriums (*li-pu shang-shu*) Chang Ts'ai[38] stand er in vertraulichen Beziehungen. Als er die Macht ausübte, wurden diese Chins rechte und linke Hand genannt. Aber Wen-i hat, weil er Chin ständig als Ordonnanz direkt gegenüberstehend diente, nicht die Brokatuniform-Brigade geleitet. Der Leiter der Brokatuniform-Brigade war der Bereichs-Kommandeur Kao Te-lin.[39] Wen-i wurde später zusammen mit Liu Chin hingerichtet. Als Kao Te-lin aus dem Amt entfernt wurde, kam der Bereichs-Kommandeur Liu Chang[40] an seine Stelle. Als Chang entfernt wurde, kam nach kurzer Zeit Ch'ien Ning zu Ehren und leitete die Angelegenheiten der Brigade.

Von Ch'ien Ning[41] weiß man nicht, aus welcher Familie er stammt. Als junge Waise verkaufte man ihn in das Haus des Eunuchenbeamten Ch'ien Neng,[42] wo er als Adoptivsohn aufgenommen wurde. Später legte er sich den Namen Ch'ien Ning bei. Von Natur war er ein ungewöhnlich aufgeweckter, intelligenter und geschickt schmeichelnder Knabe. Ch'ien Neng war ihm sehr zugetan. Als er Defensor (*chen-shou*) von Tien[43] wurde, nahm er ihn mit sich, als er dorthin ging, damit er die Aufwartung der Gäste leitete. Und als der Lokalkommandant (*shou-pei*) in Tien, Lu Hung,[44] in Nengs Haus ein und aus ging, wandte er sich zu ihm um, und als er ihn sah, verwunderte er sich über sein Aussehen. Dann machte er ihm große Geschenke von Gold und Seide und sagte: »Wenn du zu Reichtum und Ehren gelangt bist, vergiß nicht mich!« Ning wies das ehrerbietig von sich und sagte: »Der Fürst hat den Sklaven beglückt, wozu beschämt Ihr ihn dann noch?« Hung sagte: »So ist es nicht! Hast du nichts vom General (*chiang-chün*) Wei[45] vernommen, der ein Fürst wurde?« Ning wurde von der Familie Ch'ien von Tag zu Tag mehr geschätzt. Und als der Eunuchenbeamte Neng starb, wurde seinen Familienangehörigen Huld erwiesen, und Ning erlangte den Posten eines Hundertschaftsführers der Brokatuniform-Brigade.

Als der Kaiser, den Eunuchenbeamten folgend, heimlich und incognito seinen Schieß- und Jagdleidenschaften nachging, nannte er sich selbst Chu Shou, als wenn er damit vorgeben wollte, der Beschäftigung eines jungen Edelmannes nachzugehen.[46] Ning sah den Kaiser erstmals durch Vermittlung von Ma Yung-ch'eng im Leoparden-Pavillon (*pao-fang*)[47] beim Speerwerfen, Reiten, Boxen und anderen Spielen. Der Kaiser fand großen Gefallen an ihm und liebte und begünstigte ihn in höchstem Maße. Er verlieh ihm den Familiennamen der Dynastie und befahl, daß er als Adoptivsohn gelten sollte.[48] Unverzüglich beförderte er ihn zum Kommandeur. Er leitete die Angelegenheiten der Brigade, und alle Roten Reiter des Dekret-Gefängnisses, die Verbrechen verfolgten, unterstanden ihm. Überall begleitete er den Kaiser auf seinen Wegen in den Nan-hai- und Hsi-yüan-Park,[49] wo er Fische und Hasen mit dem Netz fing, Füchse und Schweine schoß und wilde Tiere mit der Hand erbeutete; oder als er hinauszog nach Shang-ku, sich westwärts nach Yün-chung wandte, den Grenzpaß überschritt und direkt Yen-sui erreichte, wobei er der Gefangenschaft entrann und danach zurückkehrte.[50] Ning förderte außerdem den Ch'ien Yung-an[51] und gab ihm auch den Namen. In seiner Amtskarriere kam er bis zum Rang eines Generalinspekteurs zur Rechten (*yu tu-tu*). Ning wurde zum Generalinspekteur zur Linken (*tso tu-tu*) befördert und war mit den Angelegenheiten betraut wie vorher. In der Folge steigerte er seine Macht gewaltig; wenn er den Behörden etwas anwies, dann wagten sie nicht, seinen Befehl ohne Ehrfurcht entgegenzunehmen, und fürchteten, nicht schnell genug zu sein. Wenn sich jemand seinen Absichten entgegenstellte, dann holte er sich ohne weiteres einen Befehl aus dem Palast und führte sie durch.

Lu Hung wurde ebenfalls durch Nings Einfluß befördert und pazifizierte als Untergeneral (*ts'an-chiang*) die Goldzähne.[52] Er hatte bei einer amtlichen Untersuchung zwei unschuldige Menschen töten und ihre Leichen verbrennen lassen und aus dem Besitz von Leuten aus dem Volke Güter im Wert von Zehntausenden geraubt. Als die Sache bekannt wurde, suchte Ning auf den Zensor T'ang Lung[53] einzuwirken. T'ang Lung ging nicht darauf ein und bestrafte Hungs Vergehen entsprechend. Ning grollte ihm sehr, konnte aber nichts gegen ihn ausrichten. Weil Ning durch einen Eunuchenbeamten Karriere gemacht hatte, behandelten ihn die Eunuchenbeamten geringschätzig. Wenn Ning ihnen begegnete, gab er sich nach außen hin sehr respektvoll, verneigte sich betulich und bezeichnete sich als einen Übeltäter, der den Tod verdient hätte. Der Kaiser ergrimmte nun über den Eunuchenbeamten Chang Yung[54] und wollte ihn töten lassen. Die Kaiserinmutter (*huang t'ai-hou*) bat für ihn, konnte aber nichts erreichen. Seine Anhänger legten sich ins Mittel und wandten sich an Ning. Ning sagte: »Ich kann es mit meinem Einfluß erreichen. Aber wenn ich die Herren ansehe: weshalb behandelt ihr mich ständig wie einen Hund?« Dann ging er behutsam und auf indirektem Wege vor, um den Kaiser zu besänftigen, und Chang Yung kam wirklich heil davon. Die Eunuchenbeamten änderten daraufhin ihre Haltung und stellten sich Ning zur Verfügung. Und weil alle Heeresverbandsführer und Defensoren (*tsung-chen*) in den Provinzen, Feuerwaffen-Inspizienten (*chien-ch'eng*), Gouverneure (*tu-fu*), Eunuchenbeamten (*tiao-tang*) und hohen Beamten um seine Dienste nachsuchten, hielt er 10.000 Goldstücke für zu dürftig und warf sie hin, ohne sie zu beachten. Aber diejenigen, welche Ning förderte, Chiang Pin, Hsü T'ai und Shen Chou, standen alle in kaiserlicher Gunst.[55] Ning konnte sich nur vor dem Kaiser achtsam und einschmeichelnd gebärden – nicht mehr. Er war nicht imstande, wie Chiang Pin und die anderen militärische Qualifikationen vorzuweisen, und Pin verleumdete Ning und untergrub seinen Ruf Tag und Nacht. Als nach kurzer Zeit der Prinz von Ning, Chu Ch'en-hao, einen Aufstand machte und hingerichtet wurde, brachte man die Angelegenheit mit Ning in Verbindung und verwies sie an den Hof, wo alle Anklagen untersucht wurden.

4. *Die Anklageschrift gegen Ch'ien Ning*

Als der Ehrfurchtgebietende Erhabene Kaiser[56] (1521) inthronisiert wurde, reichte man die Anklageschrift ein. Sie lautet im Auszug: »Der ehemalige Generalinspekteur zur Linken, Ning, ist durch die Vermittlung der Eunuchenbeamten mit seinem Amt betraut worden. Er wurde als (kaiserlicher) Adoptivsohn bezeichnet und hat den Namen des Kaiserhauses befleckt und mißachtet und die natürliche Gesellschaftsordnung verletzt. Alle seine Befehle und Anweisungen waren von größter Tragweite,[57] aber ohne vom Kaiser ein Wort empfangen zu haben, täuschte er vor, daß seiner Anfrage stattgegeben worden sei. Oder er gab mündliche Befehle wie ein Prinz, oder er schrieb eigenhändig Erlasse wie der Kaiser, und immer wieder hat er große und kleine Ämter verteilt. Mit Gewalt brachte er von Regionalbefehlshabern (*fang-chen*)[58] und zivilen und militärischen Beamten in Präfektur und Stadt[59] Goldjuwelen und seltene Kostbarkeiten im Wert von Myriaden an sich. Sein angeheirateter Verwandter Yung-an und sein Sohn Chieh[60] u. a. machten nach der Reihe rasch Karriere, und die ›geflügelten Tiger‹[61] bereicherten sich und brachten alle Schande über den Namen des Kaiserhauses. Sie brachten es bis zum Generalinspekteur, Bereichs-Kommandeur und anderen Ämtern.

Der ehemalige Prinz, der Degradierte Chu Ch'en-hao,[62] sandte 10.000 Goldstücke mit der Bitte um Wiederaufstellung einer Prinzengarde (*hu-wei*). Ning ließ die Sache ans Kriegsministerium verweisen und genehmigen; so reichte man ihm die Klinge des T'ai-a-Schwertes[63] umgekehrt (mit dem Griff nach vorn) zu – und damit die Handhabe zur Entfachung einer Rebellion. Und weil der Provinz-Vizezensor (*an-ch'a fu-shih*) Hu

Shih-ning[64] in einer Anklage die illegalen Aktivitäten des Degradierten maßregelte, bekam der Degradierte es mit der Angst und sandte wiederum 5.000 Goldstücke. Ning ließ den Hu Shih-ning verhaften und ins Gefängnis werfen. Er unterzog ihn durch jede mögliche Folter dem Verhör, dann verbannte man ihn zum Grenzdienst nach Liao-tung. – Der Kaiser hatte noch keinen Thronfolger. Aber der Degradierte hatte einen Sohn; er selbst konnte nicht inthronisiert werden, weil er (mit dem Kaiserhaus) nicht nahe verwandt und die Reihe nicht an ihm war. Er wollte ausspionieren, wann der Kaiser im Palast Besuche machte und in den Frauenpalast (*tung-kung*) ging, und sandte wieder 50.000 Goldstücke. Ning traf mit ihm heimlich die Abmachung, daß er dem Degradierten Meldung machen wollte, wenn er (der Kaiser) zur Darbietung von Weihrauchopfern einen längeren Aufenthalt nehmen würde.[65] Und er ließ ihm je zwei Gold- und Edelsteingürtel, sieben edelsteinbesetzte Gewänder, einen Gemmengürtel und zehn seltene Seidentücher bringen, dazu fabrizierte er ein kaiserliches Schreiben, fügte das kaiserliche Siegel hinzu und ließ es als kaiserliches Geschenk ausgeben. Der Degradierte freute sich sehr und nahm mit aufgestellten Standarten[66] Glückwünsche entgegen. Er befahl den Beamten in seinem Befehlsbereich, sich über vierzig Tage lang in Rot[67] zu kleiden. Der Degradierte hat die ganze Zeit bei Bitten und zum Dank ungefähr über 100.000 Goldstücke gesandt.

Als der Zensor Hsiao I[68] seine Rebellionspläne bekannt gemacht hatte, warf man ihn ins Gefängnis. Eine Kommission fand in einem Steinkeller Porträts.[69] Ning hatte mit ihm einen bestimmten Tag verabredet und durch einen Frühkurier zu Pferde melden lassen, er solle zuerst losschlagen, dann habe man die anderen unter Kontrolle. Er selbst werde von innen einen Aufruhr beginnen und der Umsturz würde dann leicht zu vollbringen sein. So wurde nun die Rebellion des Degradierten mit Ning in Verbindung gebracht. Ning hat eine staatsgefährdende Gesinnung. Seine Verbrechen und Übeltaten sind tausendfach belegt. Er muß nach dem Gesetz mit der Zerstückelung bestraft werden, drei Generationen seiner Familie müssen ausgerottet werden, ungeachtet ob jung oder alt werden sie zum Tode verurteilt.« – Das Dekret lautete: »Dem wird stattgegeben.«

Von seinem Vermögen wurden konfisziert: etwa 1.000 Pfund (*chin*) Gold, 300.000 Pfund Silber, 2.500 mit weißer Jade besetzte Gürtel, zwei Gürtel mit einem Löwen und einem Barbarenhäuptlingsbild auf den Enden,[70] zwei Buddhabilder aus glasgrünem Edelstein[71] und 1.500 Zentner (*tan*) Pfeffer; außerdem seltene Kleinodien, Bogen, Rüstungen, und berühmte Gemälde von gleich hohem Wert. Sein Park und sein Herrenhaus wurden zum Preis von drei Milliarden versteigert. Das war mehr als die Steuereinkünfte eines Kreisbeamten[72] von zwei Jahren. Ch'ien Yung-an und die anderen wurden alle mit vor Gericht gestellt und hingerichtet. Ning war als Mensch klug und gab sich nach außen hin respektvoll und höflich gegen die Gelehrten und Beamten. Er war sehr freigebig gewesen, und obschon er ein zum Tode Verurteilter war, gab es doch viele, die ihn lobten und bedauerten. Nachdem der Kaiser Ning hatte hinrichten lassen, ließ er auch Chiang Pin und die übrigen zum Tode verurteilen. Und der Großgelehrte (*ta hsüeh-shih*) Yang T'ing-ho[73] und seine Anhänger planten und unterstützten gemeinsam diese Politik. Es erging ein Dekret, die durch Vermittlung (von Eunuchen, Ch'ien Ning u.a.) ins Amt Gekommenen und Beförderten auszuwechseln. Bei der Brokatuniform-Brigade wurden vom Kommandeur an abwärts acht von zehn ausgemerzt, und bei den Unteroffizieren und Konstablern (*ch'i-hsiao*)[74] fünf von zehn. In einem Jahr verminderte man so den finanziellen Aufwand um mehrere zehn Millionen. Während der ganzen Zeit pries man diese Maßnahmen übereinstimmend als göttlich erleuchtet.

5. *Die Brokatuniform-Brigade in der Regierungsperiode Chia-ching (1522–1566)*

Von den übriggebliebenen alten Offizieren waren der die Geschäfte der Brokatuniform-Brigade leitende Bereichs-Kommandeur Lo An[75] und seine Kollegen von Hsing-kuo[76] her (dem Kaiser) gefolgt und aufgestiegen, und sie stellten die halbe Anzahl. Als sich der Disput um das Große Ritual erhob,[77] war Nieh Neng-ch'ien[78] Unterkommandeur. Neng-ch'ien war ein Mann aus Ch'ing-p'ing. In seinem Charakter war er von hinterhältiger Bosheit, nicht vertrauenswürdig und sehr berechnend. Gegen Ende der Ära Wu-tsungs (1506–1521) hatte er Verdienste vorgegeben und war bis zum Amt eines Tausendschaftsführers der Brokatuniform-Brigade aufgestiegen. Später war er auch unter den Ausgemerzten. Als der Kaiser die Beamten anwies zu beraten, ob er dem Vortrefflichen Erhabenen Kaiser[79] (als Ahnen) Verehrung erweisen solle, und noch keine Entscheidung getroffen war, sagten die Sekretäre (*chu-shih*) Chang Ts'ung und Kuei O[80]: »Der Kaiser ist doch in Wirklichkeit der Sohn des Vortrefflichen Erhabenen Kaisers; wie sollte er Hsiao-tsung als seinen Ahnen ansehen? Er muß den Vortrefflichen Erhabenen Kaiser als Ahnen verehren!« Der Kaiser war in seinem Herzen bewegt, aber der hohe Beamte Yang T'ing-ho und andere hielten daran fest, daß das nicht möglich sei. Weil Neng-ch'ien gute Beziehungen zu dem Eunuchenbeamten Ts'ui Wen[81] unterhielt, hatte er Einblick in diese Dinge. Er machte eine Eingabe und erklärte, den Erwägungen von Chang Ts'ung und Kuei O müsse man vor dem Kaiser Gehör schenken, einige Beamte entlassen, und die Erwägungen von Chang Ts'ung und Kuei O proklamieren. Als das Ritual festgesetzt war, erreichte Neng-ch'ien es auch, zum Kommandeur ausgewählt zu werden, und er leitete die Angelegenheiten des Profoßamtes. Als der Kaiser das *Ming-lun ta-tien*[82] revidieren ließ, wollte er seine Eingabe vollständig mit darin einreihen lassen, aber er erreichte es nicht. Darum hegte er Groll und sagte in einer Eingabe: »Meine Verdienste um den Kaiser, daß ich für das pietätvolle Gedenken (an seinen Vater) eingetreten bin und die Bestimmungen dazu deutlich herausgestellt habe, sind sehr groß. Durch den Neid der verbrecherischen Beamten Chang Ts'ung und Kuei O wurde (meine Eingabe) unterdrückt und nicht aufgezeichnet. Wären die beiden Beamten aber ohne mich gewesen, wären sie nicht in so hohe Stellungen gekommen; jedoch wurden sie allein zu Präzeptoren und Tutoren (*shih-fu*) befördert und mit Ämtern wie ein A-heng[83] versehen. Ich bin in unbedeutender Stellung geblieben und habe am Ende nur einen militärischen Titel – Kaufmannssöhne steigen dazu auf und man kann ihn ohne Schwierigkeiten erreichen! Außerdem hat der Instruktor (*chan-shih*) Huang Wan[84] in privatem Einverständnis mit dem Grafen von Hsin-chien, Wang Shou-jen,[85] Bestechungen an Chang Ts'ung senden lassen, die sich auf Zehntausende belaufen, damit Wang Shou-jen in hoher Position Verwendung fände. Ich bitte zu gewähren, daß sie alle entlassen werden.« – Der Kaiser ergrimmte und wies das Zensorat zur Ergreifung von Maßnahmen außer der Reihe an. Neng-ch'iens Aussagen waren falsche und absurde Anschuldigungen. Die Anklage wurde eingereicht; er erhielt hundert Stockschläge und wurde zum Grenzdienst südlich der Berge verbannt.[86] Bald darauf starb er an Auszehrung (im Gefängnis), und alle Welt war froh darüber. Kurze Zeit darauf wurde Wang Tso[87] Bereichs-Kommandeur und befehligte die Angelegenheiten der Brigade. Tso hatte bei den militärischen Prüfungen als Bester abgeschnitten, und man gab ihm das Amt eines Tausendschaftsführers der Brokatuniform-Brigade. Er wurde mehrfach befördert bis zum Untergeneral (*ts'an-chiang*), der die Kontrolle über die Wasserwege ausübte. Tso war als Mensch gewissenhaft, aufrichtig und zielstrebig, dazu ein geübter Schütze und trainierter Reiter. Seine Fähigkeiten als Schreiber waren berühmt, und er führte häufig Beispiele aus dem Altertum an.

Die jüngeren Brüder der Glanzvollen Weisen Erhabenen Großen Kaiserin,[88] der Herzog von Ch'ang-kuo, Chang Hao-ling[89] und der Fürst von Chien-ch'ang, Chang Yen-ling[90] hatten sich in ihren hohen Stellungen schon lange Zeit anmaßend, zügellos und ungebührlich betragen. Die Beamten (*li*) konnten sie auf die Dauer nicht zurückhalten und durch Verdeutlichung der Gesetze verwarnen. Weil sie bei der Frühlingsaudienz im Tz'u-ch'ing-(Palast)[91] unmanierlich aufgetreten waren, hegte der Kaiser einen Groll gegen Hao-ling und seinen Bruder, hatte das aber noch nicht offen gezeigt. Und als der Fürst von Chien-ch'ang wegen eines Mordfalles in einen Prozeß verwickelt wurde, wurde er von den Zensoren zu der angemessenen Strafe verurteilt. Man verhaftete ihn und wartete auf die

Entscheidung. Ein Händler namens Liu Tung-shan,[92] der charakterlich heimtückisch und sehr redegewandt war, hatte des Kaisers Gesinnung (gegen sie) erfahren und zum Schein mit seinen Kumpanen einen Entwurf zu einer Anklage angefertigt. Damit erpreßte er Chang Hao-ling und bekam fast 10.000 Goldstücke. Als Hao-ling nicht mehr genug Bestechungen zahlen konnte und ihn abzuschütteln versuchte, verleumdete er Hao-ling und seinen Bruder als böse Nachtmahre, die gegen den Kaiser Verfluchungen ausstießen, seine im Palast verwahrten Goldschätze und Edelsteine raubten, mit den Bediensteten im Tz'u-ch'ing (-Palast) Verbindung aufgenommen hätten und schließlich mit ihnen zusammen Hexereien betrieben. Das brachte er dem Kaiser als dringende Angelegenheit zu Gehör, und der Kaiser ergrimmte gewaltig. Er ließ Hao-ling und seinen Bruder ins Dekret-Gefängnis werfen und Liu Tung-shan und seinen Kumpanen gegenüberstellen. Der schaffte es dann, daß die Leute, die ihm nicht genehm waren, auch hineingezogen wurden; der Herzog von Ting-kuo[93] und der Fürst von Ching-shan[94] wurden beide in den Prozeß verwickelt und verhaftet. Die hohen Beamten der drei Justizbehörden[95] erbleichten und wagten nicht, ihn zu verhören. Wang Tso täuschte den Liu Tung-shan und gab sich ihm gegenüber sehr wohlwollend, und so forschte er nach der Reihe den wahren Sachverhalt aus. Es erging das Urteil, wegen falscher Anklage müsse er nach dem Gesetz mit der für das vorgetäuschte Verbrechen vorgesehene Strafe belegt werden. Dazu wurde die Genehmigung erteilt. Tso ließ Liu Tung-shan und seine Kumpane in drei Holzkäfige werfen und vor dem Tor außerhalb des Palastes an den Pranger stellen. Noch vor Ablauf von zehn Tagen waren sie alle gestorben. Nachdem das geschehen war, wurde Tso als derjenige angesehen, der den Verstoß im Tz'u-ch'ing (-Palast) wiedergutgemacht und des Kaisers Pietät vollendet hatte, und man nannte ihn einen um den Staat verdienten Beamten. Tso wurde schließlich wegen übermäßiger Sorgen krank und starb. Durch ein Dekret wurde er postum besonders um zwei Ränge erhoben und zum Generalinspekteur zur Linken (tso tu-tu) befördert.

An die Stelle Wang Tsos trat Lu Sung,[96] der einst dem

Kaiser als Offizier der Brigade von Hsing-kuo gefolgt war. Er war sehr umsichtig und ehrlich und kannte sich in den wesentlichen Dingen aus. Wenn der Kaiser zürnte, wußte er ihn zu besänftigen. Er starb als Unter-Generalinspekteur (*tu-tu ch'ien-shih*) und hatte einen Sohn namens Ping.

An die Stelle Lu Sungs trat Ch'en Yin.[97] Yin war ebenfalls ein Offizier aus der Brigade von Hsing-kuo; als Mensch war er wie Lu Sung, aber achtsam und auf seinen Vorteil bedacht. Er konnte nicht zwischen Hohen und Niedrigen vermitteln und war zu seiner Zeit kaum bekannt. Er erhielt den Auftrag, die Arbeiten an den Altären im Süden und Norden zu überwachen.[98] Mehrfach wurde er befördert bis zum Generalinspekteur zur Linken im Hinteren Quartier (*hou-chün tso tu-tu*). Wegen seines Alters und seiner Krankheit bat er um Entlassung. Es wurde ihm ein Brief mit dem kaiserlichen Siegel gewährt, in dem er belobigt wurde und worin angeordnet war, daß er in einem vierspännigen Ehrenwagen (*an-chü szu-ma*) fahren durfte, um in seinen privaten Wohnsitz zu ziehen. Die Erfüllung von Bittgesuchen aus den Reihen der Palastwachen (*chin-wei*) nahm mit Yin den Anfang. Man verlieh ihm postum den Titel eines Großkurators des Kronprinzen (*t'ai-tzu t'ai-pao*).

An die Stelle Ch'en Yin's trat Lu Ping.[99] Ping wurde in jungen Jahren wegen seiner Fähigkeiten berühmt; er war kräftig und aufgeweckt, konnte schreiben und rechnen. Kaum hatte er die militärischen Prüfungen bestanden, wurde er darauf vom Kommandeur mehrfach bis zum Generalinspekteur zur Linken befördert.[100] Man sagt, Ping habe den Kaiser einmal auf einer Reise nach Ch'eng-t'ien begleitet, und als der Reisepalast[101] in Brand geriet, habe Ping die Stationären Wachen an den Toren aufgestellt und dem Kaiser geholfen, aus den Flammen zu entkommen. Der Kaiser habe ihm das von Herzen vergolten, aber nicht gewünscht, daß diese Tatsachen bekannt würden. Weil über Pings Angelegenheiten nichts an die Öffentlichkeit kam, und weil es ungewöhnlich war, daß er in seinem Amt als einziger so schnell zu Ehren kam, fanden Außenstehende dafür keine Erklärung. Als Ping nun so rasch aufgestiegen war und anstelle seines Vaters die Leitung der Brigade übernahm, waren seine

Ranggenossen alle aus der Clique seines Vaters. Ping behandelte sie nach außen hin respektvoll, aber allmählich und mit Überlegung entfernte er die, welche ihn geringschätzig behandelten. Er konnte auch die Zuneigung der Beamten des *Nei-ko*[102] gewinnen und erfreute sich so von Tag zu Tag größerer Wertschätzung. Als er einmal (ohne Urteil) einen Hauptstadtpolizei-Kommandeur (*ping-ma chih-hui*)[103] zu Tode peitschen ließ, wurde er von den Zensoren zur Rechenschaft gezogen. Es erging ein Dekret, die Sache nicht zu untersuchen. Weil der Großgelehrte Hsia Yen[104] mit Ping freundschaftliche und vertrauliche Beziehungen unterhielt, stand Ping ihm auch zu Diensten und war sehr beflissen. Aber als die Zensoren kurz darauf Ping anklagten, er verstoße gegen die Gesetze des Salzhandels und lasse aus eigenem Ermessen Prügelstrafen vornehmen, dulde Bestechungen und verstoße darin allenthalben gegen das Gesetz, da wollte Hsia Yen mit einem Befehl aus dem Palast seine Verhaftung veranlassen und ihn bestrafen. Ping ließ ihm 3.000 Goldstücke zukommen, damit er freikäme, erreichte aber nichts. Da warf er sich nieder und bekannte sich unter Tränen schuldig, dann hatte es sein Bewenden. Ping fühlte sich verletzt und haßte den Großgelehrten Hsia Yen aus tiefster Seele. Und mit dessen Kollegen Yen Sung[105] zusammen kämpfte er gegen Hsia Yen um die Gunst des Kaisers. Da sie ihm nicht gleichkamen, nahmen sie davon Abstand. Ping faßte gemeinsam mit Yen Sung den Plan, von Hsia Yen Briefe bekanntzumachen, die ein heimliches Einverständnis mit den Befehlshabern (*shuai*) an der Grenze zeigten. Der Kaiser ergrimmte und ließ Hsia Yen hinrichten. Der Großgelehrte Yen Sung vergalt das dem Ping vielfach; überdies schätzte er ihn hoch und zog ihn zu gemeinsamer Planung heran.

Die von Ping ausgewählten und eingestellten Brigade-Offiziere und Roten Reiter waren alle lokale Bandenführer (*ta-hao*) aus Ch'ang-an,[106] die die Leute an ihren schwachen Punkten anzufassen verstanden; er sandte seine Spitzel in großer Zahl aus, und es gab niemanden, auf den sein zorniger Blick fiel, der nicht sofort vernichtet wurde. Aber wenn seine Untergebenen auch nur ein wenig gegen das Gesetz verstießen, ließ er sie hinrichten.

Als Ping nun die Gunst des Kaisers erlangt hatte, und der allen seinen Worten zustimmte, da wurden diejenigen, welche des Abends unter seine Standarte eilten und ihm nach dem Munde redeten, am Morgen zu Kollegen ausgewählt. So fürchteten seine Untergebenen den Ping sehr, aber waren bestrebt, schnell zu ihm zu eilen, um ja nicht zu spät zu kommen.

Der Fürst von Hsien-ning, Ch'iu Luan,[107] der als Befehlshaber von Ta-t'ung in die Hauptstadt kam, riß die gesamte militärische Macht des Reiches an sich. Er war sehr anmaßend und behandelte jeden ohne Ausnahme respektlos und beleidigend. Den Großgelehrten Yen Sung achtete er für nichts, er fürchtete nur den Ping. Ping stand ihm ebenfalls beflissen zu Diensten und wagte nicht, ihm mit der Etikette wie gegenüber einem Gleichrangigen zu begegnen; er gab in erhöhtem Maße Gold und Seide und knüpfte Beziehungen zu seinen vertrauten Günstlingen an; so konnte er Ch'iu Luans heimliche Pläne ausspionieren. Als Luan krank wurde und starb, hatte Ping bereits die Anklage gegen dessen Rebellionspläne betrieben, und seine Familie wurde ausgerottet. Nacheinander erhielt er die Titel eines Großkurators (*t'ai-pao*) und eines Großtutors (*t'ai-fu*) des Kronprinzen.

Der Eunuchenbeamte Ma Kuang[108] war der Leiter der Osthalle, und Li Pin[109] kontrollierte das Oberkommando (*shu-mi yüan*).[110] Diese Männer waren beide hochbetagt und sehr auf ihren Vorteil bedacht. Ping spionierte ständig ihre Vergehen aus, und sie wurden ins Gefängnis geworfen und starben. Innerhalb und außerhalb der Hauptstadt war man darüber bestürzt, trat erschreckt mit einem Fuß auf den anderen und zitterte vor Erregung.

Alle Magnaten, deren Vermögen Zehntausend und mehr betrug und welche ihn nur wenig zum Essen und Trinken einluden, ließ er ohne weiteres verhaften, wenn sie eine Verfehlung begingen, und konfiszierte ihr Vermögen ohne Ausnahme. Aber er hegte auch eine außerordentliche Bewunderung für solche, die wegen ihrer Rechtlichkeit berühmt waren, und ließ sie unbehelligt. Er liebte es auch, Gelehrte und hohe Würdenträger zu hofieren. Wenn ein Gelehrter oder ein hoher Würdenträger vom

Kaiser sehr gehaßt wurde und ins Dekret-Gefängnis geworfen und vor der Audienzhalle geprügelt werden sollte, zögerte er das hinaus und ließ ihn nicht zugrunde gehen, bis der Zorn des Kaisers sich gelegt hatte. Wenn sie aus dem Amt entlassen und zum Grenzdienst verbannt wurden, gab er Gold und Geld, sorgte für den Aufwand der Reise- und Nahrungskosten und war nicht kleinlich.

Nachdem Ping zu Ehren gekommen war, gewann er rasch einen guten Ruf unter den hohen Beamten und Adeligen (*chien-shen*), und er stand auch in guten Beziehungen zu den Vertrauten des Kaisers, dem Eunuchen-Direktor Huang Chin[111] und dem Premierminister (*yüan-hsiang*) Yen Sung, die beide mit Ping aufgrund gegenseitiger Wertschätzung durch Heiratsverbindungen in verwandtschaftliche Beziehungen traten. Der Kaiser ließ ihm seine überreiche Gunst zuteil werden und forderte ihn auf, in den Hsi-yüan-(Park) zu kommen und ihm zu dienen; er sollte die taoistischen Opferriten vollziehen. Er bekam dazu den Titel eines Subtutors (*shao-fu*) verliehen und genoß die Einkünfte eines im Adelsrang eines Grafen Stehenden.[112]

Ping wählte auch in großer Zahl Rote Reiter und tapfere Soldaten aus, 7.000 Mann,[113] und stellte außerdem einen Obristen (*p'i-chiang*) auf, der sie befehligte. Die in den Gebieten um die Hauptstadt und in Ch'in (Shensi), Chin (Shansi), Ch'i und Lu (Nord- und Süd-Shantung) angeworbenen Starken, Athleten und berittenen Bogenschützen wurden nach Tausenden gezählt. Sie wurden in die Brigade eingereiht und erhielten jeder eine neue Uniform und ein edles Pferd; es wurden von der Staatskasse insgesamt 150 oder 160 Tausend Mann unterhalten. Der Kriegsminister (*ta szu-ma*) hielt die Listen in der Hand, war machtlos und seufzte; damit hatte es sein Bewenden.

Als der Premierminister Yen Sung seinem Sohn die Kontrolle über die Auswahl der Zivilbeamten und Offiziere überließ, sorgte Ping als Vermittler für den Ausgleich in den Angelegenheiten aller Ämter, und es gab nichts, worüber er nicht informiert wurde. Acht oder neun von zehn Regionalbefehlshabern (*fang-chen*), Gouverneuren (*tu-fu*) und hohen Beamten standen entweder mit ihm in Verbindung oder ließen ihm Geld zukommen; ebenso waren es drei oder vier von zehn Revisionsbeamten und Zensoren, die von sich aus vor seiner Tür knieten. Das von Ping aufgehäufte Gold und die Edelsteine waren außergewöhnlich kostbar und wurden auf Myriaden an Wert berechnet. In Yen brachte er Herrenhäuser und Grundstücke in seinen Besitz. Seine jährlichen Geschenke und Zuwendungen an den Premierminister und die Eunuchenbeamten wurden ebenfalls nach Zehntausenden berechnet.

Zu der Zeit gab es auch einen Chu Hsi-hsiao,[114] der die Fahndungen (*hsün-pu*) leitete.Chu Hsi-hsiao war der nächstfolgende jüngere Bruder ohne Ehrenrang des Herzogs von Ch'eng-kuo.[115] Durch seinen älteren Bruder erhielt er sein Amt und wurde mehrfach befördert bis zum Generalinspekteur zur Linken; er bekam den Titel eines Großkurators des Kronprinzen. Chu Hsi-hsiao war ein großzügiger Amtschef und genierte sich nicht, durch Unterwürfigkeit in ein ausgeglichenes Verhältnis zum Premierminister zu kommen. Aber Ping war wegen seines Machtstrebens gezwungen, auf jeden Fall nach außen hin zum Premierminister ein Vertrauensverhältnis aufrechtzuerhalten; er konnte keine so enge Beziehung zu ihm gewinnen wie Hsi-hsiao. Doch Hsi-hsiao diente Ping wie ein Untergebener und gab ihm häufig nach. Ping hatte deshalb nicht die Absicht, ihm zu schaden.

Wehe! – Die Männer in der Brokatuniform waren alle nur kaiserliche Leibgardisten. Die Leitung der Stationären Wachen (*su-wei*) wäre die Aufgabe der mit hohen Würden geehrten und verdienten Männer (*kuang-lu ḥsün*)[116] gewesen, die Verfolgung der Verbrechen wäre die Aufgabe der Behörden gewesen. Als es zur Amtsperiode von Ping gekommen war, wurden sie an den Aufgaben von Generälen und Ministern beteiligt und bekamen höchste Positionen. Die erste Aufwertung erfuhren sie unter Chi Kang, eine weitere Aufwertung unter Ch'ien Ning, die dritte Aufwertung unter Lu Ping. Schließlich kamen sie in den Rang von Tutoren und Kuratoren und waren an der Abfassung kaiserlicher Erlasse beteiligt. Ist das nicht auch eine Gefahr?!

Pings Mitarbeiter waren die Generalinspekteure Kao Shu,

Mo Hsiang und Huang P'u.[117] Diese waren alle Neffen und jüngere Brüder von Eunuchenbeamten, die sich mit geschmückten Wagen, bei fettem Fleisch, Wein und Speisen in Palästen und Parks mit Musik und schönen Frauen und dergleichen amüsierten. Aber da sich sogar Ping schämte, sich mit ihnen zusammenzutun, wozu soll man von ihnen reden!

Anmerkungen:

1 Siehe BARBARA KRAFT, »*Wang Shih-chen: Abriß seines Lebens*«, in: *OE* 5 (1958), S. 184 ff.; P. GREINER, *Die Brokatuniform-Brigade (chin-i wei) der Ming-Zeit von den Anfängen bis zum Ende der T'ien-shun-Periode (1368–1464)*, Wiesbaden: Harrassowitz 1975 (= Veröffentlichungen des Ostasien-Instituts der Ruhr-Universität Bochum, Bd. 12), S. 13.

2 Siehe B. KRAFFT, a.a.O., S. 185.

3 Siehe W. FRANKE, *An Introduction to the Sources of Ming History*, Kuala Lumpur: Univ. of Malaya Pr. 1968, S. 194, Nr. 6.6.3.

4 P. GREINER, a.a.O., S. 12–94. – Der Übersetzung lagen zwei Ausgaben des *Chin-i chih* von WANG SHIH-CHEN zugrunde: *Chi-lu hui-pien* 195, und *Hsü Shuo-fu* von T'AO T'ING, S. 379–389 der Hsin-hsing-shu-chü-Ausgabe (*Szu-pu chi-yao, tzu-pu*). In der Regel wurde bei Abweichungen der *Hsü-Shuo-fu*-Ausgabe der Vorzug gegeben. Vgl. dazu W. FRANKE, a.a.O., S. 183, Nr. 6.2.10.

5 Yüan Pin wurde Ch'eng-hua 13 (1477) im 5. Monat zum Unter-Generalinspekteur (*tu-tu ch'ien-shih*) befördert, siehe *Hsien-tsung Shih-lu* 166, S. 3b (= Bd. 46, S. 3002); vgl. GREINER, *Brokatuniform-Brigade* S. 64 ff. – Niu Hsün war T'ien-shun 8 (1464) im zweiten Monat als Parteigänger des Geheimpolizeichefs Men Ta verurteilt worden; siehe *Hsien-tsung SL* 2, S. 6b (= Bd. 39, S. 44); GREINER: *Brokatuniform-Brigade,* S. 89. Ch'eng-hua 14 (1478) wurde er vom Kommandeur (*chih-hui shih*) zum Bereichs-Vize-kommandeur (*tu chih-hui t'ung-chih*) befördert. Ch'eng-hua 15 (1479) im 7. Monat wurde er nach Kuangsi verbannt; siehe: *Hsien-tsung SL* 175, S. 5a (= Bd. 46, S. 3161); 199, S. 1b (= Bd. 47, S. 3404) (Kurzbiographie).

6 Nach den Biographien waren schon die Vorfahren Chu Chis verdiente Leute, von denen er das Amt eines Tausendschaftsführers (*cheng ch'ien-hu*) und nicht eines Hundertschaftführers (*po-hu*) erbte. Siehe *Ming-shih kao,* Lieh-chuan 53, S. 18b ff. (= S. 498 f.

der Ausgabe Taipei: Wen-hai ch'u-pan she 1962; Nachdr. der Ching-shen-t'ang-Ausgabe); *Kuo-cha'o hsien-cheng lu* 109, S. 4a ff. (= Bd. 8, S. 4864 ff. der Ausgabe Taipei: T'ai-wan hsüeh-sheng shu-chü 1965 [= *Chung-kuo shih-hsüeh ts'ung-shu* 6]).

7 Yü Ch'ien organisierte nach der Gefangennahme Kaiser Ying-tsung's 1449 als Kriegsminister die Verteidigung Pekings gegen die Mongolen. Er diente dem Kaiser Ching-ti, der an die Stelle Ying-tsungs getreten war. Nach der gewaltsamen Restauration Ying-tsungs wurde Yü Ch'ien im 1. Monat T'ien-shun 1 (1457) im Zuge einer Säuberungsaktion hingerichtet. Siehe W. FRANKE, »*Yü Ch'ien*, Staatsmann und Kriegsminister, 1398–1457«, in: *MS* 11 (1946), S. 87–122; ders.: »Ein Dokument zum Prozeß gegen Yü Ch'ien im Jahre 1457«, in: *Studia Serica* 6 (1947), S. 193–208.

8 Nach den Biographien (vgl. Anm. 6) wurde Chu Chi zu Anfang der T'ien-shun-Periode (1457–1464), wohl als Anhänger Yü Ch'iens, zur Wei-yüan-Brigade nach Ta-t'ung in Shansi verbannt. Kaiser Hsien-tsung rief ihn 1464 wieder in sein Amt als Tausendschaftsführer zurück. Ch'eng-hua 2 (1466) wurde er auf Empfehlung des Kriegsministeriums zum Unterkommandeur (*chih-hui ch'ien-shih*) ernannt; Ch'eng-hua 14 (1478) wurde er zum Kommandeur (*chih-hui shih*) und darauf zum Bereichs-Unterkommandeur (*tu chih-hui ch'ien-shih*) befördert. Im folgenden Jahr (1479) übernahm er die Leitung der Brokatuniform-Brigade, nachdem Niu Hsün zur Grenze verbannt worden war (vgl. Anm. 5). Ch'eng-hua 20 (1484) wurde er zum Bereichs-Vizekommandeur (*tu chih-hui t'ung-chih*) und nach weiteren zwei Jahren zum Bereichs-Kommandeur (*tu chih-hui*) befördert. Hung-chih 3 (1490), im 12. Monat, starb er. – Über seine Karriere unter Kaiser Ching-ti, die ihn nach Wang Shih-chen angeblich bis zum Rang eines Unterkommandeurs führte, ist aus anderen Quellen nichts bekannt. Vgl. auch die Kurzbiographie in *Hsiao-tsung Shih-lu* 46, S. 6a f. (= Bd. 53, S. 929 f.). – Siehe auch *Ming-shih* 95, S. 3a (lobender Bericht über Chu Chi in den Strafrechtskapiteln).

9 »Rote Reiter« (*t'i-ch'i*) war eine nicht amtliche, antikisierende Bezeichnung für die Agenten und Spitzel der Brokatuniform-Brigade aus den Reihen der ihr unterstellten Kontabler (*hsiao-wei*). So hießen in der Han-Zeit offiziell die der Chin-wu-Garde unterstehenden Reiter, welche Polizeiaufgaben wahrnahmen. Siehe *Hou-Han shu*, Po-kuan chih 4 (Chih, ch. 27), S. 1a; TING I, *Ming-tai t'e-wu cheng-chih*, Peking: Chung-wai ch'u-pan she 1950, S. 35.

10 *Chi-mi ta-shih hsün-pu* ist nur eine Bezeichnung, die wörtlich »Fahnder nach geheimen Rebellionsplänen« bedeutet, und kein amtlicher Titel.

11 *Tung-hsi szu-fang;* für diese Ämter wurden keine weiteren Belege gefunden.

12 Zum Ämterkauf in der Brokatuniform-Brigade vgl. P. GREINER, a.a.O., S. 114 und 116.

13 Die Osthalle (*tung-ch'ang*) wurde im 8. Monat Yung-lo 18 (1420) errichtet und wäre eine Geheimpolizei-Organisation unter der Aufsicht der hohen Eunuchenbeamten. Dieser Halle stellte die Brokatuniform-Brigade Hauptleute und Mannschaften als Personal. Siehe *Ming-shih* 7, S. 7a; 74, S. 26a f.; 95, S. 3a; *Ming t'ung-chien* 17, S. 741 (in dem Sammelwerk *Chung-kuo hsüeh-shu ming-chu,* Taipei: Shih-chieh shu-chü 1962–64); TING I, a.a.O., S. 26 ff.; R. CRAWFORD, »Eunuch Power in the Ming-Dynasty«, in: *TP* 49 (1961), S. 131. Vgl. auch *Ta-Ming hui-tien* 218, S. 11b (= Bd. 5, S. 3006 im Nachdruck der Ausgabe von 1587, Taipei: Hua-wen shu-chü 1964).

14 Zum Eunuchen Wang Chih siehe *Ming-shih* 304, S. 13b ff. (Biographie); *Ming-shih chi-shih pen-mo* 37; TING I, a.a.O., S. 351 ff. – Wang Chih erhielt erstmals Ch'eng-hua 12 (1476) das Kommando über eine Geheimpolizeiaktion. Ch'eng-hua 19 (1483), im 6. Monat, wurde er nach Nanking versetzt und war damit seiner Macht beraubt. Schließlich starb er eines natürlichen Todes.

15 Die Westhalle (*hsi-ch'ang*) wurde Ch'eng-hua 13 (1477), im 1. Monat errichtet und der Leitung Wang Chihs unterstellt. Im 5. Monat wurde sie wieder abgeschafft, aber schon im folgenden Monat aufgrund eines Antrags von zwei Zensoren wieder eingerichtet. Ch'eng-hua 18 (1482), im 3. Monat, wurde die Halle wieder abgeschafft. Unter Kaiser Wu-tsung wurde sie Cheng-te 1 (1506) noch einmal errichtet, aber nach der Hinrichtung des Eunuchen Liu Chin wieder abgeschafft. Siehe TING I: a.a.O., S. 31 ff.; *Ming-shih chi-shih pen-mo* 37, S. 385 f. und 390; 43, S. 439 (Ausgabe Taipei: San-min shu-chü 1968); *Ming-shih* 16, S. 2a; 95, S. 4b. (Bei TING I ist auf S. 31 fälschlich das Jahr Cheng-te 9 statt Cheng-te 1 angegeben; auf S. 32 nennt er dagegen das Jahr Cheng-te 1.)

16 Gemeint ist der Kaiserkanal.

17 Gemeint ist Nanking. Siehe CHARLES O. HUCKER, »Governmental Organization of the Ming-Dynasty«, in: *HJAS* 21 (1958), S. 5 f.

18 Vgl. dazu TING I, a.a.O., S. 353; *Ming-shih chih-shih pen-mo* 37, S. 386. – In Nanking wurde nach der Verlegung der Regierungszentrale nach Peking im Jahre 1421 eine Art Schattenregierung beibehalten, indem man die dortigen Behörden in reduzierter Form weiterbestehen ließ. Vgl. Anm. 17.

19 Alle drei Behörden sind hier unter antikisierenden Bezeichnungen

aufgeführt. Die Herbstbeamten waren das Justizministerium (*hsing-pu*), die Oberste Zensoratsbehörde war der Hauptuntersuchungshof (*tu ch'a-yüan*) und der Oberste Gerichtshof war der Oberste Rechtshof (*ta-li szu*). Vgl. C. O. HUCKER, a.a.O., S. 32, 36, 49 und 56; zu den antikisierenden Bezeichnungen vgl. MOROHASHI, *Dai Kan-Wa jiten*, Nr. 24 940..108,2; Nr. 10157..129,1; Nr. 9571..5,1.

20 Die »drei edlen Herren« (*san kung*) waren hohe Beamte, denen Ehrentitel mit dem Rang 1a verliehen wurden. Die Ehrentitel lauteten: Großpräzeptor (*t'ai-shih*), Großtutor (*t'ai-fu*) und Großkurator (*t'ai-pao*). Siehe C. O. HUCKER, a.a.O., S. 17. – Die »neun Minister« (*chiu-ch'ing*) waren die sechs Minister (*liu-pu shang-shu*), die Zensoratspräsidenten (*tu yü-shih*), der Präsident der Reichsregistratur (*t'ung-cheng shih*) und der Präsident des Obersten Rechtshofes (*ta-li szu ch'ing*); siehe *Dai Kan-Wa jiten*, Nr. 167..198,1.

21 Keine Biographien zu diesen Männern eingesehen.

22 Zu Mu Pin vgl. die Biographien in *Ming-shih kao*, Lieh-chuan 53, S. 19b f. und *Ming-shu* 140, S. 17b. Aus diesen Biographien sind jedoch keine exakten Zeitangaben zum Lebenslauf zu gewinnen. Vgl. zum folgenden auch *Ming-shih* 95, S. 11a f.

23 Zur Biographie Li Meng-yangs siehe u.a. *Ming-shih* 286, S. 10b ff. Er war Hung-chih 7 (1494) zum *chin-shih* promoviert worden und erhielt zunächst das Amt eines Sekretärs im Finanzministerium (*hu-pu chu-shih*) und wurde dann zum Direktor (*lang-chung*) befördert. Laut *Ming-shih chi-shih pen-mo* 42, S. 435, reichte er im 3. Monat Hung-chih 18 (1505), als er noch den Rang eines Sekretärs innehatte, seine Eingabe ein.

24 Der Fürst von Shou-ning, Chang Hao-ling, war ein jüngerer Bruder der Kaiserin und Gemahlin Hsiao-tsungs; siehe *Ming-shih* 108, S. 7b; 114, S. 1b f.; 300, S. 17a ff.

25 Zur Biographie Liu Chins siehe u. a. *Ming-shih* 304, S. 21b ff.; *Ming-shih chi-shih pen-mo* 43; TING I, a.a.O., S. 462 ff.; R. CRAWFORD, »Eunuch Power in the Ming Dynasty«, in: *TP* 49 (1961), S. 115–148. Sein Aufstieg begann mit dem Regierungsantritt Wu-tsungs (1505) und endete mit seiner Hinrichtung Cheng-te 5 (1510), im 8. Monat.

26 Im *Chin-i chih* sind die Familiennamen dieser beiden Männer nicht genannt und hier ergänzt worden. Zur Biographie siehe *Ming-shih* 181, S. 6a ff. und 14a ff. – Die Vertreibung aus dem Amt erfolgte Cheng-te 4 (1509) im 2. Monat; siehe *Ming-shih chi-shih pen-mo* 43, S. 450.

27 Zur Biographie des Han Wen siehe *Ming-shih* 186, S. 1b ff. – Er wurde Cheng-te 1 (1506), im 10. Monat, aus dem Amt entlassen

und Cheng-te 3 (1508), im 6. Monat, ins Gefängnis geworfen. Siehe: *Ming-shih chi-shih pen-mo* 43, S. 440 und 448.

28 Zur Biographie des Liu Li und des Tai Hsien siehe *Ming-shih* 188, S. 1b ff. und 5b ff. Sie wurden im 12. Monat des Jahres Cheng-te 1 (1506) mit Hofprügel bestraft und zu gewöhnlichen Leuten aus dem Volke degradiert; s. *Ming-shih chi-shih pen-mo* 43, S. 441.

29 Der Name ist hier falsch wiedergegeben und lautet eigentlich Tsou Tao-ch'ing und ist ein anderer Name des Tsou Hao. Vgl. die Biographie in *Sung-shih* 344, S. 5a ff. und Mu Pins Biographie in *Ming-shu* 140, S. 17b.

30 Keine Biographie.

31 Über Chang Hsiung gibt es keine eigene Biographie. Er war in der Cheng-te-Zeit im Ritenamt (*szu-li chien,* Eunuchenamt) tätig. Siehe *Ming-shih* 304, S. 30b.

32 Dieser Ort ist heute Teil der Stadt Wuhan in der Provinz Hupei.

33 Zur Biographie Ts'ui Hsiens siehe *Ming-shih* 282, S. 33a ff. – Die Übersetzung und Deutung »Hsiang-t'ai-Gelehrter« ist unsicher. Vgl. dazu *Dai Kan-Wa jiten* Nr. 23151..224.

34 Vgl. Anm. 15.

35 Vgl. Anm. 13. – Zur Biographie Ku Ta-Yungs siehe *Ming-shih* 304, S. 30a f. – Über die beiden anderen Eunuchen wurden keine Biographien gefunden.

36 Zu den Bütteln (*tsao-li*), die den Ämtern, Beamten und Offizieren in einer nach Rang bestimmten Anzahl zugeteilt wurden, siehe *Ta-Ming hui-tien* 157, S. 1a ff. (= Bd. 4, S. 2197 ff.); HEINZ FRIESE, *Das Dienstleistungssystem der Ming-Zeit,* Wiesbaden: Harrassowitz 1959 (= MOAG, Bd. 35 A), S. 78 ff.; GREINER, a.a.O., S. 117 ff.

37 Keine Biographie. Shih Wen-i wurde nach Liu Chins Ende ebenfalls hingerichtet; siehe *Ming-shih* 95, S. 9b; *Ming-shih chi-shih pen-mo* 43, S. 454 ff.; TING I, a.a.O., S. 362.

38 Zur Biographie des Chang Ts'ai siehe *Ming-shih* 306, S. 7b ff. – Er wurde zusammen mit Liu Chin zum Tode verurteilt, aber er starb im Gefängnis. Vgl. Anm. 37.

39 Keine Biographie. Vgl. aber *Ming-shih* 95, S. 9b; dort heißt es, daß Kao Te-lin nach Liu Chins Ende aus dem Amt entlassen wurde. Vgl. Anm. 37.

40 Die im *89-Index*, Bd. 3, S. 245 angegebenen Biographien beziehen sich nicht auf diesen Offizier.

41 Die eingesehenen Biographien Ch'ien Nings in *Ming-shih* 307, S. 17a ff., und *Ming-shu* 155, S. 1a ff. bieten keine exakten Zeitangaben. Vgl. auch TING I, a.a.O., S. 289.

42 Biographische Notizen in *Ming-shih* 304, S. 18a f. – Vgl. auch TING I, a.a.O., S. 101 und 316 ff.; danach wurde Ch'ien Neng im Jahre Ch'eng-hua 4 (1468) als Defensor (*chen-shou*) nach Yünnan entsandt und blieb dort über zehn Jahre. Ch'eng-hua 20 (1484) wurde er als Stadtkommandant (*shou-pei*) nach Nanking versetzt. Gegen Ende der Hung-chih-Periode (1488–1505) starb er – angeblich durch Ch'ien Ning vergiftet. Als Wu-tsung den Thron bestieg (1505), wurde Ch'ien Neng postum geehrt.

43 »Tien« ist eine antikisierende Bezeichnung für Yünnan.

44 Keine Biographie. Als Lokalkommandant (*shou-pei*) war Lu Hung dem Eunuchen Ch'ien Neng unterstellt. Siehe C. O. HUCKER, a.a. O., *HJAS* 21 (1958), S. 62. Sein eigentlicher Name muß Lu Ho gelautet haben. Vgl. Anm. 53.

45 Vielleicht ist hier der General Wei Ch'ing aus der früheren Han-Zeit gemeint. Vgl. H. A. GILES, *A Chinese Biographical Dictionary,* Nachdruck Taipei: 1962, Nr. 2268; *Dai Kan-Wa jiten* Nr. 34074..74,1.

46 Zum Familiennamen Chu siehe Anm. 48.

47 Der Pavillon wurde auf Antrag von Ch'ien Ning zur Darbietung von Musik und Schauspielen in der Verbotenen Stadt errichtet. Siehe *Ming-shih* 307, S. 17b.

48 Der Familienname der Ming-Kaiser lautet Chu. Wu-tsung soll 127 Adoptivsöhne gehabt haben. Ch'ien Ning bezeichnete sich als Sohn des Kaisers von einer Nebenfrau. Siehe TING I, a.a.O., S. 363; *Ming-shih* 307, S. 17b.

49 »Nan-hai« heißt der südliche von drei Seen im Westen der Kaiserstadt; siehe A. HERRMANN, *Historical and Comm. Atlas of China,* Taipei: Ch'eng-wen 1970, S. 57. Der Hsi-yüan-Park (nach dem *Hsü-Shuo-fu*-Text fälschlich: »Pei-yüan«) liegt im Nordwest-Winkel der Palaststadt.

50 Die Namen sind antikisierend gewählt. Shang-ku liegt im Norden der heutigen Provinz Hopei und Yün-chung im Norden von Shansi. Siehe HERRMANN, a.a.O., S. 19; *Dai Kan-Wa jiten,* Nr. 13..280; Nr. 42235..442. – Yen-sui bezeichnet das Gebiet von Yen-an in Shensi bis Sui-te in Shansi; siehe HUCKER, a.a.O., S. 63; *Dai Kan-Wa jiten* Nr. 9569..119. – Die Exkursionen Wu-tsungs erfolgten in den Jahren Cheng-te 12–13 (1517–1518); siehe: *Ming-shih* 16, S. 9a ff.; *Ming-shih chi-shih pen-mo* 49, S. 503 ff.

51 Keine eigene Biographie. Es heißt, daß Ch'ien Yung-an als sein Sohn (oder Adoptivsohn) schon im Alter von 6 oder 8 Jahren den

Rang eines Generalinspekteurs (Rang 1a) erhielt! Andere Adoptivsöhne erhielten Offiziersränge in der Brokatuniform-Brigade. Siehe *Ming-shih* 307, S. 18a; *Ming-shu* 155, S. 6a.

52 Die Goldzähne (*chin-ch'ih*) wohnten im Gebiet der Präfektur Yung-ch'ang in der Provinz Yünnan, siehe *Ming-shih* 46, S. 12a f.; 314, S. 13a ff.; vgl. *Dai Kan-Wa jiten,* Nr. 40152..518.

53 T'ang Lung wurde Cheng-te 3 (1508) zum *chin-shih* promoviert. In seiner Biographie wird dieser Fall erwähnt, und der Name Lu Hungs lautet hier Lu Ho (ebenso steht in der *Chi-lu-hui-pien*-Ausgabe des *Chin-i chih* an dieser Stelle das Zeichen »Ho« statt »Hung«). Lu Hung oder Lu Ho wird hier als Adoptivvater Ch'ien Nings bezeichnet. Siehe *Ming-shih* 202, S. 4b f.

54 Chang Yung war vorwiegend mit militärischen Aufgaben betraut. Anfangs ein Parteigänger von Liu Chin war er aber bald mit ihm verfeindet. Siehe *Ming-shih* 304, S. 28a ff.

55 Biographien in *Ming-shih* 307, S. 12a ff.; S. 16b; 175, S. 9b. Zu Chiang Pin vgl. auch *Ming-shih chih-shih pen-mo* 49.

56 Postumer Ehrenname des Kaisers Shih-tsung, der unter der Devise Chia-ching (1522–1566) regierte. Siehe *Ming-shih* 17, S. 1a. – Der Name des Kaisers wird nur in der *Hsü-Shuo-fu*-Ausgabe des *Chin-i chih* genannt. An dieser Stelle bestehen noch weitere, aber geringfügige Abweichungen zwischen beiden Ausgaben.

57 Wörtlich: »waren gleich Bergen und Gipfeln«. Vgl. *Dai Kan-Wa jiten,* Nr. 7869..160,4.

58 Keine amtliche Bezeichnung. Vgl. C. O. HUCKER, a.a.O., S. 62 f.

59 Die Ausdrucksweise ist nicht eindeutig. Gemeint ist entweder: »Präfektur und Landkreis« oder »Provinz und Hauptstadt«. Vgl. *Dai Kan-Wa jiten,* Nr. 39436 und 39269.

60 Vgl. Anm. 51.

61 Der Tiger ist ein Übel, ein geflügelter Tiger ist ein größeres Übel; vgl. *Dai Kan-Wa jiten,* Nr. 32675 .. 216 und 265.

62 Der Prinz von Ning, Chu Ch'en-hao, war ein Nachfahre des 17. Sohnes des ersten Ming-Kaisers T'ai-tsu; siehe *Ming-shih* 102, S. 5b. – In der T'ien-shun-Periode war die Prinzengarde (*hu-wei*) von Ning dem Befehl des Prinzen entzogen und der regulären Militärverwaltung unterstellt worden. Auf Bitten des Chu Ch'en-hao ließ der Eunuch Liu Chin Cheng-te (1507), im 4. Monat, der Residenz der Prinzen von Ning wieder eine Prinzengarde unterstellen. Nach der Hinrichtung Liu Chins im 8. Monat Cheng-te 5 (1510) wurde das wieder rückgängig gemacht. Im 3. Monat Cheng-te 9 (1514) erhielt Chu Ch'en-hao wieder eine solche Garde. Cheng-te 14 (1519), im 6. Monat, begann Chu Ch'en-hao

mit dem offenen Aufstand. Im 8. Monat des gleichen Jahres wurde er von Wang Shou-jen (Wang Yang-ming) gefangengenommen, und seine Truppen wurden entscheidend geschlagen. Im 12. Monat Cheng-te 15 (1520) wurde er zum Tode verurteilt und sein Prinzentitel nicht weitervererbt. Siehe *Ming-shih chi-shih pen-mo* 43, S. 443; 47, S. 479 ff.; *Ming-shih* 117, S. 16b ff.

63 Im Text ist nur von der »Spitze des A« die Rede. Gemeint ist wohl das T'ai-a, ein berühmtes Schwert in der Zeit des chinesischen Altertums. Siehe *Dai Kan-Wa jiten,* Nr. 5834..1.

64 Hu wurde Hung-chih 6 (1493) zum *chin-shih* promoviert. Die Eingabe gegen Chu Ch'en-hao wurde Cheng-te 9 (1514), im 3. Monat, eingereicht. Der Zensoratspräsident Li Shih-shih war ein Parteigänger von Chu Ch'en-hao. Hauptsächlich durch ihn kam Hu ins Gefängnis der Brokatuniform-Brigade; die Verbannung wurde dagegen von Ch'ien Ning veranlaßt. Nach dem Ende von Chu Ch'en-hao kam er wieder frei. Siehe *Ming-shih* 199, S. 4b ff.

65 Es handelt sich dabei um eine Zeremonie vor einem Götter- oder Buddhabildnis. Siehe *Dai Kan-Wa jiten,* Nr. 38943..11.

66 Wörtlich: »mit aufgereihten Zähnen«. Gemeint sind wohl Fahnen oder Standarten mit gezackten Rändern, oder die Fahnenstangen waren mit Elfenbeinverzierungen versehen. Siehe *Dai Kan-Wa jiten,* Nr. 19909..18.

67 Mit der roten Farbe sollte der Erfolg gefeiert werden, denn das Zeichen »Rot« wird mit dem Zeichen »Erfolg« gleichgesetzt. Siehe *Dai Kan-Wa jiten,* Nr. 27243,7 (im Zitat der Belegstelle ist das Zeichen »Rot« mit einem anderen ähnlichen – ching = Klassiker – verwechselt).

68 Keine Biographie eingesehen.

69 Deutung dieser Stelle unsicher. Vielleicht war schon im Hinblick auf einen sicher erwarteten Erfolg der Rebellion eine Art Ehrenhalle oder Mausoleum angelegt worden.

70 Vgl. *Dai Kan-Wa jiten,* Nr. 20609..37 und 38.

71 Vgl. *Dai Kan-Wa jiten,* Nr. 24664..137; es handelt sich wahrscheinlich um einen Saphir, vielleicht auch um einen Smaragd.

72 Der Kreisbeamte trug offiziell den Titel »chih-hsien« und leitete den kleinsten Verwaltungsbezirk in der chinesischen Beamtenhierarchie.

73 Yang T'ing-ho legte Ch'eng-hua 14 (1478) im Alter von 19 Jahren das *chin-shih*-Examen ab. Er bekleidete höchste Staatsämter und erhielt höchste Ehrentitel. Seit Cheng-te 2 (1507) gehörte er dem Inneren Kabinett (*nei-ko*) an. Er schied Chia-ching 3 (1524) aus dem Amt. Siehe *Ming-shih* 109, S. 27a bis 110, S. 1b; 190. S. 1a ff.;

TILEMANN GRIMM, »Das Neiko der Ming-Zeit von den Anfängen bis 1506«, in: *OE* 1 (1954), S. 139–177; H. G. GILES, a.a.O., Nr. 2411.

74 »Ch'i-hsiao« ist eine Kontraktion verschiedener Titel. Die Unteroffiziere einer Brigade (*wei*) trugen die Titel »tsung-ch'i« (Sergeant) und »hsiao-ch'i« (Korporal); ein Sergeant befehligte 50 Mann, ein Korporal 10 Mann. Mit dem zweiten Bestandteil der Kontraktion ist entweder darauf hingewiesen, daß es sich allgemein um Militärs handelt, oder es sind hier die Konstabler (*hsiao-wei*) und Starken (*li-shih*) der Brokatuniform-Brigade gemeint. Siehe TING I, a.a.O., S. 35 f.; GREINER, a.a.O., S. 103 und 120 ff.; C. O. HUCKER, a.a.O., S. 59; *Ming-shih* 17, S. 2a (Verminderung der Zahl der Kontabler).

75 Keine Biographie eingesehen. Vgl. TING I, a.a.O., S. 367.

76 Shih-tsung war der Enkel des Kaisers Hsien-tsung (regierte unter der Devise Ch'eng-hua, 1465–1487) und der Vetter des Kaisers Wu-tsung. Sein Vater war als Prinz von Hsing belehnt worden, er starb Cheng-te 14 (1519). Im 3. Monat Cheng-te 16 (1521) sollte Shih-tsung den Prinzentitel seines Vaters erben, als Wu-tsung im gleichen Monat starb, ohne einen Sohn oder jüngeren Bruder als Thronerben zu hinterlassen. Aufgrund eines angeblichen Testaments trat Shih-tsung die Thronfolge an. Siehe *Ming-shih* 17, S. 1a f.; 115, S. 5a ff.; vgl. auch Anm. 77. – Hsing-kuo ist demnach die Prinzenresidenz in An-lu in Hupei; siehe *Ming-shih* 44, S. 4b (Ch'eng-t'ien fu).

77 Siehe dazu RUDOLF HERZER, »Der Streit über das ›Große Ritual‹: Eine Hofkontroverse der frühen Chia-ching-Zeit (1522–1566)«, in: *OE* 19 (1972), S. 65–83. – Der Streit entstand gleich nach der Thronbesteigung aus der Erörterung der Frage, ob dem Vater des neuen Kaisers unter Anwendung kaiserlicher Riten und Titel postume Ehrungen erwiesen werden dürften, obschon er nur den Prinzenrang innegehabt hatte, oder ob Shih-tsung den Kaiser Hsiao-tsung als Ahnen verehren müßte.

78 Keine Biographie.

79 Postumer Ehrentitel des Vaters von Shih-tsung. Siehe *Ming-shih* 17, S. 2b; vgl. Anm. 76.

80 Chang Ts'ung war gerade zum *chin-shih* promoviert worden, als er im 7. Monat des Jahres Cheng-te 16 (1521) seine Eingabe machte. – Kuei O war ein *chin-shih* von 1511. Wie Chang Ts'ung war er Sekretär im Justizministerium (*hsing-pu chu-shih*) von Nanking. Er machte seine erste Eingabe im 11. Monat des Jahres Chia-ching 2 (1523). Siehe *Ming-shih* 196, S. 1a ff. und 10a ff.; HERZER, a.a.O., S. 72 ff. und 78 ff. – Der Streit fand im 9. Mo-

nat Chia-ching 3 (1524) seinen Abschluß, indem Shih-tsung seinen Willen durchsetzte, seine Eltern als kaiserliche Ahnen zu verehren.

81 Keine Biographie eingesehen.

82 Vgl. W. FRANKE, *An Introduction to the Sources of Ming History*, S. 63 und 189, Nr. 2.8.4 und 6.4.2.

83 Titel des Premierministers der Yin-(Shang-)Dynastie oder Beiname des I Yin, des Ministers von Ch'eng T'ang, dem Gründer dieser Dynastie. Siehe *Dai Kan-Wa jiten*, Nr. 41599..42,1; H. A. GILES, a.a.O., Nr. 913.

84 Huang Wan war zur Zeit des Streites um das Ritual Registrator (*ching-li*) im Hauptuntersuchungshof (*tu ch'a-yüan*) in Nanking. Er wurde bald darauf in hohe Ämter befördert. Siehe *Ming-shih* 197, S. 19b ff.

85 Wang Shou-jen ist bekannter unter seinem Beinamen Wang Yangming. Seine Belehnung als Graf erfolgte im 11. Monat Cheng-te 16 (1521) durch Kaiser Shih-tsung wegen seiner Verdienste bei der Niederschlagung des Aufstandes von Chu Ch'en-hao. Siehe *Ming-shih* 17, S. 2b; 107, S. 33a f.; vgl. Anm. 62.

86 »Südlich der Berge« (*ling-nan*) liegen die Provinzen Kuangtung und Kuangsi.

87 Keine Biographie eingesehen. Vgl. TING I, a.a.O., S. 367; *Ming-shih* 95, S. 11a.

88 Es handelt sich um die Gemahlin des Kaisers Hsiao-tsung. Der hier genannte Ehrentitel wurde ihr von Shih-tsung verliehen, obwohl sie nicht seine Mutter war. Siehe *Ming-shih* 114, S. 1b ff.; vgl. Anm. 76 und 77.

89 Vgl. Anm. 24. Siehe *Ming-shih* 17, S. 11b (Tod).

90 Siehe *Ming-shih* 18, S. 2b (Tod); 108, S. 8a; 114, S. 2a ff.; 300, S. 17a ff.

91 Der Palast wurde in der Chia-ching-Zeit im privaten Teil der Palaststadt errichtet, siehe *Ming-shih* 68, S. 13b.

92 Keine Biographie. Vgl. *Ming-shih* 95, 10b f.; *Shih-tsung shih-lu* 208, S. 2b ff. (= Bd. 80, S. 4318) (Chia-ching 17, 1. Monat). – Der letztgenannte Beleg ist einem unveröffentlichten Manuskript von FRANK MÜNZEL entnommen.

93 Keine Biographie eingesehen. Es handelt sich hier um Hsü Yente, den 6. Herzog von Ting-kuo, einem Nachfahren des Hsü Tseng, eines Sohnes Hsü Tas, der von Ch'eng-tsu postum belehnt worden war. Siehe *Ming-shih* 106, S. 20b f.

94 Keine Biographie eingesehen. Es handelt sich um Ts'ui Yüan, der als Gemahl einer kaiserlichen Prinzessin belehnt wurde. Sein Fürstentitel wurde nicht weitervererbt. *Ming-shih* 108, S. 11b f.

95 Die drei Rechtsbehörden (*san fa-szu*) waren das Justizministerium, das Zensorat und der Oberste Rechtshof. Siehe C. O. Hucker, a.a.O., S. 50.

96 Lu Sung war der Vater des berühmten Lu Ping; siehe *Ming-shih* 307, S. 19a. Keine Biographie.

97 Ch'en Yin wurde zu Anfang der Chia-ching-Zeit (1522–1566) zum Unterkommandeur (*chih-hui ch'ien-shih*) der Brokatuniform-Brigade ernannt. Er erwarb sich Verdienste bei der Erstellung verschiedener Palastbauten und wurde bis zum Generalinspekteur (*tu-tu*) befördert. Er starb Chia-ching 28 (1549). Siehe *Kuo-ch'ao hsien-cheng lu* 109, S. 9a ff. Über die Handwerker und Arbeiter, die der Brokatuniform-Brigade unterstellt waren vgl. Greiner, a.a.O., S. 115 und 123 ff.

98 Der Altar im Süden der Hauptstadt diente zur Opferfeier an den Himmel, der Altar im Norden zur Opferfeier an die Erde. Siehe J. J. M. de Groot, *Universismus*, Berlin: Reimer 1918, S. 141 ff. und 187 ff.

99 Lu Ping wurde Chia-ching 8 (1529) zum Untertausendschaftsführer der Brokatuniform-Brigade ernannt. Als sein Vater Lu Sung starb, erbte er das Amt eines Unterkommandeurs. Chia-ching 18 (1539) begleitete er den Kaiser auf einer Reise und rettete ihn aus einer Lebensgefahr. Darauf wurde er zum Bereichs-Vizekommandeur (*tu chih-hui t'ung-chih*) befördert, und er stieg auf bis zum Rang eines Generalinspekteurs (*tu-tu*). Er starb im 12. Monat Chia-ching 39 (1560). Siehe *Shih-tsung shih-lu* 491, S. 2b f. (= Bd. 89, S. 8168 f.); *Ming-shih* 95, S. 11a; 307, S. 19a ff.; *Kuo-ch'ao hsien-cheng lu* 109, S. 11a ff. (= Bd. 8, S. 4868 f.).

100 Er leitete aber weiterhin die Brokatuniform-Brigade.

101 Der Vorfall ereignete sich in Wei-hui in Honan; siehe *Ming-shih* 42, S. 9b; 307, S. 19a. – Ch'eng-t'ien war die Präfektur, in der die Prinzenresidenz Shih-tsungs etabliert gewesen war; vgl. Anm. 76.

102 Vgl. Anm. 73.

103 Siehe C. O. Hucker, a.a.O., S. 45.

104 Hsia Yen, *chin-shih* von 1517, wurde 1548 hingerichtet, siehe H. A. Giles, a.a.O., Nr. 683.

105 Yen Sung, *chin-shih* von 1505, wurde 1562 aus dem Amt entlassen und starb 1568; siehe H. A. Giles, a.a.O., Nr. 2475.

106 Alte Reichshauptstadt der Han; in der Ming-Zeit Landkreis in Shensi; siehe *Ming-shih* 42, S. 11b.

107 Siehe H. A. Giles, a.a.O., Nr. 431 (hier: Ch'ou Luan). Er starb 1552. Vgl. zum Adelsrang *Ming-shih* 107, S. 32a f.

108 Keine Biographie eingesehen.

109 Keine Biographie eingesehen.

110 Vgl. C. O. HUCKER, a.a.O., S. 58.

111 Keine Biographie eingesehen.

112 Zu den Einkünften eines Grafen siehe *Ta Ming hui-tien* 38, S. 20a ff. (= Bd. 2, S. 710 ff.).

113 In der *Hsü-Shuo-fu*-Ausgabe des *Chin-i chih* wird die Zahl »siebzig« genannt.

114 Chu Hsi-hsiao (1518–1574) war ein Nachfahre des unter Ch'engtsu verdienten Herzogs von Ch'eng-kuo, Chu Neng (1370–1406); vgl. *Ming shih* 106, S. 2a; 145, S. 7a ff. – Er wurde Chia-ching 13 (1534) in die Brokatuniform-Brigade eingereiht. Er stieg vom Rang eines Bereichs-Kommandeurs zum Vize-Generalinspekteur auf, nachdem er Bauarbeiten in der Äußeren Stadt von Peking geleitet hatte. Danach leitete er Fahndungsangelegenheiten und wurde zum Generalinspekteur ernannt. Siehe *Kuo-ch'ao hsien-cheng-lu* 109, S. 15a ff. (= Bd. 8, S. 4870 f.).

115 Chu Hsi-hsiao's Bruder war der Herzog Chu Hsi-chung, der sechste Nachfolger Chu Neng's. Vgl. Anm. 114.

116 Antikisierende Bezeichnung für die Palastwachen-Offiziere. Vgl. *Dai Kan-Wa jiten*, Nr. 1350..283 und 285.

117 Keine Biographien eingesehen.

Der China-Eroberungsplan des Toyotomi Hideyoshi

von Arcadio Schwade, Bochum

Toyotomi Hideyoshi wird von den japanischen Historikern als eine der größten und am meisten bewunderten Persönlichkeiten in der Geschichte Japans angesehen. Innenpolitisch war es ihm gelungen, das von Oda Nobunaga begonnene Werk der Wiedervereinigung des Reiches erfolgreich fortzusetzen. Die von ihm in Japan geführten Feldzüge waren praktisch alle mit großer Sorgfalt und Voraussicht geplant und siegreich ausgeführt worden. Eine weniger glückliche Hand hatte er jedoch bei seinen außenpolitischen Unternehmen, vor allem mit seinem China-Eroberungsplan.

In dieser Studie soll untersucht werden, wie Hideyoshi überhaupt auf den Gedanken kam, das Reich der Ming zu erobern, und welche Ziele er damit verfolgte.

Entstehung des China-Eroberungsplanes

Eine der ersten deutlichen Äußerungen des Hideyoshi über seine Absicht, China zu erobern, fiel am 4. Mai 1586 beim Empfang des Vizeprovinzials der Jesuiten, Gaspar Coelho, und seiner Begleiter. Einer der Augenzeugen, P. Luis Frois,[1] berichtet über Hideyoshis Worte wie folgt: »Nach der Unterwerfung Japans unter seine Macht wolle er nicht noch mehr Reiche, Gold und Silber besitzen. Davon habe er jetzt in ausreichender Menge. Was ihm vor allem am Herzen liege, sei, nach seinem Tode Ruhm und Glanz seiner Macht zu hinterlassen. Er habe vor, die Angelegenheiten Japans so zu regeln, daß ihm ein dauerhafter Friede gesichert bliebe. Danach wolle er die Herrschaft seinem Bruder, dem Minodono,[2] übergeben. Er selbst beabsichtige, die Reiche Chinas zu erobern. Zu diesem Zwecke werde er das Holz für den Bau von zweitausend Schiffen schneiden lassen, um mit ihnen sein Heer nach Korea überzusetzen. Von den Patres wünsche er nur, daß sie ihm (von den Portugiesen) für Geld zwei große Schiffe besorgten ...«[3]

Wie aus diesem Bericht hervorgeht, dachte Hideyoshi spätestens schon im Jahre 1586 ernsthaft an eine Eroberung Chinas. Unter den japanischen Geschichtsschreibern besteht keine einheitliche Meinung darüber, wie Hideyoshi auf diesen Plan gekommen ist. KUWATA TADACHIKA vertritt die Meinung, daß dieser Plan schon aus dem Jahre 1585 stamme. Nach der Unterwerfung des Sasa Narimasa soll Hideyoshi bereits in einem Brief an Katō Mitsuyasu den Plan, China zu erobern, erwähnt haben.[4]

Während der Vorbereitung des Kyūshūfeldzuges (1586) soll er bei der Zuteilung einer Handelserlaubnis an Mori Terumoto dieselbe Absicht geäußert haben.[5] Um dieselbe Zeit teilte Hideyoshi auch dem Feudalherrn der Insel Tsushima, Sō Yoshishige, mit, er wolle nach dem Kyūshūfeldzug Korea erobern, und forderte ihn auf, ihn dabei zu unterstützen.[6] Sō Yoshishige jedoch wehrte sich gegen den Plan seines Herrn und ließ ihm während des Kyūshūfeldzuges durch seine Gesandten Yanagawa Norinobu und Yuzutani Yasuhiro Geschenke und einen Brief mit dem Datum vom 30. 5. 1587 (Tenshō 15, 4. Monat, 23. Tag) überbringen. Im letzteren sprach Yoshishige gegenüber Hideyoshi seine Anerkennung aus und bat ihn gleichzeitig, Korea nicht anzugreifen und stattdessen sich mit der Forderung von Tribut und Geiseln zufrieden zu geben.[7] Hideyoshi ließ sich aber von seinem Plan nicht abbringen. In einem Brief, den er am 5. Juli 1587 in Sashiki (Provinz Higo) seiner Gemahlin Kita-no-Mandokoro schrieb, bekräftigte er seinen Entschluß wie folgt: »Ich habe schnelle Boote gesandt, um sogar Korea zu drängen, dem Herrscher Japans seine Huldigung entgegenzubringen und mitteilen lassen, daß ich es, im Fall eines Widerspruchs, im nächsten Jahr erobern werde. Sogar China werde ich unterwerfen und während meines Lebens beherrschen. Da es Japan verachtet, wird dieses Unternehmen um so mühsamer sein.«[8]

Während Hideyoshi sich von Mitte bis Ende Juli 1587 in Hakozaki bei Hakata aufhielt, empfing er dort den Besuch des

Sō Yoshishige und dessen Adoptivsohnes Yoshitomo und beauftragte sie, zunächst mit dem koreanischen König Sônjo (1568–1608) Verhandlungen aufzunehmen und diesen dazu zu bewegen, ihn in Japan zu besuchen. Auf diesem Wege wollte Hideyoshi den koreanischen Machthaber von der jahrhundertlangen Abhängigkeit seines Landes von China abbringen und ihn als Verbündeten und Vasallen für den geplanten Krieg gegen China gewinnen.[9]

Verhandlungen mit Korea

Bald nach der Rückkehr nach Tsushima sandte Sō Yoshishige den Vasall Yuzutani Yasuhiro nach Korea, um dem König ein Schreiben des Hideyoshi zu überbringen. Hideyoshi beschwerte sich in ihm darüber, daß der koreanische Herrscher seit vielen Jahren keine Gesandten mehr nach Japan schickte,[10] während fast alljährlich Japaner nach Korea fuhren. In beleidigender Form forderte er ihn auf, endlich eine Gesandtschaft nach Japan zu senden. Da Yasuhiro ein Gesandter niedrigeren Ranges war und durch sein hochmütiges und großtuerisches Auftreten überall Mißstimmung hinterließ, wurde seine Mission vom koreanischen Hof nicht ernst genommen. Ohne etwas zu erreichen, mußte er im Jahre 1588 nach Japan zurückkehren. Als Hideyoshi von diesem Mißerfolg hörte, ließ er sehr empört Yasuhiro samt seiner Familie hinrichten.[11] Diese strenge Strafe sollte gleichzeitig als Warnung für Sō Yoshitomo dienen, der nach dem Tode seines Adoptivvaters Anfang 1589 als dessen Nachfolger die Herrschaft über die Insel Tsushima angetreten hatte.

Hideyoshi hatte eigentlich erwartet, der Feudalherr von Tsushima würde bereits im Jahre 1588 eine Gesandtschaft des koreanischen Königs nach Ōsaka begleiten. Da diese aber ausgeblieben war, sandte Hideyoshi im Frühjahr 1589 einen Brief an Sō Yoshitomo, worin er sich darüber beschwerte, daß der König Koreas ihn nicht besucht habe. Infolgedessen habe er beschlossen, Konishi Yuhinaga und Katō Kiyomasa mit dem Angriff auf Korea zu beauftragen. Yoshitomo befahl er, den koreanischen König persönlich zu besuchen, um ihn vor dem Krieg zu warnen und ihn zu einer Stellungnahme herauszufordern.[12] Aus diesem Schreiben geht auch ganz deutlich hervor, daß Hideyoshi einen persönlichen Besuch des koreanischen Königs erwartete. Schon in der Mitte des Jahres 1588 hatte er seinen Heerführern Konishi und Katō mitgeteilt, er sei fest entschlossen, Korea anzugreifen, falls der Herrscher dieses Reiches ihm nicht seine Aufwartung machen würde.

Die Familie Sō von Tsushima, deren Inselland auf halbem Seeweg zwischen Japan und Korea lag, war sehr daran interessiert, den vollen Abbruch der Beziehungen mit dem Nachbarland zu verhindern. Denn für sie war der Handel mit Korea lebenswichtig. So versprach Yoshitomo in seinem Antwortschreiben an Hideyoshi, er selbst werde nach Korea reisen und von sich aus alles unternehmen, um in Begleitung des koreanischen Königs nach Japan zurückzukehren. Mit Hilfe seines Schwiegervaters Konishi Yukinaga[13] erhoffte er, Hideyoshi besänftigen und den geplanten Angriff auf Korea vertagen zu können.[14]

Noch im Frühjahr 1589 reiste Sō Yoshitomo in Begleitung des buddhistischen Mönches Genso aus dem Shōtoku-Tempel von Hakata und des Vasallen Yanagawa Norinobu von Japan ab. Yoshitomo ließ Genso wegen dessen früheren Beziehungen zu Korea und dessen religiösen Standes als Hauptgesandten (*seishi*) auftreten, während er selbst ihn nur als Stellvertreter (*fukushi*) begleitete. Die japanischen Gesandten wurden in Korea zuerst mit großem Mißtrauen empfangen und während den ersten Monaten in Tong-p'ung-gwan bei Seoul untergebracht. Die koreanischen Behörden hegten nämlich den Verdacht, die Japaner kämen mit Spionageabsichten. So hatten diese sehr große Mühe, die Koreaner davon zu überzeugen, sie seien nur gekommen, um eine Gesandtschaft nach Japan zu begleiten. Nach vielen Verhandlungen gaben die Koreaner schließlich unter der Bedingung nach, die koreanischen Aufständischen und Seeräuber auszuliefern, die seit mehreren Jahren Küstengebiete Süd-Koreas plünderten und sich in Japan aufhielten. Um dieser Forderung nachzukommen, sandte Yoshitomo seinen Lehnsmann Yanagawa nach Tsushima zurück. Die dort wohnenden koreanischen Seeräuber wurden verhaftet und gegen Ende August 1589 den koreanischen Behörden ausgeliefert, auf deren Befehl sie bald darauf enthauptet wurden.[15]

Auf diese Weise waren nun die Hindernisse für die Aufnahme der japanischen Gesandtschaft durch den koreanischen Hof beseitigt worden. Bei der Audienz mit dem König am 6. Oktober 1589 erreichte Yoshitomo von ihm die Zusage, eine Gesandtschaft nach Japan zu entsenden. Hideyoshis Plan, über Korea nach China zu ziehen, wurde von den japanischen Gesandten anscheinend gar nicht erwähnt. Das Ergebnis des Empfanges wurde gleich an Konishi Yukinaga gemeldet, damit er durch die Vermittlung von Asano Nagamasa von Hideyoshi die Zustimmung für die geplante Gesandtschaft aus Korea einholen sollte. Hideyoshi erteilte sie Anfang Februar 1590.[16]

Yoshitomo und seine Gefährten verließen Seoul im April desselben Jahres. In ihrer Begleitung befanden sich die koreanischen Gesandten Wang Yun-gil (jap. Kō Inkitsu), Kim Sŭng-il (jap. Kin Seiitsu) und Ho Sung (jap. Konshin).[17] Anfang Juni fuhren sie vom Hafen Pusan zunächst bis in die Heimat des Yoshitomo auf Tsushima und hielten sich dort einen Monat lang auf. Danach setzten sie die Reise fort über Ikijima und Nagoya auf Kyūshū bis nach Kyōto, wo sie am 21. August (22. Tag des 7. Mondes des 18. Jahres der Ära Tenshō) eintrafen. Sie wurden im Daitoku-Tempel untergebracht und angewiesen, bis zur Rückkehr des Hideyoshi vom Odawara-Feldzug zu warten. Aber auch nach Hideyoshis siegreichem Einzug in die Hauptstadt am 29. September mußten die koreanischen Gesandten noch zwei Monate lang warten, bis sie von ihm empfangen wurden. Hideyoshi war angeblich darüber enttäuscht, daß der koreanische König ihm nicht persönlich die gewünschte Huldigung entgegenbrachte und sich nur durch eine Gesandtschaft niedrigeren Ranges vertreten ließ.[18]

Durch die Vermittlung des Konishi Yukinaga wurde Hideyoshi schließlich dazu gebracht, diese Gesandtschaft am 3. Dezember im Jurakudai[19] von Kyōto zu empfangen. Sein Verhalten den fremden Gesandten gegenüber soll ziemlich kühl gewesen sein. Aber gegen Ende des Empfanges nahm er seinen im

Vorjahr geborenen Sohn Tsurumatsu[20] in die Arme, zeigte ihn den Gesandten und ließ ihn die fremde Musik hören.[21] Während der Audienz wurden auch Geschenke und ein Brief des koreanischen Königs an Hideyoshi überreicht, dessen Wortlaut hier wiedergegeben wird.

> Koreas König Riyen sendet ehrfurchtsvoll folgenden Brief an Seine Hoheit, den König von Nippon:
> Das Frühlingswetter mit seiner idealen Wärme ist sowohl zur Ausspannung wie für Übungen sehr angenehm. Aus der Ferne haben wir erfahren, daß der König die 60 Provinzen unter seiner Herrschaft geeinigt hat. Wir hegten zwar den Wunsch, mit ihm eine sofortige Verbindung aufzunehmen und durch das Zustandekommen einer Freundschaft die Bande einer gut nachbarlichen Beziehung enger zu schließen. Aber aus Sorge darüber, daß unsere Gesandten und ihr Gepäck infolge der Schwierigkeiten und Gefahren der Reise nicht zum Ziele gelangen würden, haben wir während vielen Jahren unsere Absicht zurückgestellt. Nun wünschen wir jedoch durch unsere drei Gesanndten, Kō Inkitsu, Kin Seiitsu und Konshin,[22] die auf unsere Anordnung Eure verehrten Gesandten auf ihrer Rückreise begleiten, Euch unsere Glückwünsche mitzuteilen. Wir würden uns sehr glücklich fühlen, wenn unsere Freundschaft in Zukunft während vieler Jahre ungestört erhalten bliebe. Beiliegend werden Sie eine Liste von unbedeutenden Erzeugnissen unseres Landes finden. Im Hinblick darauf möchte ich Sie bitten, nicht zu viel über sie zu lachen. Den Rest werden wir Ihnen mitteilen, sobald sich eine Gelegenheit dazu bieten wird. Mittlerweile achten Sie, bitte, auf Ihre Gesundheit.
>
> Riyen von Korea
>
> Im 3. Monat des 18. Jahres der Ära Manreki (1590)[23]

Der Inhalt dieses Schreibens entsprach keineswegs den Wünschen und Erwartungen des Hideyoshi. Deshalb zeigte er sich darüber ziemlich verstimmt, wenn er auch die Gesandtschaft als solche als ein Zeichen der Anerkennung betrachtete. Dem Sō Yoshitomo und den anderen japanischen Begleitern der fremden Gesandten gegenüber brachte er sein Wohlwollen zum Ausdruck.[24]

Wenige Tage nach der Audienz verließ die koreanische Gesandtschaft Kyōto und begab sich zur Hafenstadt Sakai. Erst zwei Wochen später erhielten sie Hideyoshis Antwort an ihren König mit auf den Weg.[25] Sie lautete wie folgt:

> Unser Reich besteht aus 66 Provinzen. Während vieler Jahre waren sie gespalten und unter Preisgabe aller Ordnung bekämpften sie sich gegenseitig, ohne auf ihren Herrscher zu hören. Es ist keine Übertreibung, wenn ich sage, daß ich während vier Jahren die Rebellen und die Seeräuber bekämpft und sie alle, bis auf die letzten Inseln, unter meine Herrschaft gebracht habe. Schon als ich von meiner Mutter empfangen wurde, spürte sie einen Sonnenstrahl in ihren Schoß eindringen. Und ein Wahrsager sah voraus, daß ich als erwachsener Mann in den Besitz aller Länder gelangen würde, die von der Sonne beschienen werden, und daß mein Ruhm sich über alle vier Meere verbreiten werde. Wer könnte schon einen Zweifel darüber haben? Ich werde alle Feinde vernichten. Wenn immer ich kämpfe, bleibe ich nie sieglos. Wenn immer ich angreife, erobere ich auch. Dieses Reich ist bereits zum größten Teil zur Ruhe gebracht worden. Die Landwirte bebauen sorgfältig die Felder und bedauern die Einsamkeit. Der Reichtum des Volkes wächst bis zum Überfluß. Das Grundeinkommen von vor tausend Jahren wird um viele tausend Male übertroffen. Seit der Erschaffung der Welt hat dieses Land eine großartige Hofzeremonie und der Sonnenniedergang einen grandiosen Anblick. Seit altersher kann der Mensch, auch wenn er lange lebt, kaum über hundert Jahre leben. Warum soll ich dann länger meine Zeit hier traurig vergeuden? Weder die Trennung vom Heimatland, noch das Verlassen unserer Berge und Meere stehen unter meiner Würde. Ich werde bald auf dem Ming-Reich landen und dort die Sitten unseres Landes über die 400 Provinzen verbreiten. Es liegt in meiner Gewalt, die politische Veränderung der Reichshauptstadt auf viele Jahrtausende im voraus durchzuführen. Wenn ich dann über Ihr Land [Korea], als Vorhut, die Invasion verwirkliche, wird es dann Leute geben, die infolge von Behinderungen nicht klagen werden? Alle Leute, die fern auf den kleinen Inseln leben, dürfen keine Rückkehr dulden. Der Tag, an dem ich auf das Heerlager blickend meine Truppen zum Angriff gegen das große Ming-Reich führen werde, ist herangerückt. Deshalb ist es Zeit, um eine gut nachbarliche Allianz einzugehen. Ich habe keinen anderen Wunsch, als daß mein Name über die drei Reiche[26] verbreitet werde.[27]

Für die koreanischen Gesandten kam der Inhalt dieses Briefes wie ein Blitz aus heiterem Himmel, vor allem Hideyoshis Absicht, Korea ins japanische Reich einzuverleiben und die koreanischen Truppen im Angriff gegen China als Vorhut zu benutzen. Vergeblich baten die Gesandten den buddhistischen Mönch Genso, von Hideyoshi eine Änderung des Schreibens zu erlangen. Dieser wagte es nicht einmal, diese Bitte an seinen Herrn weiterzuleiten. Er suchte eher einen Ausweg, indem er erklärte, der Sinn des Textes sei wie folgt: der koreanische König möge denn Japanern erlauben, das Reich der Ming anzugreifen. So kehrten die koreanischen Gesandten in sehr unglücklicher Stimmung nach Korea zurück. Sie trafen im Frühjahr 1591 in Seoul ein. Auch Genso und Yanagawa Norinobu kamen einen Monat nach ihnen in der koreanischen Hauptstadt an. Bei der Abreise der koreanischen Gesandtschaft von Kyōto hatte Sō Yoshitomo von Hideyoshi im geheimen den Auftrag erhalten, von den Koreanern zu erreichen, daß sie den Angriff gegen das Ming-Reich gemeinsam mit den Japanern vollziehen würden. Zu diesem Zweck wurden Genso und Yanagawa von Yoshitomo zum koreanischen Hof gesandt.[28]

Als die zwei Anführer der koreanischen Gesandtschaft ihrem König den Bericht über den Verlauf der Mission erstatteten, kam es zwischen beiden zu großer Spannung. Sie gehörten nämlich zu zwei verschiedenen Parteien. Während der scheinbar sehr schüchterne Wang Yun-gil Hideyoshi als einen sehr gefährlichen Mann schilderte und einen Angriff Japans gegen China für unvermeidbar hielt, unterschätzte der zweite Gesandte, Kim Sŭng-il, die Invasionsgefahr.[29]

Genso und Yanagawa drängten am koreanischen Hof darauf, daß zwischen Japan und Korea gute, freundschaftliche Beziehungen herrschen sollten. Sie forderten den König auf, in seinem Lande die Straßen vorbereiten zu lassen für den Durchzug der japanischen Truppen und den Angriff gegen China zu unterstützen. Wang Yun-gil soll darauf geantwortet haben: »Das wird nie möglich sein. China ist unser Mutterland. Wir können es niemals im Stich lassen, indem wir den Invasionstruppen die Durchgangsstraßen freigeben.« Worauf der Mönch Genso zu entgegnen wußte: »Als vor vielen Jahren die Mongolen Japan angreifen wollten, habt Ihr ihnen Durchzugsstraßen zur Verfügung gestellt.[30] Und wenn wir jetzt versuchen, uns dafür zu rächen, solltet Ihr dasselbe tun.[31]

Bei der Audienz mit dem koreanischen König gegen Ende Mai des Jahres 1591 haben Genso und Yanagawa scheinbar auch die wahren Forderungen des Hideyoshi mitgeteilt, nämlich den japanischen Truppen den Durchzug nach China zu gewähren und die Vorarbeiten dafür zu leisten. Nach der Audienz am Königshof entstand unter den Koreanern eine heftige Auseinandersetzung darüber, ob sie den chinesischen Kaiser über Hideyoshis Invasionspläne informieren sollten. Was sie während einiger Zeit davon abhielt war die Tatsache, daß sie mit den Japanern so lange Verhandlungen geführt hatten, ohne die Chinesen zu unterrichten und sie um Rat zu fragen. So waren sie jetzt in Sorge, der Ming-Hof könnte ihnen das sehr übel nehmen. Nach langem hin und her entschlossen sie sich dennoch, den chinesischen Kaiser über die Angriffspläne der Japaner zu informieren. Mittlerweile hatten aber die Chinesen durch einheimische Seefahrer, die mit den Einwohnern der Ryūkyū-Inseln Handel führten, bereits von Hideyoshis Absicht gehört und die Nachricht an den kaiserlichen Hof weitergegeben.[32]

Vor der Rückkehr in ihre Heimat erhielten die japanischen Gesandten einen Brief des koreanischen Königs an Hideyoshi. Unter anderem schrieb Sõnjo:

> Schon zwei Briefe habe ich von Ihnen empfangen und habe ausführlich genug über diese Angelegenheit gesprochen ... Was soll das nur bedeuten, daß wir mit Ihnen ein Bündnis gegen China eingehen sollen? Seit den frühesten Zeiten haben wir uns stets an Gesetz und Recht gehalten. Innerhalb und außerhalb [Chinas] schenken alle Länder China ihre Hochachtung. Wenn Sie den Wunsch hatten, Gesandte nach China zu senden, dann um so mehr auch wir. Immer wenn wir Erfolg hatten, hat China sich darüber gefreut und wann immer es uns schlecht ging, hat es uns geholfen. Unsere Beziehungen sind wie die zwischen einem Vater und einem Kind. Das wird Ihnen doch wohl bekannt sein. Meinen Sie also, daß es uns möglich sein könnte, den Kaiser und Vater zu verlassen und uns mit Ihnen zu verbünden? Sie werden vor allem deshalb so sehr verstimmt sein, weil Sie am Hofe Chinas keinen Zugang gefunden haben. Warum wollen Sie denn die Oberhoheit des Kaisers nicht anerkennen? Und warum unterhalten Sie so feind-

liche Absichten gegen ihn? Dies übersteigt wirklich unsere Fassungskraft . . .[33]

Nach der Abreise der japanischen Gesandten blieb der koreanischen Regierung kaum noch ein Zweifel darüber, daß die Truppen des Hideyoshi China angreifen würden. Um Korea gegen eine feindliche Invasion verteidigen zu können, ließ sie während den folgenden Monaten viele Vorbereitungen treffen.[34]

Als Sō Yoshitomo von dem Mißerfolg der letzten Verhandlungen erfuhr, entschloß er sich, sofort persönlich nach Pusan zu fahren, um die koreanischen Behörden ein letztes Mal vor der großen Kriegsgefahr zu warnen. Denn er sah ein, daß ein Krieg sowohl Korea wie Japan großes Unheil bringen würde. Nach seiner Landung in Pusan im Sommer des Jahres 1591 informierte er die Koreaner über Hideyoshis Kriegsvorbereitungen und beschwor sie, mitzuwirken, damit der Frieden zwischen China und Japan erhalten bliebe. Nachdem er diese letzte Warnung an die koreanische Regierung gerichtet hatte, zog er sich auf sein Schiff zurück und wartete dort noch zehn Tage lang vergebens auf eine Antwort. Ziemlich entmutigt kehrte er nach Tsushima zurück. Bald darauf fuhr er nach Kyōto, um Hideyoshi über seine erfolglosen Bemühungen zu unterrichten.[35]

Der Verwirklichung entgegen

In Japan waren die Kriegsvorbereitungen seit Anfang des Jahres 1591 in vollem Gange.[36] Zu Jahresbeginn hatte Hideyoshi folgende Befehle erteilt: Jeder Feudalherr der Insel Kyūshū sollte für jede 10.000 koku[37] Reis des Bodenertrages seines Landes 600 Mann, die der Inseln von Shikoku und Honshū jedoch geringere Zahlen bereitstellen. Alle Daimyō, deren Gebiete an das Meer grenzten, erhielten den Auftrag, für jede 100.000 koku Reisertrag zwei größere Dschunken zu liefern. Jeder Fischerhafen sollte für je 100 Häuser zehn Seemänner zur Verfügung stellen. Ferner ordnete er an, alle Vorbereitungen so zu treffen, daß der Angriff gegen China spätestens im Frühjahr 1592 stattfinden könne.[38].

Wenige Wochen später kam ein harter Schicksalsschlag für die Familie der Toyotomi. Am 16. Februar 1591 verstarb Hideyoshis Stiefbruder Hidenaga, der einer seiner besten Heerführer und Vertrauensmänner war.[39] Beim Empfang der Gesandtschaft des portugiesischen Vizekönigs von Indien am 3. März 1591 war aber kaum noch etwas von Hideyoshis Trauer zu merken. Valignano und seine Begleiter, darunter auch die vier jungen Japaner Itō, Chichiwa, Nakaura und Hara, die von ihrer erlebnisreichen Reise nach Indien und Europa zurückkamen, fesselten während einigen Tagen die Aufmerksamkeit und das Interesse des Kampaku.[40]

Am 21. April 1591, also noch keine zwei Monate später, befahl Hideyoshi dem berühmten Teemeister Sen Rikyū, durch den ritterlichen Freitod, Seppuku, seinem Leben ein Ende zu machen. Dieses Verhalten des Hideyoshi einem seiner besten Teemeister gegenüber bleibt bis heute ungeklärt. Zeitgenössische Berichte lassen verschiedene Gründe vermuten, warum Rikyū bei seinem Herrn in Ungnade gefallen sein mag. Da die Teemeister neben ihrer Tätigkeit in Angelegenheiten des Tees auch oft auf politischen und anderen Gebieten eine beratende Funktion ausübten, ist es leicht möglich und sogar wahrscheinlich, daß Rikyū versuchte, seinen Herrn von dem Feldzug gegen China abzuhalten und er aus diesem Grunde den Zorn seines Herrn auf sich zog.[41]

Während den darauffolgenden Monaten bereitete die schwere Erkrankung des zweijährigen Sohnes Tsurumatsu seinem Vater die größte Sorge. Auf ihn setzte Hideyoshi seine größte Hoffnung und Liebe. Schon der Name Tsurumatsu, der aus zwei Worten bestand, die Kranich und Kiefer bedeuten und als Symbole für ein langjähriges Leben galten, gab Hideyoshis sehnlichsten Wunsch zu erkennen. Nach Tsurumatsus Erkrankung wurden die Mönche vieler buddhistischen und shintōistischen Klöster beauftragt, für seine Heilung zahlreiche Gebete zu verrichten, vor allem die des shintōistischen Tempels Kasuga in Nara, in dem eine Gottheit verehrt wird, die ein langes Leben verspricht. Weder die 300 koku Reis, die Hideyoshi diesem Tempel schenkte, noch die in anderen verrichteten Gebete brachten die ersehnte Rettung. Tsurumatsu starb am 22. September 1591 (am 5. Tag des 8. Monats des 19. Jahres der Ära Tenshō). Tief erschüttert begab sich Hideyoshi gleich zum Kiyomizu Tempel in Kyōto. Am folgenden Tag schnitt er sich zum Zeichen der Trauer den Haarknoten durch. Vom 23. September bis zum 5. Oktober hielt er sich an den Thermalquellen von Arima bei Ōsaka auf.[42]

Zehn Tage vor dem Tod des Tsurumatsu schrieb Hideyoshi an den portugiesischen Vizekönig von Indien unter dem Datum vom 12. September 1591: »... Jedenfalls habe ich mich entschlossen, China zu erobern, und werde innerhalb kurzer Zeit dahin ziehen. Für mich besteht kein Zweifel darüber, daß ich es ganz unter meine Herrschaft bringen werde. Wenn ich dann näher an Ihre Reiche herangerückt bin, wird es für uns leichter sein, gegenseitige Verbindung aufzunehmen.«[43]

Als eine gute Folge von Tsurumatsus Tod stellte FROIS bei Hideyoshi eine innere Abkehr von den japanischen Gottheiten und eine Beruhigung seines Gemüts fest, und zwar dadurch, daß er den größten Teil der Verbannten begnadigte und durch diesen Schritt auch den christlichen Glaubensboten einige Hoffnung auf bessere Beziehungen zu ihnen gab.[44] Nach japanischen Historikern soll Hideyoshi durch den schmerzlichen Verlust seines Sohnes um so mehr in seinem Entschluß, China zu erobern, bestärkt und dazu bewegt worden sein, persönlich in den Krieg zu ziehen und diesen sobald als möglich zu beginnen.[45] Am 10. Oktober sandte er Konishi Yukinaga nach Kyūshū, damit er in der Bucht von Nagoya bei Karatsu gemeinsam mit Katō Kiyomasa und Kuroda Nagamasa die Bauarbeiten des Hauptkriegslagers vorantreiben sollte. Gleichzeitig ließ er auf den Inseln von Iki und Tsushima Durchgangslager für die japanischen Truppen errichten. Zur selben Zeit teilte Hideyoshi in einem Schreiben an andere Feudalherren den Entschluß mit, im folgenden Frühjahr den Krieg gegen China zu eröffnen, und forderte sie auf, die Vorbereitungen dafür zu beschleunigen.[46] Schließlich ernannte er im Monat Dezember des Jahres 1591 seinen Neffen Hidetsugu zum Adoptivsohn und Nachfolger und ließ ihm am 10. Februar

1592 von Goyōzei-Tennō die Kampakuwürde übertragen. Er selbst nahm den Titel Taikō an und behielt weiterhin die Regierungsmacht in seinen Händen.[47]

Hiermit waren alle Kriegsvorbereitungen getroffen. Wenn auch ein großer Teil der japanischen Daimyō dem abenteuerlichen China-Eroberungsplan wenigstens innerlich nicht zustimmen konnte, gab es kaum jemand, der es wagte, dem Willen seines Herrn zu widersprechen. Denn sie wußten zu genau, daß es ihnen nicht möglich war, Hideyoshi von seinen einmal gefaßten Entschlüssen abzubringen.[48]

Ziel des Feldzugs

Zum Schluß möchten wir kurz auf die Frage antworten, was Hideyoshi eigentlich mit dem Feldzug gegen China bezweckte. Viele japanische Gelehrte versuchen seit drei- bis vierhundert Jahren eine erklärende Antwort zu geben. Die Mehrheit von ihnen, wie z. B. Hayashi Dōshun, Nakai Chikuzan, Tokutomi Iichirō und von den neueren Historikern vor allem Nakamura Hidetaka, Kuwata Tadachika und Hayashiya Tatsusaburō sind der Auffassung, daß im Leben des Hideyoshi seine Ruhmsucht und grenzenloser Trieb zu Heldentaten dabei wohl die Hauptrolle gespielt haben mag. Sowohl einige Berichte der zeitgenössischen Jesuitenmissionare, wie eine Anzahl von persönlichen Schreiben des Hideyoshi, darunter vor allem der oben angeführte Brief an den koreanischen König vom Dezember 1590 bestätigen diese Erklärung. Einige wenige Geschichtsschreiber wie Kashiwabara Shōsan und Tsuji Zennosuke meinen, die Ausdehnung des Handelsverkehrs sei das Hauptziel von Hideyoshis ausländischen Kriegsunternehmen gewesen.[49]

Nach der Überprüfung der wichtigsten Quellenberichte und Studien, sofern sie uns zugänglich waren, können wir folgende Schlußfolgerung ziehen: Durch die erfolgreichen Einigungskriege innerhalb Japans gestärkt, hat sich das Selbstvertrauen, die Ruhmsucht und der Trieb nach Heldentaten des Emporkömmlings Hideyoshi dermaßen ins Grenzenlose gesteigert, daß er auch die Nachbarländer Korea, China, Indien, die Philippinen u. a. mit Japan vereinen und ein großes Weltreich zu errichten gedachte. Nach den ersten Erfolgen seiner Truppen in Korea träumte er bereits davon, den japanischen Tennō-Hof nach Peking zu verlegen und den Hafen Ningpo in China zu seiner eigenen Residenzstadt und internationalen Handelsmetropole des neuen Großreiches zu machen. Den neu eroberten Ländern und ihren Völkern wollte er die Sitten und die Kultur Japans vermitteln. Mit anderen Worten sollten auch sie in den Genuß der Reformen gelangen, die er im geeinten Japan auf sozialem, wirtschaftlichem und kulturellem Gebiet eingeführt hatte.[50] Mehr Aufschluß über diese Pläne und seinen damaligen Gemütszustand geben uns das Schreiben an seinen Neffen Hidetsugu vom 25. Juni 1592 mit den konkreten Plänen für China[51] und der Brief an den spanischen Gouverneur der Philippinen, Gómez Pérez Dasmariñas. Im letzteren teilte er Dasmariñas u.a. folgendes mit:

> ... Sōnin [Hasegawa Hōgen] hat mir einen ausführlichen Bericht gegeben, und deshalb hielt ich es auch nicht für nötig, einen Gesandten mit meiner Antwort an Sie zu schicken. Aber ich habe Ihnen einen Brief zukommen lassen, worin ich Ihnen mitteilte, daß ich mich entschlossen habe, nach China zu ziehen. Deshalb habe ich das Königreich Korea gebeten, mir den Durchzug zu erlauben. Da es aber das Versprechen mir gegenüber nicht einhielt, habe ich jetzt damit begonnen, meinen Plan zu verwirklichen. Die Vorhut meines Heeres hat wegen des geleisteten Widerstands das genannte Reich Korea zerstört. Dies ging so leicht von statten wie das Schmelzen des Schnees, wenn er mit heißem Wasser begossen wird. Auf diese Weise sind die acht Wege, d. h. die acht Provinzen des Reiches in meinen Besitz gefallen. Allen, die sich mir unterwerfen, schenke ich Leben, und allen, die mir gehorchen, gebe ich meine Gesetze und befehle, daß die Vorhut meines Heeres der Nachhut um drei Tage vorausziehe. Ich beschenke die Bauern und das einfache Volk, wie ein Vater und eine Mutter ihre Kinder beschenken. Jetzt werden meine Kriegstruppen, die die acht Provinzen Koreas durchqueren, bereits die Grenzen von Liao-tung erreichen, die nahe bei der Hauptstadt Chinas liegen ...
>
> Wenn auch diese Gegend von Ihnen weit entfernt liegt, werde ich trotzdem meine ausgezeichneten Kapitäne dorthin senden, falls

> jemand meinen Befehlen widersprechen sollte. Schauen Sie auf Korea, das als erstes [Land] den Wagen umgeworfen, d. h. alles durcheinander gebracht hat. Auf ähnliche Weise wird es all denjenigen ergehen, die in Zukunft einen anderen Weg beschreiten und fremdem Willen trotzen möchten. Geben Sie sich Eile, hierher zu kommen und geben Sie, bitte, auch das gleiche an Kastilien weiter. Alles andere habe ich meinen Gesandten mündlich mitgeteilt. Verlieren Sie also keine Zeit . . .[52]

Schließlich blieb Hideyoshi doch beim ersten großen ausländischen Unternehmen der Erfolg versagt, weil er die Schwierigkeiten und die Widerstandskraft der Nachbarvölker unterschätzt hatte. Seinem Beispiel und dem der europäischen Großmächte folgend haben vierhundert Jahre später andere Führer des japanischen Volkes mit bedeutend mehr Erfolg wiederum versucht, unter nipponischer Regie ein asiatisches Großreich aufzubauen. Aber auch dieser Versuch scheiterte aus ähnlichen Gründen wie der des Toyotomi Hideyoshi.

Anmerkungen:

1 Luis Frois begleitete damals den Vizeprovinzial als Sekretär und Dolmetscher.

2 Toyotomi Hidenaga, Hideyoshis Stiefbruder (Vgl. *Sengoku jinmeijiten,* Tōkyō 1962, S. 171).

3 L. Frois an Valignano, Shimonoseki, 4. Okt. 1586, port. Orig. in *ARSI (Archivum Romanum Societatis Iesu), Japonica-Sinica,* Bd. 45 II, *f.* 86; ders., *Apparatos para a Historia Ecclesiastica do Bispado de Macao* (1583–1587; künftig: Frois III), *f.* 373.

4 T. Kuwata, *Toyotomi Hideyoshi,* Tōkyō 1965, S. 158–159.

5 T. Hayashiya, *Tenka-ittō* (»Einigung des Reiches«), in der Reihe *Nihon no rekishi,* Bd. 14, Tōkyō 1969, S. 455.

6 H. Nakamura, *Nissen kankei-shi no kenkyū,* Bd. II, Tōkyō 1970, S. 243–244; Kuwata, S. 157.

7 Nakamura, ebd., S. 84–85, 245–246; mit den a. Quellen.

8 Nakamura, ebd., S. 85, 246; A. Boscaro, *101 Letters of Hideyoshi,* Tōkyō 1975, S. 31, 88 und 90.

9 NAKAMURA, ebd., S. 85–86, 246–248; I. TOKUTOMI, *Kinsei Nihon kokumin-shi, Toyotomi-shi-jidai, Chōsen-eki,* Bd. I, Tōkyō 1926, S. 147–152; KUWATA, a.a.O., S. 157–158; K. MATSUDA, *Taikō to gaikō,* Tōkyō 1966, S. 84–85.

10 Seit Mitte des 16. Jahrhunderts waren keine Gesandtschaften mehr aus Korea nach Japan gekommen (Vgl. W. G. ASTON, *Hideyoshi's Invasion of Korea,* in *TASJ,* Bd. VI, 2. Teil (1878) S. 227–228).

11 TOKUTOMI, a.a.O., I, S. 152–159; NAKAMURA, a.a.O., II, S. 86–87; H. B. HULBERT, *History of Korea* I, London [2]1962, S. 344; ASTON, ebd. VI/2, S. 228.

12 TOKUTOMI, ebd. I, S. 160–164; NAKAMURA, ebd., S. 87–88.

13 Sō Yoshitomo war mit einer christlichen Tochter des Konishi Yukinaga, die auf den Namen Maria getauft war, verheiratet (Vgl. VALIGNANO, *Adiciones del Sumario de Japón,* 1592, Ausgabe von J. L. ALVAREZ-TALADRIZ (1965), S. 477 (Text) und Anm. Nr. 27).

14 TOKUTOMI, a.a.O., I, S. 164–166; NAKAMURA, a.a.O., II, S. 88.

15 TOKUTOMI, ebd. I, S. 166–170; NAKAMURA, ebd. II, S. 88; HULBERT, a.a.O., I, S. 345; ASTON, a.a.O., VI/2, S. 228–229.

16 NAKAMURA, ebd. II, S. 88–89; TOKUTOMI, ebd. I, S. 175–178; ASTON, ebd. VI/2, S. 229.

17 TOKUTOMI, ebd. I, S. 181; NAKAMURA, ebd. II, S. 89; HULBERT, a.a.O., I, S. 346.

18 TOKUTOMI, ebd. I, S. 181–184; NAKAMURA, ebd. II, S. 89; ASTON, a.a.O. VI/2, S. 229; FROIS IV, *f.* 148.

19 Jurakudai oder Jurakutei: in wörtlicher Übertragung »Palast der angesammelten Vergnügen«, wurde zwischen 1585 und 1587 in Kyōto erbaut. Hideyoshi ließ den prunkvollen Palast mit der Absicht errichten, nach seiner Fertigstellung in ihm durch einen Besuch des Tennō geehrt zu werden. Hideyoshi selbst ist am 19. Oktober 1587 von seiner Festung in Ōsaka feierlich zum Jurakudai in Kyōto übergesiedelt. Den ersehnten Kaiserbesuch (des Go-Yōzei-Tennō) erhielt Hideyoshi in der Zeit vom 8. bis 12. Mai 1588. Im selben Palast empfing Hideyoshi, wie oben im Text erwähnt, die koreanische Gesandtschaft und genau drei Monate später, am 3. März 1591, eine Gesandtschaft des Vizekönigs von Indien, angeführt vom Visitator der Jesuitenmissionare in Asien P. Alexandro Valignano (Vgl. FROIS IV, *f.* 147v–160v). Im Februar 1592 übergab Hideyoshi den Jurakudai seinem Adoptivsohn Hidetsugu, den er wenige Tage vorher zu seinem Nachfolger ernannt hatte. Hideyoshi selbst zog in den neu errichteten Palast in Fushimi, südlich von Kyōto, ein. Nachdem Hidetsugu im Jahre 1595, des Hochverrats verdächtigt, auf den Berg Kōya verbannt worden war, ließ Hideyoshi den Jurakudai abreißen und nach Fushimi verlegen

(Nähere Beschreibungen s. in R. A. B. PONSONBY-FANE, *Kyōto the old capital of Japan (794–1869)*, Kyōto 1956, S. 253–262 mit Angaben der japanischen Quellen. Vgl. ferner kürzere Berichte in FROIS IV, *f.* 33, 155v, 157v und 256v–257v).

20 Tsurumatsu stammte angeblich aus einem Verhältnis des Hideyoshi mit einer seiner Nebenfrauen namens Yodo (auch Chacha genannt). Er wurde am 9. Juli 1589 (am 7. Tag des 5. Monats des 17. Jahres der Ära Tenshō) auf der Festung von Yodo, nördlich von Ōsaka geboren. Yodo war eine Tochter des Asai Nagamasa der mit einer jüngeren Schwester des Oda Nobunaga vermählt war (s. TOKUTOMI, a.a.O., 1, S. 258). Wie FROIS berichtet, soll ein großer Teil der japanischen Bevölkerung Tsurumatsu nicht als Sohn des Hideyoshi anerkannt haben, da dieser allgemein für zeugungsunfähig gehalten wurde (s. FROIS IV, *f.* 51v–52, 259–259v).

21 TOKUTOMI, ebd. I, S. 188. ASTON, a.a.O., VI/2, bringt auf S. 230 die englische Übersetzung eines koreanischen Berichtes über den Empfang bei Hideyoshi.

22 ASTON gibt die japanische Lesung der Namen der drei Gesandten (ASTON, ebd., VI/2, S. 231), wie wir sie auch bei TOKUTOMI, a.a.O., I, S. 190 fast gleich vorfinden.

23 ASTON, ebd. VI/2, S. 231; TOKUTOMI, ebd. I, S. 190.

24 TOKUTOMI, ebd. I, S. 189–197; NAKAMURA, a.a.O., II, S. 89, 250.

25 TOKUTOMI, ebd. I, S. 198.

26 Japan, China und Indien (s. NAKAMURA, a.a.O., II, S. 260.)

27 TOKUTOMI, a.a.O., I, S. 199–210; HULBERT, a.a.O., I, S. 347; ASTON, a.a.O., VI/2, S. 232.

28 TOKUTOMI, ebd. I, S. 202–208; NAKAMURA, a.a.O., II, S. 89–90, 250.

29 HULBERT, a.a.O., I, S. 347; TOKUTOMI, ebd. I, S. 208–216.

30 Die Mongolen hatten in den Jahren 1274 und 1281 unter der Führung von Khubilai Khan Japan angegriffen. Ihre Flotte wurde aber jedesmal zum großen Teil durch Taifune vernichtet (Vgl. G. SANSOM, *A History of Japan*, I, S. 438–450).

31 HULBERT, a.a.O., I, S. 347–348; TOKUTOMI, a.a.O., I, S. 216–218.

32 TOKUTOMI, ebd. I, S. 219–230; ASTON, a.a.O., VI/2, S. 233–234.

33 HULBERT, a.a.O., I, S. 348; TOKUTOMI, ebd. I, S. 232–240. Während HULBERT nur die wichtigsten Auszüge des Briefes in Englisch wiedergibt, bringt TOKUTOMI ausführlicher die japanische Version mit Kommentar.

34 HULBERT, ebd. I, S. 349–350.

35 TOKUTOMI, a.a.O., I, S. 240–247; ASTON, a.a.O., VI/2, S. 234.

36 TOKUTOMI, ebd. I, S. 251–257.

37 Koku war ein Hohlmaß, das 180 l faßte. Der Ernteertrag wurde im damaligen Japan nach koku Reis berechnet. Ein Daimyō regierte gewöhnlich ein Land mit einem Bodenertrag von 10.000 koku an aufwärts.

38 ASTON, a.a.O., VI/2, S. 235–236; MATSUDA, a.a.O., S. 97.

39 TOKUTOMI, a.a.O., I, S. 266–267.

40 FROIS IV, *f.* 149–160v; MATSUDA, a.a.O., S. 97–99; L. GUZMÁN, *Historia de las Misiones*, 2. Teil, Alcalá 1600, S. 457–469; A. KLEISER, *Alexander Valignanis Gesandtschaftsreise nach Japan zum Quambacudono Toyotomi Hideyoshi 1588–1591*, in: *MN*, Bd. I, (Tōkyō 1938) S. 70–88.
Kampaku oder Kambaku bedeutet Regent, der zur Zeit des regierenden Tennō die Reichsgeschäfte führte. Fujiwara Mototsune war der erste Regent für einen volljährigen Tennō, nachdem er aus eigener Machtvollkommenheit den minderjährigen Yōzei-Tennō absetzte (884) und für ihn den 55jährigen Kōkō-Tennō auf den Thron hob und von ihm den Titel Kampaku erhielt. Nach Mototsune blieb die Kampakuwürde während vielen Jahrhunderten in der Familie der Fujiwara erblich (Vgl. SANSOM, a.a.O., I, S. 113, 141). Hideyoshi erhielt den Titel »Kampaku« von Ogimachi-Tennō am 6. August 1585. Im selben Jahr wurde er von Konoe (Fujiwara) Sakihisa in die Sippe der Fujiwara adoptiert. Kurze Zeit später wurde er Großkanzler (Dajōdaijin) und gründete die neue Seitenlinie der Fujiwara mit Namen Toyotomi. Unter diesem Namen ist er und sein Haus in die japanische Geschichte eingegangen. Als Kampaku war Hideyoshi der offizielle Stellvertreter des Tennō, und damit wurde seine tatsächliche Herrschaft als rechtmäßig anerkannt (Vgl. ALVAREZ-TALADRIZ, a.a.O., S. 356, Anm. 28 und die von ihm angeführten Quellen).

41 H. HAMMITZSCH, *Chadō, der Teeweg*, München 1968, S. 88–89.

42 TOKUTOMI, a.a.O., I, S. 258–262, 271; NAKAMURA, a.a.O., II, S. 90; ALVAREZ-TALADRIZ, a.a.O., S. 356, Anm. 42; MATSUDA, a.a.O., S. 102.

43 FROIS IV, *f.* 186v. FROIS gibt den Brief des Hideyoshi falscherweise unter dem Datum vom 25. Tag des 7. Monats des 20. Jahres der Ära Tenshō, an, während TOKUTOMI, ebd. I, S. 255–256, die japanische Originalfassung richtig unter dem Datum vom 25. Tag des 7. Monats des 19. Jahres der Ära Tenshō anführt.

44 FROIS IV, *f.* 184.

45 TOKUTOMI, a.a.O., I, S. 262–263; NAKAMURA, a.a.O., II, S. 90.

46 TOKUTOMI, ebd. I, S. 271, 279–283; MATSUDA, a.a.O., S. 102; FROIS IV, *f.* 189v–191.

47 Tokutomi, ebd. I, 285–286; Nakamura, a.a.O., II, S. 103; Alvarez-Taladriz, a.a.O., S. 364 (Text) und Anm. 42.
Hidetsugu (1568–1595) war ein Sohn des Miyoshi Kazumichi, der mit einer Schwester von Hideyoshi, Zuiryū-in-Nissyū genannt, verheiratet war. Hidetsugu lebte zuerst bei Miyoshi Yasunaga als dessen Adoptivsohn bis zum Aufstieg des Hideyoshi zur Macht (1582). Im Dienste seines Onkels erhielt er von ihm im Jahre 1585 die Lehnsherrschaft über die Provinzen von Ōmi und Yamato, nahm im Jahre 1590 am Feldzug gegen die Hōjō teil und 1591 mit Tokugawa Ieyasu an der Unterwerfung der Ōshū-Provinz. Hideyoshi ernannte ihn am 18. Januar 1592 zum Naidaijin und knapp vier Wochen später, am 11. Februar 1592 übertrug er ihm die Kampakuwürde und wies ihm den Palast Juraku als Residenz an.

48 Tokutomi, ebd. I, S. 272–275.

49 Tokutomi, ebd. I, S. 113–146; Nakamura, a.a.O., II, S. 75–82, 241–288; Kuwata, a.a.O., S. 159–161; Hayashiya, a.a.O., S. 454–457; Frois IV, *f*. 256–259.

50 Nakamura, ebd. II, S. 256–260, 287–288; Frois IV, *f*. 273–274v; K. Matsuda und M. Kawasaki, *Hideyoshi to bunroku no eki,* Tōkyō 1974, S. 104–107.

51 Nakamura, ebd. II, S. 260 mit der auf S. 266a, Anm. Nr. 10, angeführten Quellenangaben; Kuwata, ebd., S. 164–165.

52 J. L. Alvarez-Taladriz, *Dos Notas sobre la Embajada del Padre Juan Cobo,* in: *MN*, Bd. III (1940), S. 663–664.

Literaturverzeichnis

Alvarez-Taladriz, J. L.: *Alejandro Valignano, S.I., Adiciones del Sumario de Japón,* 1955.

Ders.: *Dos Notas sobre la Embajada del Padre Juan Cobo,* in: *Monumenta Nipponica,* Bd. III (1940).

Aston, W. G.: *Hideyoshi's Invasion of Korea.* In: *TASJ,* VI/2 (1878).

Boscaro, A.: *101 Letters of Hideyoshi.* Tōkyō 1975.

Frois III: Frois, L.: *Apparatos para a Historia Ecclesiastica do Bispado de Macao (1583–1587).* Unveröffentlichter Handschriftenband der Bibliotheca Nacional, Lissabon.

Frois IV: Ders.,: *Apparatos para a Historia Ecclesiastica do Bispado de Japan (1588–1593).* Unveröffentlichter Handschriftenband Nr. 49-IV-57 der Bibliotheca da Ajuda, Lissabon.

Ders.: *Jahresbrief an A. Valignano, Shimonoseki, 4. Okt. 1586.* Port. Orig. in *ARSI (Archivum Historicum S. J.), Jap.-Sin.*, Bd. Nr. 45 II, Rom.
GUZMÁN, L.: Historia de las Misiones, Bd. II. Alcalá 1600.
HAMMITZSCH, H.: *Cha-dō, der Teeweg.* München 1968.
HAYASHIYA, T.: *Tenka-ittō.* (= *Nihon no rekishi,* Bd. 12) Tōkyō: Chūō Kōron-sha 1966.
HULBERT, H. B.: *History of Korea.* Bd. I. London ²1962.
IKEUCHI, H. *Bunroku-Keichō no eki.* Bd. I. Tōkyō 1936.
KLEISER, A.: *Alexander Valignanis Gesandtschaftsreise nach Japan zum Quambacudono Toyotomi Hideyoshi 1588–1591.* In: *MN* Bd. I.
KUWATA, T.: *Toyotomi Hideyoshi.* Tōkyō 1965.
MATSUDA, K.: *Taikō to gaikō.* Tōkyō 1966.
Ders.: *Nanban-shiryō no kenkyū.* Tōkyō 1967.
MATSUDA, K. und KAWASAKI, M.: *Hideyoshi to bunroku no eki.* Tōkyō 1974.
MURDOCH, J.: *A History of Japan.* Bd. II. London ²1925.
NAKAMURA, H.: *Nissen-kankeishi no kenkyū.* Bd. II. Tōkyō 1970.
OKAMOTO, Y.: *Toyotomi Hideyoshi.* Tōkyō 1963.
PONSONBY-FANE, R. A. B.: *Kyōto the old capital of Japan (794–1869).* Kyōto 1956.
SANSOM, G.: *A History of Japan.* Bd. I und II. London 1964–1965.
TOKUTOMI, I.: *Kinsei Nihon-kokuminshi. Toyotomi-shi-jidai, Chōsen-eki.* Bd. I. Tōkyō 1926.

Die t'ai-pao-kuei (大保𣪘)-Inschrift

von Ulrich Unger, Münster

Eines der frühesten und wichtigsten epigraphischen Zeugnisse der West-Chou-Zeit ist die sogenannte *t'ai-pao-kuei*-Inschrift:[1]

王伐彔子𦔻𠭯氒反
王降征令于大保
大保克芍亾害
王衎大保易休余土
用丝彝對令

Kuoh Moh-joh datiert die Inschrift richtig auf die Zeit Ch'eng wang's,[2] ebenso Ch'en Meng-kia.[3]

Eine durchgängige Interpretation hinsichtlich der Lesung einzelner Zeichen, der Interpunktion, der Identifikation der Personen und der historischen Umstände steht jedoch bislang aus. Eine solche soll hier versucht werden.

Die eben bezeichneten Probleme stehen in engstem Zusammenhang und sind nicht isoliert zu lösen. Dennoch ist es wohl zweckmäßig, von der Frage der Interpunktion auszugehen.

Einhelligkeit hierüber besteht vorerst nur darin, daß die oben durch die Zeilenführung (die gegenüber der originalen bereits eine Interpretation ist) markierten Abschnitte jeweils eine Sinneinheit bilden.

Den ersten Abschnitt liest Kuoh folgendermaßen:[4]
王伐彔子𦔻. 𠭯氒反.

Er faßt 彔子𦔻 als Namen der vom König angegriffenen Person auf. Das Zeichen 𦔻 versteht er als *ku-wen*-Form von 聖,bzw. 聲, und weiterhin als Rufnamen des 彔子 . Der erste Satz würde also lauten:

»Der König griff Luh tsï Sheng an.«

Über den Rest des ersten Abschnitts äußert er sich nicht.

YANG SHU-TAH versteht das Zeichen 𠭯 als Interjektion.[5] Er verweist auf zwei weitere Inschriften, wo das Zeichen sich in ähnlichem Kontext, nämlich im Zusammenhang mit der Erwähnung einer Rebellion findet:

虘東尸大反 [6]

王命戠曰𠭯淮尸敢伐內國 [7]

Er zieht das Zeichen also jeweils zum Folgenden.[8]

In der Tat bliebe kaum eine andere Möglichkeit offen als die, 𠭯 zum Folgenden zu ziehen, wenn 彔子聖 wirklich *ein* zusammengesetzter Name wäre. Dies jedoch ist fraglich.[9]

Man wird kaum umhin können, das erste der drei präsumptiven Namenszeichen, 彔 – dieses *muß* Name des Angegriffenen sein – mit der Rebellion des 祿父武庚 Luh-fu Wu Keng, des Sohnes des letzten Shang-Herrschers 帝辛 Ti Sin, in Verbindung zu bringen.[10] Diese Rebellion fand unter Ch'eng wang statt.[11]

Folgte man bei dieser Auffassung weiterhin KUOH, dann müßte 聖 wohl der Rufname eben des 祿父 sein. Nun existiert aber eine weitere frühe Inschrift, in der 聖 gleichfalls als Name erscheint:[12]

王子聖乍父丁彝 »Der königliche Prinz X hat für Vater Ting das Gefäß gemacht.« Es ist naheliegend, die Identität der beiden 聖 anzunehmen. 王子聖 könnte zwar, vom Titel her, mit Luh-fu Wu Keng identisch sein, denn dieser war ja eben ein königlicher Prinz. Da aber 王子聖 sein Gefäß einem 父丁 fu Ting stiftet, wird diese Möglichkeit doch wieder ausgeschlossen, denn Luh-fu Wu Keng's Vater führte den *t'ien-kan*-Namen 辛 Sin, nicht 丁 Ting.[13]

Wenn also 王子聖 nicht ein Shang-Prinz war, dann kann er nur ein Chou-Prinz gewesen sein. (Eine Früher-Datierung der Inschrift, in die Shang-Zeit, ist paläographisch kaum möglich.)[14]

Wenn aber 王子聖 ein Chou-Prinz war, dann muß sein Vater fu Ting ein Chou-König gewesen sein. *Daß* die Chou-Könige nach alter Shang-Sitte postum *t'ien-kan*-Namen führten, habe ich an anderer Stelle nachzuweisen versucht:[15] König Ch'eng dürfte die Bezeichnung 癸 Kuei gehabt haben. Grundsätzliche

Bedenken gegen einen solchen Ansatz entfallen somit. Da weiterhin gute Gründe bestehen, für Wen wang den *t'ien-kan*-Namen 乙 Ih anzunehmen,[16] bleibt für fu Ting in dem fraglichen Zeitraum nur Wu wang. Wenn das so ist, muß 王子𦔻 identisch mit Ch'eng wang sein.[17] Dies nun ist aufgrund des Namens in der Tat sehr wahrscheinlich: Das Zeichen 𦔻 dürfte nicht, wie Kuoh annimmt, = 聖 bzw. 聲 sein, denn es findet sich als Phonetikum in dem Zeichen ⿸广𦔻,[18] welches die Bezeichnung einer Räumlichkeit sein muß und aller Wahrscheinlichkeit nach mit 廳 zu identifizieren ist. 𦔻 wäre also = 聽.[19] Als *hui-i*-Zeichen verstanden, wäre die Zusammensetzung aus Ohr + Mund in der Tat eine gute Darstellung des Begriffes »(zu)hören«, »anhören«. Das Wort 聽 *t'ing* aber hat engste semantische Relation zu 誦 *sung* »vortragen«, dem einhellig überlieferten Rufnamen Ch'eng wang's.[20] Vermutlich also waren T'ing und Sung Ruf- und Mannesname des Königs. Daß Ruf- und Mannesname bereits in der West-Chou-Zeit so gewählt wurden, daß sie semantisch zueinander paßten, ist sicher.[21] Man kann im vorliegenden Fall sogar die allerdirekteste Beziehung erkennen: 誦 *sung* gehört natürlich etymologisch zu 訟 *sung* »vortragen«, »Klage erheben«, »prozessieren« – 聽訟 aber ist ein stehender Ausdruck,[22] und, was mehr ist, das Anhören von Klagen gehört zu den selbstverständlichsten Pflichten eines Fürsten. Die beiden Namen sind also für einen solchen gewissermaßen programmatisch.

Es ist also wohl so gut wie sicher, daß 王子𦔻 wang-tsï T'ing mit 成王誦 Ch'eng wang Sung identisch ist. Wenn so, dann gilt dies vermutlich auch für den T'ing oder tsï T'ing »Prinzen T'ing« der vorliegenden Inschrift.

Ich schlage daher vor, folgendermaßen abzuteilen:
王伐彔. 子𦔻 (聽) ... »Der König griff Luh (Luh-fu) an. Prinz T'ing ...«

Damit ergibt sich freilich ein neues Problem: Wenn der nachmalige Ch'eng wang hier als Prinz erscheint, wer ist dann der »König«? Wenn es sich wirklich um den Angriff auf den Rebellen Luh-fu handelt, der unter Ch'eng wang stattfand, kann der »König« nicht mehr Wu wang sein – es sei denn, die Chronologie der Ereignisse sei falsch überliefert.

Nun muß freilich festgehalten werden, daß die Rebellion des Luh-fu in das erste Jahr Ch'eng wang's fiel, als dieser noch unter der »Regentschaft«, wie es heißt, seines Onkels Chou kung stand.[23] Die Bezeichnung Ch'eng wang's als »Prinz« würde sich immerhin daraus erklären. Die weitere Konsequenz aber wäre, daß der »König« eben Chou kung sein müßte. Eine solche Vorstellung wäre nicht so abwegig, wie es zunächst scheinen mag, lassen sich doch auch manche Angaben in der Literatur über die Regentschaft des Chou kung kaum anders verstehen, z. B. die Formulierung, daß Chou kung 踐天子之位 »den Platz des Himmelssohnes betreten/den Thron ... bestiegen« habe,[24] daß er 假為天子七年 »sieben Jahre ›geborgtermaßen‹ Himmelssohn gewesen« sei.[25] Dazu passen wieder andere Überlieferungen, die davon sprechen, daß ihm seine Machtfülle geneidet wurde.[26] All dies läßt sich am besten verstehen, wenn man davon ausgeht, daß Chou kung tatsächlich den Königstitel angenommen hatte. Vielleicht legte sich, nach dem vorzeitigen Tode Wu wang's, der den Thronfolger unmündig zurückließ, die Wiederaufnahme der alten Shang-Tradition der Brudernachfolge als eine Selbstverständlichkeit nahe.[27] Freilich sollte man diesen Punkt, ohne weiteres Material, nicht allzu sehr strapazieren. – Eine alternative Deutung, daß 王 hier nicht den König als Person, sondern lediglich »die Königstruppen« meine, verbietet sich wegen des folgenden Satzes 王降征令.

Teilt man den ersten Abschnitt wie vorgeschlagen ab, dann fehlt zu 子𦔻 Prinz T'ing ein Prädikat. Dieses müßte dann eben in dem Zeichen 𠭰 gesucht werden. Das Gemeinte wäre unter den Zeichen der phonetischen Serie von 且 zu suchen, und zwar müßte es, wie das Vorkommen in den erwähnten zwei weiteren Inschriften zeigt, ein Verb sein, welches im Zusammenhang mit einer Rebellion sinnvoll ist. Ich vermute, es ist das Wort 詛 *tṣiwo (chu⁴)* gemeint. Dieses wird gemeinhin mit »verfluchen«, »schwören« übersetzt. Aller Wahrscheinlichkeit nach ist es eine Ableitung von 阻 *tṣiwo' (chu³)* »(ab)wehren«, »ablehnen«, »hindern«. Ein solcher Zusammenhang ist auch schon von chinesischer Seite gesehen worden.[28] Die Schreibung mit dem Hand-Determinativ würde so verständlich.[29] Dieser Etymologie nach wäre 詛 mit »bannen« oder »Bannfluch aussprechen« wiederzugeben. In der Literatur wird das Wort in diesem Sinne sowohl transitiv (mit Objekt der gebannten Person) wie intransitiv gebraucht.[30] Es handelt sich offensichtlich um eine rituelle Handlung, die mit Opfern verbunden war.[31] Sie stand im Gegensatz zu 祝, dem Segenswunsch oder -spruch.[32]

Im vorliegenden Falle wäre es grundsätzlich möglich, ⿰又虘 = 詛 sowohl transitiv als auch intransitiv zu verstehen. Bei transitiver Auffassung wäre 氒反 das Objekt, also: »Prinz T'ing verfluchte seine (des Luh-fu) Rebellion« oder auch: »... verfluchte den Rebellen.«[33] Intransitiv wäre zu übersetzen: »Prinz T'ing vollzog das Bannfluchritual.« Hierzu wäre, aus einer anderen Inschrift, zu vergleichen:
周公某禽祝 »Der Herzog von Chou entwarf den Plan (lies 謀 ?), K'in (= pêh K'in, sein Sohn) vollzog das Segenswunsch-Ritual.«[34]

Es bliebe bei dieser zweiten Auffassung 氒反 übrig, was man dann nicht anders übersetzen könnte als: »Bei/nach seiner (des Königs bzw. des königlichen Heeres) Rückkunft ...«[35] Das Folgende schlösse sich gut an: »ließ den König den ... – Befehl ... ergehen«.

Beide Deutungen von 氒反 sind grundsätzlich möglich:

1. »seine Rebellion« oder »den/die Rebellen«
   Die erste Übersetzung bedarf keiner Erläuterung. Die zweite rechtfertigt sich daraus, daß die Substantivierung eines Verbs im Sinne eines Partizips, wie sie in der Klassischen Sprache durch 者 erfolgt, in der Vorklassischen Sprache auch mit 其 oder 厥 möglich ist, z. B.: 其在商邑 ... 其在四方 »die in der Shang-Stadt (Weilenden) ... die in den umliegenden Landen (Weilenden)«.[36] 氒反 könnte also wohl in der Tat auch »die Rebellierenden« bedeuten.
2. »bei seiner Rückkunft«
   氒反 wäre hier als *Genetivus absolutus* zu verstehen, wie er, mit 其, in der Klassischen Sprache überaus häufig ist. Vorklassisch: 厥既得卜 ... »Nachdem er das Orakel erlangt hatte ...«[37]

Für die erste Deutung, und zwar für die zweite Übersetzung gemäß dieser, könnte eine inschriftliche Parallele sprechen: 義殺𠭯畢不從畢右征 »... diejenigen, die nicht Folge leisten/geleistet haben ...«[38] Unbeschadet des genaueren Verständnisses von Anfang und Ende dieses Passus ist klar, daß 畢不從 zusammengehört (vorher war von Nicht-Folge-Leisten die Rede), und wahrscheinlich, daß hier eine Substantivierung des Verbs im Sinne eines Partizips vorliegt. Darüberhinaus aber bietet der Passus auch in inhaltlicher Hinsicht eine Parallele: hier »diejenigen, die nicht Gefolgschaft leisten«, dort »diejenigen, die rebelliert haben«. Beide Male geht das Zeichen 𠭯 voran. Da nach dem oben ausgehobenen Passus ein neuer Satz beginnt, und da der Rest des Passus analog zu 畢不從 gebildet, also nominal zu sein scheint, wäre, wenn man 𠭯 nicht als transitives Verb verstünde, der Satz mangels eines Verbs unvollständig.

Von da aus ist es vielleicht zweckmäßiger, 𠭯 auch in der t'ai-pao-kuei-Inschrift transitiv zu verstehen.

王降征令于大保 »Der König ließ den Angriffs(?)/Ordnungs(?)-Befehl an den Großprotektor ergehen.«

Der Ausdruck 降令 findet sich auch in einer anderen frühen Inschrift: 王才 (= 在) 廙. 降令曰 ... »Der König weilte in Ih; er ließ Befehl ergehen: ...«[39]

Der Großprotektor ist nach allgemeiner Übereinstimmung der Herzog K'ang von Shao, für den eben dieser Titel auch literarisch überliefert ist.[40]

Muß man verstehen, daß nach dem ersten Angriff der Herzog von Chou (sofern dieser mit 王 gemeint ist) das Weitere seinem Bruder überläßt?

Ob 征令 mit »Angriffsbefehl« richtig wiedergegeben ist, steht freilich dahin. Übersetzt man 征 etymologisch als »Ordnung schaffen«, so könnte das bedeuten, daß der Aufstand bereits erfolgreich niedergeschlagen ist und nun nur noch die innere Ordnung wiederhergestellt werden soll. Schließlich wäre allenfalls noch zu erwägen, ob 征令 nicht dem bei Meng tsï belegten 正命 entsprechen könnte, freilich in etwas anderer Bedeutung als dort, nämlich etwa: »ordentliches/reguläres Mandat«.[41]

Von diesen drei Deutungsmöglichkeiten haben wohl die erste und die zweite die meiste Wahrscheinlichkeit für sich; die zweite läßt zumindest der Auslegung den weitesten Spielraum.

大保克苟亾書 »Dem Großprotektor gelang es, sich Respekt zu verschaffen(?), ohne Fehl.«

Das Zeichen 𢀛 ist als 苟 = 敬 leidlich gesichert,[42] nicht zuletzt dadurch, daß der Ausdruck 克敬 im Shu-king mehrfach bezeugt ist. Dort freilich scheint er eher »Gehorsam aufbringen« o. ä. zu bedeuten.[43] Eine solche Bedeutung wäre auch hier möglich: »Der Großprotektor führte den Befehl gehorsamst aus.« Diese Übersetzung würde den dritten Ansatz für 征令 (s. o.) wohl ausschließen.

亾書 = 亡讉 ist in den Inschriften ein geläufiger Ausdruck,[44] der dort steht, wo ein Auftrag zur Zufriedenheit erledigt wird.

王彳𠂢大保易休余土 ist nicht ohne jeden Zweifel interpretierbar. Sicher ist nur, daß dieser Passus die übliche Belohnung, hier mit einer Länderei, enthält.

Das Hauptproblem liegt in dem Zeichen 彳𠂢. Kuoh deutet es als 𠂢 und versteht es als eine alte Schreibung für 俾 »veranlassen«.[45] Man könnte das Zeichen, sofern es als 𠂢 richtig bestimmt wäre, freilich auch 派 lesen und dann im Sinne von »delegieren« o. ä. verstehen. Dies hätte allerdings den Nachteil, daß dieses Wort im antiken Schrifttum noch nicht bezeugt ist. Der früheste Beleg dafür liegt im Shuoh-wen vor. – Zwar *muß* 彳𠂢 ein Verb sein, aber nicht notwendigerweise ein Kausativverb. Nimmt man nämlich 王彳𠂢 als einen Satz, dann könnte dieser ganz einfach bedeuten: »Der König war zufrieden.« Diesen Sinn könnte man aus 彳𠂢 herauslesen, wenn man es als eine alte Schreibung für 侃 nähme, welches in der Tat eine solche Bedeutung hat.[46] Die gesicherten inschriftlichen Belege für 侃 sehen so aus: 佋 信.[47] Hält man, *faute de mieux*, einstweilen an dieser Auffassung fest, nimmt jedenfalls 王彳𠂢 als einen Satz, dann könnte der Rest 大保易休余土 heißen: »Der Großprotektor erhielt als Geschenk das Land von Hiu und Soundso (oder das Land Hiu-X).« Passivische Konstruktion von 易 (= 錫 oder 賜) ist in den Inschriften ganz geläufig.[48] Dieses Verständnis hätte dies für sich, daß der Großprotektor für die vorbildliche

Durchführung seines Auftrags die zu erwartende Belohnung erhält. – KUOH freilich trennt 休 und 余, indem er 休 als Dativobjekt und somit als Namen des Beschenkten nimmt. Der Großprotektor wäre also der Schenker: »Der Großprotektor schenkte dem Hiu das Land Soundso.« Das ist grundsätzlich möglich, denn auch diese Konstruktion von 易 ist anzutreffen.[49] KUOH führt für seine Auffassung die Tatsache ins Treffen, daß 休 Hiu tatsächlich in einer ziemlich frühen Inschrift als Personenname belegt ist.[50] Mißlich an KUOH's Interpretation ist aber, daß auf diese Weise eine neue Person ins Spiel kommt, deren Leistung vorher nicht erwähnt war. Man müßte dann als selbstverständlich annehmen, daß Hiu an der Aktion des Großprotektors beteiligt war. Auch das wäre allenfalls noch hinzunehmen, nicht jedoch, daß der Großprotektor, als diejenige Person, deren Leistung durch 亾書 ausdrücklich anerkannt ist, keine Belohnung erhalten hätte.[51] Ich ziehe deshalb vor, den Großprotektor als den Beschenkten anzusehen und 休余 zusammen als (einen oder zwei) Ortsnamen zu verstehen.[52]

用丝彝對令 »Er (der Großprotektor) dankt mit diesem Ritualgefäß für den Befehl (das Mandat).«

Das Verb 對, überaus häufig in der Dankformel, die in späteren Inschriften üblicherweise in der Form 對揚王休（令）erscheint,[53] übersetze ich sinngemäß einfach mit »danken«, was kontextuell gerechtfertigt ist. – Dieser Schlußpassus bestätigt die Auffassung, daß der Beschenkte, und somit auch der Stifter, der Großprotektor ist, denn der ist es ja, der tatsächlich einen Befehl erhalten hat.

Die Inschrift wäre also im Zusammenhang so zu lesen und zu übersetzen:

王伐禄。	Der König griff Luh an.
子聽詛厥反。	Prinz T'ing vollzog das Verfluchungs-Ritual gegen den/die Rebellen.
王降征命于太保。	Der König ließ den Angriffs/Ordnungsbefehl (?) an den Großprotektor ergehen.
太保克敬亡譴。	Der Großprotektor erzwang

	Respekt (?), ohne Fehl.
王侃(?)。	Der König war zufrieden (?).
太保錫休柃(?)土。	Dem Großprotektor wurde das Land von Hiu (und?) X geschenkt.
用兹彝對命。	Mit diesem Gefäß dankt er für den Befehl/das Mandat.

Als Ergebnis der Untersuchung ist festzuhalten:

1. Die Datierung der Inschrift auf die Regierungszeit Ch'eng wang's bestätigt sich; sie läßt sich darüber hinaus auf ein bestimmtes Ereignis und somit auf das erste Jahr des Königs festlegen. Damit wird die Inschrift zu einer wichtigen Standard-Inschrift für die Paläographie.
2. Der Stifter der Inschrift ist tatsächlich der Großprotektor.
3. Die bisherige Interpunktion und Lesung ist in verschiedenen Punkten zu revidieren. 子耳口 ist 子聽 Tsï T'ing zu lesen; die Person ist identisch mit dem nachmaligen König Ch'eng. Am Rande ergibt sich, daß König Wu, der Vater Ch'eng's, den *t'ien-kan*-Namen Ting gehabt hat.
4. Es ist nicht ausgeschlossen, daß der Herzog von Chou in den Jahren seiner sogenannten Regentschaft in Wirklichkeit den Königstitel geführt hat.

Anmerkungen:

1 *Kün-ku luh kin-wen* 2, 3, 82 B; *K'i-ku shïh kih-kin wen-shuh* 3, 32; *K'iah-chai tsih-ku luh* 7, 5 A; *Chou-kin wen-ts'un* 3, 47; *San-tai kih-kin wen-ts'un* 8, 40 A; *Siao-kiao king kêh kin-wen t'oh-pen* 8, 38 B; *Tsun-ku chai so kien kih-kin t'u* 2, 7. – Die hier gegebene Transliteration von mir.

2 *Liang-Chou kin-wen-ts'ï ta-hi t'u-luh k'ao-shïh,* Peking 1957, 6, 27 A s. (laufende Nr. 22).

3 *Si-Chou t'ung-k'i tuan-tai, KKHP* 10 (1959) *p.* 95 *ss.* (laufende Nr. 23).

4 Ebenso Ch'en Meng-kia, *op.cit.*

5 *Tsih-wei-kü kin-wen shuoh,* 1952, *p.* 87.

6 *Liang-Chou kin-wen* . . . 6, 23 A *ss.* (laufende Nr. 16).

7 *Liang-Chou kin-wen* . . . 6, 61 B *s.* (laufende Nr. 60).

8 YANG äußert sich noch an anderen Stellen zu dem Zeichen: *p.* 58 zu 盂鼎 (*Liang-Chou* . . . 6, 33 B *ss.*, laufende Nr. 31), *p.* 183 zu 師旅鼎 (*Liang-Chou* . . . 6, 26 A, Nr. 20), *p.* 18 zu 縣改毀 (*Liang-Chou* . . . 6, 67 A ss., Nr. 67) und beiläufig auch zu 沈子也毀(*Liang-Chou* . . . 6, 46 A *ss.*, Nr. 41).

9 Gegen diese Auffassung spricht z. B. von vornherein, daß üblicherweise nur das Land oder Land und Titel des Angegriffenen genannt werden, also nicht der Rufname.

10 彔 ist in den Inschriften die übliche Schreibung für 祿.

11 *Chuh-shu ki-nien*, Ch'eng wang 1. Jahr: 武庚以殷叛 .

12 *Kün-ku luh kin-wen* 2, 1, 17 A; *K'iah-chai tsih-ku luh* 21, 9 B; *San-tai kih-kin wen-ts'un* 14, 31 A; *Siao-kiao king kêh kin-wen t'oh-pen* 5, 65 B.

13 Die Auffassung, daß 父 nicht den leiblichen Vater meine, ist wohl auszuschließen.

14 Der Duktus dieser Inschrift entspricht, vor allem bei dem Zeichen 彝, fast haargenau dem der vorliegenden. Allenfalls könnte die Form 子 des Zeichens 子 für eine Früher-Datierung ins Treffen geführt werden.

15 »Chinesische epigraphische Studien I«: *T'oung-pao* 51 (1964) *p.* 217 *ss.*

16 Ich muß hier einige Argumente, die ich noch in einer eigenen Untersuchung über die *t'ien-kan*-Namen der West-Chou-Könige vorzuführen hoffe, vorwegnehmen:
Folgende inschriftlich bezeugte Personen, die, auf Grund der Namen und der Paläographie, mit Wen-wang-Söhnen identisch sein könnten, machen Stiftungen für einen 父乙: 高 = 畢公高 ?, 豐 = 原伯豐 ?, 丰 = 康叔丰 (封)? Außerdem läßt sich wahrscheinlich machen, daß 乙 Ih der Opfertag für Wen wang war.

17 An sich wäre es auch möglich, in dem Manne einen anderen Sohn Wu wang's, also einen jüngeren Bruder Ch'eng wang's zu sehen. Da aber schon Ch'eng wang als der älteste seiner Generation zu der Zeit noch minderjährig war, dürfte ein jüngerer Bruder kaum in Frage kommen.

18 弋卩其卣 2, *Shang-Chou kin-wen luh-i*, Nr. 275,2.

19 So liest auch YANG SHU-TA, der das Wort allerdings als Verb versteht; ebenso MA SÜ-LUN, *Tuh kin-k'i k'êh-ts'ï*, Peking 1962, *p.* 120 (zu der 王子聑 -Inschrift).

20 *Chuh-shu ki-nien*, *Shï-ki*, *Shu-king* etc.

21 Hierzu grundsätzlich Kuoh Moh-joh, *Ming-tsï kiai-ku*, in *Kin-wen ts'ung-k'ao*, Peking 1954.

22 Z. B. *Lun-yü* 12, 13.

23 *Shï-ki*, Chou pen-ki, Ch'eng wang: »Ch'eng wang war zu jung, und die Chou hatten gerade erst angefangen, ihre Reichsherrschaft zu festigen. Chou kung fürchtete, die Lehnsfürsten möchten abfallen und übernahm daher stellvertretend die Regierung (shêh hing cheng tang kuoh).« – Zur Datierung der Rebellion vgl. Anm. 11.

24 *Li-ki*, Ming-t'ang wei.

25 *Han Fei*, Nan 2.

26 Einleitung zum *Shu*-Kapitel Kün Shïh: Shao kung als Protektor und Chou kung als Präzeptor standen König Ch'eng zur Seite. Als Shao kung unzufrieden war, verfaßte Chou kung (das Kapitel) Kün Shïh. – Über den Neid anderer seiner Brüder s. das bei Ch'en Meng-kia in *Si-Chou t'ung-k'i tuan-tai*, *KKHP* 9 (1959), zusammengestellte Material.

27 In Lu jedenfalls läßt sie sich so häufig beobachten, daß ein Zufall ausgeschlossen ist. Hier wurde sie also offenbar bewußt praktiziert.

28 Liu Hi, *Shïh-ming*, Shïh yen-yü. – N. C. Bodman, *A Linguistic Study of the Shih Ming*, Cambridge/Mass. 1954, Glosse Nr. 126.

29 Es gibt für 詛 auch eine ältere Schreibung ⿰示虘, also mit demselben Phonetikum wie das vorliegende ⿺辶虘: das *K'ang-hi*-Wörterbuch gibt als Beleg das Wu-hing chï des *Ts'ien-Han shu* an.

30 Transitiv: *Tso*, Yin 11; intransitiv *Tso*, Chao 20.

31 Der rituelle Charakter ist z. B. aus dem *Chu Ch'u wen* 詛楚文 ersichtlich. Verbindung mit Opfer klingt an in *Shï*, Lied 199.

32 Sehr deutlich in der Anekdote von der Erkrankung des Herzogs King von Ts'i in *Tso*, Chao 20 und *Yen tsï*, Anekdote Nr. 12, wo die Wirksamkeit von Segenswunsch (祝) und Verfluchung (詛) erörtert wird. Auch sonst finden sich die beiden Begriffe oft nebeneinander, z. B. *Shu*, Wu-ih; *Chou-li*, Ch'un-kuan; *Tso*, Siang 17.

33 Bzw. »verfluchte ihn *wegen* seiner Rebellion«, analog zu 誅人之罪 »jemanden wegen eines Verbrechens bestrafen«.

34 *Liang-Chou kin-wen* ... 6, 11 B *ss.* (laufende Nr. 7). – Die Lesung 祝 nach Kuoh.

35 Solche Rückkunftsangaben finden sich inschriftlich in der Tat verschiedentlich, z. B. 雩氒復歸 ... »Nach seiner Rückkunft ...« – *Liang-Chou kin-wen* ... 6, 23 A *ss.* (laufende Nr. 16).

36 *Shu*, Lih-cheng.

37 *Shu*, Shao-kao.

38 *Liang-Chou kin-wen* ... 6, 26 A s. (laufende Nr. 20). – KUOH erklärt 𧻚, völlig unmöglich, hier als 諸.

39 *Cheng-sung t'ang tsih-ku i-wen*, süh-pien chung 22 A; pu-i shang 34 A.

40 Z. B. *Shu*, Ku-ming.

41 *Meng* 7 A 2. – 征 und 正, 令 und 命 gehen inschriftlich durcheinander.

42 Bronzeinschriftliche Belege bei YUNG KENG, *Kin-wen pien*, Peking 1959, *p*. 518.

43 Z. B. *Shu*, *To-shï* 爾攸 ... »Wenn ihr Respekt aufbringt ...« Weitere Belege in den Kapiteln T'ai Kiah, K'ang-kao, Kün Shïh, To-fang und Kün Ch'en. – Nicht zuletzt wegen dieser Parallelen verbietet sich auch eine Abtrennung hinter 克: »Der Großprotektor siegte.«

44 Z. B. auch *Liang-Chou kin-wen* ... 6, 55 A (laufende Nr. 48).

45 Das ist ganz unglaubhaft, da 俾 regelmäßig 卑 geschrieben wird. Vgl. YUNG KENG, *op.cit.*, *p*. 152.

46 Das *Shuoh-wen* gibt nur die Bedeutung 剛直 »fest und gerade«. Für 侃侃如 (*Lun-yü*), 侃爾 (*Han-shu*) und 侃然 (*Wu-chï*) wird aber auch 和樂 angegeben. Bronzeinschriftlich kommt 侃 zusammen mit 喜 in transitiver Funktion vor: »erfreuen«.

47 YUNG KENG, *op.cit.*, *p*. 580.

48 Z. B. *K'iah-chai tsih-ku luh* 6, 4 B (= *Siao-kiao king kêh kin-wen t'oh-pen* 2, 77 A): 臣卿易金 »Untertan K'ing (Hiang) erhielt Metall geschenkt.«

49 Sie ist sogar die übliche. Z. B. *Liang-Chou kin-wen* ... 6, 55 B (laufende Nr. 49): 王易靜鞞剢 »Der König schenkte dem Tsing Scheide und Lederstulpen.«

50 *K'iah-chai tsih-ku luh* 19, 23 B; *San-tai kih-kin wen-ts'un* 13, 46 A.

51 Belohnt wird sonst allenthalben derjenige, von dem zuvor gesagt ist: 以書 oder 以尤 oder dergleichen.

52 休 im *Tso-chuan* nicht als Ortsname. – 余 ist nicht = 余 ! Es besteht vielmehr aus 木 und 今; letzteres ist wahrscheinlich Phonetikum – Lesung vielleicht dẓ'i m, wie 岑? Wohl nicht = 柃, welches nach *T'ang-yün* zi m.

53 Z. B. *Liang-Chou kin-wen* ... 6, 59 A (laufende Nr. 55). Vgl. *Shï*, Lied 262.

III.
Politik und politisches Denken

Der Begriff *li* 禮 als Grundlage des politischen Denkens in China

Ein Beitrag zur Begriffsgeschichte ethisch-politischer Termini

von Peter Leimbigler, Bochum

Zur Geschichte des politischen Denkens in China existiert eine ganze Reihe ausführlicher Darstellungen. Wer sich als Sinologe informieren möchte, greift zu den gängigen Geschichtswerken der chinesischen Philosophie von ALFRED FORKE oder von FENG YU-LAN, und dem Politikwissenschaftler stehen u. a. die Aufsatz-Sammelbände zur Geschichte des politischen Denkens der List Hochschulreihe zur Verfügung.[1] All diesen Darstellungen ist gemeinsam, daß sie die ethisch-politischen Theorien der Moralphilosophen und Denker des alten und neuen China auf der Grundlage ihrer Werke beschreiben, analysieren, interpretieren und in den geschichtlichen Zusammenhang stellen.

Der vorliegende Beitrag versteht sich demgegenüber als ein Versuch, auf Grund der Entwicklung des wichtigsten ethisch-politischen Grundbegriffes den Ausgangspunkt des politischen Denkens in China zu beschreiben und so von seiten der Begriffsgeschichte weitere Anregungen zu einem Verständnis der ethisch-politischen Theorien Chinas zu geben.[2]

Wer bei Alfred Hoffmann am chinesischen Text arbeiten lernte, kennt die Unzulänglichkeit der landläufigen Übersetzungen chinesischer Grundbegriffe, mußte ferner die Wichtigkeit der japanischen sinologischen Forschung auf allen Gebieten einsehen. So stützt sich der vorliegende Beitrag in erster Linie auf die Darstellung von KATŌ JŌKEN in dem japanischen Standardwerk »Geschichte des chinesischen Denkens« (*Chūgoku shisō shi*).

Als Quellen für die präkonfuzianische Ordnungsspekulation stehen uns die Fünf Klassiker und die vier Kanonischen Bücher[3] zur Verfügung. Durch diese Werke zieht sich als roter Faden der Terminus *li*. Bevor wir uns aber der Geschichte des Grundbegriffes *li* mit seinen zahlreichen Bedeutungswandlungen zuwenden, versuchen wir in Anlehnung an Katō[4] eine allgemeine richtungsweisende Definition dieses wichtigsten aller ethisch-politischen Termini zu geben.

Li wird von Katō zunächst umschrieben mit dem japanischen Binom *girei* (chinesisch *i-li*), einem als Definition eigentlich unzulässigen Ausdruck, da der zu definierende Begriff selbst in der Definition wieder erscheint.[5] Akzeptieren wir dennoch den sinojapanischen Ausdruck *girei* als vorläufige Arbeitsgrundlage, so ist *li* das *verantwortungs- und pflichtbewußte Verhalten, welches sich den in einer bestimmten Situation geltenden Verhaltensregeln unterwirft.*

Innerhalb der durch Konfuzius und seine Nachfolger kanonisierten Literatur[6] des chinesischen Altertums ist *li* das im einzelnen noch nicht festgelegte Prinzip der Politik (Regierung), der Ethik (Moral) und der Religion. In diesem frühen Stadium war *li* diejenige Kraft, welche die Gesellschaft und deren sämtliche Mechanismen funktionsfähig erhielt, und wurde zum Oberbegriff einer ganzen Reihe enger gefaßter Verhaltensnormen, die schließlich ihre Synthese in der ethisch-politischen Theorie des Konfuzianismus fanden. Das Verständnis des *li* als einer *übergeordneten Verhaltensnorm* ist daher einer der Schlüssel zum Verständnis des Konfuzianismus als einer normativen ethisch-politischen Theorie, und es erscheint gerechtfertigt, die Gesellschaft im China der Vor-Han-Zeit zu charakterisieren als eine Gesellschaft des *li.*

Li vor der Chou-Zeit

Wir können nun schon im Hinblick auf die große Bandbreite der verschiedenen Bedeutungen, die in den großen europäischen Lexika für den Begriff *li* gegeben werden, vermuten, daß dieser mehrere Entwicklungsstufen durchlief, bevor er zur *übergeordneten Verhaltensnorm der chinesischen Gesellschaft* wurde. Der Grundbedeutung des Schriftzeichens *li* kommt die Übersetzung mit »Rite, cérémonie religieuse, rendre un culte« am nächsten: *li* hat anfänglich mit Ethik und Politik noch nichts zu tun, sondern mit religiös-abergläubischen Vorstellungen. *Li* als eine *Verhaltensform auf Grund religiöser und abergläubischer Vorstellungen* entspricht etwa der Verhaltensnorm des *Tabu-mana,*[7] wie sie heute noch in der Primitivgesellschaft von Naturvölkern Geltung hat. Die früheste Form des normengerechten Verhaltens nach dem Prinzip *li,* die wir bereits vor dem ethisch-politischen *li*-Denken der Chou-Zeit finden, ist demnach zu beschreiben als »Beachtung von Geboten und Verboten, deren – auch unabsichtliche – Verletzung schlimme Folgen nach sich zöge«.

Sowohl dem *li* als auch dem *Tabu-mana* liegt die gleiche Vorstellung zu Grunde: gegenüber allen unverständlichen, ungewöhnlichen und vermutlich mit übernatürlichen Kräften ausgestatteten Objekten gilt ein Annäherungs- und Berührungsverbot. Tabuierten Objekten darf man sich nicht einfach so ohne weiteres nähern, sonst entsteht Gefahr für Leib und Leben. Es gibt nur eine einzige Möglichkeit der Annäherung bzw. der Kontaktaufnahme – etwa einer Gottheit gegenüber –, nämlich die Beachtung einer für den betreffenden Fall vorgeschriebenen Verhaltensnorm; sie alleine ermöglicht es, das bestehende Tabu zu durchdringen bzw. zu neutralisieren.

Im Falle der chinesischen Gesellschaft bis ca. 1000 v. Chr. wird die *Summe der Vorschriften und Regeln, die das gegenüber tabuierten Objekten angemessene Verhalten bestimmen,* unter dem Begriff *li* zusammengefaßt. In diesem Sinne sind auch die Übersetzungen *Rite, Riten, Zeremonie* zu verstehen, die im Zusammenhang mit der obenstehenden Tabu-Definition zu umschreiben wären als »Verhaltensvorschriften gegenüber Dingen oder Erscheinungen, die mit irgendeiner außergewöhnlichen oder gar unbegreiflichen Eigenschaft ausgestattet sind«. – All diese Definitionen gelten für die früheste Bedeutung des Grundbegriffes *li,* die noch auf die religiös-abergläubischen Vorstellungen der Menschen in einer Primitivgesellschaft zurückgeht.

Werfen wir einen Blick auf die Etymologie des Schriftzeichens *li,*[8] so lassen sich die bisherigen Überlegungen erhärten. Ursprünglich wurde von der heutigen Form des Zeichens *li* nur der rechte Bestandteil davon geschrieben; dieses Schriftzeichen, ebenfalls mit der Aussprache *li*³, bedeutete »das beim Wein-Opfer verwendete Opfergefäß in Form einer Muschelhälfte«. Durch eine Bedeutungserweiterung ergab sich dann der Sinn: »das bei Durchführung der entsprechenden Opferhandlung vorgeschriebene Verhalten«. Da die entsprechende Opferhandlung an einem vom tabuierten Objekt der Verehrung räumlich getrennten Ort – sozusagen in respektvoller Entfernung – stattzufinden pflegte, und da ferner die Bedeutung des damals homophonen Schriftzeichens *li*[2] 離 »räumlich getrennt, Entfernung, sich entfernen« war, kam schließlich das Zeichen *li*[3] zu der Bedeutung: *sich auf Grund der Tabu-Vorstellung vom Objekt der Verehrung fernhalten.* Der nächste Schritt war dann die Bedeutungsentwicklung des Terminus *li* zu: *ein bestimmtes vorgeschriebenes Verhalten, welches geeignet ist, das gegenüber dem Objekt einer Handlung bestehende Tabu zu neutralisieren.*

Wir fragen uns nun: Welche Dinge waren es im chinesischen Altertum des zweiten vorchristlichen Jahrtausends, die besondere Eigenschaften oder übernatürliche Kräfte in sich zu bergen schienen? Welches waren die tabuierten Objekte, denen man sich nur unter Beachtung der religiös-abergläubischen Verhaltensnorm *li* nähern durfte? – Es waren im wesentlichen: der Herrscher, die Älteren, Ausländer, Speisen und Getränke,[9] Frauen, Soldaten, Menschen in Trauer, Jäger, Fischer; der Name eines Menschen, Namen von Gottheiten, alle Begleiterscheinungen der menschlichen Geburt und des Todes, Mannbarkeitsriten; Leichen, Gräber, der Krieg, Opferhandlungen usw.

Hiermit sei der Ausgangspunkt einer Entwicklung beschrieben, welcher der Begriff *li* in der Chou-Zeit unterlag; diese Entwicklung geht Hand in Hand mit der allmählichen Entstehung des ethischen und politischen Denkens in China.

Die Aufspaltung des *li* in die religiöse und die weltliche Komponente und seine Entwicklung zu einem Grundbegriff der Ethik und Politik

Die Objekte des mit *li* umschriebenen, bestimmten Regeln unterworfenen Verhaltens konnten sowohl Gottheiten als auch

Menschen oder Gegenstände sein. Im Laufe der Zeit wurde nun das Tabu bei Gegenständen allmählich überwunden; durch rationale Erkenntnis und durch die tägliche Gewöhnung an einstmals tabuierte Gegenstände wurden diese immer mehr ihres religiös-abergläubischen Tabus entkleidet. Anders war dies im Falle nicht greifbarer Objekte, etwa bei Gottheiten: sie waren auch weiterhin nicht greifbar, unverständlich und unberührbar, womit ihnen gegenüber auch der Zwang zur Beachtung bestimmter Verhaltensregeln erhalten blieb. So beobachten wir selbst in der wenig aufgeklärten Epoche vor dem Beginn der Ch'un-ch'iu-Zeit – also vor 722 v. Chr. – einerseits eine Abschwächung der religiösen und abergläubischen Tabuvorstellungen, andererseits auch deren qualitative Veränderung in Form einer Profanisierung. In dieser ersten Hälfte der Chou-Zeit fand eine Aufspaltung des Begriffes *li* in zwei Bedeutungskomponenten statt, nämlich

a) in das im täglichen Leben weiterhin wirksame, durch die alltägliche Erfahrung jedoch abgeschwächte und seiner religiös-abergläubischen Implikationen entkleidete »vorschriftsmäßige Verhalten«, das wir mit Begriffen wie *Anstand, Sitte, Höflichkeit* wiedergeben, und

b) in das *vorschriftsmäßige Verhalten im religiösen Bereich*, etwa bei Opferhandlungen, beim Anrufen von Göttern, bei der Ahnenverehrung. Diese Bedeutung blieb aus der Vor-Chou-Zeit erhalten, wir geben sie wieder mit Begriffen wie *Rite, Zeremonie.*

Der Geltungsbereich dieser religiösen Bedeutung deckt sich in etwa mit einem Teil des Geltungsbereiches der ursprünglichen Tabu-Vorstellung: das religiöse *li* wurde befolgt bei Anlässen wie Heirat, Empfang und Bewirtung von Gästen, Trauer, Beerdigung, beim Ahnenopfer. Diese Bedeutungskomponente ist die direkte Weiterentwicklung des ursprünglichen *li*-Begriffes, dessen Geltungsbereich lediglich verengt wird auf kultische und festliche Anlässe.

Demgegenüber ist die unter a) genannte profane *li*-Komponente zu definieren als *Regeln des Anstandes, der Sitte, der Höflichkeit, die sich am Pflichtbewußtsein des Einzelnen seinen Mit-*

menschen bzw. der Gesellschaft gegenüber orientieren. Diese Bedeutungskomponente ist dem *li* innerhalb der präkonfuzianischen kanonischen Literatur, welche die ethischen und politischen Ordnungsvorstellungen im China der ersten Hälfte des ersten Jahrtausends v. Chr. wiedergibt, zu Grunde zu legen. Die religiöse Qualität des *li* ging hier völlig verloren. Das »profane *li*« dringt im Laufe der Ch'un-ch'iu-Zeit immer stärker in den Bereich der Gesellschaft und der Politik ein; ihm hat bei der weiteren Darstellung der Verhaltensnorm *li* als Grundlage des politischen Denkens unser Augenmerk in erster Linie zu gelten.

Zum Verständnis der im Folgenden zu beobachtenden Politisierung des ursprünglich politisch irrelevanten *li*-Begriffes erscheint ein Blick auf die Gesellschaftsstruktur jener Zeit angebracht; Hand in Hand mit der Spaltung des *li* in die religiöse und die weltliche Komponente gingen strukturelle Veränderungen der chinesischen Gesellschaft. Die wichtigste ist die Verwandlung des seit alters her überkommenen Familien-Klan-Systems in den für China typischen Klan-Feudal-Staat der Chou-Zeit.[10] Man kann erstmals von Gesellschaftsklassen sprechen, nämlich von der adeligen Herrscherklasse einerseits und dem beherrschten Volk andererseits. Im Hinblick auf die Begriffsentwicklung von *li* interessieren diejenigen Personen in jener Klassengesellschaft, die mit *li* in seinen verschiedenen Formen zu tun hatten. Hier lassen sich drei Personenkreise erfassen:

1. diejenigen Angehörigen der Adelsklasse, welche als Priester das religiöse *li* praktizierten;
2. das einfache Volk, welches auf Grund der altüberkommenen Vorstellungen ebenfalls das religiöse *li*, und
3. diejenigen Adeligen, welche das profane *li* als Verhaltensnorm in Ethik und Politik praktizierten.

Als politisch und historisch am einflußreichsten sollte sich der dritte Personenkreis erweisen; es waren Gelehrte, welche das profane *li* ausbauten zur *Verhaltensnorm im persönlichen Bereich* (Ethik) *und in Gesellschaft und Staat* (Politik). So ist etwa das Erziehungsideal des *Edlen,*[11] das im Mittelpunkt der ethisch-politischen Theorie des Konfuzianismus steht, der Idealtypus (Paradigma) dieses Personenkreises. Der Adelige, der das profane *li* praktizierte und, beginnend mit der Ch'un-ch'iu-Zeit, auch theoretisch erläuterte, ist der Vorläufer des konfuzianischen Gelehrten *ju*.

Die Auffächerung des allgemeinen Oberbegriffes *li* als ethisch-politische Verhaltensnorm in verschiedene »Einzeltugenden«[12]

Diejenigen Adeligen, welche das *li* als ethisch-politische Verhaltensnorm übernommen hatten, begnügten sich bald nicht mehr damit, dieses Prinzip zu praktizieren. Sie begannen damit, *li* inhaltlich zu analysieren und schufen für spezielle Situationen spezielle Begriffe, mit denen das normengerechte Verhalten in diesen Situationen umschrieben wurde. Auf diese Weise entstanden die »Einzeltugenden« als *Verhaltensnormen für spezielle gesellschaftliche Situationen* wie etwa *hsiao, Pietät, t'i, Bruderliebe, hsin, Glaubwürdigkeit, chung, Loyalität* usw.[13]

Es wäre falsch, anzunehmen, daß man zunächst ideale Verhaltensweisen theoretisch postuliert hätte, um diese dann als ethisch und politisch richtiges Verhalten in entsprechenden Situationen anzuwenden.[14] Die Entwicklung verlief umgekehrt: zuerst war *li* als ein konkretes, praktiziertes Verhaltensmuster vorhanden, das sich hinsichtlich seines Geltungsbereiches immer mehr differenzierte; vor und dann hauptsächlich während der Ch'un-ch'iu-Zeit setzten innerhalb der später offiziell anerkannten Literatur theoretische Reflexionen über das richtige Verhalten des Menschen ein,[15] die schließlich zur Bildung genauerer, auf den jeweiligen Geltungsbereich zugeschnittener Begriffe führten, welche jedoch dem Dachbegriff *li* untergeordnet blieben.

Als Beispiel für Verhaltensnormen mit verengtem Geltungsbereich sei hier auf die Begriffe *hsiao* 孝 und *yang* 養 eingegangen. Bei MATHEWS findet sich unter *hsiao:* »To honour one's parents; filial Mourning«, unter *yang*[4]: »To support, as scholars, superiors etc.«, »To care for, as one's parents«.[16]

Um auch die Grundbegriffe *hsiao* und *yang* deutlicher zu definieren, als uns die europäischen Lexika dies ermöglichen, müssen wir sie vor dem Hintergrund unserer *li*-Definitionen betrachten. Innerhalb der profanen Bedeutungskomponente des *li*, welche wir umschrieben haben als »Regeln für ein ethisch-politisch verantwortungsvolles Verhalten des Menschen in der Gesellschaft«, bezieht sich *hsiao* auf die Familie als kleinste Gesellschaftseinheit, und innerhalb der Familie wieder auf eine ganz spezielle Relation, nämlich vom Kind zu den Eltern hin. *Hsiao* ist demnach *die für das Verhalten des Kindes den Eltern gegenüber gültige Verhaltensform. Hsiao* ist von *li* also nicht qualitativ verschieden, sondern unterscheidet sich von letzterem nur durch den enger gefaßten Geltungsbereich. In lexikalischen Angaben wie etwa *Pietät* oder *to honour one's parents* kommen die gesamtgesellschaftlichen Implikationen des Oberbegriffes *li* nicht zum Tragen. Die politisch relevante Definition des Begriffes *hsiao* müßte lauten: *eine vorgeschriebene ideale Gesinnung und Haltung des Kindes in all denjenigen Gesellschaftssituationen, bei welchen die Eltern eine Rolle spielen.*

Eine weitere Einschränkung des Geltungsbereiches findet sich bei dem Begriff *yang*, der innerhalb des *hsiao* wieder ein ganz spezielles Verhalten bezeichnet: *die Pflicht der Kinder, die Eltern in wirtschaftlicher Hinsicht zu unterstützen und zu sichern.*

Li als politische Verhaltensnorm

Neben der Aufspaltung des *li* in die religiöse und die weltliche Bedeutungskomponente und der Differenzierung des »weltlichen« *li* in »Einzeltugenden« tritt während der Ch'un-ch'iu-Zeit eine immer stärkere politische Bedeutung des *li* in den Vordergrund. Im *Shu-ching*[17] finden wir *li* als *Gesetz zur Aufrechterhaltung der Klassenschranken.*[18] Im *Tso-chuan*[19] ist *li* zu belegen als *Grundlage der Regierung, Grundlage der Politik, Grundlage des Staates.*[20] Die Aussage: »*Li* ist das Mittel, das Volk zu regieren«, im *Tso-chuan,*[21] sowie die Aussage: »Das *li* reicht nicht herab zum gewöhnlichen Volk«, im *Li-chi,*[22] zeigen ferner, daß sich die Bedeutung des Begriffes *li* als eines politischen Prinzips in der feudalen Klassengesellschaft innerhalb der herrschenden Oberschicht bildete, es sich demnach um einen klassenspezifischen Terminus handelt. Das Volk bewahrte und praktizierte das *li*, unberührt von dessen Transformation durch die Adelsschicht, weiterhin im Sinne des religiösen Tabus einer Primitivgesellschaft.

Mit Konfuzius (551–479 v. Chr.) beginnt das Zeitalter der Moralphilosophen, die vor dem Hintergrund der kanonischen Literatur ethisch-politische Theorien formulierten, mit welchen sie die präkonfuzianische allgemeine Verhaltensnorm *li* ersetzten. Die Ch'un-Ch'iu-Zeit ist die Übergangszeit von der Epoche des praktizierten Pflichtverhaltens *li* auf Grund gewisser als notwendig erkannter Regeln (*girei-jidai*) zu dem auf die Ch'un-ch'iu-Zeit folgenden Zeitalter der Moralphilosophie (*rinrigaku-jidai*).[23]

Anmerkungen:

1 Die bibliographischen Angaben zu den im Laufe dieses Beitrages genannten Werken finden sich im Literaturverzeichnis.

2 Der Begriff »ethisch-politische Theorie« ist in der westlichen Sinologie zwar nicht üblich, erscheint jedoch im vorliegenden Rahmen dem Verfasser als eine treffende Bezeichnung für das System von ethischen und politischen Ordnungsvorstellungen, das seit Konfuzius und den Moralphilosophen der Chan-kuo-Zeit besteht; auch hat der Begriff in die sowjetische Chinawissenschaft Eingang gefunden, s. K. V. VASIL'EV (*etiko-političeskaja teorija*).

3 *Szu-shu wu-ching.*

4 KATŌ, S. 11.

5 Für den Japaner ist die Umschreibung des chinesischen Begriffes *li* durch *girei* durchaus zulässig, da *rei* in *girei* und *li* nicht semantisch isomorph sind.

6 S. o. Anm. 3.

7 KATŌ S. 12.

8 KATŌ S. 12.

9 Diese frühe *li*-Vorstellung, »durch ein bestimmtes Verhalten ein Tabu neutralisieren«, hat sich bis heute in zahlreichen Aspekten des japanischen Lebens erhalten. Die Ehrfurcht u. a. vor Speisen und Getränken als lebenserhaltenden Substanzen hat sich in der japanischen Sprache niedergeschlagen in Form des Honorativ-Präfixes *o* bzw. *go*, das in Zusammensetzungen wie *o-sake* oder *go-han* inzwischen durch die alltägliche Gewöhnung nicht mehr als solches

empfunden wird, sondern als integrierter Bestandteil des Wortes. – Wenn die Japaner landläufig als besonders förmlich oder »höflich« gelten, so ist dies sicher auf das chinesische Erbe des *li* als einer Verhaltensnorm zurückzuführen.

10 Bei den Begriffen »Familien-Klan-System« und »Klan-Feudal-Staat« handelt es sich um die sinngemäße Wiedergabe von *shizoku-sei soshiki* und *sōzokuteki hōkensei soshiki;* vgl. KATŌ S. 13. – Abweichend von der heute in der Volksrepublik China gültigen, auf den Vorstellungen von KUO MO-JO fußenden Periodisierung der Geschichte des chinesischen Altertums halte ich mich hier an die unter den meisten japanischen Historikern gängige Periodisierung, die auch KATŌ in *Chūgoku shisō shi* anwendet.

11 *Chün-tzu* 君子. »Der Edle« ist eine Behelfsübersetzung, für die sinngemäß die Ausführungen in Anm. 12 und 13 gelten.

12 Der japanische Begriff *tokumoku,* hier der Lesbarkeit halber mit »Einzeltugend« wiedergegeben, bezeichnet bei KATŌ die dem Oberbegriff *li* untergeordneten, auf spezielle Situationen innerhalb des weit gefaßten *li*-Verhaltens angewandten Unterbegriffe wie etwa *hsiao, yang, jen, hsin* u. ä.; vgl. dazu KATŌ S. 14 ff. – Der im Rahmen einer begriffsgeschichtlichen Studie unpassende, weil verschwommene Begriff »Tugend« wird ansonsten hier bewußt vermieden. Der chinesische Begriff *te,* japanisch *toku,* im modernen Japanisch *tokumoku,* ist im Rahmen der vorliegenden Studie etwa wiederzugeben mit »eine ideale Eigenschaft, die ihren Träger als einen in entsprechenden genau definierbaren gesellschaftlichen Situationen ethisch-politisch normengerecht handelnden Menschen ausweist«.

13 Auch hier wieder der besseren Lesbarkeit halber die in der deutschen Sinologie gängigen, jedoch ungenauen Begriffe, die sich für ethisch-politische Verhaltensnormen eingebürgert haben. – Die Definition weiterer Grundbegriffe wie etwa *jen, i, hsin,* ferner die Definition des schwierigen Begriffes *tao* würde über den Rahmen dieser Studie hinausgehen und soll in einer größeren Arbeit des Verfassers behandelt werden.

14 KATŌ S. 14.

15 KATŌ S. 15.

16 Es wird nur ein Wörterbuch zitiert, da auch in den anderen europäischen Lexika keine wesentlichen Gesichtspunkte zu den ethisch-politischen Grundbegriffen berücksichtigt sind.

17 Vgl. MOROHASHI 24844.8: »Das Unterscheidungskriterium zwischen Adeligen und dem niederen Volk, zwischen herrschender Klasse und Volk.«

18 KATŌ S. 15.

19 Katō S. 15, ferner Morohashi 24844.9: »Die im Staat geltenden Gesetze und Regeln.«

20 *Cheng-pen, kuo-pen,* vgl. Katō S. 15.

21 Vgl. Morohashi 24844.9.

22 Morohashi 24844.267; Katō S. 17.

23 Katō S. 18.

Literaturverzeichnis

1. Couvreur: *Dictionnaire classique de la langue Chinoise.* Ho Kien Fou 1904.
2. Feng Yu-lan: *A history of Chinese Philosophy.* Vol. I: *The Period of the Philosophers: from the Beginnings to circa 100 B.C.* Princeton 1959.
3. Forke, Alfred: *Geschichte der alten chinesischen Philosophie.* Hamburg 1964.
4. Kaizuka Shigeki: *Kodai Chūgoku no seishin* (Chikuma Sōsho Bd. 91). Tōkyō 1967.
5. Katō Jōken: *Seitōteki shisō,* in: Katō Jōken: *Chūgoku shisō shi.* Tōkyō [18]1970.
6. Mathews: *Chinese-English Dictionary.* Rev. American Ed. Cambridge, Mass., 1963.
7. Morohashi Tetsuji: *Dai Kanwa jiten.* Tōkyō 1960.
8. Opitz, Peter J. (Hrsg.): *Chinesisches Altertum und konfuzianische Klassik* (List Hochschulreihe; Geschichte des politischen Denkens). München 1968.
9. Opitz, Peter J. (Hrsg.): *Vom Konfuzianismus zum Maoismus* (List Hochschulreihe; Geschichte des politischen Denkens). München 1969.
10. Vasil'ev, K. V.: *Plany sražajuščichsja carstv.* Moskau 1968.
11. Vasil'ev, L. S.: *Kul'ty, religii, tradicii v Kitae.* Moskau 1970.

Die Sprachpolitik der Volksrepublik China und der Dissens um die Lautumschrift 1975

Mit Auszügen
aus dem ZK-Dokument über Lautschriftverwendung
im Schriftzeichenunterricht aus dem Jahre 1960
und einer Liste neuer Kurzzeichen

von Helmut Martin, Hamburg

Die wissenschaftliche Diskussion über Chinas sogenannte ›Schriftreform‹ (*wen-tzu kai-ko*) in den letzten zwei Jahrzehnten wurde dadurch erschwert, daß sich die von der Volksrepublik gemeldeten Erfolge und ihre Gesamtdarstellung der Entwicklung kaum überprüfen ließen. Nach der Kulturrevolution hat die Öffnung zum Westen hin inzwischen zumindest flüchtige Einblicke möglich gemacht. In die vorliegende Darstellung sind einmal die Beobachtungen amerikanischer Linguisten eingeflossen, die Ende 1974 die Volksrepublik besuchten[1] und Gelegenheit hatten, direkt mit verantwortlichen Fachleuten des Komitees für Schriftreform des Staatsrates, wie z. B. Yeh Lai-shih, zu diskutieren. Zum anderen habe ich im September 1975 während einer Reise durch die VRCh Fragen der Schriftreform, im weiteren Sinne der Sprachpolitik, beim Besuch von Grundschulen, Mittelschulen und Universitäten besondere Aufmerksamkeit geschenkt und versucht, meine Eindrücke mit dem Bild zu vergleichen, das sich anhand der Presse und der wenigen Fachpublikationen über die Reaktivierung in diesem Bereich seit der Kulturrevolution gewinnen läßt.[2] Eine zusätzliche Quelle stellte neue Literatur zur Popularisierung von Sprach- und Schriftkenntnissen dar, die zum Teil in hohen Auflagen in Regionalverlagen erschienen ist.[3]

Die Schriftreform als Teil der Sprachpolitik

Der heute in China übliche Terminus ›Schriftreform‹ ist selbst im engeren Rahmen der Eigendefinition unglücklich gewählt. Lediglich die Ausarbeitung der Kurzzeichen läßt sich darunter subsumieren sowie ein Aspekt der Pinyin-Lautumschrift, nämlich ihre mögliche Verwendung anstelle der abzuschaffenden Schriftzeichen in einer noch fernen Zukunft. Ihr anderer Aspekt, der Einsatz der Lautumschrift als Hilfsmittel zur Erlernung der chinesischen Schriftzeichen und als Stütze für Dialektsprecher, die sich die Gemeinsprache aneignen, läßt sich strenggenommen schon nicht mehr in die Rubrik Schriftreform einordnen. Das gleiche gilt für die Verbreitung der Gemeinsprache als einigendes Band der gesamten Volksrepublik. Es erscheint deshalb hier angebracht, den Terminus ›Schriftreform‹ in den Hintergrund treten zu lassen und die drei erklärten Ziele der Volksrepublik, die früher damit bezeichnet wurden, als den Inhalt chinesischer *Sprachpolitik (yü-yen cheng-ts'e)* zu verstehen. Auch in der Diskussion rotchinesischer Sprachwissenschaftler beginnt der weitergefaßte Terminus ›Sprachpolitik‹ im übrigen Fuß zu fassen.[4]

In den Aktionsradius der Sprachpolitik, also der staatlich geförderten Einflußnahme auf die Entwicklung von Sprache und Schrift, sind zusätzlich Teilbereiche des Erziehungswesens miteinzubeziehen, in denen solche Inhalte realisiert werden müssen. Einmal handelt es sich dabei um die Spracherziehung im Bereich der Primarstufe, an den regulären Grundschulen also. Zum anderen ist hier der in einem Entwicklungsland wie China außerordentlich wichtige Bereich der irregulären Massenerziehung, d. h. der ›nebenberuflichen Ausbildung‹ (*yeh-yü chiao-yü*), zu berücksichtigen. Man konzentrierte sich zunächst in den fünfziger Jahren, weil China eine Analphabetenquote von über 80 % aufwies, hauptsächlich unter der ländlichen Bevölkerung, in geringerem Ausmaß unter Industriearbeitern und in den Städten, auf die ›Beseitigung des Analphabetismus‹ (*sao-ch'u wen-mang*). Auf einer sich zeitlich angliedernden Stufe der Vermittlung von Fachwissen und der Anwendung der im Kampf gegen den Analphabetismus erworbenen Kenntnisse ist es eine zentrale Aufgabe der Sprachpolitik gewesen, die Redaktion von Lehrtexten in einfacher Sprache gezielt zu fördern. Als ein Mittel gegen den ›Rückfall in den Analphabetismus‹ (*hui-sheng fu-mang*) wurde die zusätzliche Beigabe der Pinyin-Lautumschrift zum eigentlichen Schriftzeichen-Text unentbehrlich. Auf dem Gebiet der irregulären Massenerziehung hat in diesem Zusammenhang das vom ZK für alle Provinzen als Vorbild hingestellte Modell des Kreises Wanjung der Provinz Shansi eine bedeutsame Rolle gespielt.

Im folgenden soll nach einer Übersicht über die Entwicklung und einer allgemeinen Einschätzung und Erfolgsbilanz der Sprachpolitik vor allem die merkwürdige Kontroverse des Jahres 1975 um die Lautumschrift Pinyin analysiert werden. Das jahrelang in der Versenkung verschwundene und jetzt wieder zögernd angesprochene Wanjung-Modell muß dabei als einer der Indikatoren dieser Auseinandersetzung hinter den Kulissen Berücksichtigung finden.

Bisherige Entwicklung der Sprachpolitik

Nach Errichtung der Volksrepublik kam es nicht, wie manch einer erwartet hatte, zur sofortigen Abschaffung der chinesischen Schriftzeichen.[5] Statt dessen konzentrierte sich nach der Abklärung durch öffentliche Diskussion ein bedächtiger Reformkurs auf die Vereinfachung der chinesischen Schrift durch die Strichzahlverringerung einzelner Zeichen. Zweitens einigte man sich auf eine besonders in den Dialekträumen zu verbreitende und an den Pekinger Sprachgebrauch anlehnende standardisierte Hochsprache, die sogenannte ›Gemeinsprache‹ (*p'u-t'ung-hua*). Drittens erhielt eine Lautumschrift mit lateinischen Buchstaben offizielle Billigung, die einerseits als Behelfskonstruktion zur Verdeutlichung der Aussprache der Zeichen eingesetzt wurde, andererseits auf eine Lateinschrift zuführen könnte – erklärtes Endziel einflußreicher Politiker und Reformer bis heute.

Statt auf schnelle Latinisierung zu setzen, zog sich Mao Tsetung während einer Zwischenphase 1952 auf den Kurs einer Schrift ›nationaler Form‹ (*min-tsu hsing-shih*) zurück, die aus den traditionellen ›Graszeichen‹ der Kursivschrift entwickelt werden sollte. Hastig angesetzte Projekte in dieser Richtung erwiesen sich jedoch als unbrauchbar. 1954 schwenkte man stillschweigend wieder auf die Latinisierungslinie ein, die 1958 durch das staatliche Pinyin-Programm einer alphabetischen Umschrift abgesichert wurde. Mit der Einführung des interimistischen Programms vereinfachter Zeichen seit 1956 und der Einführung der Pinyin-Lautumschrift sowie der intensiven Förderung der Gemeinsprache waren die Hauptweichen für die Entwicklung gestellt. In der Kulturrevolution, vor deren Hintergrund die jetzige Phase des Neubeginns zu werten ist, war eine nationalistische Reaktion gegen Aspekte der Reform festzustellen. Die Roten Garden hatten zwar nichts gegen vereinfachte Schriftzeichen, sondern waren sogar eifrige Anhänger einer Massenlinie neuproduzierter Zeichen aus dem Volk, aber sie machten Front gegen eine westliche Buchstabenumschreibung. Die vorher übliche Buchstabenumschrift chinesischer Zeichen unter den Titeln von Zeitungen und Zeitschriften und auf Straßenschildern verschwanden. Für die Schriftreform zuständige Fachleute wurden als Gegner der Massenkreativität angegriffen und einer Spezialistenlinie beschuldigt. Das Komitee für Schriftreform im Ministeriumsrang stellte seine Aktivität ein.

Bis zum Frühjahr 1972 blieb die staatlich gelenkte Sprachpolitik gelähmt. Die nach sechsjähriger durch die Kulturrevolution bedingter Unterbrechung nun bereits auf vier Jahre neuer Aktivität zurückblickende Reaktivierungsphase chinesischer Sprachpolitik kann bisher lediglich als ein Auftakt bezeichnet werden. Die vorsichtige, zunächst halbverdeckte Wiederaufnahme war im Rahmen der allgemeinen innenpolitischen Normalisierung des von Chou En-lai und Teng Hsiao-p'ing maßgeblich bestimmten pragmatischen Neuen Kurses möglich geworden. Das Jahr 1974 hat durch das Einwirken der Kampagne der Kritik an Lin Piao und Konfuzius äußerlich Hektik und eine tatsächliche Retardierung der neuen Bestrebungen in diesem Bereich gebracht. Folgt man der Diskussion in der chinesischen Presse, so sind dies momentan die vorrangigen Probleme: im ideologischen Feld die neugesetzten und noch nicht völlig offenliegenden Planziele in einen akzeptablen Rahmen einzubetten, den sechsjährigen Hiatus ebenso zu erklären, wie die Wiederaufnahme und Zielsetzung zu begründen. Alle drei Aspekte der Sprachpolitik, Ausarbeitung von Kurzzeichen sowie Verbreitung der Gemeinsprache und der lateinischen Umschrift, müssen propagandistisch generell neu ins Bewußtsein gehoben und vor allem im Erziehungssektor durch konkrete Maßnahmen belebt werden.

Die neue Kurzzeichenliste

Im Bereich der Zeichenreform geht die Diskussion einmal darum, die Zahl der 8–9000 gebräuchlichen Schriftzeichen des allgemein verbreiteten *Hsinhua*-Wörterbuchs auf die Hälfte zu verringern. Der Methodenstreit, wie dies zu bewältigen sei, ist in vollem Gange. Als offiziös für solche Reduzierung kann einstweilen der 1973 neu veröffentlichte »Kleine Zeichenwortschatz der korrekten chinesischen Zeichen«[6] gelten, ein Entwurf des Komitees für Schriftreform, der von rund 4000 ›häufig gebrauchten Zeichen‹ ausgeht, die in Grundschullehrtexten ebenso zu finden sind wie in Büchern und Zeitschriften allgemeineren Charakters.

Zum anderen ist eine in der Presse angekündigte neue Liste von vereinfachten Zeichen akut, die noch offiziell vom Staatsrat verabschiedet werden muß. Sie wird die bis heute gültige »Generalliste der chinesischen Kurzzeichen« vom Mai 1964 erweitern, die insgesamt 2238 vereinfachte oder Kurzzeichen von ursprünglich 2264 Zeichen enthält, wobei seinerzeit die Strichzahl der Kurzzeichen auf nahezu die Hälfte reduziert wurde. Die unterschwellige Kritik an ungeschickt vereinfachten Zeichen der Generalliste ist einstweilen abgewiesen worden und damit eine erneute Revision dieser Kurzzeichen ausgeschlossen, weil, so wird argumentiert, diese Form vom Staat offiziell verabschiedet und von den Massen bereits akzeptiert sei. Über die vorbereitete Liste von Kurzzeichen verlautet seit 1973 in den Zeitungen, es gebe 300–400 Schriftzeichen, die von den Massen geschaffen wurden, von denen 60 bis 70 auf nationaler Ebene bereits allgemein geläufig seien.[7] Yeh Lai-shih, wahrscheinlich[8] Direktor des Komitees für Schriftreform, kündigte den US-Wissenschaftlern 1974 an, eine Liste von etwa 100 vereinfachten Zeichen werde irgendwann 1975 formell vom Staatsrat verabschiedet.[9] Dies erfolgte bis zum Frühjahr 1976 jedoch nicht, wohl wegen der unten analysierten Meinungsverschiedenheiten über die Pinyin-Lautumschrift. Einstweilen läßt sich aus dem offiziösen »Kleinen Zeichenwortschatz« des Komitees eine Liste von über 100 Zeichen erschließen, die dort als »verbreitete« (*su*) Formen angesprochen und abgedruckt sind. Parallel könnte man aus dieser Veröffentlichung eine Negativliste von im Volk verbreiteten, jedoch von dem Komitee nicht akzeptierten Kurzzeichen zusammenstellen. Es steht außer Zweifel, daß wesentliche Bestandteile der verzögerten offiziellen Liste der Aufstellung im Anhang dieser Arbeit entsprechen werden. Vereinfacht sind in dieser Rekonstruktion im wesentlichen häufig gebrauchte Schriftzeichen mit hoher Strichzahl. Auch diese Reduzierung, die in unserem Zusammenhang nicht gewertet werden soll, kann damit nach ihrer Verabschiedung eine wesentliche Erleichterung bedeuten. Während des Aufenthalts in der Volksrepublik haben wir eine ganze Reihe von Zeichen aus dieser Liste im Gebrauch gesehen. Obwohl damit eindeutig sichtbar wird, daß die Veröffentlichung der neuen Kurzzeichenliste hinausgeschoben worden ist, dürfte es keine grundsätzliche Debatte über den weiteren Weg der Vereinfachung geben. Eher mag Vorsicht und äußere Zurückhaltung bei einem solchen Schritt, der als nicht mehr revidierbar empfunden wird, der Grund für die Verzögerung sein.

Schließlich sei angemerkt, daß die im gedruckten Schrifttum fest eingehaltene Beschränkung auf die staatlich verabschiedeten Kurzzeichen im Alltagsleben nicht ganz so strikt durchgehalten wird. Es waren in China Schilder, politische Aufschriften und Plakate in den Straßen zu sehen, die hin und wieder sowohl die unverkürzten Schriftzeichen verwendeten, wie die erwähnten nicht akzeptierten Kurzzeichen. Dies galt in besonderem Maße für die in den Fabrikhallen hängenden handschriftlichen kleinen Berichte und Studienartikel der Arbeiter sowie für die frisch entworfenen großformatigen Wandzeitungen und Plakate der Kampagne um den klassischen Roman *Shui-hu.*

Die erfolgreiche Verbreitung der Gemeinsprache

Die Konfuziuskampagne ist der Anlaß gewesen, daß darauf gedrängt wurde, die Gemeinsprache in den Dialektgebieten und unter den Minderheiten schneller zu verbreiten. Die Reaktion der Fachleute[11] hat gezeigt, daß sie von solchem Aktionismus nichts hielten. Was man weiterhin erstrebt, ist eine ›allmähliche Popularisierung‹, weil bei der komplizierten Dialektsituation die Verbreitung der Gemeinsprache im ganzen Land nur schrittweise erreicht werden kann. Vor allem soll eine Atmosphäre geschaffen werden, daß es eine Ehre sei, die Gemeinsprache zu sprechen. Mit Schockkampagnen sei es nicht getan, man habe statt dessen an der Aufgabe ohne große Hast konstant festzuhalten.

Das Verhältnis zwischen chinesischen Dialekt- und besonders Minderheitensprachen auf der einen und der überall verbreiteten Gemeinsprache auf der anderen Seite wird zwar theoretisch nach stalinistischen Leitvorstellungen dahingehend interpretiert, daß irgendwann in der Zukunft beide Regionalsprachen ausstürben.[12] Chinesische Sprachwissenschaftler und Sprachpolitiker weigern sich, in eine Diskussion darüber einzutreten, ob eine Alternativkonzeption möglich sei. Linguistischer Pluralismus,[13] der eine langfristige Koexistenz von Dialekten, Minderheitensprachen und einer übergeordneten nationalen Gemeinsprache bedeutete, wird nicht akzeptiert. Da aber kein übermäßiger Druck auf die Regionalsprachen ausgeübt wird und ihr postuliertes Absterben erst in weiter Zukunft liegt, scheint es dennoch keinen Konflikt zwischen theoretischer Position und sprachpolitischer Praxis zu geben.

Der Stand der tatsächlichen Verbreitung der Gemeinsprache ließ sich partiell in Kanton überprüfen.[14] Man kann sich dort heute mit Hochchinesisch ohne weiteres verständlich machen. Von zehn Personen, die wir auf der Straße um irgendeine Auskunft baten, verstanden uns etwa neun und antworteten in einem verständlichen Hochchinesisch. Solche Verbreitung der Gemeinsprache dürfte neben den direkten sprachpolitischen Maßnahmen im Erziehungswesen zum einen durch eine stärkere Reisetätigkeit und die provinzüberschreitende Versetzung von Kadern begünstigt worden sein, zum anderen durch die Medien. Im Rundfunk ist sowohl Kantonesisch wie die Gemeinsprache zu hören. Filme, die wir sahen, waren in der Hochsprache vertont, mit Untertiteln in chinesischen Zeichen. Sehr viele Ladenschilder, wesentlich mehr als in Shenyang und Peking, wo ohnehin Gemeinsprache gesprochen wird, sind zusätzlich zu den chinesischen Schriftzeichen mit der Lateinumschrift Pinyin versehen, was wohl auf eine lokale Verordnung zurückgeht. Allerdings war eine beträchtliche Zahl von Silben falsch transkribiert, die Schilder darüber hinaus durchweg nicht mit Akzentzeichen versehen. Einschränkend ist festzuhalten, daß die Aussprache der Kantonesen in der Gemeinsprache nicht besonders korrekt war, was die amerikanischen Linguisten auch für Orte wie Linhsien, Chengchou, Yenan, Sian, Shanghai, Suchou und Hangchou bestätigen.[15] Wenn man diese Verhältnisse mit denen von Hong Kong vergleicht, wo die ortsansässigen Chinesen sich oft noch etwas darauf einbilden, Hochchinesisch *nicht* verstehen zu wollen, oder eher ins Englische ausweichen, darf die angestrebte Um- und Aufwertung der Gemeinsprache als erfolgreich beurteilt werden. Zumindest im kantonesischen Sprachgebiet sind ebenso große Fortschritte in der Verbreitung der Hochsprache gemacht worden wie in Taiwan, wo durch den Druck der Regierung die der *p'u-t'ung-hua* entsprechende ›Landessprache‹ (*kuo-yü*) verbreitet wird. Dabei dürften allerdings die Schwierigkeiten etwa in Kanton wesentlich größer gewesen sein, weil in dieser Stadt niemals ein so hoher Prozentsatz von Hochchinesisch sprechenden Landsleuten seßhaft geworden ist wie in Taipei.

Insgesamt gesehen scheint die allmähliche Verbreitung der Gemeinsprache die gelungenste und weitreichendste Maßnahme der chinesischen Sprachpolitik[16] zu sein, wenn man auch ein gewisses Gefälle auf dem Land einkalkulieren muß. Die Einführung der Kurzzeichen muß ebenfalls im wesentlichen positiv beurteilt werden; hierbei handelt es sich aber nach offizieller Version nur um eine Maßnahme für eine Übergangszeit, die deshalb in einer solchen Bilanz nachgeordnet werden kann.

Die Lateinumschrift

Die Verbreitung der Gemeinsprache in Dialekt- und Minderheitengebieten ist untrennbar verknüpft mit dem Unterricht der Pinyin-Lautumschrift, die zur Bezeichnung des Ausspracheststandards unentbehrlich scheint.

Die Volksrepublik hat sich entschlossen, die lateinische Schrift und nicht die kyrillische oder eine aus chinesischen Zeichen abgeleitete als Umschrift zu verwenden. Es ist aber bisher ungeklärt geblieben, ob diese Umschrift als der Selbständigkeit fähige *Lautschrift* und denkbare Buchstabenversion des modernen Chinesischen (d. h. *p'in-yin* im eigentlichen Sinne des Wortes) betrachtet werden solle, oder lediglich als pädagogisch nützlicher phonetischer Zusatz zu den Schriftzeichen (*chu-yin*) als *Lautumschrift* also.

Die Sprachpolitiker, die von 1952 an mit einem ersten Entwurf bis hin zum Februar 1958 mit der Annahme des »Lautumschrift-Programms der chinesischen Sprache« (*Han-yü p'in-yin fang-an*) das Latinisierungsprogramm durchsetzten, hatten einen Kampf an zwei Fronten auszufechten. Einmal bezogen sie Stellung gegen die Traditionalisten, die überhaupt von einer Abschaffung der Zeichen nichts wissen wollten und bei einem solchen Schritt den endgültigen Untergang der chinesischen Kultur kommen sahen, und zweitens stritten sie gegen andere Lautschriftbefürworter, die Anhänger eines konkurrierenden Systems waren. Das politische Argument der aufs Spiel gesetzten nationalen Identität und das Expertengerangel um die beste technische Lösung schwebt höchstwahrscheinlich auch über der Auseinandersetzung des Jahres 1975. Das Wechselbad der offiziellen Einschätzung des Pinyin-Systems reicht von seiner Erhöhung zum wichtigsten Instrument der Millionen Menschen erfassenden Kampagnen gegen den Analphabetismus bis hin zu den Attacken der Roten Garden auf die Buchstabenumschrift. War die Lautumschrift spätestens mit der Popularisierung der Modellerfahrungen des Kreises Wanjung vom ZK als allgemein verbindlich für die nichtstaatliche Massenerziehung hingestellt worden, nachdem seit Herbst 1958 bereits alle Lehrbücher der regulären Grundschule das System übernommen hatten, so vertrieb die Kulturrevolution das Pinyin-System aus Zeitungen und Zeitschriften ebenso wie von den Straßenschildern und aus den Lehrbüchern. Und in der Phase des Neuansatzes der chinesischen Sprachpolitik, seit Frühjahr 1972, gab es gleich wieder unterschwellige Querelen, da renommierte Sprachwissenschaftler intern statt der Pinyin eine andere Version der Lautschrift forderten. Mit der Verbreitung des Pinyin-Systems durch eine weit beachtete und mehrmals wiederholte Rundfunkserie 1974 schien schließlich eine neuerliche Entscheidung für die Beibehaltung der Pinyin gefallen zu sein. Das durfte auch aus der Übernahme des Lautumschriftprogramms in einschlägige Popularisierungsbroschüren mit Millionenauflage geschlossen werden.[17] Trotz des Neuansatzes drängt sich in der VRCh insgesamt der Eindruck auf, daß die Lautumschrift mit wesentlich mehr Nachdruck und Kontinuität propagiert werden müßte, wenn sie ein ebenso untrennbarer Bestandteil des Alltagslebens werden soll wie die Kurzzeichen oder die Gemeinsprache. Selbst dort, wo in der Grundschule jetzt die Pinyin wieder unterrichtet wird, fehlt es sehr an geschultem Lehrpersonal. Vor der Kulturrevolution war die Lautumschrift häufig von den Schülern sehr schnell wieder vergessen worden, weil man lediglich mechanisch das Alphabet auswendig lernte, und die Sprachlehrer nicht verstanden, dies neue Instrument der Lautumschrift funktionell fruchtbar einzusetzen. Fast alle Kinder, die zwischen 1965 und 1973 zur Grundschule gehen sollten oder gegangen sind, haben die Pinyin nicht gelernt. Es bietet sich ihnen auch keine Gelegenheit, das Versäumte nachzuholen, weil es solche zusätzlichen Lautumschriftkurse als entsprechend breites Angebot für Nachzügler nicht gibt. In der Mittelschule Nr. 35 der Stadt Peking verwies man bei der Diskussion dieses Punktes auf die unten erwähnte Radioserie, im übrigen sei Pinyin-Unterricht nicht Aufgabe der Mittelschule. Daher muß bezweifelt werden, daß das Gros der Mittelschüler in der Lage ist, einwandfrei ein Wort oder einen ganzen Satz in die Lautumschrift zu übertragen. An der Liaoning-Universität in Shenyang erhielten wir von Studenten der Geschichte die ausweichende Antwort, man könne »im wesentlichen« Schriftzeichen in die Lateinschrift umwandeln, indirekte Hinweise der Professoren zeigten jedoch, daß dies kaum der Fall war. Die Verwendung der Pinyin im normalen Leben darf ebenfalls als stark eingeschränkt bezeichnet werden. Alle Kader in Nordchina im Alter von etwa 40 Jahren und darüber, die wir daraufhin ansprachen, gaben freimütig zu, daß sie die Lautumschrift nicht beherrschten und im täglichen Leben solche Kenntnisse auch nicht vermißten. In Dialektgebieten wie in Kanton, wo die Lautschrift z. B. im Straßenbild nicht zu übersehen ist, mag das etwas anderes sein, ebenso in Minderheitengebieten. Der gebremste Einsatz der Lautumschrift im gegenwärtigen Zeitpunkt hat zu einer gewissen Lässigkeit in ihrer Verwendung sowohl im amtlichen wie im kommerziellen Bereich geführt. Selbst Straßenschilder sind oft falsch ausgezeichnet, wie die »Morgenlicht-Straße« direkt neben Pekings Tienanmen-Platz, die mit der Lautumschrift *chengguangjie* statt *chenguangjie* versehen war; auf den Etiketten des bekannten »Frischen Pekinger Biers« war als ›Eingetragene Handelsmarke‹ *zhuche shangbiao* statt *zhuce shangbiao* aufgedruckt. Solche Beispiele ließen sich leicht vermehren; hier zeigen sich die Auswirkungen des Zögerns auf offizieller Ebene, was umso weniger verständlich erscheint, als die Lautschrift als dritte wichtige Säule der gesamten Schriftreformpolitik bezeichnet wird.[18]

Auch der Pinyin-Telegraphenkode etwa wird bei weitem nicht in dem Umfang verwendet, wie es sich aus praktischen Erwägungen anbietet. Das Paradebeispiel für Pekings Zögern, die Lautumschrift durchzusetzen, ist jedoch der Umstand, daß nach wie vor Publikationen der VRCh in ausländischen Sprachen, wie die *Peking Rundschau, China Reconstructs, Litterature Chinoise* u. a. sich bei Transkriptionen jeweils verschiedener Systeme bedienen, statt die Pinyin zu benutzen. Daß dieser Widerspruch sowohl von den Sprachpolitikern wie von der politischen Führung als gravierend empfunden worden ist, aber die Auseinandersetzung um die Pinyin auf der anderen Seite bisher jegliche Lösungsmöglichkeit vereitelt hat, zeigen die Vorgänge des Jahres 1975.

Bereits im Oktober 1974 erklärte Yeh Lai-shih vom Komitee

für Schriftreform amerikanischen Wissenschaftlern, ab 1975 werde man die Pinyin-Lautumschrift in solchen ausländischen Publikationen, etwa für Orts- und Personennamen, benutzen. Eine chinesische Liste mit Ortsnamen in Pinyin sei bereits an die Vereinten Nationen geschickt worden im Zusammenhang mit einem internationalen Ortsnamenkompendium.[19] Die Vorbereitungen auf diese endgültige Anwendung der Pinyin in allen Bereichen muß unter anderem auch Gegenstand der Gespräche einer offiziellen japanischen Delegation gewesen sein, die im Februar und März 1975 China besuchte.[20] Dieser Delegation des japanischen Amtes für kulturelle Angelegenheiten gehörten unter anderen der Chef der Japanisch-Abteilung des Nationalen japanischen Sprachforschungsinstituts sowie Mitglieder des Forschungsrates für japanische Sprache an, dem wiederum der Präsident der Kyōdō-Nachrichtenagentur vorsteht. Die chinesischen Pläne zu einer Aufwertung der Lautschrift müssen dann auf verschiedenen Wegen vorzeitig in der japanischen Öffentlichkeit und im übrigen Ausland bekannt geworden sein. Darufhin entschloß sich der Staatsrat zu einem ungewöhnlichen Schritt und leitete die Vorankündigung einer erst drei Monate später, am 1. September, in Kraft tretenden Maßnahme an die eigene Nachrichtenagentur weiter, womit die Ausdehnung des Geltungsbereiches der Pinyin-Lautumschrift offiziell bestätigt war:

> Der Staatsrat der VRCh hat die NCNA-Nachrichtenagentur autorisiert, die folgende öffentliche Notiz in Umlauf zu setzen: Ab dem 1. September 1975 wird das Lautschriftalphabet der chinesischen Sprache als der einzige Standard für die Schreibweise von chinesischen Personen- und Ortsnamen in lateinischer Umschrift benutzt werden. Dies wird für alle Dokumente in ausländischen Sprachen gelten, für Pässe, Bescheinigungen und Veröffentlichungen, die innerhalb Chinas mit der lateinischen Schrift geschrieben oder gedruckt werden. Die chinesische Lautumschrift wird ebenso bei anderen chinesischen Wendungen benutzt, die in die lateinische Schrift transkribiert werden müssen. Dokumente in ausländischen Sprachen, Pässe, Bescheinigungen und Veröffentlichungen, die vor dem 1. September 1975 nach dem alten System der Lautumschrift geschrieben oder gedruckt wurden, können auch noch nach diesem Datum verwendet werden.[21]

Diese knappe Meldung fand in der westlichen Presse ein äußerst starkes Echo, wurde aber meist völlig mißverstanden.[22] Man sah mit diesem Schritt bereits die Abschaffung der chinesischen Zeichen und ihre Ersetzung durch ein lateinisches Alphabet in greifbare Nähe gerückt. Andere Journalisten kamen zu dem noch kühneren Schluß, daß Personen- und Ortsnamen in der chinesischen Presse zwischen den chinesischen Schriftzeichen nun nur noch in der Pinyin-Lautumschrift auftauchten »und nicht in jenen jahrtausendealten Schnörkeln« – als erster Schritt zur späteren Latinisierung. Derartige Verzerrungen müssen die chinesische Führung aufgeschreckt haben, denn wenig später wurde die offizielle NCNA-Meldung zurückgenommen,[23] ohne daß dies im Ausland Nachhall fand. Der 1. September brachte dann die Bestätigung eines Meinungsumschwunges in der chinesischen Regierung. Hatte man zunächst mit der Meldung die Flucht nach vorne angetreten, so erklärte nun ein Sprecher vor Journalisten in Peking, das Pinyin-System werde *nicht* in den angekündigten Funktionen allgemein eingeführt.[24] Eine Woche später wurde von offizieller Seite diese Aussage noch einmal vor der Presse wiederholt und hinzugefügt, daß China die Einführung des Pinyin-Systems auf unbegrenzte Zeit (*»indefinitely«*) hinausgeschoben habe.[25] Auch jetzt blieben die kurzen, diesmal kaum beachteten Meldungen darüber in der westlichen Presse insofern irreführend, als sie von einer »Verschiebung der neuen lautgerechten Umschreibung chinesischer in lateinische Schriftzeichen auf unbestimmte Zeit« berichteten, obwohl von chinesischer Seite nur Orts- und Personennamen sowie Transliterationen in Pekings Auslandspublikationen angesprochen waren. Ohne Zweifel sind mit dieser Verfügung des Staatsrates jedenfalls Maßnahmen des Komitees für Schriftreform unterbunden worden.

Die Interpretation dieses Vorgangs kann zum gegenwärtigen Zeitpunkt nicht völlig schlüssig ausfallen; es sind aber auf der einen Seite Befürworter der Pinyin-Lautschrift auszumachen, die ihre Verbreitung betreiben. Mit Mao-Autorität redet diese Gruppe einer zukünftigen Lateinschrift das Wort und impliziert damit die Pinyin als geeignetes Instrument einer solchen zukünftigen chinesischen Buchstabensprache. Auf der anderen Seite stehen Gegner des Pinyin-Systems, die politisch bremsend auf eine mögliche Anhebung des Status der Lautumschrift reagieren, also letztlich gegen eine Lateinschrift des Chinesischen mittels Pinyin arbeiten und die das System möglichst als Hilfskonstruktion zur phonetischen Schreibung der chinesischen Zeichen eingrenzen wollen.

Eine These zur Erklärung könnte lauten, daß die Auseinandersetzung zwischen Traditionalisten und Schriftreformern stattgefunden und die Traditionalisten und Verteidiger der chinesischen Zeichen sich einstweilen gegen die Schriftreformer, die auf eine Lautschrift zuarbeiten, durchgesetzt hätten. Eine zweite These könnte davon ausgehen, daß unter den Schriftreformern zwei Lager existierten, und die Auseinandersetzung in der Hauptsache zwischen ihnen ausgetragen worden sei; im einen würde die Pinyin als das Instrument für die angestrebte zukünftige Lateinschrift propagiert, während das andere Lager stärkste Bedenken gegen das Pinyin-System an sich oder gegen seine jetzige Form hätte. Hier setzte man sich für eine andere Lateinschrift oder doch wenigstens eine tiefgreifende nochmalige Revision der Pinyin ein, bevor sie als Modell der zukünftigen Lautschrift akzeptiert würde. Der Widerspruch zwischen diesen beiden Thesen kann bis zum gewissen Grade ausgeräumt werden, wenn man annimmt, daß Sprachpolitiker und Führungskader aus dem Traditionalistenlager sowie aus der Gruppe der technischen Gegner der Pinyin gemeinsam Front gegen die Statusanhebung des Systems bezögen. Solche Meinungsverschiedenheiten müßten im Komitee für Schriftreform aufgetreten sein, in dem sicherlich die Befürworter der Pinyin ausschlaggebend sind, wie auch auf der politischen Ebene innerhalb des Staatsrates und im Politbüro. Ein Patt in diesem Bereich der Sprachpolitik hat jedenfalls bewirkt, daß man mit allen Kräften eine weitere Vorentscheidung wie die Statusanhebung des Pinyin-Systems vermeiden möchte und für ein solches Ziel eher selbst den Gesichtsverlust der Rücknahme einer Regierungsentscheidung hinnimmt, als eine langfristige Festlegung zu präjudizieren. Welche Entscheidung nun von Traditionalisten, Anhängern der Pinyin-Lateinumschrift bzw. eines anderen Systems durchgesetzt wird, bleibt im Ungewissen.

Die Reserviertheit eines Teils der Sprachpolitiker dem Pinyin-System gegenüber soll abschließend an einigen Problemen der Umschrift selbst und ihres praktischen Einsatzes erläutert werden. Es handelt sich bei letzterem um die Anwendung der Pinyin im Wanjung-Modell, beim ersten Punkt um die Fragen der Zusammen- bzw. Getrenntschreibung der Silben und die verschiedenen Möglichkeiten, die Lateinschrift mit chinesischen Zeichen zu kombinieren oder nicht zu kombinieren.

Schreibvarianten im Pinyin-System

Die in der heutigen Popularisierungsliteratur noch zugelassenen Varianten der Getrennt- und Zusammenschreibung im Pinyin-System sind im wesentlichen die Folgenden:

1. Jede Silbe wird getrennt geschrieben
2. Worte oder Wortteile werden mit Bindestrichen geschrieben
3. Worte oder Wortteile werden zusammengeschrieben

Trotz der bekannten Unklarheit über die Definition des Wortes und der Wortgrenzen von amtlicher sprachpolitischer Seite aus lassen sich zwei Haupttendenzen verfolgen: Einerseits sollen nur zusammengehörende Wortteile miteinander verbunden werden, auf der anderen Seite aber wird die Aneinanderkettung ganzer Worte erstrebt.[26] In Textbeispielen finden sich aber eine Reihe von Widersprüchlichkeiten und Ungereimtheiten.

Bei der Zusammensetzung der Lateinschrift mit chinesischen Schriftzeichen gibt es hauptsächlich folgende Möglichkeiten:

1. Zusammensetzung in Parallelzeilen, oben Lautumschrift, unten Zeichen
2. Zusammensetzung nach Abschnitten hintereinander, oben Lautumschrift, unten Zeichen
3. Zusammensetzung auf getrennten Seiten, links Lautumschrift, rechts chinesische Zeichen
4. Alleinstehender Pinyin-Text[27]

Die Lautumschrift steht meist an erster Stelle und weist damit eine Tendenz zur Selbständigkeit auf.[28] Zeichen in der oberen

Hauptzeile und nachgeordnete Lautumschrift darunter sind im analysierten Material die Ausnahme. Für alle angeführten Fälle liegen Texte vor, die vom offiziellen Komitee für Schriftreform herausgegeben sind.[29] Deshalb erscheint der Schluß zulässig, das Komitee habe nicht aus Nachlässigkeit eine Entscheidung für ein einheitliches System versäumt, sondern einstweilen alle Möglichkeiten bewußt offengehalten und damit den experimentellen Charakter der Pinyin-Lautumschrift unterstrichen. Eine solche Einstellung zeigt sich auch bei zusätzlichen Fragen, wie der nach Großschreibung, vor allem von Personennamen, Ortsnamen und Ländernamen, Großschreibung des Satzanfangs, oder am Beispiel der nichtgeregelten Schreibweise für klassische Zitate, für Sprichworte u. a. Hier finden sich Beispiele dafür, daß alles, Namen (z. B. *linbiao*) und Wortanfang,[30] kleingeschrieben wird; andere Texte[31] bringen Namen mit großen Anfangsbuchstaben, schreiben sie aber zusammen, z. B. *Luxun*. Meist werden Namen aber beispielsweise wie *Li Heming* großgeschrieben. Die in der Fachliteratur aufgestellten Regeln besagen,[32] daß Personen-, Orts- sowie Sondernamen mit großen Anfangsbuchstaben zu schreiben seien, um noch in derselben Veröffentlichung durchbrochen zu werden.[33] Bei viersilbigen klassischen Wendungen gibt es Beispiele für Getrenntschreibung der Silben, Zusammensetzung mit Bindestrich sowie Zusammenschreibung in Silbenpaaren.[34] Insgesamt gesehen herrscht also ein Zustand ziemlicher Verwirrung, was das Einschleichen von Widersprüchlichkeiten und Fehlern begünstigt. Aus alledem wird sichtbar, daß die Pinyin als selbständiges Lautschriftsystem noch nicht ausgereift ist. Auch die folgende Betrachtung über ihre praktische Anwendung anhand des Wanjung-Modells wird bestätigen, daß die Pinyin nur als System zum Erlernen der chinesischen Schriftzeichen fungiert, also als nicht selbständige Lautumschrift.

Die Lautschrift im Wanjung-Modell

Das Experiment des Zeichenlernens mittels Lautumschrift des Kreises Wanjung hatte zunächst für die ganze Provinz Shansi Modellcharakter und wurde dann mit Billigung des ZK als nachzuahmendes Muster für ganz China verbindlich. Die diesbezügliche Weisung des ZK der KPCh und der ihr beigefügte Bericht des Provinzparteikomitees von Shansi ist im Anhang zur Beschreibung des Modells und seiner damaligen Bewertung in Auszügen angeführt.

Dieses Modell erlebt 1975 durch einen Artikel in der Volkszeitung nach 15 Jahren ein Comeback – wenige Tage, nachdem die Aufwertung der Pinyin-Lautschrift durch einen staatlichen Eingriff verhindert wurde.[35] Allerdings war der erste Schritt zur Wiederbelebung von Wanjung schon Ende 1973 getan, als in der Grundsatzbroschüre »Die Schrift muß reformiert werden«[36] das Modell wieder angesprochen wurde. Es ist nach den Gründen zu fragen, warum dieses Produkt des Aktivismus aus der Zeit des Großen Sprungs, das spätestens mit der Kulturrevolution endgültig obsolet geworden war, nun nach 15 Jahren wieder diskutiert wird. Auch dürfte die Nuancenverschiebung in der Definition des Modells interessieren und helfen, die heutige Einstellung zur Pinyin-Lautumschrift zu erhellen.

Für das Modell von 1960 (Wanjung I) war die Überwindung zweier Probleme charakteristisch, die im Kampf gegen den Analphabetismus zunächst als unüberwindlich gegolten hatten und nun erstmals gelöst wurden. Früher wurde nahezu die Hälfte der Lernenden ›rückfällig‹ und vergaß die erlernten 1500 Zeichen.[37] Damit fiel auch weitgehend die eigentliche Anwendung der erworbenen Lesekenntnisse in der nebenberuflichen Ausbildung für praktische Zwecke der Landwirtschaft oder in einem allgemeineren Sinne aus. Erst die Anwendung der Pinyin-Lautumschrift verhinderte solche ›Graduierten-Analphabeten‹ und wurde deshalb vom ZK als verbindlich erklärt.

Die Situation des Modells von 1975 (Wanjung II) ist nach wie vor bestimmt durch das ›Zeichenerlernen mittels Lautumschrift‹ (*chu-yin shih-tzu*). Da auch weiterhin gegen den Analphabetismus gekämpft wird, darf man davon ausgehen, daß das seinerzeitige Ziel einer ›Provinz ohne Analphabeten‹ in der Praxis nicht so schnell zu erreichen war. Im Zusammenhang mit neuerarbeiteten Textbüchern wird auch heute stolz auf ein »Lehrbuch zur Beseitigung des Analphabetismus und zum Zeichenlernen der Bauernschrift« hingewiesen sowie auf ein »Lehrbuch zum Zeichenlernen mittels Lautumschrift der Bauernschaft«. Allerdings steht außer Zweifel, daß die Beseitigung des Analphabetismus nicht mehr im Mittelpunkt stehen muß. Schwerpunkt des neuen Modells ist die nebenberufliche Ausbildung im Bereich der Landwirtschaft geworden, die erst erfolgen kann, nachdem Lesen und Schreiben kein Problem mehr ist. Nach wie vor heißt es darüber: »Die Praxis des Kreises Wanjung beweist, Zeichenerlernen mittels Lautumschrift ist ein wirksamer Abkürzungsweg zur verbreiterten Beseitigung des Analphabetismus und für die nebenberufliche Ausbildung.«[38] Für diese Erziehungsbemerkungen gibt es heute neue Träger. Einmal sind das die aufs Land geschickten Jugendlichen mit Schulausbildung (*chih-shih ch'ing-nien*), die Lesekenntnisse und eine weiterführende Fachausbildung vermitteln. 4980 ? Lehrer aus dieser Gruppe arbeiten im Kreis zusammen mit 8000 Kleinen Roten Soldaten,[39] also Mittelschülern, die die Kommunemitglieder unterrichten. Entscheidend sind aber die in den letzten Jahren organisierten Kernkakerkontingente, die von den Politischen Abendschulen des Sieben Mai der Produktionsbrigaden herangebildet wurden und über 120.000 Personen umfassen. Seit 1974 werden außerdem Lehrtexte für diesen irregulären Unterricht auf Grundschul-, Mittelschul- und Universitätsniveau geschrieben, die alle Lautumschrift verwenden.

Insgesamt stellt auch das Modell II die Pinyin in den Mittelpunkt, trotz der Schwerpunktverlagerung von der Bekämpfung des Analphabetismus auf die nebenberufliche landwirtschaftliche Fachausbildung. Wenn Wanjung 1960 ein Modell für das ganze Land war, so heißt es heute etwas nüchterner, hier würden wirksame Methoden praktiziert. Zusammenfassend läßt sich festhalten, daß Wanjung II die Pinyin in ihrer Funktion als Lautumschrift festschreibt. Das grundlegende Problem, wie eine zukünftige Lautschrift auszusehen hat und wann sie eingeführt werden soll, bleibt damit nach wie vor sorgfältig ausgespart. Das Pinyin-System jedenfalls hat in dieser Hinsicht eine Schlacht verloren.

Nachbemerkung:

Daß 1974 einheitliche Regelungen für die Schreibung von chinesischen Personennamen, chinesischen geographischen Bezeichnungen und geographischen Bezeichnungen chinesischer Minderheiten-Gebiete getroffen worden sind, die 1975 veröffentlicht wurden und Anstoß des analysierten Dissens waren, ist erst jetzt zu überblicken. Im Zusammenhang mit der Veröffentlichung einer ersten offiziellen Pinyin-Landkarte scheinen auch endgültige Regelungen für ausländische geographische Bezeichnungen getroffen worden zu sein, wie aus der Karte indirekt hervorgeht. Allerdings liegen bisher nicht entsprechende Dokumente des Komitees für Schriftreform wie in den vorgenannten Fällen vor. Das Dokument »Schreibweise geographischer Namen mit dem Pinyin-Lautschriftalphabet«, im Mai 1974 vom Chinesischen Komitee für Schriftreform und vom Staatlichen Vermessungszentralamt der Volksrepublik China festgelegt, habe ich in *China aktuell*, November 1975, S. 680–687 und 702–706, übersetzt und zusammen mit der Karte analysiert. Volle Übersetzungen aller Dokumente wird die demnächst erscheinende Schrift *Chinas Sprachplanung 1588–1975 aus komparativer Perspektive* enthalten.

Anhang

I
Weisung des ZK der KPCh über die Verbreitung des Zeichenlernens mittels Lautumschrift

Die Erfahrungen, die der Kreis Wanjung der Provinz Shansi im Zeichenerlernen mittels Lautumschrift gemacht hat (siehe das beigefügte Dokument), stellen einen sehr wichtigen schöpferischen [Erfolg] innerhalb der kulturellen Revolution unseres Landes dar und müssen im ganzen Land beschleunigt verbreitet werden. Die Erfahrungen des Kreises Wanjung der Provinz Shansi, innerhalb von zwei Monaten den Analphabetismus bei Jugendlichen und Erwachsenen zu vernichten, haben zwei große Probleme der Kampagne zur Beseitigung des Analphabetismus gelöst:

1. Die Situation, daß Personen, bei denen der Analphabetismus bereits beseitigt war, wieder rückfällig wurden, ist bereinigt
2. Es ist eine Garantie dafür gefunden, daß Bauern, die sich einen Wortschatz von über 1000 Zeichen angeeignet haben, ohne Lehrer selbständig Zeitungen und Bücher mit Lautumschrift in großen Mengen lesen können und daß sie ihren Zeichenwortschatz durch Selbststudium ständig vergrößern

Das erleichtert und beschleunigt die Arbeit im Bereich der nebenberuflichen Ausbildung ganz außerordentlich. Es trägt weiter dazu bei, daß das Bücherlesen auf dem Lande zur Gewohnheit wird. Es verdeutlicht nachdrücklich, welch großer Aufschwung im kulturellen Bereich auf dem Lande erfolgt ist. Eine vorfristige Beseitigung des Analphabetismus bei Jugendlichen und Erwachsenen bedeutet die vorfristige Realisierung einer der Angelpunkte des ›Landwirtschaftsprogramms in vierzig Punkten‹. Deshalb ist die Verbreitung der Erfahrungen des Kreises Wanjung die wichtige Aufgabe, »umfassender, schneller, besser und wirtschaftlicher« die Beseitigung des Analphabetismus zu betreiben. Das Parteikomitee von Shansi hat jetzt bereits beschlossen, diese Erfahrungen in der ganzen Provinz allgemein zu verbreiten. Nach Kräften soll weit vorfristig eine »Provinz ohne Analphabeten« Realität werden. Die überwiegende Mehrzahl der Provinzen und Gebiete unseres Landes (ausgenommen sind einige nationale Minderheitengebiete und Dialektgebiete) kann und muß allgemein diese Erfahrungen verbreiten. Wenn die Parteikomitees aller Provinzen, Städte und Regionen sich nur dazu entschließen und die Gelegenheit nutzen, wenn sie vor dem Herbst dieses Jahres Versuche anstellen und Lehrkräfte heranbilden sowie Lehrmaterial und Lesetexte mit Lautumschrift bereitstellen, dann kann man mit gleicher oder doch ähnlicher Geschwindigkeit wie in Shansi den Analphabetismus beseitigen ...

22. April 1960 — Das ZK der KPCh

An das Zentralkomitee:

Im folgenden wird ein Bericht über die Umstände und Erfahrungen bei der Durchführung der »Kampagne zur Erlernung der Schriftzeichen mittels Lautumschrift« im Kreise Wanjung vorgelegt.

Während der vergangenen zehn Jahre hat der Kreis Wanjung dem Arbeitsbereich der Beseitigung des Analphabetismus ständig seine Aufmerksamkeit gewidmet. Seit dem Jahre 1958 erfuhr angesichts der großen Entwicklung der Produktion das Denken der Menschen eine große Befreiung. Das Interesse der Massen an kulturellen Studien hat sich immer weiter gesteigert ...

Doch die Massen sehnten sich ebenso nach Kultur, wie sie sie fürchteten, d. h. nach einem ›Schulungsabschluß in der Beseitigung des Analphabetismus‹ waren Fälle von Vergessen und Rückfall in Analphabetismus äußerst gravierend. Bis zum Oktober 1958 hatte man bei über 34.000 Jugendlichen und Erwachsenen des ganzen Kreises den Analphabetismus beseitigt, über 12.000 aber vergaßen alles und fielen zurück ins Analphabetentum. Diese Menschen bezeichneten sich selbst als »Graduierte Analphabeten«. Sogar alle diejenigen, die den Analphabetismus bereits hinter sich gelassen hatten, verspürten wegen ihres begrenzten Zeichenwortschatzes beim Lesen Schwierigkeiten, und es war nicht leicht, die Erfolge in der Beseitigung des Analphabetismus zu festigen und zu erweitern. Angesichts dieser Lage studierte das Kreiskomitee von Wanjung im Oktober 1958 die Möglichkeiten, wie man in der Beseitigung des Analphabetismus und in der nebenberuflichen Ausbildungsarbeit ebenfalls einen Großen Sprung nach vorn machen könne, um sich den Erfordernissen des Großen Sprungs in der Produktion anzupassen. Daraufhin wurde beschlossen, im gesamten Kreis den ›Lautumschriftplan der Chinesischen Sprache‹ zur Durchführung zu bringen und die Methode des ›Zeichenerlernens mittels Lautumschrift‹ anzuwenden, um mit hoher Geschwindigkeit eine Kampagne zur Beseitigung des Analphabetismus und zur nebenberuflichen Ausbildung zu eröffnen. Nach mehrmonatigen Schwerpunkt-Versuchen waren die Erfolge an sich recht gut. Weil aber innerhalb der Partei ideologische Einstellung und Kenntnisse hinsichtlich der Methode der Beseitigung des Analphabetismus mittels Lautumschrift nicht einheitlich waren, ging es bei der Verbreitung dieser Erfahrungen im Jahre 1959 ziemlich lange auf und ab, und die Begeisterung war nicht nachhaltig genug. Im Oktober 1959 faßte das Kreiskomitee die Erfahrungen bei der Beseitigung des Analphabetismus mittels Lautumschrift erneut zusammen, unterzog falsche ideologische Einstellungen einer Kritik und führte die Kampagne zur Beseitigung des Analphabetismus mittels Lautumschrift nach gründlichen Vorbereitungen in einem Atemzug auf einen Höhepunkt, wobei innerhalb des gesamten Kreises ›das ganze Volk Lehrer war und jeder sich schulen ließ‹. Von den 210.000 Bewohnern des Kreises nahmen 140.000 an der Kampagne [zur Beherrschung] der chinesischen Lautumschrift teil und erzielten unerwartete Erfolge. In nur zwei Monaten bis Ende Dezember 1950 ließen 13.246 jugendliche und erwachsene Analphabeten (einschließlich der Rückfall- und Rest-Analphabeten) den Analphabetismus vollständig hinter sich, vorfristig war das Ziel eines Kreises ohne Analphabeten unter Jugendlichen und Erwachsenen realisiert. Auch die 24.000 älteren Analphabeten des Kreises nahmen freiwillig am Unterricht zur Beseitigung des Analphabetismus teil. Von ihnen haben inzwischen 240 den Analphabetismus hinter sich gelassen, über 9300 beherrschen den ›Lautumschriftplan der Chinesischen Sprache‹ und 107.000 Personen können jetzt die Gemeinsprache sprechen.

Nachdem die Bauern die Hürde der Beseitigung des Analphabetismus und des Zeichenerlernens genommen hatten, rückten sie mit Riesenschritten in Richtung auf die kulturelle Revolution vor. Die Bewegung zur nebenberuflichen Ausbildung entwickelte sich überall wie Bambussprossen nach dem Regen. Bis zum gegenwärtigen Augenblick haben über 52.000 Jugendliche und Erwachsene des gesamten Kreises an der oberen Grundschulklasse der nebenberuflichen Ausbildung teilgenommen. Über 9600 besuchten die Unterstufe der Mittelschulklasse der nebenberuflichen Ausbildung. Wenn man diese zwei Personengruppen zusammenrechnet, sind das 86,5% der Gesamtzahl von Jugendlichen und Erwachsenen und 94 % der Personen, die überhaupt teilnehmen sollten. Im Handumdrehen hat sich bei den Massen die Gewohnheit entwickelt, Bücher zu lesen, zu kaufen und zu entleihen sowie Dinge schriftlich niederzulegen. Im Dezember 1959 wurden im ganzen Kreis allein im Bereich der Lesetexte mit Lautumschrift etwa 180.000 Hefte verkauft sowie weitere 240.000 Hefte bestellt, und dennoch konnte das den Bedarf der Massen nicht decken. Es war etwas völlig Neues, als so plötzlich geradezu eine Hungersnot nach Büchern in den Landgebieten von Wanjung entstand ...

Sehr schnell sind eine ganze Reihe von Bauern-Lyrikern und Bauern-Schriftstellern hier zum Vorschein gekommen. Was Männern und Frauen, Alten und Jungen in den Sinn kam, das hielten sie schriftlich fest. In weniger als einem Jahr wurden im ganzen Kreis über 1,9 Millionen Gedichte verfaßt. Der 47jährige Li T'ai-po[40] [etwa] schrieb »Fragmente meines Lebens« im Umfang von über 20.000 Zeichen ...

Die Erfahrungen des Kreises Wanjung zeigen, daß die Methode des Zeichenlernens mittels Lautumschrift sich gut dafür eignet, den Analphabetismus umfassender, schneller, besser und wirtschaftlicher zu beseitigen sowie die Erfolge der Analphabetismus-Beseitigung zu festigen und zu erweitern; sie sind ein Abkürzungsweg zur Beschleunigung der Intellektualisierung der Arbeiter- und Bauernmassen. Bei Anwendung des Lautumschrift-Alphabets zur Beseitigung des Analphabetismus braucht ein Jugendlicher zunächst 15 bis 20, ein Erwachsener 25 bis 30 Stunden Unterricht in der Lautumschrift, um den ›Lautumschriftplan der Chinesischen Sprache‹ zu erlernen; etwa 120 bis 150 Stunden Unterricht im Lesen und Schreiben sind weiter erforderlich, um 1500 Schriftzeichen zu erlernen und damit das Kriterium der Beseitigung des Analphabetismus zu erfüllen. Nachdem man nun dieses Werkzeug der chinesischen Lautumschrift beherrscht und dem Kriterium der Beseitigung des Analphabetismus entspricht, unterliegt man nicht mehr den Beschränkungen einer begrenzten Zeichenzahl, man kann in großem Ausmaß Lesetexte mit Lautumschrift lesen und schriftliche Darlegungen einüben. Dann kann man Selbststudium ohne Lehrer betreiben, aus jedem Wort drei andere ableiten, sich gegenseitig belehren und voneinander lernen, so daß sich die Studienbewegung auf Massenbasis noch leichter breit und anhaltend durchführen läßt. Im Januar dieses Jahres führte der Verwaltungsbezirk Ch'ingku der Volkskommune Wanghsien dieses Kreises einen Versuch mit 101 Lernenden durch, die in der zweiten Hälfte des Jahres 1958 aufgrund der Methode des Zeichenerlernens mittels Lautumschrift ihre Ausbildung abgeschlossen hatten. 42 von ihnen, d. h. 41,6 %, hatten die 1500 Zeichen gefestigt und noch etwa 500 Zeichen hinzugelernt, 51 Personen, d. h. 50,5 %, hatten den Stand von 1500 Zeichen bewahrt und nur acht Personen oder 7,9 % kannten lediglich noch etwa 1000 Zeichen. Bei dieser geringen Zahl von Lernenden, die in der Festigung des Zeichenschatzes verhältnismäßig schlecht waren, lag der Hauptgrund darin, daß sie nicht regelmäßig weitergelernt und selten in einfachen Lesetexten herumgelesen hatten. Gleichzeitig machte man ebenfalls einen Versuch bei den Lernenden, die ihren Ausbildungsabschluß nicht mit Hilfe der Methode der Beseitigung des Analphabetismus durch Lautumschrift erreicht hatten. Der Prozentsatz des Vergessens lag bei über 64 %.

Die Erfahrungen des Kreises Wanjung haben weiter bewiesen, daß die Anwendung der Methode des Zeichenerlernens mittels Lautumschrift bei der Reform der nebenberuflichen Ausbildung für Arbeiter und Bauern sowie bei der ganztägigen Grundschulausbildung die erforderlichen Unterrichtsjahre verkürzt und zu solcher Verkürzung der Unterrichtsjahre hervorragende Vorausetzungen geschaffen hat ... Sobald aber die Zeit für den Sprachunterricht sich verkürzt, läßt sich weiterer Lehrstoff aus dem Bereich von Politik, Mathematik, Wissenschaft und Technik aufnehmen...

Wenn der Kreis Wanjung die Methode des Zeichenerlernens durch Lautumschrift anwendete und so im Arbeitsbereich der Beseitigung des Analphabetismus sowie in der nebenberuflichen Ausbildung derart glänzende Erfolge erzielte, dann hat er, wie auch bei anderen Angelegenheiten, einen ideologischen Kampf zu bestehen gehabt. Anfangs gab es einige, die gegenüber der Methode der Beseitigung des Analphabetismus mittels Lautumschrift sehr skeptisch waren und in sie kein Vertrauen hatten. Wenn man in großem Ausmaß den Kurs der Massenbewegung einschlagen wollte, türmten sie dazu einen Haufen Schwierigkeiten auf und meinten, mal dieses, mal jenes ginge nicht. Doch das Kreiskomitee Wanjung schob entschlossen alle pessimistischen Ansichten beiseite und verwirklichte [den Leitsatz] ›Politik übernimmt das Kommando‹. Es schlug den Kurs der Mobilisierung der Massen, der Massenkampagnen in großem Ausmaße ein. In den Parteikomitees aller Ebenen übernahm der erste Parteisekretär das Kommando; Partei, Regierung, Militär und Volk legten gemeinsam Hand an und gründeten Stufe für Stufe Sonderorgane. Einheitlich organisierte man die Führung der Kampagne zur Beseitigung des Analphabetismus mittels Lautumschrift. Der Kreis gründete ein Schriftreform-Komitee, jede Volkskommune stellte eine Nebenstelle [*fen-hui*] des Schriftreform-Komitees und die Verwaltungsdistrikte Führungsgruppen auf. Gleichzeitig bildete man im Rahmen des ganzen Kreises einen Trupp von über 230 Fachkadern ...

Weil man jedoch eine so groß angelegte Massenkampagne in Angriff nehmen wollte, stieß man zuerst auf das Problem, daß es an Lehrkräften mangelte. Tatsächlich verfügte der Kreis Wanjung damals nur über zwei Lehrer der Lautumschrift, das Lehrkräftepotential war wirklich zu klein. Dieser Umstand stellte auch die Grundlage aller pessimistischen Ansichten dar. Doch diese Schwierigkeit konnte entschlossene, weitblickende Menschen nicht abschrecken. Sie schlugen den Kurs ein, eine große Massenkampagne zu entfesseln und in großem Rahmen die Massenlinie zu verfolgen, und sie verwendeten die Methode des rollenden Schneeballs. Kreis und Kommunen teilten sich die Zuständigkeiten auf, auf allen Ebenen bildete man Kernkader heran, in jeder Kommune wurden Unterrichtsstationen aufgebaut und in jeder Region Unterrichts- und Forschungsgruppen gebildet. Grundschullehrer übernahmen den Unterricht von Massenlehrern, Schüler den von ›Eleven der Beseitigung des Analphabetismus‹. Aktivisten arbeiteten als ›kleine Lehrer‹, hauptberufliche und nebenberufliche Lehrer vereinigten sich eng miteinander ... In wenigen Monaten bildete der gesamte Kreis 2000 Lehrer und 3500 Helfer heran. Von da an erhob sich im Bereich des ganzen Kreises eine machtvolle Studienbewegung zur Beseitigung des Analphabetismus, in der ›das Volk das Volk unterrichtete‹.

Nachdem das Problem der Lehrkräfte gelöst war, stellte auch die Lösung der Frage nach dem Lehrmaterial eine schwerwiegende Aufgabe dar. Außer einer Reihe von Lesetexten mit Lautumschrift, die von der übergeordneten Ebene verteilt worden waren, verfolgte man hauptsächlich die Methode, ›sich auf die eigenen Kräfte zu verlassen‹, gab über 20.000 Hefte Lehrmaterial mit Lautumschrift heraus und mobilisierte die Massen, zusätzliche Lehrmaterialien selbst zu edieren. Dazu gründete man noch die pro Nummer in 9000 Exemplaren herauskommende »Wanjung-Lautumschriftzeitung«. Darüber hinaus setzte man bei landwirtschaftlichen Geräten, Parolen, Gedichten auf Hauswänden, bei den Schildern vor Behörden und Schultoren die Lautumschrift hinzu, so daß eine Atmosphäre des Zeichenerlernens entstand, in der überall Lehrmaterial war, und ›die Schriftzeichen mit Lautumschrift die Analphabeten einkreisten‹.

Wenn man so auf Massenbasis die Studienbewegung zur Beseitigung des Analphabetismus durchführte, konnte das die Produktion beeinträchtigen? Selbst Leute, die pessimistische und mutlose Meinungen geäußert hatten, beantworteten diese Frage mit Nein. Das Kreiskomitee Wanjung verwendete die Methode der einheitlichen Anweisung von Studien und Produktion, der einheitlichen Vorausplanung und der engen Vereinigung ...

Nachdem die Bauern Herren auch im kulturellen Bereich geworden waren, erwiesen sie sich als noch klüger und befähigter ... Bauern, die die Mütze des Analphabetismus abgestreift haben, befinden sich nun im Vormarsch auf die kulturelle und gleichzeitig auch auf die technische Revolution, sie wollen kämpfen, um gründlich die rückständige Produktionssituation zu verändern. In einer Verbindung von Produktionsorganisationen und Produktionsbasis hat heute der ganze Kreis alle möglichen Arten von wissenschaftlich-technischen Studienorganisationen gegründet. An solchen Studienorganisationen innerhalb der ganzen Provinz nehmen bereits über 63.000 Menschen teil, davon erlernen 26.700 Baumwollpflanzungstechniken, 24.200 Bodenmelioration, über 2100 studieren Viehzucht und Tiermedizin, dazu über 2800 landwirtschaftliche Maschinen[technik]. Die sieben Volkskommunen im ganzen Kreis haben sieben wissenschaftliche Forschungsschwerpunkte errichtet, insgesamt 1630 Mann ausgewählt und mit ihnen eine Spezialistenproduktionsbrigade geformt (die auch [die Auszeichnung] der ›Hervorragenden Studienklasse‹ erhalten hat); so werden Arbeit und Studium konzentriert und wissenschaftlich-technische Kernkader herangezogen. Heute haben die vom Analphabetismus befreiten Jugendlichen und Erwachsenen in allen Kommunen und Verwaltungsbezirken innerhalb der Bewegung der technischen Revolution bereits äußerst großen Nutzen gebracht ...

Um die Erfahrungen des Kreises Wanjung zu verbreiten, haben wir im Dezember vorigen Jahres im Kreise Wanjung vor Ort eine Konferenz einberufen, an der Kader der Erziehungsadministration aller Bezirke, Städte und Kreise, Kader der Kommunistischen Jugendliga sowie Schulleiter und Lehrer von Mittelschulen und Grundschulen, insgesamt 600 Personen, teilnahmen. Verantwortliche Genossen des Schriftreform-Komitees des Staatsrates sowie des Allchinesischen Frauenverbandes, dazu Vertreter von 14 Provinzen (Regionen), etwa aus Heilungkiang, Fukien, Szuchuan, Kansu sowie der Inneren Mongolei, insgesamt über 80 Personen, folgten ebenfalls der Einladung zur Teilnahme. Diese Konferenz trieb mit Nachdruck die Arbeit im Bereich der Beseitigung des Analphabetismus sowie der nebenberuflichen Ausbildung innerhalb der ganzen Provinz voran. Die augenblicklichen Fortschritte dieser Arbeit sind sehr gut. Nach unvollständigen Statistiken hat die gesamte Provinz bereits über 67.600 Lehrer der Lautumschrift ausgebildet. Über 3,28 Millionen Menschen haben schon an einem Kurs der chinesischen Lautumschrift teilgenommen. Die Hälfte erreichte bereits ein solches Niveau, daß sie lesen, in Buchstaben umsetzen und schreiben kann . . .

Es wird um Weisung gebeten, ob der obige Bericht befriedigend ausgefallen ist.

Das Provinzparteikomitee von Shansi — 5. April 1960

(Übersetzt von Helmut Martin und Waltraut Jarke nach *Jen-min jih-pao* vom 11. 5. 1960)

II

Liste von neuen Kurzzeichen, als Entwurf 1973 vorgelegt vom Verlag für Schriftreform.

Eine für 1975 angekündigte und erneut verzögerte endgültige Liste muß vom Staatsrat verabschiedet und veröffentlicht werden.

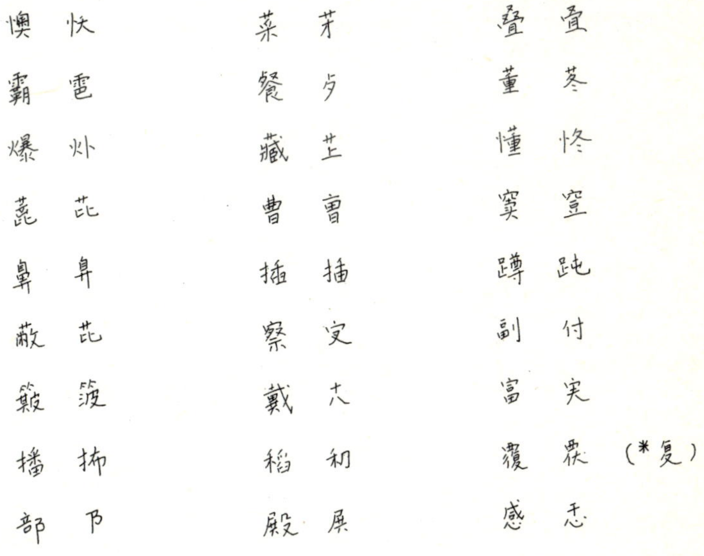

赣	干	镢	⿰钅夬	凝	泞
搞	捁	糠	粇	虐	乇
罐	⿰缶又	儡	⿰亻厽	票	⿱⺌示
灌	浂	璃	玏	漆	⿰氵七
薅	⿱艹好	粮	⿰米卜	器	⿴口八
冀	⿱北一	量	⿱日力	潜	汘
假	⿰亻下	撩	⿰扌了	墙	垟
建	⿺廴占	僚	⿰亻了	勤	⿰卅力
酱	⿱夂寸	磷	砱	青	⿱龶厶
疆	⿰弓亘	留	⿱丷田	壤	圵
街	亍	率	卆	嚷	⿰口上
解	⿱刀丰	慢	⿰忄万	儒	⿰亻入
境	⿰土井	帽	⿰巾毛	褥	⿰衤入
镜	⿰钅井	煤	⿰火乚	赛	⿱宀田
舅	⿱臼力	蒙	⿱⺌凵	伞	仚
韭	⿱艹九	命	⿱人丙	厦	⿸厂下
酒	氿	幕	⿱大巾	鼠	⿰臼乚
具	⿱口大	囊	⿻申一	数	⿰由攵
橘	桔	能	⿰厶匕	叟	⿱申又

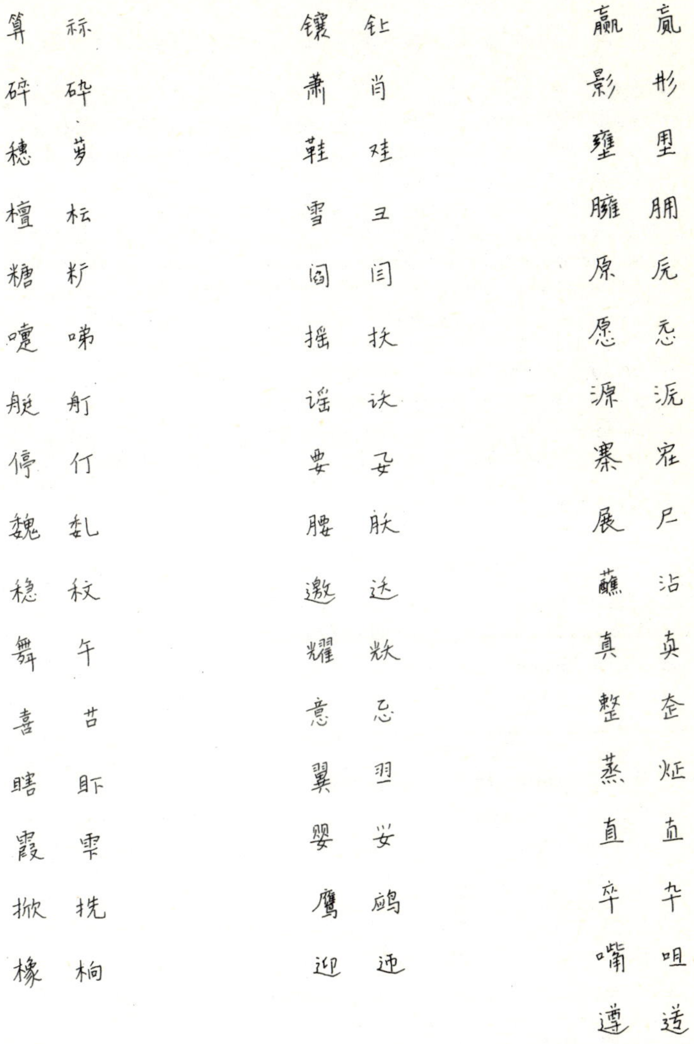

Die 133 Schriftzeichen und die entsprechenden Kurzzeichen sind nach der Pinyin-Lautumschrift angeordnet und aus Text Nr. 12 erschlossen.

III
Neuere sprachpolitisch relevante Literatur aus der VRCh

1. »Grundwissen der modernen chinesischen Sprache« (*Hsien-tai Han-yü chi-ch'u chih-shih*), von einer Redaktionsgruppe Grundwissen der modernen chinesischen Sprache, Volksverlag Hunan, 1975, 150.000 Ex.
2. »Phonetikwissen der modernen chinesischen Sprache« (*Hsien-tai Han-yü yü-yin chih-shih*), herausgegeben von der Lehr- und Forschungsgruppe der Abteilung für chinesische Sprache der Huachung-Pädagogischen Hochschule. Volksverlag Hupei, 1974, 120.000 Ex.
3. »Sprachliches Grundwissen« (*Yü-wen chi-ch'u chih-shih*), Bd. 1, Versuchslehrbuch der Pädagogischen Hochschule der Stadt Peking, herausgegeben von der Gruppe für Unterrichtsmaterialien des Erziehungsbüros der Stadt Peking, 1975.
4. »Wie sind die Satzzeichen zu verwenden?« (*Tsen-yang shih-yung piao-tien-fu-hao*), von Su Pei-ch'eng, in der »Kleinen Reihe Sprache« (*Yü-wen hsiao ts'ung-shu*), Volksverlag Peking 1974, 500.000 Ex.
5. »Die Schrift muß reformiert werden« (*Wen-tzu pi-hsü kai-ko*), Verlag für Schriftreform, Peking 1974.
6. »Lu Hsün über Schriftreform« (*Lu Hsün lun wen-tzu kai-ko*), Verlag für Schriftreform, Peking 1974.
7. »Seid die Avantgarde der Schriftreform« (*Tso wen-tzu kai-ko ti tsu-chin-p'ai*), Volksverlag Peking 1974.
8. »Vertieft die Kritik an Lin und Konfuzius, treibt die Schriftreform voran« (*Shen-ju p'i-lin p'i-k'ung, ts'u-chin wen-tzu kai-ko*), Verlag für Schriftreform, Peking 1974.
9. »Arbeiter, Bauern und Soldaten diskutieren die Schriftreform« (*Kung-nung-ping t'an wen-tzu kai-ko*), Verlag für Schriftreform, Peking 1974.
10. »Handbuch zur Einübung der Gemeinsprache« (*P'u-t'ung-hua lien-hsi shou-tse*), für Grundschullehrer, Verlag für Schriftreform, Peking 1973.
11. »Die chinesischen Zeichen korrekt verwenden« (*Cheng-ch'üeh shih-yung Han-tzu*), von Hsiao Tien-chu, Volksverlag Heilungkiang, Harbin 1974, 430.000 Ex.
12. »Kleiner Zeichenschatz der korrekten chinesischen Zeichen« (*Han-tzu cheng-tzu hsiao tzu-hui*), Entwurf, Verlag für Schriftreform, Peking 1973.

13. »Das Ordnen und Vereinfachen der chinesischen Zeichen« (*Han-tzu ti cheng-li ho chien-hua*), Verlag für Schriftreform, Peking 1974.

14. »Einführung in die Lautumschrift der chinesischen Sprache« (*Han-yü p'in-yin ju-men*), von Yü Hsüeh-wen, in der »Kleinen Reihe Sprache«, Volksverlag Peking, 1973, 500.000 Ex.

15. »Rundfunk-Unterricht der Lautumschrift des Chinesischen« (*Han-yü p'in-yin kuang-po chiang-tso*), Verlag für Schriftreform, Peking 1974.

16. »Antworten zum Unterricht der Lautumschrift der chinesischen Sprache an Grundschulen« (*Hsiao-hsüeh Han-yü p'in-yin chiao-hsüeh wen-ta*), Verlag für Schriftreform, Peking 1973.

17. »Lesebuch in der Lautumschrift der chinesischen Sprache« (*Han-yü p'in-yin tu-pen*), von der Lehr- und Forschungsgruppe der Chinesisch-Abteilung der Pädagogischen Hochschule Nanking, Kiangsu-Volksverlag 1975.

18. »Die Reisähren auflesen« (*Shih tao-sui*), von P'an K'un und Yin Fang, Lautumschrift-Lesetext für Kinder, Verlag für Schriftreform, Peking 1973.

19. »Liu-hsia Chih beschimpft den alten Konfuzius« [wörtl. »zweiten Sohn«] (*Liu-hsia Chih t'ung-ma K'ung lao-erh*), Lautumschrift-Lesetext für Kinder, Verlag für Schriftreform, Peking 1974.

20. Ortsnamenindex in der chinesischen Lautumschrift zum ›Atlas der Volksrepublik China‹« (*Han-yü p'in-yin ›Chung-hua-jen-min-kung-ho-kuo-ti-t'u‹ ti-ming-suo-yin*), Kartenverlag, Peking 1974.

21. »Schreibweise chinesischer Personennamen und geographischer Namen mit dem Pinyin-Lautschriftalphabet« (*Chung-kuo jen-ming ti-ming Han-yü p'in-yin p'in-hsieh-fa*), Red. Verlag für Schriftreform, Peking 1975.
Die Dokumentensammlung enthält zusätzlich eine »Erklärung« des Komitees für Schriftreform und eine deutliche Aufwertung der Wade-Giles-Umschrift in Gestalt einer Entsprechungstabelle Pinyin – Wade-Giles in beiden Richtungen(!).

22. »Abdruck der ›Karte der Volksrepublik China‹ in chinesischer Lautumschrift von Juli 1974 (*1974 nien 6 yüeh Han-yü p'in-yin pan ›Chung hua jen-min kung-ho kuo ti-t'u‹*) mit einer Erläuterung.

23. »Festhalten an der Reform und Mut zur Verwirklichung« (*Chien-ch'ih kai-ko, yung yü shih-chien*), Volksverlag Shanghai 1975.
Der Band enthält Dokumente über Erfahrungen im Versuchsunterricht der Pinyin-Lautumschrift, die das Komitee für Schriftreform ab 1973 in fünf Provinzen und Städten sammelte.

24. »Lesetexte in der Lautumschrift der chinesischen Sprache« (*Han-yü p'in-yin tu-wu*), Verlag für Schriftreform, Peking, Nr. 1, September 1974 ff. Diese Textserie bringt eine weitere Variante der parallelen Schreibung von Umschrift und Zeichen, die auch das Raumverhältnis verdeutlicht, wie dieser Ausschnitt zeigt:

CHEN SHENG, WU GUANG QIYI DE
陈 胜、吴 广 起 义 的
FAN-KONG DOUZHENG
反 孔 斗 争

Chén Shèng, Wú Guǎng shì Qín-dài wǒguó dì-yī cì nóngmín dà qǐyì de gémìng lǐngxiù, yě shì fēngjiàn shèhuì zhōng dì-yī cì kāizhǎn fǎn-Kǒng dòuzhēng de yīngxióng rénwù.

陈胜、吴广是秦代我国第一次农民大起义的革命领袖，也是封建社会中第一次开展反孔斗争的英雄人

Anmerkungen:

1 Winfried P. Lehmann, *Language and Linguistics in the People's Republic of China, An account based on the visit of the Linguistic's delegation October 16 to November 13, 1974*, University of Texas Press 1975.

2 Vgl. Helmut Martin, »Reaktivierung der Sprachpolitik in der Volksrepublik China«, *Internationales Asienforum*, 6 (1975), No. 3, S. 323–345.

3 Weil solche Texte nur teilweise ins Ausland gelangen, sind sie im Anhang III gesondert aufgeführt. Einen ausführlicheren Kommentar über das Material bringt *China aktuell* im November 1975 in der Serie »Bücher- und Zeitschriften-Report«, Folge 2.

4 Mr. Charles Freeman, State Department, Washington, seinerzeit Dolmetscher Nixons während dessen China-Reise 1972, überließ mir einen Artikel chinesischer Sprachwissenschaftler, in dem von der ›Sprachpolitik‹ der VRCh die Rede ist: »Entwicklungsgang des Wortschatzes der chinesischen Sprache seit der Staatsgründung« (*Chien-kuo i-lai Han-yü tz'u-hui ti fa-chan pien-hua*), von Mao Ch'eng-tung, Fang Yü-ch'ing und Wang Huan, Manuskript des Pekinger Spracheninstituts vom Oktober 1974, 8 Druckseiten.

5 Nach H. Martin, *Reaktivierung* ... S. 325–326.

6 Anhang III, Text Nr. 12.

7 Volkszeitung (*JMJP*) vom 22. 8. 1973.

8 Nach wie vor nur als ›verantwortliche Persönlichkeit‹ bezeichnet.

9 W. P. LEHMANN, *Language* ..., S. 47.

10 Abschluß dieser Arbeit am 20. 10. 1975, überarbeitet 16. 2. 1976.

11 *JMJP*, 17. 12. 1973.

12 Vgl. Stalins Brief an Sanshejew über das Aufgehen von Dialekten in der Nationalsprache: J. W. STALIN, *Marxismus und Fragen der Sprachwissenschaft*, Peking 1974, S. 46.

13 W. P. LEHMANN, *Language* ... S. 17.

14 Nach einem für die Mitteilungsreihe des Instituts für Asienkunde, Hamburg, vorgesehenen Manuskript über die Reise.

15 W. P. LEHMANN, *Language* ... S. 35.

16 So auch W. P. LEHMANN, *Language* ... S. 36.

17 Vgl. z. B. die Texte Nr. 15; das Programm ist abgedruckt in Text Nr. 1 und 2.

18 Nach dem Reisebericht im Manuskript. Es handelt sich um das Pei-ching hsien p'i-chiu. Zu den Meinungsverschiedenheiten vgl. auch W. P. LEHMANN, *Language* ... S. 53.

19 Text Nr. 20 gibt wohl den hier gemeinten chinesischen Beitrag wieder.

20 *Japan Times* vom 23. 1. 1975, *Summary of World Broadcast (SWB)* 5. 3. 1975.

21 Radio Peking vom 31. 5. 1975 nach *SWB*, engl. vom 5. 6. 1975.

22 Erste Meldungen gerieten im Mai auch in die deutsche Presse, vgl. *Neue Zürcher Zeitung* vom 24. 5. 1975, »Vereinfachung der chinesischen Schrift«, nach einer dpa-Meldung aus Peking vom 23. 5. 1975. Vgl. ansonsten *International Herald Tribune*, 2. 6. 1975; *Frankfurter Rundschau*, 3. 6. 1975; weiter *Die Welt*, 3. 6. 1975 und 9. 6. 1975; der *Spiegel*-Bericht vom 9. 6. 1975, »Kalte Kringel«, mag stellvertretend für solche Mißverständnisse gelten. Vgl. weiter DAVID BONAVIA in *The Times* 17. 6. 1975 und die Tanjug-Agentur vom 10. 7. 1975 in Englisch nach den Ostinformationen vom 15. 6. 1975.

23 Mündliche Information von Charles Freeman.

24 Notiz vom 27. 8. 1975 nach *Times* vom 28. 8. 1975.

25 *Die Welt*, 4. 9. 1975 und *Times*, 5. 9. 1975, beide nach Reuter-Meldungen vom 3. und 4. 9. 1975.

26 Für getrennte Schreibung vgl. Text Nr. 3, S. 17 und Nr. 17, S. 39. Bindestriche nach Text Nr. 18, S. 2. Tendenz zur Gesamtwort-

schreibung Text Nr. 15, S. 26; Tendenz zur Schreibung nach Wortteilen Text Nr. 14, S. 36.

27 1: Texte Nr. 10, S. 9 und Nr. 3, S. 19; 2: die Texte Nr. 19, S. 3 und Nr. 14, S. 32–33; 3: die Texte Nr. 14 und 16; 4: Texte Nr. 3, 17 und 18.

28 Als Ausnahme seien genannt die wenigen eingeworfenen Zeilen des Textes 3, S. 19, wo die Anordnung umgekehrt ist.

29 Vgl. Texte Nr. 10, 15, 18 und 19.

30 Text 2, S. 134 und 136.

31 Text 14, S. 30.

32 Text 3, S. 19.

33 Text 2, S. 168 und S. 136.

34 Beispiele in Text 2, S. 3, Text 10, S. 4 und Text 14, S. 34. Zu Fehlern vergleiche z. B. wei-jen-ming, Text 3, S. 21.

35 In der *JMJP* vom 13. 9. 1975 wurde ein Artikel »Der Kreis Wanjung nutzt die verschiedensten Formen, um die nebenberufliche Ausbildung im Bereich der Landwirtschaft zu verbreitern« abgedruckt.

36 Text Nr. 5, S. 22 und H. MARTIN, *Reaktivierung* . . ., S. 330 und 336.

37 Nach dem Dokument vergaßen 12.000 Jugendliche und Erwachsene von 34.000 alle Zeichenkenntnisse wieder.

38 *JMJP*. 13. 9. 1975.

39 Vgl. HELMUT MARTIN, WOLFGANG BARTKE, *Die Massenorganisationen der Volksrepublik China,* Hamburg 1975, S. 59–62.

40 Zufällige *lautliche* Namensgleichheit mit dem berühmten T'ang-Dichter.

»Staat« und »Gesellschaft« in China
Über die Anwendbarkeit sozialwissenschaftlicher Kategorien

von Peter Weber-Schäfer, Bochum

Die Politikwissenschaft der Neuzeit als legitime Erbin der in Hegel aufgehobenen Aufklärung hat sich mit einer gewissen Selbstverständlichkeit daran gewöhnt, an die Analyse sozialer Prozesse – gleichgültig in welchem Kulturkreis sie stattfinden – mit einem Begriffsapparat heranzugehen, der von der Dichotomie zwischen »Gesellschaft« als dem Erfüllungsraum bürgerlich-individueller Freiheit und »Staat« als dem Bereich institutioneller Ordnung des obrigkeitlichen Macht- und Herrschaftsapparates geprägt ist. Dennoch bleibt fraglich, inwieweit ein derartiges Vorgehen legitim ist. Die implizite Annahme, die hinter einer derartigen Methodik steckt, ist diejenige, das jede, oder zumindest jede zeitgenössische Form politischer Artikulation auf der institutionellen Ebene ein Staat im westlich-nationalstaatlichen Sinne sei, und daß ein solcher Staat sein notwendiges Gegenbild in einer Gesellschaft finde, die sich in einem Konkurrenzverhältnis zu ihm artikulieren muß, um Freiheit gewährleisten zu können. Nun hat die Hegelsche Dichotomie von Staat und Gesellschaft auf dem Umweg über ihre marxistische Rezeption und Reinterpretation gewiß eine beachtliche Rolle für das ideologische Selbstverständnis des modernen China gespielt; aber nichts gewährleistet die unveränderte Übernahme des einem Begriff zugrundeliegenden Erfahrungsinhalts bei seiner Transplantation in eine Kultur, die auf anderen historischen Voraussetzungen aufbaut.

So mag es nicht nur für die politikwissenschaftliche Analyse des traditionellen China, sondern auch für die Interpretation der Rezeption westlichen politischen Denkens in der chinesischen Neuzeit von Nutzen sein, auf diejenigen eigenständigen Traditionen zu rekurrieren, mit denen sich das moderne China auf seinem Weg in die Weltpolitik auseinandersetzen mußte. Hierzu aber empfiehlt es sich, auf den Gebrauch des insbesondere in der deutschen Staatsrechtslehre dominanten Staatsbegriffs zu verzichten; eines Begriffs vom Staat als einer neben und über der Gesellschaft stehenden Ordnungsmacht, die als »diejenige menschliche Gemeinschaft« definiert wird, »welche innerhalb eines bestimmten Gebiets ... das Monopol legitimer physischer Gewaltsamkeit für sich (mit Erfolg) beansprucht«,[1] und ihr Gegenbild in einer Residualkategorie »Gesellschaft« findet, unter die sich alle nicht dem Staat vorbehaltenen Erscheinungsformen und Prozesse des sozialen Zusammenlebens subsumieren lassen. Ohnehin hat ja schon der Schöpfer dieser ungemein wirkungsvollen Staatsdefinition vor der unkritischen Übertragung der Termini auf außereuropäische Kulturkreise gewarnt, wenn es im Vorwort zur Sammlung der religionssoziologischen Aufsätze Max Webers heißt: »Den ›Staat‹ überhaupt im Sinne einer politischen Anstalt mit rational gesatzter ›Verfassung‹, rational gesatztem Recht und einer an rationalen, gesatzten Regeln: ›Gesetzen‹, orientierten Verwaltung durch Fachbeamte, kennt, in dieser für ihn wesentlichen Kombination der entscheidenden Merkmale, ungeachtet aller anderweitigen Ansätze dazu, nur der Okzident.«[2] Hier sollte die Analyse hinter die Dichotomie der Begriffe zurückgehen und sich auf den Erfahrungsinhalt von spekulativen Symbolen einlassen, in denen sich die Polarität zwischen individueller und sozialer Existenz des Menschen ausdrückt. Es geht hier also um diejenigen paarweise angeordneten Termini der traditionellen chinesischen Ordnungsspekulation, in denen sich das Erfahrungsäquivalent für die in ihren äußeren Formen der westlichen Geschichte verhaftete Dichotomie der Begriffe »Staat« und »Gesellschaft« niedergeschlagen hat. Für den chinesischen Fall empfiehlt sich hier der neutrale Ausdruck »Polarität« anstelle des naheliegenden »Gegensatzes«, weil die chinesische Tradition weitaus weniger den antithetischen Charakter der Alternativen von auf Entscheidung beruhenden Handlungsformen akzentuiert als ihre komplementäre Funktion, in der sie als einander bedingende und nicht voneinander ablösbare Teile eines gesellschaftsbezogenen Gesamtprozesses betrachtet werden.

Das erste zu beschreibende Symbolpaar bildet eine Art von Oberbegriff, unter den sich die Einzelaspekte der anderen Paare subsumieren lassen: die Polarität, die durch die Ausdrücke *kung* (»öffentlich«) und *szu* (»privat«) ausgedrückt wird. Jede Handlung, jedes Verhalten des Einzelnen ist in der Relation zu den übrigen Mitgliedern der Gemeinschaft, deren Teil auch der Handelnde ist, primär entweder in der Richtung der Privatinteressen des Individuums oder derjenigen des Gemeinwohls als des Interesses der Öffentlichkeit motiviert; und dennoch stellen diese Motivationsmöglichkeiten keine Antithese dar. Die Lösung des Konflikts zwischen Privatinteresse und öffentlichem Interesse wurde in der chinesischen Tradition nie im Sieg des einen Pols über den anderen, sei es im Individualismus, sei es im Kollektivismus, gesehen, sondern in einem möglichst starken Zusammenfallen der beiden Pole. Für die Zielsetzungen der politischen Spekulation bedeutete dies immer auf der einen Seite die Herstellung eines gesellschaftlichen Zustandes, in dem die Erfordernisse der Gemeinschaft nicht in Konflikt mit den berechtigten Privatinteressen des Einzelmenschen treten können; und auf der anderen Seite die Erziehungsaufgabe, die darin liegt, die Seelenordnung des Menschen so zu beeinflussen, daß seine privaten Motivationen mit dem größten möglichen Nutzen der Allgemeinheit zusammenfallen. Es darf dabei allerdings nicht übersehen werden, daß die beiden Pole des »Öffentlichen« und des »Privaten« sich für die ethische Beurteilung nicht im Zustand des Wertegleichgewichts befinden. Für eine Tradition, deren Anthropologie den Menschen nie als autonomes Einzelwesen, sondern immer bereits in seiner Eigenschaft als Mensch notwendigerweise in einen gesellschaftlichen Zusammenhang eingefügt versteht,[3] können die Pole des Öffentlichen und des Privaten nicht emotionell gleichwertig sein. Die Termini sind deshalb im chinesischen Sprachgebrauch von vornherein insoweit emotionell präjudiziert, als dem Wort *kung* positive, seinem Gegenbegriff *szu* negative Obertöne anhaften. Die Bedeutungsfelder des Wortpaares »öffentlich« und »privat« erstrecken sich über das öffentliche und das private Leben, das amtliche und das persönliche Handeln, aber zugleich auch über den Bereich der

Orientierung am öffentlichen Wohl und an privatem Eigennutz. Unter Umständen kann *kung* gerechtes Verhalten, *szu* selbstsüchtiges Handeln bezeichnen. Dennoch sind für die chinesische Spekulation der öffentliche und der private Bereich des Verhaltens immer komplementäre Elemente und nie restlos antithetische Alternativen gewesen. Das Öffentliche und das Private sind zwei einander ergänzende Pole menschlicher Existenz, zwischen denen eine im letzten nicht auflösbare Spannung besteht. Prinzipiell ist jeder Mensch als Mensch und Mitglied der menschlichen Gemeinschaft beiden Polen zugleich verpflichtet, aber in den konkreten historischen Situationen, in denen Menschen zu handeln haben, neigen offensichtlich einige Menschen stärker dem einen, andere stärker dem anderen Pol des Spannungsfeldes zu, ohne daß je nur ein Pol in idealtypischer Reinheit realisierbar wäre.

Von der Grundpolarität von »öffentlich« und »privat« ausgehend, können wir nun auf einige Symbolpaare eingehen, in denen sich für die chinesische Erfahrung diese grundlegende Polarität der gesellschaftlichen Existenz manifestiert. Eine zentrale Polarität der konfuzianischen Untersuchung über die richtige Ordnung des Menschen und der Gesellschaft ist die Polarität zwischen geistiger und seelischer Selbstkultivation (*hsiu-shen*), in der sich die Selbstverwirklichung des Menschen vollzieht, und der dem Menschen als Mitglied eines gesellschaftlichen Verbandes aufgetragenen Aufgabe der Ordnung und Harmonisierung der Welt (*chih-kuo p'ing t'ien-hsia*). Die Spannung zwischen diesen beiden Aufgaben, mit der sich bereits Konfuzius beschäftigt hat, betraf natürlich in der konfuzianischen Lehre letzten Endes nur denjenigen, der durch Geburt, soziale Stellung oder Begabung zu einer politischen oder kulturellen Führungsstellung berufen war, den Typ menschlicher Existenzformung, den die konfuzianische Spekulation als den »Edlen« bezeichnet, und als dessen Lehrer und Ausbilder sich die konfuzianischen Gelehrten in erster Linie empfanden. In den klassischen Schriften des Konfuzianismus bilden die beiden Pole als eng miteinander verknüpfte Aufgaben des »Edlen« ein unteilbares Ganzes, die Stufen einer Leiter, die zur Herstellung der richtigen Ordnung des Menschen als Individuum und Teil der Gesellschaft führen soll. Aus dem *Ta-hsüeh* stammt beispielsweise die folgende Stufenleiter der Ordnung:

> Die Könige, die im Altertum ihre Tugend über die Welt erstrahlen lassen wollten, regierten zunächst ihren eigenen Staat gut. Weil sie ihren Staat gut regieren wollten, ordneten sie zunächst ihre eigene Familie. Weil sie ihre Familie ordnen wollten, kultivierten sie zunächst ihre eigene Person. Weil sie ihre Person kultivieren wollten, regelten sie zunächst ihr Herz. Weil sie ihr Herz regeln wollten, machten sie ihre Gedanken wahrhaft. Weil sie ihre Gedanken wahrhaft machen wollten, vollendeten sie ihre Erkenntnis.[4]

Nicht nur, daß die Selbstkultivation durch Erkenntnis insoweit eine soziale Aufgabe ist, als durch sie die Ordnung des politischen Bereichs erlangt werden soll; der vollaktualisierte Mensch im konfuzianischen Sinne kann seine volle Selbstverwirklichung erst in seinem öffentlichen Wirken finden. Das Gefühl der Verpflichtung zur Übernahme eines öffentlichen Amtes – auch dann, wenn in der konkreten historischen Situation kein Amt zu finden ist – als Teil der Selbstkultivation ist eines der grundlegenden Merkmale chinesischer politischer Ethik. Die gegenseitige Ergänzung der Begriffe »Selbstkultivation« und »Ordnung der Gesellschaft« bildet zugleich die Grundlage für eine in der chinesischen Tradition dominierende romantisch-idealistische Auffassung der Herrschaftsausübung: einer Auffassung, die in den Institutionen der Herrschaft primär ein Instrument sieht, durch das sich der ethische Einfluß des voll-realisierten Menschen auf die Gesellschaft als Ganzes auswirken kann. Als Korrolarium gehört zu einer derartigen Auffassung von der Herrschaft der Glaube daran, daß durch die sozialen Institutionen der Regierung und Verwaltung der Lebensbereich geschaffen werden kann, in dem dem Menschen als Individuum die volle Verwirklichung seiner selbst ermöglicht wird. In diesem Punkt kam die geistige Tradition Chinas der marxistischen Utopie von der Realisierung menschlicher Natur in der Überwindung der Entfremdung durch Veränderung der objektiven Bedingungen des Lebens, also der Veränderung des Bewußtseins durch Veränderung des Seins, entgegen.

Wenn die Polarität zwischen Selbstkultivation und Gesellschaftsordnung die Lebensziele des gut ausgebildeten Konfuzianers bestimmt, so vollzieht sich die Verwirklichung dieser Ziele in den zwei Bereichen der Realität, für die die chinesische Spekulation das Symbolpaar des inneren Bereichs (*nei*) und des äußeren Bereichs (*wai*) verwendet. Die beiden Polaritäten sind eng verbunden, aber nicht bedeutungsgleich. Man darf nicht annehmen, daß sich die Aktualisierung desjenigen, der zum Pol der Selbstkultivation tendiert, in erster Linie im Realitätsbereich des Inneren, und diejenige des mit der gesellschaftlichen Ordnung befaßten Politikers primär im Bereich des Äußeren vollzöge. Die beiden Pole der Existenz – auch sie bilden keine scharfe Antithese – sind so eng miteinander verknüpft, daß beide Aufgaben trotz ihrer inhärenten Spannung immer nur zugleich und in beiden Bereichen erfüllt werden können. Die Diskussion um die Beziehungen zwischen dem inneren und dem äußeren Bereich läßt sich bis in das dritte vorchristliche Jahrhundert zurückverfolgen. Die ersten Untersuchungen über »das Innere« und »das Äußere« als polare Grundlagen der menschlichen Kultur finden wir bei den Konfuzianern der zweiten Generation wie MENZIUS und HSÜN-TZU. Der äußere Bereich ist hier das Symbol für die objektive soziale und kulturelle Ordnung, insbesondere für die vorgeschriebenen Regeln der Etikette und des Rituals als eines Gewebes von Vorschriften, Riten, Sitten und Gebräuchen, das den Zusammenhalt der sozialen Ordnung gewährleistet. Über den objektiven Inhalt dieser äußeren Ordnung, die weitgehend als unbezweifelbar vorgegebenes Datum akzeptiert wird, gibt es dabei im traditionellen Konfuzianismus verhältnismäßig wenig Diskussionen. Der Streitpunkt lag immer in der Frage nach dem Verhältnis zwischen äußerer Ordnung der Gesellschaft und innerer Ordnung des Menschen, das heißt den vorgegebenen geistigen und moralischen Fähigkeiten des Menschen, wenn man sie von ihrem sozialen Kontext abstrahiert betrachtet. Ist die äußere Ordnung der Gesellschaft eine Extension der im inneren Bereich vorhandenen Fähigkeiten und Möglichkeiten des Menschen, oder ist der ethische Gehalt der inneren Seelenordnung ein Produkt sozialer Beeinflussung und Kultur?

In dem durch die Fragestellung vorgegebenen Rahmen war es natürlich möglich, divergierende Antworten zu finden. So war für MENZIUS und seine späteren Anhänger die soziale Ordnung die äußere Manifestation der in der Natur des menschlichen Individuums angelegten geistigen und moralischen Kapazitäten. Für einige seiner Gegner bestand der Mensch, wenn er von der Gesellschaft isoliert betrachtet wurde, aus wenig mehr als einem Bündel biologisch vorgegebener Triebe, aus denen die objektive kulturelle Ordnung nicht abgeleitet werden konnte. Im Gegenteil: Für die Sozialordnung mußte ein autonomes Eigenleben angesetzt werden, und erst aus der Internalisierung der in dieser Ordnung inhärenten Werte konnten die entwickelten Eigenschaften der Selbstkultivation des Einzelmenschen verstanden werden. Noch einen Schritt weiter ging in dieser Frage HSÜN-TZU, der einen entscheidenden Einfluß auf die Staatsorthodoxie des chinesischen politischen Denkens gewann. Für ihn und viele spätere Denker konnte nicht nur das Phänomen der gesellschaftlichen Kultur des Menschen nicht aus den Naturveranlagungen des Einzelmenschen abgeleitet werden, sondern die natürlichen Anlagen des Individuums widersprachen sogar allen Prinzipien sozialer Ordnung. Auf dieser Basis entwickelte er seine berühmte These von der »ursprünglich bösen« Natur des im Grunde asozialen Einzelmenschen, der erst durch äußeren Eingriff zum sogenannten »künstlichen Menschen« transformiert werden muß, um in der Überwindung seiner vorgegebenen ursprünglichen Natur die volle Entwicklung seiner wahren sozialen Natur zu finden.

Interessant ist in unserem Zusammenhang weniger die Divergenz der einzelnen Antworten als die Tatsache, daß sie alle im Rahmen einer bestimmten Fragestellung bleiben, die gerade die Frage nach Diversität oder Identität von Staat und Gesellschaft im westlichen Sinne ausschließt. Der äußere Bereich gesellschaftlicher Gebundenheit des Menschen wird immer unter der Dominanz der rituellen Ordnung gesehen, die in Wechselwirkung zum inneren Bereich der Seelenordnung des Einzelmenschen steht. Innerhalb des äußeren Bereichs wird aber nicht zwischen einem gesellschaftlichen Bereich der freiwilligen Kooperation und einem im engeren Sinne politischen Bereich des institutionalisierten Zwangshandelns unterschieden. Zwar umfaßt etwa für Hsün-tzu der äußere Bereich die vier Kategorien der Riten, der Musik, der Strafgesetze und der Regierung, durch deren Zusammenwirken die soziale Ordnung und Harmonie aufrechterhalten werden; aber die vier Instrumente der Ordnung werden erst im Zusammenwirken effektiv, so daß keine fundamentale Dichotomie zwischen dem gesellschaftlichen Handeln des Menschen als Bürger und Mitmensch und seinem Handeln unter dem koerziven Einfluß einer Obrigkeit herauskristallisiert werden kann, der er als Untertan gegenübersteht. In den Generationen nach Hsün-tzu ist zwar insbesondere bei den Anhängern der für die Entwicklung der chinesischen Verwaltungslehre wichtigen legalistischen Schule ein Wandel des Interesses von den Riten und der Musik zu den Gesetzen und der Regierung hin bemerkbar; dennoch bleibt der Gesamtbereich des äußeren Handelns des Menschen in der chinesischen Tradition immer von einem einheitlichen Komplex von Regeln bestimmt, der politisches wie soziales, staatliches wie gesellschaftliches Handeln der einzelnen Mitglieder der Gesellschaft bestimmt.

Eine weitere Polarität der chinesischen Tradition, die mit den vorigen verknüpft ist und wie sie Parallelen, aber keine exakten Äquivalente in der westlichen Tradition hat, erstreckt sich um die Begriffe »Erkenntnis« (*chih*) und »Handlung« (*hsing*), also, wenn man so will, um das in der marxistischen Diskussion zentrale Problem von Theorie und Praxis. Hier ist die entscheidende Frage der konfuzianischen Politik angesprochen. Denn, wenn die Selbstkultivation des konfuzianischen Gelehrten im inneren Bereich die Vollendung der Erkenntnis durch Hingabe an das Studium ist, wie sie von Konfuzius immer wieder betont wurde, so kennt doch die chinesische Tradition eine von der Praxis abgelöste Erkenntnis um der Erkenntnis willen nicht als eigenständigen Wert. Erkenntnis ist und bleibt für die in ihren Zielsetzungen sehr pragmatische chinesische Philosophie immer in erster Linie Grundlage des nach außen gerichteten

Handelns, spezifisch des gesellschaftlichen und politischen Handelns. Als die eigentliche Aufgabe des Gelehrten galt nie die Erkenntnis der Ordnung allein, sondern immer die auf richtiger Erkenntnis beruhende Herstellung der Ordnung im Raum der Gesellschaft und der Geschichte. Auch hier ist die Polarität zwischen Erkenntnis und Handeln nicht antithetisch: Der konfuzianische Gelehrte steht nicht vor der Alternative, sich für die *vita activa* oder die *vita contemplativa* zu entscheiden, sondern muß beide Ziele zugleich verfolgen: Richtige Erkenntnis im inneren Bereich ist für das Individuum, das in einer falsch geordneten Gesellschaft lebt, ebenso unmöglich wie richtiges Handeln im äußeren Bereich der Sozialordnung auf einer ungenügenden Grundlage der Erkenntnis. Am Schnittpunkt zwischen der Ordnung des Einzelmenschen und der Ordnung der Gesellschaft, deren Teil der Mensch ist, fallen Selbstkultivation und Politik, innerer und äußerer Bereich, Wissen und Handeln zusammen.

Hierher gehört noch ein weiteres polares Symbolpaar der chinesischen Tradition, durch das die traditionelle politische Spekulation bestimmt wurde: das Paar Staat (*kuo*) und Welt (*t'ien-hsia*), in dem sich die Selbstinterpretation der chinesischen Gesellschaft als Träger eines potentiell die gesamte bewohnte Erde umspannenden Reichs der chinesischen Kultur ausdrückt. In der Tat ist ja China heute noch in seinem außenpolitischen Verhalten stärker als irgend einer der unter ganz anderen historischen Bedingungen entstandenen westlichen Nationalstaaten vom Weiterwirken einer Tradition beeinflußt, die China als den legitimen Mittelpunkt der Welt und den Kaiser von China, den »Sohn des Himmels«, als den legitimen Herrscher über ein Reich betrachtete, das nur *de facto,* aber nicht *de jure* geographische Grenzen besitzt. In der Tradition der Selbstinterpretation der konkreten historischen Gesellschaft »China« konnte das Reich als politische Organisationsform immer unter zwei Aspekten betrachtet werden, die sprachlich verschieden bezeichnet wurden. China ist einmal der Verband der »Mittleren Staaten« (chin.: *chung-kuo*), wobei der Ausdruck *kuo* oder Staat ursprünglich den einzelnen Lehensstaat der altchinesischen Konföderation bezeichnete. Ein *kuo* ist also eine konkrete administrative Einheit, das Machtgebiet eines Fürsten oder Herrschers, das ganz im Sinne der westlichen Staatslehre durch Staatsgebiet, Staatsvolk und Staatsgewalt gekennzeichnet ist. Und in diesem Sinne ist China nach dem Zerfall der Konföderation und der Vereinigung der ehemaligen Einzelstaaten in ein zentralistisches Kaiserreich ebenfalls wieder ein *kuo*, ein »Staat« im konkret historischen Sinne. Daneben aber bezeichnet sich das chinesische Kaiserreich mit dem ganz andere Bedeutungsnuancen einschließenden Ausdruck *t'ien-hsia,* wörtlich: »das, was unter dem Himmel ist«, also »die Welt«. Die Welt als die Gesamtheit der von Menschen bewohnten Erde aber ist keine politische Einheit im Sinne eines Staates, sondern eine zivilisatorische Einheit, der potentiell alle Menschen angehören, deren geistige Repräsentanten aber die Bürger der »Mittleren Staaten« als des Zentrums der ältesten Kultur und Gipfels der Zivilisation sind. In dem Sinne, daß alle Menschen entweder zivilisiert oder zivilisierbar sind, galten die »Barbaren«, die außerhalb der eigentlich zivilisierten chinesischen Kerngebiete lebten, für die chinesische politische Theorie als potentielle Untertanen des Reichsverbands, in den sie nur erst integriert werden mußten. Das führt zu der eigentümlichen Fiktion, daß das chinesische Kaiserreich als ein Weltreich, neben dem kein zweites Reich legitim existieren konnte, *de jure* keinen Krieg im völkerrechtlichen Sinne führen konnte, da ja kein zweites völkerrechtliches Subjekt und damit auch gar kein Völkerrecht existierte. Grob ausgedrückt gab es für die traditionelle politische Theorie Chinas nur zwei Arten von Menschen: Chinesen im engeren Sinne, das heißt Untertanen des Kaisers von China, die sich dieser Tatsache bewußt waren und, wenn sie von ihrer Loyalität gegen das Kaiserhaus abfielen, als Rebellen bestraft werden mußten, und »Barbaren«, das heißt Untertanen des Kaisers von China, die sich infolge ihres niedrigen Zivilisationsstandes dieser Tatsache noch nicht bewußt waren und über ihre Loyalitätsverpflichtungen belehrt werden mußten. Die Polarität liegt hier in der Spannung zwischen dem *kuo* als dem Regime der Macht und dem *t'ien-hsia* als dem Regime der kulturellen Werte, das alle Menschen und nicht nur die Angehörigen einer konkreten, geographisch und historisch abgrenzbaren Herrschaftsorganisation umfaßte.[5] Die Welt des *t'ien-hsia* als umgreifende Einheit der zivilisierten und der noch in den Kreis der Zivilisation einzubeziehenden Menschheit mußte sich in einem Konkurrenzverhältnis zur politischen Artikulation der Gesellschaft in der Administrationseinheit des *kuo* realisieren. Die Einheit der beiden Pole lag in der Selbstinterpretation der politisch organisierten Einheit Chinas als Repräsentant beider Formen menschheitlicher Ordnung.

Aus der Doppelfunktion des Reichs als Institution administrativer Machtausübung und Zentrum menschheitsumspannender Kultur aber ergibt sich jene paradoxe Form der Selbstinterpretation, in der die Oikumene mit dem konkreten Staat China identifiziert werden kann und mit ihm verschmilzt. Das Reich der Mitte ist nicht, oder nicht nur, ein chinesisches Kaiserreich, die äußere Form, die sich eine konkrete Gesellschaft gibt. Es ist zugleich das eine, einheitliche, unbegrenzte und ewige Reich der Menschheit, in dessen Mitte China liegt. »Was innerhalb der sechs Weltrichtungen liegt«, heißt es in einer Inschrift des ersten Kaisers der Ch'in, »das ist die Erde des Kaisers ... Wohin die Schritte der Menschen gelangen, gibt es nur seine Untertanen.«[6] Und der Titel Shih huang-ti, Urkaiser des Anfangs, macht den Gründer des Reichs zugleich zum Weltschöpfer, der in der mythologischen Einkleidung des Thronerlasses über die Titel seiner Nachfolger zugleich die Ewigkeit seiner Dynastie und den dauernden Bestand der Welt sichert: »Ich bin der Kaiser des Anfangs, und meine Nachfolger werden sich nach der Zahl der Generationen benennen: Kaiser der zweiten Generation, Kaiser der dritten Generation, und so fort über tausend und zehntausend Generationen.«[7]

Gewisse Elemente dieses traditionellen Selbstverständnisses von Chinas Rolle in der Welt scheinen sich nun über alle äußeren politischen Veränderungen hinweg in die Auffassung der Volksrepublik China von ihrer Bedeutung als Mentor und Bewahrer einer menschheitsumspannenden Revolution hinein gerettet zu haben. Denn China sieht seine Aufgabe nicht allein im Aufbau des Sozialismus innerhalb seiner Grenzen; es schreibt sich selbst darüber hinaus eine zukunftsweisende Ausstrahlung über die eigenen Grenzen hinweg zu.

Hier stellt sich natürlich die Frage, was die VRCh eigentlich als ihre Grenzen betrachtet; und auf diese Frage gibt es drei verschiedene Antworten auf verschiedenen Ebenen. Zunächst einmal umschließen die Grenzen Chinas das gegenwärtig tatsächlich unter der Kontrolle der Regierung in Peking stehende Territorium, und dies ist das Gebiet, dessen Verteidigung mit Waffengewalt im Angriffsfalle China immer zugesichert und angedroht hat. Zum zweiten aber gibt es einen wesentlich weniger in die aktuelle Diskussion geworfenen Anspruch der VRCh auf das gesamte Gebiet, das vor den erzwungenen Gebietsabtretungen Chinas an die europäischen Mächte zum Reichsgebiet der letzten Kaiserdynastie gehörte. Und wir dürfen nicht vergessen, daß China heute ein großes Land ist, daß aber das China des späten 18. und frühen 19. Jahrhunderts ein wesentlich größeres Land war. Der staatliche Schulbuchverlag in Peking hat im Jahre 1954 eine Landkarte veröffentlicht, die das »Staatsgebiet Chinas vor der imperialistischen Einkreisung von 1840 bis 1919« zeigt, und diese Landkarte zeigt in der Tat ein China, das etwa anderthalbmal so groß ist wie die heutige Volksrepublik. Zum alten chinesischen Staatsgebiet gehören nach dieser Karte die sämtlichen ehemaligen Vasallenstaaten Südostasiens, wie Vietnam, Laos, Kambodscha, Burma, Thailand, Malaya, Buthan und Sikkim; sodann der sogenannte »Große Nordwesten« bis zum Balchaschsee, also Teile von Kirgistan, Tschikistan und Kasachstan; die Äußere Mongolei; der »Große Nordosten« mit dem Amur-Gebiet, den Kurilen, Korea und den Ryukyu-Inseln; weiterhin natürlich Hongkong, Macao und Formosa. In den russischen Publikationen ist diese Landkarte immer wieder als ein Zeichen des offenen Expansionismus Chinas gedeutet worden, während China immer betont hat, es handele sich nur um die historische Demonstration dessen, was einmal zu China gehört habe; und in der Tat ist die umstrittene Landkarte nicht in einem Lehrbuch der Politik, sondern in einem Lehrbuch der Geschichte veröffentlicht worden. Die VRCh hat bisher auch in keiner offiziellen Verlautbarung die Rückgabe der umstrittenen Gebiete gefordert.

Was dagegen immer wieder verlangt wurde, ist die offizielle Anerkennung, daß diese Gebiete seinerzeit unrechtmäßig erworben wurden. Was hier eingeklagt wird, ist nicht das Territorium selbst, sondern der historische Standpunkt, beispielsweise das Ernstnehmen der sogenannten Karachan-Erklärung der sowjetischen Revolutionsregierung von 1920, in der die Sowjetunion ausdrücklich alle Verträge für null und nichtig erklärt hatte, die von früheren Regierungen Rußlands mit China abgeschlossen wurden, und sich bereit erklärte, China entschädigungslos und für immer alles zurückzugeben, was ihm räuberisch von der Zarenregierung und der russischen Bourgeoisie weggenommen wurde.

Auf einer dritten Ebene, jenseits der heutigen und der historischen Grenzen Chinas, gibt es aber dennoch so etwas wie einen Weltreichsanspruch des chinesischen Kommunismus; nicht Chinas als Nationalstaat, sondern Chinas als des Führers der sozialistischen Weltrevolution. In seiner eigenen Interpretation der Gesetzte der Weltgeschichte ist das neue China das am weitesten fortgeschrittene Land auf dem Wege zum Sozialismus und damit der historisch bestimmte Führer der kommunistischen Weltbewegung. Ein gewisses Ausmaß an traditionellem Überhang chinesischen Kulturbewußtseins spielte gewiß eine Rolle, als LIN PIAO 1967 in einer Rede zum 50. Jahrestag der Russischen Oktoberrevolution darauf hinwies, daß sich das Zentrum der Weltrevolution in einem ständigen Wanderungsprozeß von Westen nach Osten befinde: Lag das Sturmzentrum der Revolution im 18. Jahrhundert in Frankreich, so wanderte es mit dem Auftreten von Marx und Engels nach Deutschland, um sich zu Beginn des zwanzigsten Jahrhunderts in Rußland anzusiedeln. Mit dem Ende des Zweiten Weltkriegs, als die unwürdigen Nachfolger Lenins begannen, sein Erbe zu verschleudern, fand die Weltrevolution ihre endgültige Heimat in China. War der Leninismus die legitime Form des Marxismus im Zeitalter des Imperialismus und der proletarischen Revolution, so sind die »Gedanken Mao Tse-tungs«, wie es in einem Leitartikel der Pekinger Volkszeitung heißt, »der Marxismus jener Epoche, in welcher der Imperialismus seinem totalen Zusammenbruch und der Sozialismus seinem weltweiten Sieg entgegensieht.«[8]

Der chinesische Kommunismus versteht sich als eine eigenständige Erscheinung, eine höher entwickelte Stufe des Marxismus und nicht als einen Ableger des europäischen und sowjetischen Kommunismus. Die »Gedanken Mao Tse-tungs« sind in der chinesischen Propaganda als eigenständiger Klassiker und Kanon der Wahrheit neben die Werke von MARX, ENGELS und LENIN getreten. Neben einer in China seit dem neunzehnten Jahrhundert verbreiteten Rußlandfeindschaft und dem traditionellen Überlegenheitsgefühl über die westlichen Barbaren liegt dem chinesisch-sowjetischen Ideologiestreit jenseits aller machtpolitischen Überlegungen eine eigenständige Auffassung vom Wesen des Sozialismus und der Rolle Chinas als Vertreter der Dritten Welt zugrunde, die vielleicht erst später zum offenen Ausbruch kam, implizit aber bereits in der Bezweiflung des Führungsanspruchs der KPdSU und der Propagierung eines chinesischen Wegs zum Sozialismus in den dreißiger Jahren angelegt war. Hatte sich MAO TSE-TUNG schon in seinen frühen Schriften aus der Bürgerkriegszeit skeptisch gegenüber der unkritischen Übernahme russischer taktischer Vorschriften geäußert, so schrieb er 1940 in seinem Aufsatz über die Neue Demokratie: »Die neudemokratische Kultur gehört unserer Nation und trägt unsere nationalen Züge. Sie verbindet sich mit allen sozialistischen und neudemokratischen Kulturen anderer Nationen, stellt zu ihnen Beziehungen der gegenseitigen Bereicherung und Befruchtung her, bildet gemeinsam mit ihnen eine neue Weltkultur ... Alles Ausländische muß jedoch so behandelt werden wie unsere Speise, die im Mund zerkaut, im Magen und Darm verarbeitet, mit Sekreten des Verdauungsapparates durchsetzt, in verwertbare und wertlose Bestandteile zerlegt wird, worauf die Schlacken ausgeschieden und die Nährstoffe absorbiert werden, so daß unser Körper Nutzen von der Speise hat. Das Ausländische darf keinesfalls mit Haut und Haaren roh verschlungen, kritiklos einverleibt werden ... Die Schematiker unter den Marxisten treiben nur Scherz mit dem Marxismus und der chinesischen Revolution; für sie gibt es keinen Platz in den Reihen der chinesischen

Revolutionäre. Die chinesische Kultur muß ihre eigene Form, das heißt, die nationale Form haben.«[9] Verschärft wurden die bereits hier angelegten Eigenständigkeitsbemühungen des chinesischen Marxismus natürlich im Zeitalter der Breschnew-Doktrin von der begrenzten Souveränität sozialistischer Staaten, die von chinesischer Seite als Sozialimperialismus zurückgewiesen wurde.

Außenpolitisch geht die chinesische Ideologie langfristig von der Grundkonstellation eines weltweiten Klassenkampfes aus, der aufgrund der natürlichen Aggressivität des Imperialismus und Neokolonialismus im Atomzeitalter noch bedrohlicher und unvermeidlicher erscheint als zu irgendeinem anderen Zeitpunkt der Geschichte. Die Gewißheit des endgültigen Sieges der Revolution im menschheitsumspannenden Zukunftsstaat des Sozialismus ändert für Mao nichts daran, daß die reaktionären Kräfte zwar Papiertiger sind, daß aber, wie er einmal sagte, zum gegenwärtigen Zeitpunkt diese Papiertiger noch »lebendige, eisenharte, wirkliche Tiger sind, die Menschen fressen dürfen.«[10] Zwar gilt die vielzitierte Regel, daß der Ostwind über den Westwind gewonnen hat, aber damit ist der Sieg noch nicht gesichert, und es gilt, sich auf einen Endkampf einzustellen, für den Lin Piao einmal die Formel gefunden hat: »Was die Frage eines Weltkrieges betrifft, gibt es nur zwei Möglichkeiten: Die eine ist, daß der Krieg die Revolution hervorruft. Die andere ist, daß die Revolution den Krieg verhindert.«[11] Die antagonistischen Widersprüche, durch die die gegenwärtige Weltlage gekennzeichnet ist, können nach chinesischer Auffassung nicht friedlich gelöst werden und drängen mit Notwendigkeit zu einer weltweiten bewaffneten Revolution unter Führung der unterdrückten Völker der Dritten Welt, die das Ende des amerikanischen Imperialismus und des russischen Sozialimperialismus bedeutet. Wird aber der drohende Weltkrieg nicht dadurch verhindert, daß die Weltrevolution ihm zuvorkommt, so wird der ausbrechende Krieg die Ziele der Revolution fördern. »Die Geschichte der Menschheit«, schrieb Mao Tse-tung 1945, »kennt in ihren letzten 500.000 Jahren nur in den letzten 30 Jahren Weltkriege. Nach dem Ersten Weltkrieg machte die Welt große Fortschritte. Nach diesem zweiten wird die Welt bestimmt noch schnellere

Fortschritte machen. Nach dem Ersten Weltkrieg entstand die Sowjetunion, entstanden einige Dutzend kommunistische Parteien in der Welt, das hat es vorher nicht gegeben. Nach dem Zweiten Weltkrieg ist die Sowjetunion viel stärker geworden, das Antlitz Europas hat sich verändert, das politische Bewußtsein des Proletariats und der Völker der ganzen Welt hat sich noch weiter gehoben, die fortschrittlichen Kräfte der ganzen Welt haben sich noch enger zusammengeschlossen. Auch unser Land, China, befindet sich mitten in rasch vor sich gehenden gewaltigen Wandlungen.«[12] Ein dritter Weltkrieg, so dürfen wir aus den Worten MAO TSE-TUNGS wohl schließen, muß den endgültigen Sieg der Revolution in weltweitem Maß und die Ausbreitung jener Stufe des Sozialismus zur Folge haben, die in China bereits heute erreicht ist. Das revolutionäre Potential eines weltweiten Kampfes liegt aber nach chinesischer Auffassung heute nicht mehr im Herzen der satten und in ihrer Kraft erlahmten industriellen Ballungszentren des Westens, sondern bei den armen und unterdrückten ehemaligen Kolonialgebieten, die nach ihrer Entlassung aus der politischen Abhängigkeit vom Mutterland der neuen Unterdrückungsform des ökonomischen Neokolonialismus der Industrieländer unterworfen wurden. Nicht das verelendete Proletariat der hochentwickelten Länder, von dem KARL MARX träumte, sondern die verarmte Masse des Agrarproletariats der Dritten Welt bildet heute die Vorhut des Fortschritts; oder wie es in einem der parteioffiziellen chinesischen Kommentare zu einem offenen Brief des ZK der KPdSU heißt: »In den weiten Gebieten Asiens, Afrikas und Lateinamerikas konzentrieren sich die verschiedenen Arten von Widersprüchen in der gegenwärtigen Epoche, hier sind die schwächsten Kettenglieder in der Herrschaft des Imperialismus, hier sind die wichtigsten Sturmzentren der Weltrevolution, von denen aus gegenwärtig dem Imperialismus direkte Schläge versetzt werden.«[13] Liegt aber die Zukunft der Menschheit bei den nicht-westlichen Nationen der Dritten Welt, so muß ihr Zentrum in China, dem fortgeschrittensten unter den Entwicklungsländern, liegen. Die besondere Rolle Chinas wird gerade in der Tatsache gesehen, daß es selbst als ehemaliges Kolonialland arm und bloß auf der

Weltbühne aufgetreten ist und damit vom Schicksal dazu bestimmt wurde, die Führungsrolle im Kampf der Dörfer der Welt gegen die Städte der Welt zu übernehmen.

Wenn aber China die Führungsrolle im Kampf um eine neue, die Menschheit umspannende, revolutionäre Gesellschaftsordnung beansprucht, so nimmt es die alte Rolle des Lehrmeisters der Nationen wieder auf. MAO TSE-TUNG als Vorsitzender der Kommunistischen Partei Chinas, der nach ihrer eigenen Interpretation fortgeschrittensten unter den kommunistischen Parteien der Welt, wird zum Gründer des zukünftigen Reichs der Menschheit wie vor ihm der Erste Kaiser, mit dem er sich bei anderer Gelegenheit einmal verglichen hat.[14] Im Zusammenfallen von chinesischem Staat und Gesellschaft der Menschheit, der Aufhebung einer Dichotomie, die sich im »Absterben des Staates« vollziehen soll, träumt sich China erneut in seine traditionelle Rolle als Mittelpunkt der Menschheit hinein. Das geistige Band, das das alte mit dem neuen China verknüpft, manifestiert sich nicht im Machtanspruch imperialer Expansion, sondern in der Traumwelt eines die gesamte Erde umspannenden Weltherrschaftsanspruchs auf Grund kultureller Überlegenheit.

Anmerkungen:

1 MAX WEBER, *Wirtschaft und Gesellschaft*, Köln [5]1972, *p.* 822.

2 MAX WEBER, *Gesammelte Aufsätze zur Religionssoziologie I*, Tübingen [5]1963, *pp.* 3 *s.*

3 *Cf.* meinen Aufsatz »Symbole der Politik in China und Hellas«, in: *Ostasienwissenschaftliche Beiträge zur Sprache, Literatur, Geschichte, Geistesgeschichte, Wirtschaft, Politik und Geographie*, Wiesbaden 1974, *pp.* 406 *ss.*

4 *Ta-hsüeh*, 2–4; *cf.* meinen Aufsatz »Die Große Lehre und die Anwendung der Mitte«, in: PETER J. OPITZ, *Chinesisches Altertum und konfuzianische Klassik*, München 1968, *pp.* 141 *ss.*

5 *Cf.* JOSEPH R. LEVENSON, *Confucian China and its Modern Fate*, London 1958, vol. I, *pp.* 98 *ss.*

6 *Shih-chi* 6.36.

7 *Shih-chi* 6.22.

8 *Jen-min jih-pao,* 1. 12. 1967.

9 MAO TSE-TUNG, *Über die Neue Demokratie,* in: *Ausgewählte Werke,* Peking 1968/69, II, *pp.* 444 *s.*

10 Anmerkung der Redaktion in: MAO TSE-TUNG, *Ausgewählte Werke,* IV, *p.* 99.

11 LIN PIAO, *Bericht auf dem 9. Parteitag der KPCh,* zitiert nach: *Dokumente des Neunten Parteitags der KPCh,* Peking 1969, *p.* 94.

12 MAO TSE-TUNG, *Über die Verhandlungen in Tschungking,* in: *Ausgewählte Werke,* IV, *p.* 59.

13 *Vierter Kommentar zum Offenen Brief des ZK der KPdSU,* zitiert nach: *Die Polemik über die Generallinie der Internationalen Kommunistischen Bewegung,* Peking 1965, *pp.* 225 *s.*

14 *Cf.* seine Rede auf der Zweiten Sitzung des Achten Parteitags, *vid.* H. MARTIN (ed.), *Mao intern,* München 1974, *p.* 220.

IV.
Wirtschaft und Entwicklung

Chinas eigenständiger Entwicklungsweg
Ein Literaturbericht

von Hans-Paul Bürkner, Detlef Kokulinsky und Sung-Jo-Park, Bochum

Inhalt:

I. Einleitung

Die wie eine Renaissance der Chinoiserie anmutende China-Welle ist angebrochen. Die anschwellende Flut von China-Büchern verwirrt selbst den mit diesem Land beruflich Befaßten. Zwei wesentlich voneinander verschiedene Gruppen schälen sich indes heraus: die eine Gruppe bilden Bücher von Politikern, Wissenschaftlern, Publizisten und Schriftstellern, die ihre »abenteuerliche« China-Reise mit einem umfänglichen Reisebericht abschließen; die andere, mit wissenschaftlichem Anspruch, besteht aus Werken von Vertretern der klassischen Sinologie und jener Sozial- und Wirtschaftswissenschaftler, die die Entwicklung im gegenwärtigen China in internationalem Vergleich systematisch analysieren.

Unsere Literaturanalyse zielt darauf ab, die bestehenden Informationskomplexitäten zu entwirren und beschränkt sich daher auf einige wichtige, hauptsächlich englischsprachige Publikationen. Für die Verfasser stellte sich primär die Frage nach dem chinesischen Entwicklungs- und Innovationsprozeß, an der auch die Auswahl von zu berücksichtigenden Publikationen orientiert ist. Chinas Erfahrungen in diesem Bereich sind von Entwicklungsexperten und Entwicklungskonferenzen, die sich vormals – bedingt nicht zuletzt durch den Ost-West-Konflikt – dem China-Problem verschlossen hatten, entdeckt worden als ein »echtes« Modell für die Nachahmung in der Dritten Welt, welche der westlichen sowie der sowjetischen Entwicklungsvorstellungen längst überdrüssig geworden ist. Die Welternährungskonferenz im Jahr 1974 stilisierte die chinesische (Landwirtschafts-)Entwicklung zum echten Entwicklungsinstrument für andere Länder, und welcher Entwicklungsexperte redete nicht vom »chinesischen Weg« der Entwicklung?

II. Merkmale des »chinesischen Entwicklungsweges«

Was ist eigentlich mit diesem chinesischen Entwicklungsweg gemeint? Wie hat man in einem so armen Entwicklungsland (1949), das durch die sowjetische Demontage noch ärmer wurde, mit einem hohen Bevölkerungszuwachs das Entwicklungsproblem Nr. 1, die Hungersnot, beseitigt? Wie wurde in einem politisch so zerrissenen und administrativ total korrumpierten Land ein effizientes Nation-building erreicht?

Eine Antwort auf diese Fragen, eine vollständige Bilanz über die 25jährige Entwicklung (1949–1974) ist nur bedingt möglich, da sowohl quantitative als auch qualitative Entwicklungsdaten, außer für den Zeitraum bis 1959, schwer erhältlich sind. Das einzige Statistik-Buch, *Ten Great Years*, erschien 1960. Daher ist man auf sporadisch bekanntgewordene Informationen angewiesen, mit deren einigermaßen geschickter Zusammenstellung und Interpretation ein ungefähres Entwicklungsbild nachgezeichnet werden kann. Ein Anspruch auf die letzte Wahrheit in der China-Forschung kann also nicht erhoben werden.

Zur Vervollständigung bzw. zur Differenzierung des so gewonnenen Bildes über den maoistischen Entwicklungsweg sei schon vorab auf die insbesondere während der Großen Proletarischen Kulturrevolution bekanntgewordenen und nunmehr in westlichen Sprachen vorliegenden MAO-Reden und -Aufsätze hingewiesen. Dabei fällt STUART SCHRAMM mit seinem Buch *Mao Tse-tung Unrehearsed, Talks and Letters: 1956–71* (Penguin 1974) angenehm auf, das die ähnliche Arbeit von HELMUT MARTIN[2] in der ausgezeichneten Einführung und einem sehr fundierten Anmerkungsanhang noch übertrifft. Diese Veröffentlichungen müssen auf jeden Fall als ein besonders bemerkenswerter Beitrag zur Analyse des chinesischen Entwicklungsweges bzw. zur Komplettierung der politischen Auseinandersetzungen zwischen Mao einerseits und Kao Kang, Liu Shao-ch'i und Lin Piao andererseits angesehen werden.

Bevor nun auf die besonderen Merkmale eingegangen wird, soll noch die allgemeine Interpretation des chinesischen Entwicklungsweges in größerem Zusammenhang dargestellt werden. Dazu sei mit WHEELWRIGHT und MCFARLANE[3] zunächst folgendes angemerkt:

- Ein Teil westlicher Wissenschaftler betrachtet die politischen und ideologischen Auseinandersetzungen in der VR China als einen »Vorgang, mit dem Politiker und Faktionen einfach ihren Machtkampf legitimieren wollen.«[4] Diese These trifft nur zum Teil zu, da politische Dispute ihren Ursprung auch in der Frage nach der Richtung des politischen, ökonomischen und sozialen Entwicklungsweges haben.
- Die zweite Interpretation zielt auf die Einschränkung der Bedeutung der marxistisch-leninistischen Ideologie und der Ziele der sozialistischen Revolution in der VR China ab und sieht die kommunistische Herrschaft lediglich als eine Zwischenstufe in der langen Entwicklung der chinesischen Zivilisation. Marxismus sei akzidental. Mit dieser These wird also dem Marxismus die spezielle Kraft, die Massen zu mobilisieren, abgesprochen. Dabei bleibt die Frage unbeantwortet, welchen deterministischen Zielen die Entwicklung der chinesischen Zivilisation unterliegt. Ist diese These nicht eine zu einseitig westliche, im kalten Krieg entstandene Hoffnung?

- Die dritte Interpretation, die von westlichen Marxisten oft vertreten wird, ist die, daß der chinesische Sozialismus lediglich eine politische Aberration sei. Nach dem orthodoxen Marxismus kann der Maoismus kein Sozialismus sein, da bestimmte soziale Institutionen und eine bestimmte Produktivität vor dem Beginn des Sozialismus nicht erreicht worden sind. Mag sein, daß eine solche unilineare Entwicklung vom Kapitalismus hin zum Sozialismus in europäischen Ländern eine mehr oder weniger universale Gültigkeit hat. Schränken sich die »echten« Marxisten in der westlichen Welt mit ihrer modellhaften Logik dadurch selbst nicht ein? Die Frage nach der Relevanz einer solchen Formel für die chinesische Situation erscheint allein durch eine Vielzahl von Bauernrevolutionen in der Dritten Welt längst überholt.

Man kann WHEELWRIGHT und MCFARLANE in ihrer Ansicht beipflichten, daß MARX viel über die Industriegesellschaft, aber wenig über die Bauerngesellschaft gesagt habe. Maos Leistung dagegen ist die sozialistische Revolution in einer nichtkapitalistischen Bauerngesellschaft. Mit den beiden Autoren sei schließlich festgestellt, daß in der VR China ein genuiner Versuch gemacht worden ist, eine neue Ethik aufzubauen, eine neue moralische Basis für das Leben in der sozialistischen Gesellschaft.

Diese Leistung Maos kann besonders anhand der politisch-ideologischen Auseinandersetzungen um Entwicklungsrichtungen zwischen verschiedenen Faktionen, die den chinesischen Entwicklungsprozeß begleiten und dessen Merkmale prägen, verdeutlicht werden. Nach der kurzen Wiederaufbauphase von 1949–1952 beginnt die Periode des Ersten Fünfjahresplanes (1953–1957), der sich an die sowjetische Entwicklungsstrategie anlehnte und daher den Hauptakzent auf die Schwerindustrie legte. Die Mißerfolge des Ersten Fünfjahresplanes, vor allem die große ländliche Arbeitslosigkeit, führte sodann zur stärkeren Betonung der Landwirtschaft im Zweiten Fünfjahresplan (1958–1962), bei dem die Periode von 1958–1960 mit der Einführung der Volkskommunen und der Politik des »Auf-Zwei-Beinen-Gehens« (simultane Entwicklung von Industrie und Landwirtschaft, Groß- und

Kleinindustrien, traditioneller und westlicher Technologie) auf der Basis zunehmender Dezentralisierung als »Großer Sprung nach vorne« bezeichnet wird. Die Naturkatastrophe und die Einstellung der sowjetischen Hilfe (1959–1960), insbesondere der Rückzug von über 1000 sowjetischen Experten, sowie wirtschaftliche Fehlplanungen brachten einerseits die chinesische Wirtschaft in eine Krise, motivierten andererseits die Chinesen dazu, Eigenständigkeit und technologische Unabhängigkeit anzustreben. Die Entwicklungspräferenz hieß nunmehr eindeutig: die Landwirtschaft als Grundlage der Wirtschaft, die Industrie als führender Sektor.

Der »Große Sprung nach vorne« mag sehr unterschiedlich bewertet werden, jedoch scheinen alle China-Forscher in dem Punkt einer Meinung zu sein, daß aus den Mißerfolgen des Ersten Fünfjahresplanes heraus eine Rückbesinnung auf das Chinesische erfolgte. Die kritische Bilanz der ländlichen Arbeitslosigkeit, des starren Bürokratismus und der politisch erlahmten Masse als Folgen des Ersten Fünfjahresplanes bewirkte eine rasche Loslösung von der sowjetischen Entwicklungsstrategie. Manche sprechen sogar vom Entstehen der chinaspezifischen Entwicklungsstrategie in der Zeit des »Großen Sprungs nach vorne«. Diese These ist bedingt richtig, da Maos Revolutionskampf in der Yenan-Periode mit der Erprobung vieler partizipationsbetonter Entwicklungsinstrumente (Genossenschaften, Kleinindustrie etc.) verbunden war. Auf diesen Aspekt geht Mark Seldon in seinem Buch *The Yenan Way in Revolutionary China* (London 1971) ausführlich ein. Die obengenannte Wirtschaftskrise führte dazu, daß 1961/62 die Planungsbürokraten unter Liu Shao-ch'i die marktwirtschaftlichen Elemente, den Profit, als Motive für die Produktionssteigerung und die Funktion von Managern und Technikern stärker betonten.

Es lassen sich also die Zeiträume 1952–57 und 1961–64 – für die eine Zentralplanung, größere Entscheidungsfreiheit für Großbetriebe und Betonung von Marktelementen in Landwirtschaft und Großhandel kennzeichnend waren – den Zeiträumen von 1958–60 und 1965–67, die sich durch Dezentralisierungsbestrebungen, Massenpartizipation und Antibürokratismus auszeichneten, gegenüberstellen. Die Große Proletarische Kulturrevolution (1966–1968) war ebenfalls vom Ringen zwischen den beiden Entwicklungsrichtungen bestimmt, was mit der Durchsetzung der Mao-Linie endete. Die Öffnung des Landes nach außen, der sich deutlich abzeichnende Trend zum Pragmatismus und die Antikonfuzianismus-Kampagne nach der Kulturrevolution müssen ebenfalls im Licht der politisch-ideologischen Auseinandersetzungen um die Frage nach künftigem Akzent und Tempo gesehen werden.

Im folgenden sollen einige spezielle Aspekte des Maoismus, mithin der Theorie des chinesischen Entwicklungsweges herausgestellt werden.[5]

1. *Partizipative vs. bürokratische Planung*

Planung schließt nicht eine schematische Ausführung technokratisch ausgearbeiteter und bürokratisch aufoktroyierter Entscheidungen ein. Das maoistische Planungskonzept hat nicht die Erreichung einer optimalen Verteilung von Ressourcen zum Ziel.[6] Solch eine Planungsstrategie wird als Bourgeoisie-Wirtschaftstheorie abgelehnt. SCHRAM, der den maoistischen Entwicklungsbegriff in enger Verbindung mit Maos Widerspruchstheorie sieht, bezeichnet die Entwicklung bei Mao als einen »spiral process in which successive increments in material und human resources combine and reinforce one another to produce a continual forward movement.«[7] Die Entwicklung schließt unbedingt die Massenmobilisierung und -Partizipation ein. Die dialektische Entwicklungstheorie Maos postuliert nichts anderes als eine Kombination und ein gegenseitiges Reinforcement von Industrie und Landwirtschaft, Schwer- und Leichtindustrie, Zentren und Randzonen, Zentralplan und lokaler Initiative, westlicher und chinesischer traditioneller Technologie.[8]

Die partizipationsbetonte Planung geht mit der Ablehnung des Bürokratismus einher. Bereits im Jahre 1933 verlieh MAO seiner ablehnenden Haltung gegenüber der Bürokratie Ausdruck:

»Die Methoden der Mobilisierung der Masse dürfen nicht bürokratisch sein. Bürokratische Führungsmethoden sind bei jeder revolutionären Tätigkeit unzulässig, und so auch beim wirtschaftlichen Aufbau. Man muß den Bürokratismus, diesen Greuel, auf den Müllhaufen werfen ...«[9] Bürokratismus ist die Entfremdung von der Masse, der Realität, und von der konkreten Wahrheit. In seiner Rede vom 6. Dezember 1955 gegen Rechtstendenzen und Konservatismus sagte MAO: »... im Büro hocken und nicht den Kontakt mit den Massen suchen, nicht den Fortschrittlichen herauszugreifen, das geht nicht an ...«[10] Weiter sagte MAO: »Unsere Stütze ist eben die Aussäuberung des Bürokratismus, die Einschränkung des Bürokratismus. Wir tun uns mit den Massen zusammen und halten an der Massenlinie fest.«[11] Dem Bürokratismus wird die Massenbewegung als die »Große Demokratie« entgegengestellt, die auf der »Kritik« basiert: »Mängel kritisieren, von dem Versuch nach Solidarisierung ausgehen, nach Vorbringung der Kritik neue Solidarität herstellen, bessere Arbeitsresultate erzielen.«[12]

2. *Demokratischer Zentralismus*

Nun zu einem wichtigen Begriff der chinesischen Planung und Administration, »Demokratischer Zentralismus«: Lenin verstand diesen Begriff im Sinne eines administrativen Organisationsprinzips. Maos Verständnis geht über dieses Organisationsprinzip hinaus. Er empfindet es als ein Kommunikationsproblem. Demokratischer Zentralismus hat zwei Aspekte: den einen, daß ohne den Informationsfluß von unterster Ebene auf zentraler Ebene jegliche Ansätze zu korrekter Entscheidung und Politik fehlen, und den anderen, daß nur, wenn das Volk konsultiert worden ist, es später bereit ist, die Entscheidungen von führenden oberen Organen zu akzeptieren und für ihre Ausführung einzustehen.[13] Ein Feedback-Mechanismus, der sich auf ein einfaches Stimulus-Reaktions-Modell reduzieren läßt.

Zentralismus und Demokratie mögen für manchen (z. B. Liu

Shao-ch'i) kontradiktorisch aussehen. MAO glaubte jedoch in seiner Rede »Über die korrekte Behandlung der Widersprüche im Volk« (1957) die beiden Prinzipien simultan verwirklichen zu können. MAO sprach von einem »politischen Klima« (1957), in dem sich Zentralismus und Demokratie, Disziplin und Freiheit in harmonischer Verbindung bedingen. Nach seiner Ansicht ist der Enthusiasmus bei den Massen ohne dieses politische Klima nicht zu erzeugen (1962).

Dieser demokratische Zentralismus hat entscheidende Auswirkungen für die Entwicklungsplanung und überhaupt für Planungstheorien, die sich primär auf ökonomische Allokationsinstrumente und Ressourcenmobilisierung beschränken. Im Sinne des demokratischen Zentralismus ist die Planung eine Zentralisation von korrekten Ideen, die aber ohne Demokratie nicht korrekt gesammelt werden können. Nur auf der Basis der Zentralisation von korrekten Ideen wird die »Einheit von Verständnis, Politik, Planung, Befehl und Handeln« erreicht. Auf der anderen Seite wird der Partei (Parteikomitees auf verschiedenen Ebenen) die zentrale Führungsposition zugewiesen, wobei die Rolle von Parteifunktionären eingeschränkt ist.[14] Multiplizität von Meinungen und Bedürfnissen auf lokaler Ebene: die zentrale Planung muß auf den Aktivismus reflektieren und auf den Massen aufbauen. Das Partizipationspostulat verbindet sich, so gesehen, mit dem chinesischen Planungsbegriff. Jedoch darf der Partizipationsaspekt nicht mit der administrativen Dezentralisierung gleichgesetzt werden, deren extreme und rasch erfolgte Form als »Halbanarchismus«[15] abgelehnt werden muß. »*Das ganze Land ist ein ›Schachbrett‹* und *lokaler Aktivismus* sind miteinander zu verbinden; wenn es dann noch Widersprüche gibt, so muß man sich den Interessen des gesamten Landes unterordnen . . .«[16] (Hervorhebung vom Verfasser).

3. Der produktions- und revolutionsorientierte Mensch

Der Mensch gilt als Entwicklungssubjekt und gleichzeitig Entwicklungsobjekt. Er ist nicht nur ein Initiator, Entscheidender, Ausführender, sondern auch ein Nutznießer. GURLEY differenziert den chinesischen Entwicklungsweg mit der Betonung des Menschen: »Entwicklung als ein ›Durchsickerungsprozeß‹ ... wird von Maoisten abgelehnt. Sie lehnen ferner Profitmotive und Effizienzkriterien ab, welche zum sog. ›lopsided growth‹ führen. Ihr Akzent liegt eher auf dem Menschen als auf Dingen.«[17] Vor allem ist dieser Mensch kein individualistischer, auf Profitmaximierung abzielender, sondern ein kollektiv denkender und handelnder Mensch.[18]

MAO sprach von einem »neuen Menschentyp«, »dessen hervorstechende Charakteristika die ideologische Überzeugtheit, ein hohes politisches Bewußtsein, revolutionärer Enthusiasmus, fachliches Können sowie die Einsetzbarkeit in verschiedenen Arbeitsprozessen sind.«[19] Ein »neuer Mensch« ist nicht einseitig ausgebildet, also nicht ein »Fachmann«, wie es dem Prinzip der Arbeitsteilung im Kapitalismus und dem sowjetischen Sozialismus entspricht. Er ist ein »Mehrzweckmensch« (E. v. GROELING).

Es wird also ein Modell des neuen Menschen angestrebt, dessen Persönlichkeitsanalyse noch differenzierter Entwicklungstheorien bedarf. Der SCHUMPETER'sche Ansatz des Innovations-Menschen, der MCCLELLAND'sche Leistungs-Mensch oder der LERNER'sche Emphathie-Mensch sind Modelle, welche auf eine bestimmte Sozialschicht, ja auf soziologische Elitetheorien im Kapitalismus abgestellt sind. Die Multifunktionalität und die Flexibilität eines »neuen Menschentyps« hat ihren Sinn vor allem darin, daß die bürgerlichen und sowjetisch-sozialistischen Unterschiede zwischen manueller und geistiger Arbeit aufgehoben werden. Es gibt keine Experten ohne Ideologie, sondern nur eine Kombination von »Rot« und »Experte«, also nur *rote Experten.* Primär muß dieser ein konsequenter Revolutionär im Geist und Handeln sein. MAO schreibt in seiner berühmten Abhandlung »Über die Praxis« (1937): »Die gesellschaftliche Praxis der Menschen beschränkt sich nicht auf die Produktionstätigkeit, sondern hat noch viele andere Formen; den Klassenkampf, das politische Leben, die wissenschaftliche und künstlerische Tätigkeit. Kurz gesagt, der gesellschaftliche Mensch nimmt an allen Bereichen des praktischen Lebens der Gesellschaft teil.«[20]

4. Ländliche vs. städtische Industrialisierung

Entwicklung ist nicht mit »städtischer Industrialisierung« gleichzusetzen. Für MAO gibt es entscheidende Unterschiede zwischen »städtischer« und »ländlicher« Industrialisierung. Zur Gegenüberstellung von chinesischer und russischer Industrialisierung stellte er im Jahre 1956 folgendes fest: »Klassenkampf, soziale Revolution und der Übergang vom Kapitalismus zum Sozialismus haben die gleichen fundamentalen Prinzipien in allen Ländern ... Die Oktoberrevolution und die chinesische Revolution sind in bezug auf die Hauptprinzipien ähnlich, jedoch haben sie in bezug auf die Form, in der diese Prinzipien sich manifestieren, viele Unterschiede. Zum Beispiel ging die russische Revolution von Städten aus und drang sodann in ländliche Gebiete ein. In unserem Land ging die Revolution von ländlichen Gebieten aus und drang in städtische Gebiete ein ...«[21] Die westliche und sowjetische Industrialisierung, die von städtischen Impulsen ausgeht, und die unweigerlich mit der Urbanisierung einhergeht (K. W. DEUTSCH, T. PARSONS etc.), wird von den Chinesen abgelehnt. Die Hauptaufgabe für die chinesische Industrialisierung liegt in der Aktivierung von ländlichen Massen, von Entwicklungszellen, deren Impetus vom Land auf die Stadt übertragen wird. Diese Entwicklung muß nicht zugleich Urbanisierung heißen. Hierin liegt ein entscheidender Unterschied zwischen städtischer Industrialisierung im Kapitalismus und dem sowjetischen Sozialismus mit immensen negativen Agglomerationseffekten einerseits und ländlicher Industrialisierung auf der Basis der Massenpartizipation mit Lern- und Verbreitungseffekt andererseits.

»Die Schwerindustrie ist«, so betonte MAO, »einseitig auf Großanlagen ausgerichtet. Man berücksichtigt nicht genügend die lokale Ebene und neigt zur Administration ...«[22] Länder in der Dritten Welt begannen mit der westlichen und sowjetischen Industrialisierungsstrategie, nämlich der (Schwer)-Industrialisierung in städtischen Gebieten, ohne jedoch positive Effekte in bezug auf die Integration und Mobilisierung ländlicher Massen zu zeitigen. Vielmehr sind die ländlichen Massen gegenüber zentralen und städtischen Entscheidungen indifferent und gegenüber zentralen Befehlen und Aufoktroyierungen von Verhaltensnormen resistent. Darüber hinaus hat diese Art städtischer Industrialisierung eine massive Landflucht und ländliche Armut zur Folge. Der *sich zuspitzende* Dualismus von Land und Stadt, Armut und Wohlstand, Elite und Geführten existiert nicht in der VR China. Daher ist es als eine sehr dringende Aufgabe zu bezeichnen, die chinesischen Erfahrungen für die allgemeine Entwicklungspolitik und die ökonomischen und sozialwissenschaftlichen Planungstheorien auszuwerten. AMIR, der über die bisherigen Erfahrungen mit globalen Planungsvorstellungen in Entwicklungsländern reflektiert, betont: »Development is a living process and must have its birth in the primary cell, in the men and women verily concerned. Micro-development ... must precede macro-development.«[23] Genau in diesem Sinne hat JACK GRAY die chinesische Entwicklungspolitik als »community development« bezeichnet.

5. *Synthese von Tradition und Fortschritt*

Die Widerspruchstheorie Maos bestimmte ferner die Synthese von Tradition und Fortschritt, also die Aufrechterhaltung chinesischer Tradition und Einführung westlicher moderner Techniken. Im Gegensatz zum Versuch zu einer geradezu »stalinistischen« Industrialisierungspolitik in Entwicklungsländern wird in China eine Synthese verfolgt, in der traditionelle Methoden und Lehren mit modernen kombiniert werden. Ein interessanter Hinweis auf MAOS Vorstellung (gerade im Zusammenhang mit Erfolgen der Akupunktur) ist folgendes Zitat: »Wir müssen alle modernen Wissenschaften studieren. Einige derjenigen, die die westliche Medizin betreiben, sollen auch chinesische Medizin studieren ... Sie sollen chinesische und westliche Medizin und Pharmazie kombinieren, um eine neue einheitliche chinesische Medizin und Pharmazie zu kreieren ...«[24] Die Aufrechterhaltung von bestehenden Traditionen ist für MAO die »konkrete Situation der Revolutionspraxis jeder Nation«. Erst dadurch erhält die »allgemeine Wahrheit« des Marxismus ihren Sinn. In seiner scharfen Kritik im Zusammenhang mit den Mißerfolgen des Ersten Fünfjahresplanes, mit dem sich Mao nicht identifizierte, ging er mit denjenigen hart ins Gericht, die blindlings von der UdSSR kopiert hatten. Die Verbindung der universalen marxistischen Wahrheit mit der konkreten Situation der Revolutionspraxis in diesem Falle müßte also, um mit SCHRAM zu sprechen, »Sinifizierung des Marxismus«[25] heißen. Die inflexible und undifferenzierte Rezeption fremder sowjetischer »Bestimmungen und Konventionen« bedeutete Mangel an Kreativität.

Die Abkehr von der im Ersten Fünfjahresplan konzipierten städtischen Industrialisierung mußte daher die Penetration des technischen Wissens in die Bauernschaft und ländliche Bevölkerung zur Folge haben. Eine solche technologische Innovation sieht MAO als eine massenmobilisierende Revolution an, wie er es auf der Cheng-tu-Konferenz (März 1958) folgendermaßen ausdrückte: »... Die Massenbewegung für die Verbesserung von landwirtschaftlichen Geräten muß auf jede lokale Einheit ausgedehnt werden. Ihre Bedeutung ist sehr groß, sie ist ein Sproß der technischen Revolution; dies ist eine große revolutionäre Bewegung ...«[26]

III. Der Agrarsektor[27]

In den letzten drei Jahrzehnten hat sich bei der Beurteilung des wirtschaftlichen Entwicklungsprozesse eine Wandlung vom industriellen Fundamentalismus zur Betonung der Wichtigkeit des Wachstums der landwirtschaftlichen Produktion und Produktivität vollzogen. Insbesondere im Modell der Wachstumsstufen[28] und den Modellen des dynamischen Dualismus[29] wird die gesamtwirtschaftliche Entwicklung als auf dem Agrarsektor aufbauend gesehen.

Der Ansatz von ROSTOW sieht vor, daß die Landwirtschaft der führende Sektor ist, wobei ihm für einen bestimmten Zeitraum die Rolle eines Wachstumsakzelerators zukommt, in dem er zum einen die sich rasch vermehrende Bevölkerung mit Nahrungsmitteln versorgt, zum anderen als Absatzmarkt für die Produkte des entstehenden industriellen Sektors dient sowie diesen mit Arbeitskräften und Kapital versorgt.

Zur Ansicht, daß zur Kapitalbildung Ersparnisse notwendig seien, und daß, da die Mehrzahl der Bevölkerung in der Landwirtschaft tätig ist, der Agrarsektor den Industrialisierungsprozeß finanzieren müsse, bemerkt SCHICKELE: »The simplicity of this argument, however, does not make is valid.«[30] Die chinesische Führung ist sich der Problematik einer solchen Vorstellung zwar bewußt gewesen, da sie die russische Entwicklung (1928–37) vor Augen hatte, hat jedoch nicht, wie LI[31] und YEH[32] überzeugend darstellen, die notwendigen Konsequenzen gezogen. Ausgangspunkt hier wie dort war die Zuweisung der Investitionsmittel: Dem Agrarsektor wurden während des Ersten Fünfjahresplans lediglich 7,9 % der Mittel zugeteilt. Auch wenn mit dem Beginn des Zweiten Fünfjahresplans (1958–62) die Vorstellung des »Auf-Zwei-Beinen-Gehens« propagiert wurde, hat sich, zumindest was die Investitionsmittelzuteilung anbelangt, an der relativen Vernachlässigung des Agrarsektors nicht viel geändert.[33]

PERKINS[34] und TANG[35] versuchen mit ökonometrischen Schätzungen die Produktionssteigerungen auf die einzelnen Produktionsfaktoren aufzuteilen. Beide Schätzungen müssen jedoch sehr skeptisch beurteilt werden. Zum einen gehen beide von einer linear-homogenen Cobb-Douglas-Produktionsfunktion aus, wobei sie weiterhin annehmen, daß der Preis der Produktionsfaktoren ihren Grenzproduktivitäten entspricht. Zum anderen bestehen erhebliche Schwierigkeiten, die einzelnen Produktionsfaktoren in die Kategorien Arbeit, Kapital, Boden (PERKINS) und »current inputs«[36] (TANG) einzuordnen. Die sich bei den Schätzungen ergebenden Residuen werden als technischer Fortschritt interpretiert (GRILICHES).[37] Letzterem wird sowohl von PERKINS, der sich auf den Zeitraum 1400–1957 bezieht, als auch von TANG, der lediglich die Spanne von 1952–57 betrachtet, nur untergeordnete Bedeutung zugemessen.

Aufgrund der Schwierigkeiten der eindeutigen Zuordnung der Produktionsfaktoren zu den klassischen Komponenten Arbeit, Boden und Kapital wird vom überwiegenden Teil der Autoren eine Aufspaltung der Produktionssteigerungen in »Vergrößerung der landwirtschaftlichen Anbaufläche« und »Erhöhung der Produktivität«, d. h Erhöhung der Produktion pro Bodeneinheit, vorgenommen, wobei letzteres eine Zusammenfassung der Entwicklungen auf technologischem, biologischem und chemischem Gebiet darstellt, sowie der Reorganisation und ideologischen Indoktrination des Faktors Arbeit, was jedoch von den Autoren nicht deutlich herausgestellt wird. Die treibende Kraft bei den Produktionssteigerungen ist jedoch vor allem das Bevölkerungswachstum gewesen, worauf insbesondere PERKINS hinweist, der damit der Theorie von MALTHUS widerspricht.

1. Biologische Innovationen

Biologische Innovationen beinhalten, wie PERKINS ausführt, dreierlei: (1) Verbesserung des bestehenden Saatgutes, (2) Entwicklung von neuem Saatgut und (3) Veränderung des Bebauungsrhythmus (»crop pattern«).

Aus historischer Sicht mißt PERKINS dem biologischen Innovationsprozeß wenig Bedeutung bei. Die Tatsache der geringen Interaktion zwischen Landwirtschaft und Industrie, soweit überhaupt vorhanden, hat dazu geführt, daß technologische Veränderungen im wesentlichen marginale Veränderungen durch die Bauern selbst gewesen sind. Das Fehlen wissenschaftlicher Methoden hat die landwirtschaftliche Technik – und dies bezieht sich nicht nur auf die biologische Technik – über Jahrhunderte fast unverändert gelassen.

Bei der Verbesserung bereits vorhandenen und der Entwicklung neuen Saatgutes war man deshalb allein auf den Zufall angewiesen. T. H. SHEN[38] berichtet u. a. von einem Bauern, der auf einem Berg eine bis dahin nicht bekannte Reissorte fand, die bessere Erträge als die bereits vorhandenen erbrachte.

Im heutigen China wird die Saatgutentwicklung natürlich auch wissenschaftlich betrieben. Es handelt sich dabei jedoch nicht um einen schnellen und billigen Weg der Produktionssteigerung, wie DAWSON meint. Vielmehr bedarf es vieler Jahre der Zucht, Auswahl und Anpassung. Dies wird auch in den Ausführungen von DAWSON deutlich, der sich damit gleich selbst widerspricht. Er schildert ausführlich den institutionellen Rahmen des Entwicklungsprozesses: die Zucht einer bestimmten Sorte in zentralen Forschungsinstituten, ihre Einführung bei regionalen Experimentierstationen, sowie schließlich die Propagierung in allen in Frage kommenden Kooperativen und Kommunen. Um dem Bedarf nach neuem Saatgut nachkommen zu können, werden auch die einzelnen Bauern zu verstärkten Anstrengungen ermuntert. Daß trotz eines recht komplexen Forschungssystems nur mangelhafte Ergebnisse erzielt worden sind, macht KUO deutlich. Als Grund verweist er vor allem auf die Übernahme der Lehren von L. T. LYSENKO, der bis 1956 als Chef der Akademie für Agrarwissenschaft fungierte, und dessen Lehren inzwischen als Scharlatanerie angesehen werden.

2. Chemische Innovationen

Während WU lediglich die Entwicklung der Düngemittelproduktion als aggregierte Größe angibt, wird die Bedeutung dieses Produktionsfaktors bei DAWSON, PERKINS und insbesondere KUO sehr sorgfältig analysiert, wobei jedoch von den Autoren unterschiedliche Schwerpunkte gesetzt werden. Vor allem gilt es, die Interdependenz der Wirkungen von verbessertem Saatgut, Bewässerungsprojekten und Kunstdünger herauszustellen. Andeutungsweise geschieht dies bei PERKINS und KUO. Letzterer beschreibt nicht nur, in welchen Gebieten welche Art Kunstdünger bevorzugt wird, sondern auch die Anpassungen, die auf der Suche nach einem optimalen Produktionsfaktor vollzogen werden.

Bei der Analyse der Entwicklungsmöglichkeiten kommt PERKINS zu dem Ergebnis, daß, auch falls die Kunstdüngerfabriken im Westen erworben werden müßten, eine Produktionssteigerung auf 400 Mio. t p. a. im Bereich des Möglichen liegt. Diese Zahl wird von ihm als anzustrebendes Produktionsziel vorgegeben. Leider geht er nicht auf die Möglichkeiten einer Produktionssteigerung unter Zuhilfenahme nationaler Ressourcen ein. Insbesondere gilt es hier, auf die Klein- und Mittelbetriebe hinzuweisen, die über das ganze Land verstreut sind und mit z. T. traditionellen Methoden durchaus effizient arbeiten.

KUO stellt als Vorzüge dieser Betriebe heraus, daß sie auf nur geringem Kapitalbedarf beruhen. Durch Kombination traditioneller und moderner Methoden (intermediäre Technologie) werden bei geringem Kapitaleinsatz gute Ergebnisse erzielt. Daß die Möglichkeiten der Kunstdüngerverwendung noch nicht erschöpft sind, d. h., daß abnehmende Grenzerträge nicht zu erwarten sind, deutet PERKINS an, indem er dem chinesischen Verbrauch pro Bodeneinheit den japanischen gegenüberstellt, der fast fünfmal soviel beträgt.

3. Mechanische Innovationen

Welcher Nachholbedarf auf dem Gebiet der Mechanisierung besteht, wird durch die Ausführungen von PERKINS und LI deutlich. PERKINS studierte Beschreibungen landwirtschaftlicher Geräte seit 1400 und stellte dabei fest, daß bis 1900 praktisch keine Veränderungen stattgefunden haben. Dies darf jedoch nicht zu dem Schluß führen, daß die Bauern allen Neuerungen ablehnend gegenübergestanden hätten; vielmehr haben sie die im Rahmen ihrer Möglichkeiten liegenden Verbesserungen vorgenommen. Auch nach der Revolution 1949 erfolgt der Mechanisierungsprozeß nur sehr langsam. Dies ist auf die vergleichsweise geringen Investitionen zurückzuführen, die in diesem Bereich gemacht wurden. Den Angaben von Li zufolge machten die Investitionen im Agrarsektor, die zu zwei Drittel aus Wasserbauprojekten bestanden, nur ca. 8 % der Gesamtinvestitionen im Zeitraum 1952–57 aus.[39] Dadurch wird die Aussage von Li Chung-Yu gestützt, der behauptet, daß 1958 nur ca. 2 % der gesamten Anbaufläche mechanisch bebaut worden seien.[40] 1958 wurde in Artikel 7 des »Nationalen Programms für die Agrarentwicklung« die Notwendigkeit eines energischen Vorantreibens der Mechanisierung betont. Kuo betrachtet den Erfolg der Anstrengungen jedoch sehr skeptisch. Er sieht die Gründe für die langsame Entwicklung vor allem in dem mangelnden Verantwortungsbewußtsein gegenüber den Maschinen und in dem institutionellen Aufbau, der eine eindeutige Kompetenzverteilung schwierig gestaltet.

4. *Reorganisation der Landwirtschaft*

Die Bedeutung der Reorganisation des Agrarsektors, unter der im wesentlichen die Landreform und die Kollektivierung zu verstehen sind, wird von fast allen von uns untersuchten Arbeiten analysiert, wobei dieser Punkt jedoch nur selten unter dem Aspekt der Produktionssteigerung gesehen wird.

Perkins beschäftigt sich vor allem mit dem Pachtsystem vor der Revolution, während er die Entwicklung danach nur kurz behandelt. Aufgrund der Tatsache, daß das Pachtsystem in sechs Jahrhunderten nur wenigen Veränderungen unterlag und große Unterschiede in den Pachtsystemen im Norden und Süden des Landes in bezug auf die Produktivitätssteigerungen nicht bestanden, glaubt Perkins darauf schließen zu können, daß das Pachtsystem als solches keinen Einfluß auf die Produktivitätsentwicklung gehabt habe. Eine Analyse mit stark aggregierten Daten, wie sie Perkins benutzt, führt im allgemeinen zum Verlust wesentlicher Informationen. Zudem stützt er sich bei seinen Untersuchungen allein auf den Anteil der Pächter an der Gesamtzahl der Bauern und die Entwicklung dieser Prozentzahl über die Zeit. Die Pachtzahlungen, sei es in Form von Festbeträgen oder aber als Prozentsatz am Ernteertrag, werden nicht genannt. Es wäre sicherlich von Wichtigkeit gewesen, die Wirkungen unterschiedlicher Pachtzahlungen auf die Produktivitätserhöhungen von Bauern und Pächtern zu zeigen.

Die Entwicklung nach 1949 darf keineswegs pauschal mit dem Ausdruck »Kollektivierung« belegt werden, denn hierbei steht im Hintergrund immer die Vorstellung einer Zwangskollektivierung, wie sie 1928 in der Sowjetunion vollzogen worden ist. Es gilt vielmehr zu zeigen, daß die Reformmaßnahmen in der VR China stufenweise entsprechend dem ideologischen Bewußtsein der Bauern durchgeführt wurden.

Die Wiederaufbauphase begann zunächst mit einer Bodenreform, d. h der Verteilung des Bodens unter die armen Bauern und die Landarbeiter. Die sich anschließenden Sozialisierungsmaßnahmen wurden mit großer Bedachtsamkeit durchgeführt, da

a) eine übereilte Kollektivierung, wie das Beispiel der Sowjetunion gezeigt hat, die Produktion sinken läßt,
b) die große räumliche Ausdehnung des Landes verbunden mit der Zerstückelung der Anbaufläche und dem Analphabetentum der Bauern den Aufbau großer Produktionseinheiten schwierig gestaltet.

Die KPCh suchte die Einwände, die von den traditionsgebundenen Bauern vorgebracht wurden, von Anfang an zu entkräften und gab den Bauern Gelegenheit, die Vorteile der Kollektivierung nach und nach aus eigener Erfahrung kennenzulernen.[41] Auf freiwilliger Basis bildeten sich zunächst »Genossenschaften für gegenseitige Hilfe«. Fünf bis acht Haushalte bewirtschafteten während der Erntezeit die Felder gemeinsam, ohne daß das Eigentum des einzelnen angetastet wurde. Auf der nächsten Kollektivierungsstufe, der der Kooperativen, wurde ein Teil des Eigentums sozialisiert. 1956 entstanden dann die landwirtschaftlichen Produktionsgenossenschaften höherer Stufe, die im wesentlichen den sowjetischen Kolchosen entsprechen und wenig später (1958) zu Kommunen zusammengelegt worden sind.

Perkins beurteilt die Entwicklung nach 1949 im wesentlichen negativ. Er stellt die Instabilität bzw. mangelnde Kontinuierlichkeit der Institutionen und das fehlende Anreizsystem für die Bauern heraus. Ähnlich negativ urteilt Wu, der in seiner Einleitung betont: »As the title shows, this is a non-political book, and every effort has been made to avoid partisanship.«[42] Bei der Besprechung der Reorganisation der Landwirtschaft kann er jedoch nicht umhin, das Wort Landreform nur in Anführungszeichen zu gebrauchen. Er sieht diese allein als einen politischen Prozeß zur Ausschaltung der Großgrundbesitzer und reichen Bauern, wobei er die Einteilung der Agrarbevölkerung in vier Klassen[43] als äußerst willkürlich beurteilt, zumal sie in verschiedenen Regionen unterschiedlich gehandhabt worden ist. Wus Kritik an den gewaltsamen Auseinandersetzungen und der einseitigen Bevorzugung von loyalen Kräften bei der Landverteilung ist zu folgen. Jedoch kann die Landreform und die anschließende Kollektivierung nicht allein als Instrument zur Festigung der Machtverhältnisse gesehen werden. Vielmehr dürfen die ökonomischen Überlegungen nicht unberücksichtigt bleiben.

Walkers Arbeit ist eine differenziertere Analyse. Er stellt ebenfalls die Problematik des Fünfklassenschemas dar, und sein Hauptinteresse gilt den ökonomischen Auswirkungen der Reorganisation. Abgesehen von der durch die Kollektivierung herbeigeführten Vergrößerung der Anbaufläche, die auch von Wu und Li zugestanden wird, sieht er die Hauptvorteile vor allem in dem effizienteren Einsatz der Arbeitskräfte. Dieser habe es erlaubt, einen großen Teil der genutzten Fläche zweimal im Jahr zu bestellen. Walker betont, daß es trotz der Kollektivierung weiterhin finanzielle Anreize für den einzelnen gegeben habe, räumt aber ein, daß die Verteilung des Eigentums sowie die Klassifizierung vieler Arbeiten als »freiwillig« gewisse Frustationen hervorgerufen habe. Im Zusammenhang mit der Bildung der Kommunen 1958 verweist er vor allem auf die hiermit verbundene Euphorie, die dazu geführt habe, materielle Gegebenheiten zu unterschätzen. Insgesamt gesehen versteht er die Entwicklung der Reorganisation des Agrarsektors als die Suche nach dem optimalen Grad der Kooperation und Zentralisation. Seiner Meinung nach lassen sich die ökonomischen Auswirkungen nicht eindeutig abschätzen. Es gelte die Aktivierung der Massen hervorzuheben.[44]

Neben dem Produktionsaspekt muß bei der Versorgung der Bevölkerung mit Nahrungsmitteln, d. h. vor allem mit Getreide, auch der Vermarktungsaspekt berücksichtigt werden. Jedoch lediglich Perkins widmet diesem Problem seine Aufmerksamkeit. Er führt richtig aus, daß die Qualität, d. h. die Komplexität des Marktsystems in einer Region die Preisbewegungen im wesentlichen bestimmt. Im Falle einer schlechten Ernte wird bei einem wenig integrierten Marktsystem z. B. der Preis für Reis sehr schnell steigen. Dadurch werden die Ersparnisse, das Vermögen und Eigentum derjenigen Bauern, die sich aufgrund der schlechten Ernte nicht selbst versorgen können, sehr schnell verbraucht; sie sind dem Hungertod ausgeliefert. Bei einem integrierten Marktsystem wird der Preisanstieg sehr viel langsamer vonstatten gehen, damit auch die Ersparnisse sehr viel länger reichen und die Bauern eine größere Überlebenschance haben.

5. *Die Bedeutung des Agrarsektors für den Industrialisierungsprozeß*

Der Vermarktungsaspekt berührt nicht nur das Versorgungsproblem der ländlichen Bevölkerung, sondern insbesondere die Entwicklung der Städte und damit die der Industrie. Als Ergebnis der Untersuchungen wird im allgemeinen herausgestellt, daß die landwirtschaftliche Entwicklung als Basis für den Industrialisierungsprozeß anzusehen, daß der Agrarsektor in den 50er und zu Beginn der 60er Jahre gleichzeitig aber auch ein Engpaß gewesen, dies inzwischen jedoch überwunden sei.

Während Perkins feststellt, daß erst ein solides Vermarktungs- und Transportsystem den Urbanisierungsprozeß und damit die Industrialisierung ermöglicht habe, zielt Wu vor allem auf die landwirtschaftlichen Steuern ab, die er als Hauptfinanzierungsquelle für den Aufbau der Industrie ansieht. Daß dies der Idee nach zwar richtig ist, wird in Tangs Darstellung deutlich, der ein »stalinistisches Modell« der Landwirtschaft-Industrie-Beziehung zu konstruieren versucht. Gleichzeitig zeigt er aber auch die Grenzen auf, die der »Ausbeutung des landwirtschaftlichen Sektors« gesetzt sind. Denn anders als in der Sowjetunion konnte bei der Industrialisierung nicht auf umfangreiche Überschüsse des Agrarsektors zurückgegriffen werden – insoweit wird auch die geringe Relevanz des Dualismusmodells von Fei und Ranis für die chinesische Entwicklung deutlich. Nach Li machten die Agrarsteuern 1954 nur knapp 13 % der Staatseinnahmen aus. Bis 1957 fielen sie auf ca. 10 %.

Wie wichtig dennoch der Agrarsektor für den Industrialisierungsprozeß gewesen ist, erkennt man an der Aufteilung der staatlichen Investitionen auf die einzelnen Sektoren. Durch die relative Vernachlässigung der Landwirtschaft in den ersten Jahren können die Investitionsanstrengungen auf die Industrie konzentriert werden. Li und Tang machen aber auch deutlich, daß diese einseitige Bevorzugung der Industrie deren Entwicklung hemmte, indem der Agrarsektor zum Engpaß wurde.

IV. Industrielle Entwicklung[45]

Welche Bedeutung dem industriellen Sektor in der VR China beigemessen wird, geht aus dem folgenden Zitat von Mao hervor: »Ohne Industrie gibt es keine sichere Landesverteidigung, keinen Wohlstand für das Volk, kein Aufblühen und keine Stärke des Landes.«[46] Daß dies nicht als Phrase, sondern als Basis der chinesischen Entwicklungsvorstellungen zu verstehen ist, wird durch die Allokation der Investitionsmittel im Ersten und Zweiten Fünfjahresplan (1953–57 bzw. 1958–62) deutlich:[47] Dem industriellen Sektor wurden 52 % bzw. 65,1 % der gesamten Mittel zugeteilt. Wenn im Verlauf der 60er Jahre auch eine

Abschwächung dieser einseitigen Bemühungen festzustellen ist, so kann man doch mit CHAO die Industrialisierungskampagne als die einzige konsistente Politik (auf ökonomischem Gebiet) der chinesischen Führung bezeichnen.

1. Akzente

Über die Schwerpunktbildung besteht bei den verschiedenen Autoren im wesentlichen Übereinstimmung. Hervorzuheben ist die zwar kurze, aber dennoch sehr informative Studie von K. C. YEH, der die Strategie der VR China in den 50er Jahren analysiert und dabei vor allem untersucht, inwieweit die Volksrepublik China dem Vorbild der Sowjetunion gefolgt ist. Dieser Ansatz erweist sich als sehr fruchtbar, da hieran die chinesischen Bemühungen um eine eigenständige Konzeption der Industrialisierung deutlich werden. Bis 1956 konzentrierten sich die Bemühungen auf den Sektor der Schwerindustrie – ihm wurden ca. 85 % der Kapitalinvestitionen zugeteilt: »The Chinese were perhaps more radical than the Soviet leaders.«[48] Begründet wird dies Vorgehen zum einen mit dem Mangel an Informationen und Zeit, die die Entwicklung einer eigenen Strategie äußerst schwierig gestaltet hätten bzw. unmöglich machten; aber auch wenn dies möglich gewesen wäre, hätte man kaum vom sowjetischen Vorbild abweichen können, da die Chinesen auf sowjetisches Know-how, z. T. in Form kompletter Fabrikanlagen, und sowjetisches Kapital angewiesen waren (CHAO, YEH). Hinzu kam, und hierauf zielt insbesondere CHAO hin, daß die Chinesen einen umfassenden industriellen Sektor entwickeln wollten, was jedoch ohne eigene Produktionsmittelherstellung nicht möglich ist. Dieser Wunsch war Ausdruck der Furcht, in die Abhängigkeit der UdSSR zu geraten. Deutlich wird dies in Zeitungsartikeln der Jahre 1963 und 1964, in denen der UdSSR vorgeworfen wurde, die Entwicklung der europäischen Ostblockländer den eigenen Bedürfnissen anzupassen.[49] Die Konzentration der Bemühungen auf die Schwerindustrie kann also nicht allein als »blinde« Übernahme der sowjetischen Vorstellung gewertet werden.

1956/57 machten sich Zweifel an der Richtigkeit dieser einseitigen Entwicklung breit. Über die Ursachen der »Chinesischen Industrialisierungsdebatte« gibt es nur wenig Informationen, so daß die Autoren im wesentlichen auf Spekulationen angewiesen sind. Man – u. a. LI – betont, daß der Weg der UdSSR nicht der der VR China sein könne, da unterschiedliche Ausgangspositionen vorlägen. Von 1957 an wurde eine mehr gleichgewichtige Entwicklung propagiert. Dies darf jedoch nicht so verstanden werden, als wären Schwerindustrie und Leichtindustrie gleichberechtigt behandelt worden; vielmehr wurde die einseitige Benachteiligung der Leichtindustrie nur abgemildert.

2. *Standortwahl*

CHAO und LI heben hervor, daß die Standortwahl im industrialisierungsprozeß keinem über die Zeit einheitlichen Konzept gefolgt sei, daß vielmehr strategisch-politische und ökonomische Entscheidungszusammenhänge zu verschiedenen Zeitpunkten unterschiedlich gewesen seien. Ausgangspunkt einer Analyse der Standortwahl muß die Situation vor 1949 sein. Während CHEN eine Zweiteilung in die mehr oder weniger industrialisierte Küstenregion und das nicht industrialisierte Binnenland vornimmt, scheint es richtiger, ECKSTEIN[50] zu folgen, der von einer Dreiteilung spricht, d. h. die industrialisierte Küstenregion noch einmal in das Gebiet der Handelshäfen mit der Leichtindustrie und der Mandschurei mit ihrer Schwerindustrie aufteilt. Hierbei ist fernerhin zu bemerken, daß diese Teilgebiete nicht ein integriertes Gesamtsystem bildeten, sondern losgelöst voneinander arbeiteten. Die Bestrebungen, diese Struktur zu ändern, werden von CHEN wie folgt begründet:

a) Die Industrie der Küstenstädte ist extern orientiert, ausgerichtet auf die Bedürfnisse des Auslandes. Sie hatte sich unabhängig von den inländischen Rohstoffquellen entwickelt.

Um eine Integration von Binnenland und Küstenregion vorzunehmen, muß notwendigerweise eine starke Belastung des Transportsystems erfolgen.

b) Die Küstenregion ist im Kriegsfall besonders verwundbar. Aus strategischen Gründen empfiehlt sich deshalb eine Verlagerung der Industrien ins Binnenland.

Konsequenterweise wurden deshalb während des Ersten Fünfjahresplans 55,3 % der Kapitalinvestitionen im Hinterland vorgenommen; der Prozentsatz erhöht sich sogar auf 73,9 %, falls nur neue Industrieprojekte berücksichtigt werden.[51] Hieraus ergaben sich jedoch, wie CHAO zeigt, schwerwiegende neue Probleme, da mit jedem Großprojekt umfangreiche Infrastrukturmaßnahmen notwendig wurden, d. h. der Bau von Kraftwerken, Transportsystemen etc. Die verfolgte Konzeption wurde deshalb 1956 von einer Gruppe, die CHAO nicht näher identifizieren kann, heftig angegriffen. Für diese Gruppe war die Verlagerung der Industrie zu extrem betrieben worden, vor allem weil damit eine Nichtauslastung der Kapazitäten an der Küste verbunden war. Ab 1956 wurde eine etwas ausgewogenere Entwicklung angestrebt, was in den hohen Wachstumsraten der Industrieproduktion an der Küste zum Ausdruck kam. Aber schon 1958 wurde dieses Konzept wieder aufgegeben, so daß diese zweijährige Zwischenphase von den meisten Autoren (u. a. CHEN) entweder übersehen oder einfach übergangen wird.

Im Verlaufe des »Großen Sprungs nach vorne« erfolgte wiederum eine Konzentration der Industrialisierungsbemühungen auf das Binnenland. TSAO YEN-HSING (1958)[52] argumentierte, daß der kurzfristige Kostenvorteil, der sich bei Investitionen an der Küste aufgrund der bereits bestehenden Infrastruktur ergebe, durch die Vorteile, die erst langfristig durch die Verbreiterung der industriellen Basis offenbar geworden wären, aufgewogen worden seien. In den 60er Jahren wurde die Verbreiterung der industriellen Basis noch stärker betont. Aufgrund der Schwierigkeiten der räumlichen Überbrückung und aus strategischen Erwägungen wurde die Autarkie der einzelnen Regionen, ja sogar Bezirke, angestrebt. Jedes Dorf sollte sich soweit wie möglich mit industriellen Produkten selbst versorgen.

3. *Technologieauswahl*

Der Aspekt der Technologieauswahl wird in den Arbeiten von Li und Wu vollkommen außer acht gelassen. Das liegt wohl vor allem daran, daß zur Zeit ihres Erscheinens der Einsatz kapitalintensiver Produktionsmethoden noch nicht in Frage gestellt wurde. Aber auch wenn die Richtigkeit dieser Strategie in Zweifel gezogen worden wäre, hätten den chinesischen Planern, so Yeh, keine Alternativen zur Verfügung gestanden, zumindest, was die Phase des Ersten Fünfjahresplans angehe. Die Tatsache, daß in diesem Zeitraum der Industrialisierungsprozeß im wesentlichen die Erstellung von 825 Großprojekten,[53] die 85 % der industriellen Investitionen ausmachten, beinhaltete, ist wiederum z. T. auf die Abhängigkeit von russischem Know-how und Kapital zurückzuführen. Für die Richtigkeit des Konzepts sprechen aber auch folgende Überlegungen:

a) Um eine Vielzahl von Betrieben unterschiedlicher Größe aufzubauen, bedarf es technischen Know-hows, das nur in begrenztem Umfang zur Verfügung stand.
b) Der knappe Faktor Kapital mußte durch den Faktor Arbeit (Facharbeiter, Ingenieure etc.) substituiert werden.
c) Große Produktionseinheiten schaffen günstige Voraussetzungen für Forschung und Schulung weiterer Fachkräfte.

Wie Chen ausführt, geht aus den ihm zur Verfügung stehenden chinesischen Quellen nicht hervor, inwieweit überhaupt Alternativen erörtert wurden. 1957 begann man jedoch den Gigantomismus (Chao, Chen) in Frage zu stellen: Als Argumente wurden u. a. angeführt, daß kleinere Betriebseinheiten schneller erstellbar seien, eines geringeren Kapitalaufwandes bedürften und die inländische Produktionsmittelindustrie in geringerem Maße in Anspruch nähmen, als dies durch Großprojekte geschähe. Chao betont jedoch, daß im Verlauf der Diskussion die Anwendung der jeweils modernsten Produktionsmethoden nicht kritisiert worden sei. Die Verwendung traditioneller einheimischer Methoden kam erst 1958 mit dem »Großen Sprung nach vorn« auf. Die Strategie des »Auf zwei Beinen Gehens« sollte neben einer gleichgewichtigen Entwicklung von Industrie und Landwirtschaft, großen und kleinen Produktionseinheiten auch die von modernen und traditionellen Methoden beinhalten. Der Mißerfolg dieser neuen Technologiestrategie, für die als Beispiel meistens auf die Hinterhofstahlöfen verwiesen wird, wird von LI, der sich auf ISHIKAWA[54] bezieht, als Beweis für die Unmöglichkeit der neuen Konzeption bzw. als Beweis, daß der effizienteste Weg zur Maximierung der Wachstumsraten die Anwendung komplexer und kapitalintensiver Methoden sei, gewertet. Unserer Meinung nach ist diese Beurteilung jedoch übereilt und ohne eine ausreichende Informationsbasis erfolgt. Es gilt vielmehr zu zeigen, daß aufgrund der kurzen Vorbereitungszeit und der Verquickung ideologischer und technologischer Probleme Instabilitäten verursacht worden sind, die zum Abbruch des Experiments 1959/60 führten. CHEN ist zuzustimmen, wenn er meint, daß der Mißerfolg nichts anderes beweise, als daß militärische Mobilisierungsmethoden bei der industriellen Entwicklung nicht anwendbar seien.

Welche Bedeutung traditionellen Techniken tatsächlich zuzuordnen ist, wird durch die in den letzten Jahren aufgekommene Diskussion über die intermediäre Technologie, d. h. die Verbindung von modernen und traditionellen Methoden, deutlich werden. Genaue Untersuchungen zu diesem Problem stehen noch aus.

Der Komplex Technologieauswahl beinhaltet nach CHAO auch die Frage, inwieweit eine Spezialisierung der einzelnen Industrieprojekte vorgenommen werden soll, d. h. welchen Umfang das Produktsortiment haben soll. In den 50er Jahren besaßen die Betriebe ein sehr großes Produktenspektrum. Dies ergab sich durch die Tatsache, daß Abfälle des Hauptproduktionsgangs zur Produktion anderer Güter benutzt wurden, indem man die Betriebe mit einem Ring von Satellitbetrieben umgab, denen eventuell weitere Satellitbetriebe zugeordnet wurden. Diese Entwicklung ist nach CHAO nicht als Folge einer bewußten Strategie anzusehen, sondern als Beiprodukt des Rohstoffmangels, der die Ausnutzung aller Abfälle erzwang. Administrativ waren diese Komplexe jedoch nur schwer zu bewältigen, so daß von 1961 ab eine Diversifikation angestrebt wurde.

V. Die Außenhandelsbeziehungen[55]

Die Daten des chinesischen Außenhandels liefern relativ zuverlässige Informationen, weil fast der gesamte Außenhandel Chinas von seinen Handelspartnern, kommunistischen als auch nicht-kommunistischen, registriert und veröffentlicht wird.

Obwohl Chinas Außenhandel etwa nur 2 % des Bruttosozialproduktes beträgt, spielt er in bestimmten Bereichen der chinesischen Wirtschaft eine dominierende Rolle. So dienen die Importe zur Beseitigung wirtschaftlicher Engpässe, während Exporte die Devisen zur Bezahlung der Importe erbringen. Mit den Worten des chinesischen Außenhandelsministers YEH CHI-CHUANG von 1955: »Export ist für Importe und die Importe für die sozialistische Industrialisierung.« Der Außenhandel hat somit die wirtschaftliche und damit auch die politische Unabhängigkeit Chinas zum Ziel, d. h. Vermeidung langfristiger Verschuldung und Importsubstitution in Schlüsselbranchen der Industrie. Politik und Handel bilden eine Einheit, obwohl von Fall zu Fall der eine oder andere Faktor stärker hervortritt. Die Flexibilität in dieser Hinsicht ist sehr groß.

Die Organisation des Außenhandels unterliegt seit 1952 dem Außenhandelsministerium, das aus acht Abteilungen mit administrativen Funktionen besteht. Die Abwicklung des Handels erfolgt über sieben Handelsorganisationen, die nach Art der Handelsgüter unterteilt sind. Darüber hinaus sind Institutionen wie das Komitee für die Förderung des Außenhandels, das nichtstaatliche Handels- und Zahlungsabkommen abschließt, und die Kantoner Frühjahrs- und Herbstmesse hervorzuheben. MAH[56] zeichnet drei wichtige Prinzipien der chinesischen Außenhandelsplanung auf:

a) das Gleichgewicht zwischen inländischem Verbrauch und Export,
b) das Gleichgewicht zwischen Im- und Export, das meist nur multilateral zu erreichen ist, und
c) das Prinzip der Politik des »fairen Preises«, das besonders im Handel mit asiatischen und afrikanischen Ländern betont wird.

Politische Erwägungen lassen China zuweilen unter den üblichen Exportpreisen »verkaufen« und über den üblichen Importpreisen kaufen. Andererseits könnte China aufgrund seines hohen Anteils am Welthandel bei bestimmten Gütern (z. B. Tung-Öl oder Schweinedärme) monopolistische Preisforderungen stellen.

Im Handel mit kommunistischen Ländern werden, bedingt durch die zentrale Wirtschaftsplanung, einmal ausgehandelte Preise langfristig stabil gehalten, so daß die im Laufe der Zeit entstehende Differenz zu den Welthandelspreisen erheblich sein kann. Die in China praktizierte Im- und Exportplanung, wie sie Mah beschreibt, geht von der Erstellung des Importplanes aus, dem dann der Exportfinanzierungsplan angepaßt wird. Zunächst zu hohe Anforderungen an die Exportgüterindustrie, insbesondere die Landwirtschaft und Leichtindustrie, haben dann 1957 zu einer realistischen, auf die Exportkapazitäten bezogene Importplanung geführt.[57]

Die Entwicklung des chinesischen Außenhandels ist in engem Zusammenhang mit der ökonomischen Gesamtentwicklung Chinas zu sehen. Ein seit 1950 langfristig steigender Trend wird durch zwei Höhepunkte (Großer Sprung 1959: 2290 Mio. US-$; Beginn der Kulturrevolution 1966: 4000 Mio. US-$ [Mah] bzw. 4245 Mio. US-$ [Usack und Batsavage]) bestimmt. Die abweichenden Zahlen lassen sich nicht durch das statistische Quellenmaterial und der Anpassung der Berechnung von Im- und Exportpreisen erklären, da beide Arbeiten, soweit aus dem statistischen Anhang ersichtlich, die gleichen Statistiken und Methoden angewendet haben. Die Unterschiede sind unter Umständen durch die Transportdauer (durchschnittlich 3 Monate) zu erklären, die Usack und Batsavage im Gegensatz zu Mah in ihren Tabellen berücksichtigen.

Mit der Konsolidierung der neuen chinesischen Regierung 1949 orientiert sich der Außenhandel Chinas zunehmend auf kommunistische Länder, insbesondere die Sowjetunion. Ursachen hierfür sind nicht nur in der Politik der »einseitigen Anlehnung«, verbunden mit dem Handelsembargo westlicher Länder, zu suchen, sondern hauptsächlich, wie Mah aufweist

a) in der politischen Einstellung,
b) in den Vorteilen eines Außenhandels innerhalb von Planwirtschaften und
c) in dem Vorhandensein eines Absatzmarktes für chinesische Waren und der Möglichkeit für China, sowjetische Kredite zu erlangen.

Der Wandel der Handelsrichtung zu westlichen Ländern hin begann mit westlichen Getreideimporten, die aufgrund der mangelnden inländischen Produktion nach 1959 getätigt wurden. Zur gleichen Zeit fiel der Handel mit der Sowjetunion infolge des sino-sowjetischen Konfliktes rapide, so daß er 1970 nur noch 1 % des inzwischen aber gestiegenen Gesamtvolumens gegenüber 48 % im Jahre 1959 betrug. Allerdings war 1971 im Vergleich zu 1970 eine Verdreifachung im sino-sowjetischen Handel zu verzeichnen. Der Handel mit den osteuropäischen Ländern verminderte sich nach 1959 nicht in dem Maße und wuchs seit 1966 wieder an, wobei der Handel mit Rumänien einen großen und wachsenden Anteil hat. Als erstes Land hat Rumänien wieder ein langfristiges Handelsabkommen (1972–1975) mit der VRCh vereinbart, was zuletzt in den 50er Jahren der Fall war. Im Rahmen dieses Abkommens gewährt China Rumänien ein Darlehen (loan) in Höhe von ca. 200–300 Mio. US-$.

Der zunehmende Anteil der westlichen Länder an Chinas Außenhandel in der Zeit von 1960–70 war mit einem wachsenden Gesamtvolumen verbunden. Seit 1963 sind die westlichen Länder Chinas Haupthandelspartner; ihr Anteil erhöhte sich bis 1970 auf 80 %. Die höchsten Wachstumsraten verzeichnete Japan, das 1959 nicht einmal mit 1 % am chinesischen Außenhandel beteiligt, 1966 schon Chinas wichtigster Handelspartner mit fast 15,5 % war und 1970 seinen Anteil auf 20 % erhöhte. Hier ist der von MAH prognostizierte wachsende Importüberschuß eingetreten; trotzdem stellen USACK und BATSAVAGE dem sino-japanischen Handel in den 70er Jahren steigende Tendenz in Aussicht, da das rohstoffarme Japan bereit ist, der Volksrepublik China in größerem Ausmaße Brennstoffe und Nahrungsmittel abzunehmen. Die westeuropäischen Handelspartner konnten ihren Anteil am Außenhandel Chinas seit 1965 verbessern; etwa ein

Viertel des chinesischen Außenhandels wurde 1970 mit Westeuropa getätigt. Obwohl der individuelle Anteil der einzelnen Länder nicht hoch ist, sind ihre Exportgüter – zumeist Produkte der Schwerindustrie – für China von besonderer Bedeutung. Weitere bedeutende Handelspartner sind Kanada und Australien als Hauptlieferanten von Getreide; Hongkong, Singapur und Malaysia sind die wichtigsten Devisenlieferanten.

Besonderes Augenmerk richten USACK und BATSAVAGE auf den Handel Chinas mit Entwicklungsländern. Ihr Anteil hat sich zwar seit 1965 nicht sehr stark verändert, doch ist 1971 ein starkes Wachstum insbesondere der Importe aus Lateinamerika und der Exporte nach Afrika, Süd- und Ostasien zu vermerken. Der politische Faktor ist im Außenhandel mit dieser Gruppe von Handelspartner von relativ großer Bedeutung.

Bezüglich der Zusammensetzung der chinesischen Im- und Exportgüter entfiel in den 50er Jahren der Hauptanteil der Importe auf Investitionsgüter; die Exportstruktur zeichnete sich durch einen hohen Anteil der Konsumgüter in Form von Nahrungsmitteln und Produkten der Leichtindustrie (Stoffe und Textilien) und von industriellen Rohstoffen aus. Diese Exportstruktur änderte sich kaum während der 60er Jahre. Bis 1964 verloren die Nahrungsmittel- und Textilexporte zugunsten anderer Güter der Leichtindustrie. Nach 1964 stieg die Ausfuhr von Nahrungsmitteln an und war 1970 doppelt so groß wie die Nahrungsmitteleinfuhr; ebenfalls ein leichter Anstieg war bei den Exporten von Textilfasern und -garnen zu verzeichnen.

Die Importstruktur Chinas erfuhr im Gegensatz zu den Exporten eine bedeutende Wandlung. Bis 1964 importierte China in weitaus größerem Umfang als zuvor Nahrungsmittel. Dementsprechend ging der Import von Maschinen, maschinellen Ausrüstungen und Erdöl stark zurück. Von 1965 bis 1970 sank der Anteil der Nahrungsmittelimporte (Getreide), während der Importanteil von chemischen Dünger- und Industrieprodukten (Eisen, Stahl und Nicht-Eisenprodukte) erheblich anstieg.

Der Getreide- und Düngemittelimport bedeutet für Chinas Zahlungsbilanz eine enorme Belastung, die nur zum Teil durch Nahrungsmittelexporte (Reis) aufgefangen werden kann. MAH zeigt, daß der Preisvorteil Chinas beim Reis-Weizen-Handel aufgrund der relativ höheren Reispreise keine stichhaltige Begründung für die steigenden Weizenimporte Anfang der 60er Jahre liefert. Er gibt als Grund des Weizenimportes zum einen die Nahrungsmittelkrise nach dem Großen Sprung an, zum anderen das Bevölkerungswachstum, dem die landwirtschaftliche Produktion nicht folgen konnte; zum Teil ist dies bedingt gewesen durch die Verringerung der Weizenanbaufläche.

Die Erholung der chinesischen Wirtschaft seit 1963 veranlaßte China, in Vorbereitung des Dritten Fünfjahres-Planes (1966–70) mehr als 35 komplette Industrieanlagen in Japan und Westeuropa zwischen 1963 und 1966 zu bestellen. Diese Anlagen unterstützen zum größten Teil die Produktion der Leichtindustrie und der Düngemittelindustrie.

Die Aussichten für eine Ausweitung des sino-westlichen Handels beurteilt MAH eher pessimistisch, da das Zahlungsproblem nicht gelöst ist. Im Falle einer Nichtinanspruchnahme langfristiger Handelskredite oder sonstiger wirtschaftlicher Hilfen ist Chinas Importnachfrage von seiner Exportkapazität bestimmt. Diese wiederum hängt von einer Ausweitung der inländischen Produktion und zum Teil vom Charakter der Weltnachfrage nach chinesischen Produkten ab. China muß also das Bevölkerungsproblem lösen, um einen Überschuß der Produktion über den Verbrauch zu erzielen, und es muß das Angebot seiner Exportwaren an die veränderte Nachfrage westlicher Märkte anpassen. Die westlichen Länder hingegen müssen bereit sein, China langfristige Kredite zu gewähren und als Ausgleich bei eventuellen chinesischen Handelsbilanzdefiziten Agrarprodukte und Güter der Leichtindustrie zu absorbieren. Langfristig sehen USACK und BATSAVAGE bessere Aussichten, da China seine internationalen Beziehungen ausweitet und so sich zusätzliche Exportmärkte, wie z. B. die USA, erschließt. Außerdem trifft eine steigende Produktion von Kohle, Öl und Metall auf den wachsenden Energie- und Rohstoffbedarf der Industrieländer.

VI. Die Entwicklungshilfepolitik[58]

Die Volksrepublik China gewährt seit 1956 Entwicklungshilfe[59] an Länder der Dritten Welt und hat spätestens seit Beginn der Bauarbeiten an der Tan-Zam-Eisenbahnlinie das Interesse der westlichen Welt auf diesen Bereich ihrer internationalen ökonomischen Aktivitäten gerichtet. China strebt mit seinem Entwicklungshilfeprogramm im Gegensatz zu seinem Außenhandel vornehmlich politische Ziele an. Der niedrige Industrialisierungsgrad und ein niedriges Volkseinkommen, das mit einem bescheidenen Zahlungsbilanzüberschuß gepaart ist, erlaubten es China nur in begrenztem Maße, Entwicklungshilfe zu leisten. Schon hieraus erwächst für China die Notwendigkeit, sich in seinen Entwicklungshilfemaßnahmen und -bedingungen von den hochindustrialisierten Ländern abzuheben.[60] Bei der Zusammenstellung der Quellen zu den entwicklungspolitischen Aktivitäten der Volksrepublik weichen Bartke und Tansky in einer wichtigen statistischen Veröffentlichung voneinander ab. Die jährlichen Berichte kommunistischer Hilfsprogramme des »Bureau of Intelligence and Research of the U.S. Department of State«[61] werden erstaunlicherweise von Bartke nicht angegeben. Die Intention beider Arbeiten unterscheidet sich ebenfalls: Bartke schlüsselt die einzelnen Entwicklungshilfeabkommen und Projekte statistisch auf (197 der 227 Seiten), während Tansky auf einzelne Abkommen und Projekte kaum eingeht, sondern sich darauf beschränkt, eine Übersicht über die Phasen und die Merkmale der chinesischen Entwicklungshilfe zu geben.

Die mit einer gezielten politischen Wirkung gewährte Entwicklungshilfe läßt Zweifel an der von Bartke festgestellten »Selbstlosigkeit« aufkommen. Die außenpolitischen Intentionen der Volksrepublik sind zum einen, wachsenden Einfluß in den Ländern der Dritten Welt zu gewinnen, zum anderen sind sie gegen den westlichen und, seit dem sino-sowjetischen Konflikt, gegen den Einfluß der Sowjetunion gerichtet. Die besonderen Erfahrungen mit der sowjetischen Entwicklungshilfe der 50er Jahre haben China zur Aufstellung von 8 Prinzipien veranlaßt, die die Entwicklungshilfe auf der Grundlage der Gleichberechtigung und des gegenseitigen Nutzens von Geber- und Empfänger regeln. Die Hilfe wird nicht mit handelspolitischen Forderungen verknüpft, sie ist zinslos (seit 1964); sie ist als Hilfe zur Selbsthilfe zu verstehen, bei der arbeitsintensive Investitionsprojekte mit kurzer Ausreifungszeit verwendet werden, die mit einer intensiven Schulung einheimischer Arbeitskräfte durch chinesische Experten verbunden ist.

Das Volumen der chinesischen Entwicklungshilfe an Länder der Dritten Welt im Zeitraum von 1956 bis 1971 wird mit 2 Mrd. US-$ angegeben. In der von TANSKY abgeteilten ersten Phase der chinesischen Entwicklungshilfe (1956–60) sollte zwar nur revolutionären und antiwestlich orientierten Ländern geholfen werden, jedoch konnte China diesen selbst gestellten Anspruch nicht verwirklichen. Die Unabhängigkeitswelle in Afrika zu Beginn der 60er Jahre war für China das geeignete Instrument, um durch gesteigerte Entwicklungshilfeleistungen mit der Sowjetunion zu konkurrieren und sich selbst an die Spitze der Dritten Welt zu stellen.

Der Rückgang der Hilfeleistungen in der Zeit von 1965–1969 ist nicht nur durch innenpolitische und ökonomische Schwierigkeiten bedingt, sondern auch eine Folge der politischen Instabilität einiger Empfängerländer. Die Furcht vor einer chinesischen Unterwanderung, d. h. Unterstützung politischer Freiheitsbewegungen in den Ländern der Dritten Welt mag ein weiterer Grund sein. Nach 1969 wandelte sich die außenpolitische Einstellung Chinas zur »Revolutionsstrategie« erheblich; ein Wandel, der zu einer Einstellung führte, die TANSKY mit den außenpolitischen Vorstellungen der Sowjetunion zu Beginn ihres Hilfsprogramms gleichsetzt. Das Abkommen zum Bau der Tan-Zam-Eisenbahn, Kredite an Pakistan und Rumänien sowie Entwicklungshilfezusagen an lateinamerikanische Länder sind einige Aspekte der neuen chinesischen Aktivitäten. Bermerkenswert, daß mehr als die Hälfte der zugesagten Entwicklungshilfe nach 1969 vergeben wurden. BARTKE korrigiert die zugesagten Kredite um den Betrag, der tatsächlich zur Auszahlung gekommen ist, und gelangt zu Netto-Leistungen von ca. 50 % der Kredite.

Eine Übersicht über die Projekte läßt die große Variationsbreite der chinesischen Hilfe erkennen; wertmäßig steht der Bereich Verkehr an erster Stelle, gefolgt von der Hilfe in Form von Gütern und Devisen und den Projekten der Leichtindustrie mit dem Schwerpunkt Textilfabriken. Nur ein geringer Teil der Entwicklungshilfe ist dem Bereich der Landwirtschaft und kulturellen Projekten zuzuordnen.

Die Probleme, die mit arbeitsintensiven Projekten im allgemeinen verbunden sind, löst China, indem es in hohem Maße chinesische Fachkräfte – Techniker und Facharbeiter – in den Entwicklungsländern einsetzt; 1971 betrug die Zahl 18 700, von denen allein 14.000 beim Tan-Zam-Projekt eingesetzt waren. BARTKE stellt die medizinische Hilfe besonders heraus, da die Ärzte- und Sanitätergruppen im Gegensatz zu den technischen Experten Kontakte mit der einheimischen Bevölkerung aufnehmen. Im Vergleich zu den wachsenden Hilfeleistungen ist der Außenhandel Chinas mit den Entwicklungsländern zurückgeblieben, wobei die Exporte stärker als die Importe gestiegen sind. Die Informationen zur Entwicklungshilfe Chinas an kommunistische Länder basieren auf Schätzungen des Gesamtvolumens in Höhe von ca. 2,2 Mrd. US-$. Drei Nachbarländer Chinas (Mongolei, Nordvietnam und Nordkorea), drei osteuropäische Staaten (Ungarn, Albanien und Rumänien) sowie Kuba zählen bzw. zählten zu den Empfängerländern; seit 1960 haben Kuba, Ungarn und die Mongolei keine Hilfe mehr empfangen, eine Folge des sinosowjetischen Konfliktes. Um so bemerkenswerter ist der Entwicklungshilfekredit in Höhe von 244 Mio. US-$ an Rumänien, der im November 1970 vereinbart wurde.

Die zukünftige Entwicklung der Entwicklungshilfeleistungen wird in der Hauptsache von Chinas außenpolitischen Zielen der nächsten Jahre abhängen, d. h.: Unterstützung kommunistischer Länder in ihrem Bemühen, von der Sowjetunion unabhängiger zu werden, und der Versuch, den Einfluß in den Ländern der Dritten Welt auszudehnen und zu festigen. Die Situation der chinesischen Zahlungsbilanz setzt jedoch einer raschen Ausdehnung der Leistungen Chinas Grenzen. Der Charakter der Entwicklungshilfeprojekte (arbeitsintensiv, kapitalsparend) wird sich nicht wesentlich ändern. Der regionale Schwerpunkt wird weiterhin Afrika sein, da hier dem sowjetischen Einfluß wirksam entgegengearbeitet werden kann. China wird seine politische Einstellung zu revolutionären Befreiungsbewegungen je nach den Verhältnissen (Südafrika, Pakistan) taktisch anpassen. Die Revolutionsstrategie hat, wenigstens kurzfristig, einer Strategie der internationalen Anerkennung zu weichen.

Die Schlußfolgerungen der hier behandelten Autoren zu Chinas Außenhandels- und Entwicklungshilfepolitik lassen einige Fragen offen:

1. Sind die von China aufgestellten Prinzipien der Außenwirtschaftsbeziehungen (gegenseitige Hilfe, Zusammenarbeit, Gleichheit, gegenseitiger Nutzen und gegenseitige Förderung der Wirtschaftsentwicklung) auch nach der Umstrukturierung der Außenhandelsrichtungen noch von Bedeutung, oder sind sie grundsätzlich einer pragmatischen Haltung gewichen, mit der China seine politischen Interessen durchzusetzen versucht?
2. Wird China für sein Streben nach Autarkie, d. h. nach Befreiung von Auslandskrediten und abnehmender Importabhängigkeit im Bereich der Schwerindustrie nicht unverhältnismäßig hohe Kosten tragen müssen, die sich durch den Ersatz der Importe (Aufbau einer integrierten Industriestruktur) ergeben?
3. Kann China seine Autarkiestrategie weiter verfolgen, oder ist es auf dem besten Weg, sich dem Prinzip der komparativen Kostenvorteile unterzuordnen?
4. Ist das Konzept der chinesischen Entwicklungshilfe geeignet, einen wirksamen Beitrag für eine bodenständige Entwicklung in den Ländern Asiens, Afrikas, Südamerikas zu bringen?

Anmerkungen:

1 Hier sei z. B. auf folgende Bücher verwiesen: GALBRAITH: *China, Impressionen einer Reise,* München/Zürich 1973; A. PEYREFITTE: *Quand la Chine's éveillera ...,* Paris 1973.

2 MARTIN: *Mao Intern,* München 1974.

3 E. L. WHEELWRIGHT and B. MCFARLANE: *The Chinese Road to Socialism,* London 1973, S. 221–224.

4 Ebenda, S. 221.

5 A. ECKSTEIN: »The Strategy of Economic Development in Communist China«, in: *The American Economic Review*, Vol. 51, 1961, Papers & Proceedings, S. 508–517;
K. C. YEH: *Soviet and Communist Chinese Industrialization Strategies*, Santa Monica 1965;
A. ZAUBERMAN: »Soviet and Chinese Strategy for Economic Growth«, in: *International Affairs*, Vol. 38. No. 3, 1962, 338–352;
C.-M. LI: *Economic Development of Communist China*, Berkeley and Los Angeles 1959;
S. SCHRAM: *Authority, Participation and Cultural Change in China*, London 1974;
J. GRAY: »The Economies of Maoism«, in: *Bulletin of the Atomic Scientists*, 25 (2), 1969, S. 42–51;
ders.: »The Chinese Model, Some characteristics of Maoist Policies for Social Change and Economic Growth«, in: *Socialist Economies*, ed. by A. NOVE and D. M. NUTI, Victoria (Australien), 1972, S. 491 bis 510;
C. RISKIN: »Maoism and Motivation«, in: *Bulletin of Concemed Asian Scholars*, Vol. 5, 10. 1. 1973 (Juli), S. 10–24;
M. MEISNER: »Lenism and Moaism«, in: *The China Quarterly*. No. 45, 1971 (Jan.–March), S. 2–36.

6 GRAY, a.a.O., S. 495: »... the Chinese economic model is concerned not with the apportionment of the given resources, but the calling forth of the unused resources, both material and human.«

7 SCHRAM, *Mao Tse-tung Unrehearsed* ..., S. 31.

8 MAO: »On the Ten Great Relationships«, vom 25. April 1956, und »Talks at the Chengtu-Conference«, vom März 1958, in: SCHRAM, *Mao Tse-tung* ..., S. 61–83 u. 96 ff.

9 MAO: *Ausgewählte Werke*, 4. Bd., Peking 1968–1969, Bd. 1, S. 154.

10 MAO: »Rede gegen Rechtstendenzen und Konservatismus vom 6. Dezember 1955«, in: MARTIN, a.a.O., S. 86 u. 88.

11 MAO: »Schlußworte auf der obersten Staatskonferenz vom 2. März 1957«, in: MARTIN, a.a.O., S. 103.

12 MAO: »Schlußworte ...«, a.a.O., S. 101.

13 SCHRAM: *Mao Tse-tung Unrehearsed* ..., S. 12.

14 MAO: »Talk at an Enlarged Central Work Conference«, vom 30. Januar 1962, in: SCHRAM, *Mao Tse-tung* ..., S. 163.

15 MAO: »Einige wichtige Weisungen vom 29. Juni«, 2. Juli 1959, in: MARTIN, a.a.O., S. 149.

16 MAO: »Gespräch mit Leitern der Kooperationsgebiete vom 30. November 1958«, in: MARTIN, a.a.O., S. 122.

17 I. G. Gurley: »Capitalist and Maoist Economic Development«, in: *The Political Economy of Development*, ed. by N. T. Uphoff & W. F. Ilchman, Berkeley / Los Angeles / London 1972, S. 148.

18 P. Weber-Schäfer: »Zur ›Weltanschauung‹ Mao Tse-tungs«, in: *Zeitschrift für Politik*, IV, 2, S. 304–324.

19 E. v. Groeling: »Pekings entwicklungspolitische Konzeptionen«, in: *Moderne Welt*, 11. Jg., H. 3, 1970, S. 243.

20 Mao: »Über die Praxis«, in: *Vier philosophische Monographien*, Peking 1971, S. 2.

21 Mao: »Talk to Music Workers«, vom 24. August 1956, in: Schram, *Mao Tse-tung* . . ., S. 84.

22 Mao: »Gespräch mit Leitern der Kooperationsgebiete vom 30. November 1968«, in: Martin, a.a.O., S. 119.

23 S. Amir: »Multiplying Micro-Development«, in: *International Development Review*, Vol. XII, No. 4, 1970, S. 13.

24 Mao: »Talk to Music Workers«, in: Schram, *Mao Tse-tung*, S. 86.

25 Schram: *Mao Tse-tung Unrehearsed* . . ., S. 35

26 Ebenda, S. 103.

27 Für die Analyse des Agrarsektors wurden im wesentlichen folgende Arbeiten verwendet:
Chen Nai-Ruenn/Walter Galenson, *The Chinese Economy under Communism*, Edinburgh 1969;
Owen L. Dawson, *Communist China's Agriculture*, New York/Washington/London 1970;
Leslie T. C. Kuo, *The Technical Transformation of Agriculture in Communist China*, New York/Washington/London 1972;
Li Choh-Ming, *Economic Development of Communist China*, Berkeley/Los Angeles 1959;
Dwight H. Perkins, *Agricultural Development in China: 1368 to 1968*, Chicago 1969;
Anthony M. Tang, »Policy and Performance in Agriculture«, in: Alexander Eckstein/Walter Galenson/Liu Ta-Chung, *Economic Trends in Communist China*, Edinburgh 1968;
Kenneth R. Walker, »Organisation for Agricultural Production«, in: Alexander Eckstein/Walter Galenson/Liu Ta-Chung, *Economic Trends in Communist China*, Edinburgh 1968;
Wu Yuan-Li, *An Economic Survey of Communist China*, New York 1956.

28 W. W. Rostow: »*The Take off into Self-Sustained Growth*« *Economic Journal*, March 1956.

29 John Fei/Gustav Ranis: *Development of the Labor Surplus Economy*, Irwin, 1964; Paauw/John Fei: *The Transition in Open*

Dualistic Systems, New Haven/London 1973; D. JORGENSON: »*Development of the Dual Economy*«, in: *Economic Journal*, March 1961; D. JORGENSON: »Testing Alternative Theories of the Development of a Dual Economy«, in: *The Theorie and Design of Economic Development*, ADELMAN AND THORBECKE (Hrsg.), Baltimore 1966.

30 RAINER SCHICKELE: *Agrarian Revolution and Economic Progress*, New York/Washington/London 1968, S. 73.

31 LI CHOH-MING, a.a.O., S. 141–168.

32 K. C. YEH, a.a.O., S. 19–31.

33 Ebenda, S. 10.

34 DWIGHT H. PERKINS, a.a.O., S. 79–84.

35 ANTHONY M. TANG, a.a.O., S. 480–484.

36 *Current inputs* umfassen Saatgut, Düngemittel und Pestizide.

37 ZVI GRILICHES: »Production Functions in Manufacturing: Some Preliminary Results«, in: *National Bureau of Economic Research*, Vol. 31, 1967, S. 275–340.

38 Zitiert in DWIGHT H. PERKINS, a.a.O., S. 38.

39 LI CHOH-MING, a.a.O., S. 54.

40 Zit. in OWEN L. DAWSON, a.a.O., S. 147.

41 F. W. HOUN: *Die Anatomie des chinesischen Kommunismus*, Bern 1969, S. 203 f.

42 WU YUAN-LI, a.a.O., S. VII.

43 WU faßt die armen Bauern und die Landarbeiter zu einer Klasse zusammen, während sie bei MAO TSE-TUNG zwei getrennte Klassen bilden.

44 KENNETH R. WALKER, a.a.O., S. 484 ff.

45 Für die Analysen des industriellen Sektors wurden im wesentlichen folgende Arbeiten verwendet:
KANG CHAO: »Policy and Performance in Industry«, in: ALEXANDER ECKSTEIN/WALTER GALENSON/LIU TA-CHUNG: *Economic Trends in Communist China*, Edinburgh 1968;
CHEN NAI-RUENN/WALTER GALENSON: *The Chinese Economy under Communism*, Edinburgh 1969;
LI CHOH-MING: *Economic Development of Communist China*, Berkeley/Los Angeles 1959;
LI CHOH-MING (ed.): *Industrial Development in Communist China*, New York/London 1964;
DWIGTH H. PERKINS: »Industrial Planning and Management«, in: ALEXANDER ECKSTEIN/WALTER GALENSON/LIU TA-CHUNG: *Economic Trends in Communist China*, Edinburgh 1968;

WU YUAN-LI: *An Economic Survey of Communist China,* New York 1956;
K. C. YEH: *Soviet and Communist Chinese Industrialization Strategies,* Santa Monica 1965.

46 MAO: *Ausgewählte Werke, Bd. 3,* S. 297 (Politischer Bericht MAOS auf dem VII. Parteitag der KP Chinas vom 24. 4. 1945).

47 K. C. YEH, a.a.O., S. 10.

48 K. C. YEH, a.a.O., S. 14.

49 Vgl. CHAO, a.a.O., S. 554.

50 ALEXANDER ECKSTEIN: *Communist China's Economic Growth and Foreign Trade,* New York 1966, S. 16.

51 KANG CHAO, a.a.O., S. 559.

52 TSAO YEN-HSING: »Industrial Location is an Important Problem in Socialist Industrial Construction«, in: *Planned Economy,* Nr. 12, S. 13–15, zit. in KANG CHAO, a.a.O., S. 560.

53 LI CHOH-MING, a.a.O., S. 110.

54 SHIGERU ISHIKAWA: »Choice of Techniques in Mainland China«, in: *The Developing Economies,* Preliminary Issue, No. 2, September–Dezember 1962, S. 23 ff.

55 FENG-HWA MAH: *The Foreign Trade of Mainland China,* Aldine Publishing Company 1971, 2535; A. H. USACK und R. E. BATSAVAGE: »The International Trade of the People's Republic of China«, in: *People's Republic of China: An Economic Assessment of the United States,* Washington U.S. Government Printing Office 1972, S. 335–370 (im folgenden: *An Economic Assessment . . .).*

56 MAH, a.a.O., S. 8.

57 MAH, a.a.O., S. 11.

58 WOLFGANG BARTKE: *Die Wirtschaftshilfe der Volksrepublik China,* Nr. 44 der *Mitteilungen des Instituts für Asienkunde,* Hamburg 1972, 2515; LEO TANSKY: »Chinese Foreign Aid«, in: *An Economic Assessment . . .,* S. 371–382. Eine nur auf die westlichen Außenbeziehungen eingeschränkte Studie neueren Datums ist von BERND KUNZE erstellt worden: *Die Wirtschaftsbeziehungen zwischen der VR China und den westlichen Industriestaaten,* Düsseldorf 1972.

59 Andere verwendete Termini sind Wirtschaftshilfe, »foreign aid« und der offiziös benutzte Ausdruck »Wirtschaftliche und technische Zusammenarbeit«.

60 Vgl. hierzu D. KOKULINSKY u. S. J. PARK: »Die Entwicklungshilfe als ein außenpolitisches Instrument der VR China«, in: *Zeitschrift für die gesamte Staatswissenschaft,* Bd. 129 (1973), H. 3, S. 559 bis 572.

61 Die im September 1971 veröffentlichte Serie hatte den Titel: *Communist States and Developing Countries.*

Zur Frage der horizontalen Konzentration von Betriebseinheiten in der Volksrepublik China

von Wolfgang Klenner, Bochum

I

Wie in westlichen Ländern können auch in vielen sozialistischen Staaten und auch in der Volksrepublik China Tendenzen zur wirtschaftlichen Konzentration durch überproportionales Wachsen größerer Betriebe und durch Vereinigung kleinerer Betriebe beobachtet werden. So lag der Schwerpunkt der volkswirtschaftlichen Investitionstätigkeit in der Volksrepublik China zeitweise beim Aufbau von Großbetrieben (*ta hsing ch'i-yeh*), die wegen des umfangreichen Kapitalbedarfs auch als Übernormprojekte (*hsien e i shang*) bezeichnet wurden. Diese Projekte wurden zum Teil als Betriebsverbund (*lien-ho ch'i-yeh*), zum Teil als Einzelbetrieb (*tan-tu ch'i-yeh*) konzipiert. In einem Betriebsverbund waren Fabriken zumeist auf vertikaler Ebene zusammengeschlossen (*tsung ti lien-ho*). Auf horizontaler Ebene (*heng*) fand eine Betriebskonzentration vor allem durch trustähnliche Zusammenschlüsse von Betrieben derselben Branche zu spezialisierten Industrievereinigungen (*kung-yeh chuan-yeh kung-szu*) statt.

Die drei genannten Formen der wirtschaftlichen Konzentration in der Volksrepublik China waren jedoch keineswegs unumstritten und konnten von ihren Befürwortern nicht allgemein, zumindest jedoch nicht auf Dauer, durchgesetzt werden. Sie waren vielmehr Gegenstand theoretischer Diskussionen, wirtschaftspolitischer Auseinandersetzungen sowie entwicklungspolitischer und ideologischer Richtungskämpfe, in denen es um verschiedene Lösungsansätze zur Verbindung von Produktivität, Rationalisierung und Ideologie ging.

Die folgende Untersuchung will einen Beitrag zum Verständnis der um die horizontale Konzentration entbrannten Auseinandersetzungen liefern. Folgende Fragen werden untersucht:

1. Wann und zu welchem Zweck wurden Betriebe auf horizontaler Ebene zusammengeschlossen?

2. Wie sah die interne Struktur der horizontalen Zusammenschlüsse aus?

3. Welche kontroversen entwicklungspolitischen und ideologischen Positionen wurden hinsichtlich der horizontalen Zusammenschlüsse bezogen?

4. Welche gesellschaftlichen Gruppen wurden durch horizontale Zusammenschlüsse begünstigt, welche benachteiligt?

Ziele, interne Struktur und damit auch ideologische und gesellschaftspolitische Implikationen der horizontalen Zusammenschlüsse änderten sich im Zeitverlauf. In der Untersuchung muß daher dem Zeitaspekt Rechnung getragen werden. Hierzu wird der Untersuchungszeitraum in drei Perioden eingeteilt: die fünfziger Jahre bis zum »Großen Sprung nach vorn«, die sechziger Jahre bis zur Kulturrevolution und die Zeit nach der Kulturrevolution. An dieser Stelle sei aber darauf verwiesen, daß sich bereits vor dem »Großen Sprung nach vorn« die Entwicklung abzeichnete, die sich in den sechziger Jahren bis zur Kulturrevolution durchsetzte, und daß schon damals ähnliche tiefgreifende Differenzen im Hinblick auf horizontale Betriebszusammenschlüsse sichtbar wurden wie in den sechziger Jahren, besonders während der Kulturrevolution.

Horizontale Betriebszusammenschlüsse wurden in chinesischen Publikationen unterschiedlich bezeichnet, ohne daß damit unbedingt verschiedene Organisationsformen gemeint waren.[1] Zumeist nannte man sie »spezialisierte Industrievereinigungen«, »Trusts« (*t'o-la-szu*), in englischsprachigen chinesischen Publikationen auch »companies«. Die Befürworter der horizontalen Zusammenschlüsse hoben deren sozialistischen Charakter hervor und verwendeten auch den Ausdruck »Vereinigungen mit sozialistischem Charakter« (*she-hui-chu-i hsing-chih ti kung-szu*). Die Kritiker der Trusts bezeichneten diese Organisationsform dagegen als »zentralistische, monopolistische, kapitalistische Trusts« (*chi-chung lung-tuan ti tzu-pen-chu-i t'o-la-szu*), als »zentralistische Monopole« (*chi-chung lung-tuan*) oder einfach als »Monopole« (*lung-tuan*) schlechthin. In den folgenden Ausführungen wird einheitlich die Bezeichnung Trust verwendet.

II

In der Volksrepublik China entstanden Mitte der fünfziger Jahre die ersten Trusts, als einige gemischte staatlich-private Unternehmen derselben Branche zusammengeschlossen wurden. Damit beabsichtigte man die einheitliche wirtschaftliche Planung und Führung durch den Staat zu erleichtern und die sozialistische Transformation der Wirtschaft voranzutreiben.[2] Anscheinend wurde der erste Trust in Shanghai im März 1955 gegründet, als unter dem Shanghaier Büro für Lokalindustrie der Trust für Schreibgeräte gebildet wurde, der mehr als 600 kleine und große Betriebe der Schreibgeräte-Branche umfaßte. Man wollte damit eine branchenmäßig strukturierte Organisationsebene zwischen Büros und Betrieben schaffen, um Planung und Kontrolle der Betriebe durch die Büros der Wirtschaftsverwaltung effizienter zu gestalten oder überhaupt erst zu ermöglichen. Denn die organisatorische und planerische Erfassung der betrieblichen Aktivitäten durch die staatlichen Wirtschaftsbehörden war durch die von der Volksregierung in den Anfangsjahren vorgefundene Betriebsstruktur, die zum großen Teil das Ergebnis marktwirtschaftlicher Prozesse war, erheblich erschwert. Die einzelnen Betriebe entsprachen vor allem den organisatorischen Vorstellungen und den finanziellen Möglichkeiten der individuellen Betriebseigner, nicht aber den planerischen und organisatorischen Erfordernissen einer Staatswirtschaft. So war man z. B. im Jahr 1949 nur in der Lage, lediglich 3145 Betriebe von den über 100.000 Industriebetrieben planmäßig zu erfassen, konnte deren Zahl aber u. a. durch trustähnliche Zusammenschlüsse bis 1958 auf über 60.000 Betriebe erhöhen.[3] In gleicher Weise trugen Trusts zur Verbesserung der Bedingungen für die sozialistische Transformation der privaten Betriebe bei. Denn vor der Bildung von Trusts konnten die gemischten staatlich-privaten Betriebe nur sehr unvollkommen vom Staat gelenkt und kontrolliert werden. Eine Verbesserung wurde bereits erzielt, als in Shanghai die als Vorläufer der Trusts bezeichneten spezialisierten Abteilungen (*chuan-yeh ch'u*) innerhalb der Industriebüros Shanghais gebildet worden waren. Aber vor allem die Trusts ermöglichten es dem Staat, seinen Einfluß in den gemischten staatlich-privaten Betrieben bei allen Angelegenheiten geltend zu machen.[4]

Die mit den Shanghaier Trusts gewonnenen Erfahrungen waren offenbar so positiv, daß in einer Anordnung des Staatsrats vom 8. Februar 1956 die Errichtung und der Ausbau von Trusts überall in China gefordert wurden.[5] Trusts sollten im weiteren Verlauf nicht mehr auf die gemischten Betriebe beschränkt werden, sondern auch staatliche Betriebe umfassen. Im Anschluß an diese Anordnung wurde eine Reihe von Trusts im Industrie-, Transport- und Handelssektor errichtet. In Shanghai hatte man bis zum Mai 1956 insgesamt 113 Trusts oder ähnliche organisatorische Zusammenschlüsse gebildet, davon 58 im Industriesektor. Aus WANG HUNG-TINGS Bericht[6] können einige Hinweise zur internen Struktur der horizontalen Zusammenschlüsse in Shanghais Industriesektor entnommen werden: Die 58 Trusts waren unter den acht Industriebüros der städtischen Wirtschaftsverwaltung errichtet und kontrollierten insgesamt 25.853 neu gegründete gemischte staatlich-private Betriebe.[7] Im allgemeinen war für jede Branche ein Trust errichtet worden (*i ko hang-yeh i ko kung-szu*). So gab es einen Trust für Schreibgeräte, einen für Verbrennungsmotoren, einen für Drehbänke usw. Da die Zahl der Betriebe in einem Trust immer noch sehr groß war, wurden die meisten Betriebe nach regionalen und produktspezifischen Kriterien in Gruppen eingeteilt. Aus diesen Gruppen wurde ein Betrieb aufgrund seiner Größe, seines effektiven Managements und seiner guten betrieblichen Organisation als zentrale Fabrik (*chung-hsin ch'ang*) ausgewählt und mit der Kontrolle über die kleinen Fabriken beauftragt. Betriebe mit bekannten Firmennamen, die sehr spezielle Produkte erstellten, blieben unabhängige Fabriken (*tu-li ch'ang*).

Nach dieser Umstrukturierung gab es in Shanghai 2936 zentrale Fabriken und 637 unabhängige Fabriken. Durchschnittlich unterstanden einem Industriebüro 7 Trusts; ein Trust kontrollierte durchschnittlich 50 zentrale Fabriken und eine zentrale Fabrik überwachte durchschnittlich 8 Betriebe. Die Zusammenhänge sind im folgenden Schaubild dargestellt:

Schaubild 1:
Industrieverwaltung der Stadt Shanghai 1957

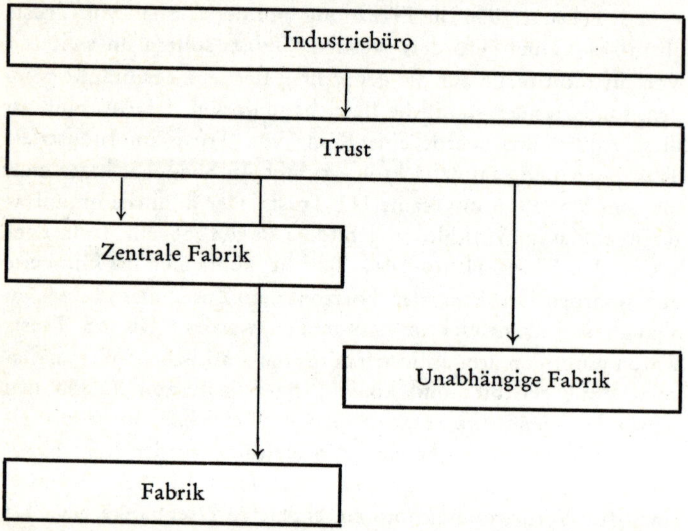

Die Zuständigkeit der Trusts und der Industriebüros für Produktionsplanung, Versorgung und Absatz, Durchführung technischer Neuerungen und Finanzen war 1957 folgendermaßen geregelt:[8] Für die allgemeine Produktionsplanung waren die Industriebüros zuständig. Sie gaben den Trusts Produktionsquoten vor und überprüften die Jahres- und Vierteljahrespläne der Fabriken. Die Trusts bestimmten auf der Grundlage der ihnen vorgegebenen Produktionsquoten die Planziele für die Fabriken und überwachten sie beim Aufstellen der Vierteljahrespläne.

Darüberhinaus faßten sie die betrieblichen Einzelpläne zu einem Gesamtplan der Trusts zusammen. Mit den Fabriken standen sie unmittelbar und/oder mittelbar über die zentralen Fabriken in Kontakt. Versorgung und Absatz wurden von den Industriebüros unter Berücksichtigung der wirtschaftlichen Gesamtzusammenhänge organisiert. Wurden zentral verteilte Produktionsfaktoren benötigt, stellten sie hierfür den Antrag bei den übergeordneten Behörden. Die Trusts schlossen in dem von den Industriebüros abgesteckten Rahmen für die Fabriken Verträge über die Materialbeschaffung ab, nahmen Produktionsaufträge entgegen, schlüsselten die Aufträge auf die einzelnen Fabriken auf und leiteten sie unmittelbar oder über die zentralen Fabriken den einzelnen Betrieben zu. Die von den Trusts für die Fabriken abgeschlossenen Beschaffungs- und Absatzverträge waren entweder allgemeiner Natur (*tsung ti hsieh-i*) – die Spezifizierung wurde den einzelnen Betrieben überlassen – oder gleich hinreichend detailliert (*chü-t'i ho-t'ung*).

Bei Durchführung technischer Neuerungen waren die Industriebüros für die Planung und Koordination der Arbeiten zur Lösung technischer Probleme und zur Erstellung neuer Produkte zuständig. Trusts erledigten die hierzu erforderlichen Routinearbeiten und überwachten die entsprechenden Projekte der Fabriken.

Die Industriebüros kontrollierten die Trusts auch bei der Buchführung, beim Aufstellen von Abschlußrechnungen usw. Denn da Trusts Produktionsfaktoren für die Fabriken kauften und Produkte für die Fabriken verkauften, waren sie als wirtschaftliche Rechnungseinheiten (*ching-chi ho-suan tan-wei*) zum Aufstellen von Budgets, Abschlußrechnungen und zum Führen von Einkaufs- und Verkaufsrechnungen verpflichtet. Die Trusts überwachten ihrerseits die korrekte Buchführung der Betriebe. Für ihre Ausgaben erhielten die Trusts keine staatlichen Budgetzuweisungen. Sie finanzierten sich vielmehr u. a. aus den Fonds, die aus den Produktionserlösen der ihnen unterstellten Betrieben gebildet wurden.[9]

III

Aus der Aufgabenverteilung wird der Charakter der Trusts als Bindeglied zwischen den Industriebüros und den Fabriken ersichtlich. Ursprünglich war damit eine Verbesserung der staatlichen Erfassung der gemischten staatlich-privaten Industrie geplant und auch realisiert worden. Seit der Verordnung des Staatsrats vom 8. Februar 1956 waren Trusts hingegen auch auf die staatlichen Betriebe ausgedehnt worden. Seither ging es nicht mehr primär darum, den staatlichen Einfluß im privaten Bereich geltend zu machen. Die Trusts sollten jetzt vielmehr auch die Arbeitsteilung vorantreiben und die Ressourcenallokation rationaler gestalten helfen. Angesichts dieser neuen Funktion zeigte sich bald, daß die Stellung der Trusts zwischen den für die Formulierung der Wirtschaftsziele zuständigen Industriebüros und den für die Produktion zuständigen Betrieben keineswegs unproblematisch war. Denn entweder unterstützen die Trusts die Verwaltungseinheiten auf lokaler Ebene bei der Bewältigung der branchenspezifischen Aufgaben und verwirklichen damit lediglich die politischen und wirtschaftlichen Entscheidungen übergeordneter Organe in ihrem Bereich, oder sie weiten ihre Entscheidungsbefugnis zu deren Lasten aus. Dann liegt auch die wirtschaftspolitische Initiative bei den Trusts und die regionalen Verwaltungseinheiten stecken lediglich den Rahmen für die wirtschaftlichen Aktivitäten ab. Scheint mit dieser Frage zunächst nur die Zuständigkeit für die Gestaltung der Wirtschaftsprozesse berührt zu sein, so ergeben sich doch inhaltlich in dem Augenblick sehr unterschiedliche Konsequenzen, in dem Profit als Betriebsziel ein größeres Gewicht bekommt und die Trusts finanziell eng mit den Betrieben verbunden sind.

Die Funktionsverteilung zwischen Büros und Trusts legt zunächst den Schluß nahe, daß die Trusts in den Jahren 1956 und 57 grundsätzlich von den Büros kontrolliert wurden. Dafür spricht auch die an die Trusts geknüpfte Erwartung, daß sie die Verwaltungseinheiten auf lokaler Ebene unterstützen würden, in deren Zuständigkeit im Rahmen der Dezentralisierungsmaßnahmen in den Jahren 1957 und 58 viele bisher zentral geführte

Betriebe übergingen.[10] Andere Hinweise in WANG HUNG-TINGS Ausführungen lassen jedoch darauf schließen, daß bereits damals eine Tendenz zur Unabhängigkeit der Trusts von den Büros und zur Orientierung der Trusts an den finanziellen Zielen der Betriebe bestand. Die Trusts erhielten ihre Finanzmittel nämlich, wie oben erwähnt, nicht aus staatlichen Budgetzuweisungen, sondern aus Produktionserlösen der ihnen unterstellten Betriebe. Sie waren damit finanziell eng mit diesen verbunden. Darüberhinaus wollte man offensichtlich die Abhängigkeit der Trusts von und das Interesse an den betrieblichen Erlösen erhöhen. So wurde vorgeschlagen, zwei unterschiedliche Preise, einen »Fabrikpreis« (*ch'i-yeh chia-ko*) und einen »Industriepreis« (*kung-yeh chia-ko*) zu verwenden,[11] womit offensichtlich die Einführung einer Gewinnspanne für die Produkte gemeint war, die von den Trusts den Betrieben in Auftrag gegeben wurden. Wären die Trusts den Fabriken gleichgestellt und unterständen sie in gleicher Weise wie die Fabriken den Büros, hätten sich aus dieser Regelung keine großen Probleme ergeben. Es muß aber in Betracht gezogen werden, daß die Trusts sowohl den Charakter einer Verwaltungsorganisation (*hsing-cheng chi-kou*) als auch den Charakter einer Geschäftsstelle zur Erledigung fachspezifischer Aufgaben (*yeh-wu chi-kou*) hatten.[12] Zu den Verwaltungsaufgaben (*shih-wu*) zählen u. a. Planung, politische Kontrolle und Personalangelegenheiten. Wird an der Ausführung solcher Aufgaben eine Organisation mitbeteiligt, die finanziell mit den Erlösen der ihr unterstellten Betriebe verbunden ist, so bedeutet das letztlich, daß die staatliche Wirtschaftsverwaltung unmittelbar mit dem finanziellen Interesse der Betriebe verknüpft wird.

Diese Schlußfolgerung scheint angesichts der Kontrolle der Trusts durch die Wirtschaftsbüros, und angesichts der oben skizzierten Aufgabenverteilung für diese Zeit verfrüht zu sein. Tendenziell mußte diese Entwicklung aber damals bereits abzusehen gewesen sein, denn WANG HUNG-TING fordert am Schuß seiner Abhandlung, daß ein Teil der wirtschaftspolitischen Entscheidungsbefugnisse (*chüeh-ting cheng-ts'e ti ch'uan-li*) auf die Trusts übergehen sollte.[13] Eine derartige Entwicklung stieß offenbar schon vor 1957 auf Widerstand. Denn HSÜ TIN-HSIN mußte Anfang 1956 betonen, daß Trusts zwar den gleichen Namen wie die kapitalistischen Trusts hätten, im Wesen sich aber grundsätzlich von ihnen unterschieden.[14] Auch WANG HUNG-TING sieht sich veranlaßt, den Unterschied der chinesischen Trusts zu den kapitalistischen Trusts hervorzuheben. Der Widerstand gegen eine Erweiterung der Rolle der Trusts mag einmal darauf beruht haben, daß man eine Ausrichtung der mit der Wirtschaftsverwaltung und Wirtschaftspolitik beauftragten Organe an dem Profitkriterium für mit den Prinzipien einer sozialistischen Wirtschaft nicht vereinbar hielt. Sodann ist die gesellschaftspolitische Gruppierung zu sehen: Das Personal in den Trusts bestand vorwiegend aus spezialisierten technischen und Verwaltungsfachleuten. In den Wirtschaftsbüros der Regionalverwaltungen, in denen der Einfluß der lokalen Parteikader stärker war als in den für Managementaufgaben zuständigen Organisationen, fehlten dagegen meist die Experten. Kam es zu Streitfragen und Interessenkonflikten zwischen Trusts und Wirtschaftsbüros, so hatte das Personal der Trusts häufig aufgrund besserer Detailkenntnis der ressortspezifischen Aufgaben und aufgrund seiner organisatorischen Erfahrung eine starke Basis, um seine wirtschaftlichen Vorstellungen gegenüber den Büros durchsetzen zu können, obwohl die Trusts formal den Büros unterstellt waren. Dazu kam noch, daß das Personal der Trusts als Repräsentant von oft mehreren hundert Betrieben eine beträchtliche Verhandlungsmacht hatte. Eine Vergrößerung der Rolle der Trusts und die teilweise Übernahme wirtschaftspolitischer Entscheidungsbefugnis bedeutete dann aber auch, daß die bereits umfangreiche Entscheidungsbefugnis der Manager, Verwaltungsfachleute und Techniker zu Lasten der lokalen Partei- und Verwaltungskader erheblich gestärkt wurde, was sicherlich auf den Widerstand der letzteren stieß.[15]

Bei der Diskussion darüber, ob Trusts einige Aufgaben der Büros übernehmen sollten, ging es also um die Fragen, ob das finanzielle, auf den Betriebserfolg abzielende Kalkül bei wirtschaftspolitischen Entscheidungen der Wirtschaftsverwaltung eine bedeutende Rolle spielen und – damit zusammenhängend – welche gesellschaftlichen Gruppen die wirtschaftspolitischen Entscheidungen fällen soll. Die gleichen Fragen wurden während der Kulturrevolution gestellt und führten zum politischen Machtkampf. In den fünfziger Jahren wurde aber noch diskutiert. So erschien ebenfalls in der Zeitschrift *Hsin chien-she* ein Artikel von CHAO CHING über den staatlichen Monopolkapitalismus, in dem die in der Kulturrevolution bekanntgewordene Frontenbildung zwischen den Befürwortern der Massenlinie und des Expertentums, der revolutionären Parteikader und einer Industriepartei sowjetischer Prägung bereits deutlich wurde.

CHAO CHING geht nach einer historischen Analyse des staatlichen Monopolkapitalismus auf das Verhältnis zwischen Partei und monopolistischen Organisationen ein. Er betont, daß letztere die Führung durch die Partei und durch die Arbeiterklasse verhinderten und nimmt entschieden gegen die Förderung und Ausweitung monopolistischer Organisationen Stellung. Er führt aus:

> Der staatliche Monopolkapitalismus enthält keinerlei sozialistische Elemente, obwohl durch seine Entwicklung die materiellen Voraussetzungen für den Sozialismus geschaffen werden. Er erleichtert der Arbeiterklasse auch nicht ihre Aufgabe, die Staatsmacht an sich zu reißen. Das Gegenteil ist vielmehr der Fall: Im Laufe der Entwicklung des staatlichen Monopolkapitalismus wird die Macht der großen monopolistischen Organisationen noch größer, und sie beherrschen in verstärktem Umfang die Wirtschaft und die Politik. Hierdurch wird die Aufgabe der Arbeiterklasse, die Staatsmacht an sich zu reißen, noch mehr erschwert. Deshalb sind eine noch stärkere Organisation und ein noch festerer Zusammenschluß der Arbeiterklasse und eine unbeugsame Führung durch die kommunistische Partei erforderlich. Unter diesen Umständen muß die Partei der Arbeiterklasse das Wesen des staatlichen Monopolkapitalismus ganz und gar enthüllen. Sie muß alle Unterdrückungsmaßnahmen und Betrügereien der monopolistischen Organisationen und des kapitalistischen Staates aufdecken. Sie muß den von den Massen geführten revolutionären politischen Kampf um die Staatsmacht organisieren und die wirklichen Möglichkeiten für den Übergang zum Sozialismus erstreben wollen.[16]

Anschließend werden die verurteilt, die monopolistische Organisationen befürworten, dort ihre Karriere machen wollen und den politischen revolutionären Kampf vernachlässigen:

> Folgendes hat nichts mit dem Kampf für den Sozialismus zu tun, sondern bedeutet nur die gänzliche Abkehr vom und den Verrat am Sozialismus:
>
> Wenn jemand sich selbst als Sozialist bezeichnet, aber in Wirklichkeit sich bemüht, das Wesen des staatlichen Monopolkapitalismus zu verschönen und zu verbergen,
>
> wenn jemand die Führung durch die kommunistische Partei geringschätzt oder verneint,
>
> wenn jemand den umfassenden, organisierten, revolutionären Kampf nicht betont, sondern die von einer kleinen Zahl bestimmten Personen hervorhebt, die sich selbst als »Vertreter« der Arbeiterklasse aufspielen – Personen, die sich in staatliche Organisationen und staatliche monopolistische Organisationen hineinschleichen und öffentliche Ämter wie Ministerposten, Abteilungsleiter und Komiteeposten übernehmen.[17]

Vor allem im letzten Zitat ist eine eindeutige Stellungnahme gegen die Vorherrschaft der Manager und Verwaltungsfachleute und für die Führung durch die Partei zu ersehen. Es wird gefordert, daß Entscheidungen von revolutionären Kadern getroffen werden und nicht von Bürokraten. Die wichtigste Zielsetzung soll der Aufbau des Sozialismus sein. Die wirtschaftlichen Entscheidungskriterien müssen aus dieser Zielsetzung abgeleitet sein und dürfen nicht auf dem finanziellen Interesse der Betriebe basieren. Im Ausbau monopolistischer Organisationen wird eine Stärkung der Stellung der Technokraten und Bürokraten gesehen, die aufgrund ihrer Fachkenntnis die Parteikader geringschätzen und wenig Interesse an einer Beteiligung der Massen haben. Der Vorwurf, daß es Personen in staatlichen monopolistischen Organisationen gäbe, die sich als »Vertreter« der Arbeiterklasse aufspielten und die den revolutionären politischen Kampf nicht betonten, zielt bereits in die gleiche Richtung wie die während der Kulturrevolution geäußerte Kritik an einer »Industriepartei«.[18]

IV

Das Konzept des »Großen Sprungs nach vorn« unterbrach die u. a. durch die Verbreitung der Trusts eingeleitete Entwicklung der industriellen Spezialisierung und die Bildung einer industriellen Führungsliste. Denn während des »Großen Sprungs nach vorn« wurde die wirtschaftliche Initiative vor allem in die Hände der revolutionären Parteikader und der Aktivisten gelegt. Die Elite in der Industrie hatte dadurch zumindest teilweise ihre Führungsposition eingebüßt. Inwieweit sie ihren Statusverlust im Interesse eines dynamischen Entwicklungsprozesses hinnahm und durch ihre planende und koordinierende Tätigkeit die Massen unterstützte, ist allgemein wenig bekannt. Die Kritik Mao Tse-tungs vom 23. Juli 1959 auf der Lushan-Konferenz an den Planungsorganen, die seit der Peitaiho-Konferenz am 29. August 1958 ihre Arbeit eingestellt hätten,[19] läßt aber darauf schließen, daß zumindest ein Teil der Wirtschaftsfachleute nicht bereit war, den neuen Kurs zu unterstützen, wobei Statusgründe oder auch ihre andere wirtschaftspolitische Überzeugung eine Rolle gespielt haben kann.[20]

Einer der Gründe dafür, daß die Politik des »Großen Sprungs nach vorn« nicht zu dem erwarteten Erfolg führte, ist daher auch die offene oder versteckte Verweigerung der Mitarbeit durch eine Gruppe von Wirtschaftsfachleuten, die einen großen Teil ihrer Entscheidungsbefugnisse und Autorität abgeben mußte und daher nicht bereit war, beratend und koordinierend die Massenbewegung zu unterstützen.

Als deutlich wurde, daß die mit großem Enthusiasmus[21] und unter großen Anstrengungen durchgeführten Arbeiten nicht annähernd die in sie gesetzten Erwartungen erfüllen konnten, war es für die Verwaltungs- und Wirtschaftsfachleute relativ leicht, die lokalen Parteikader und Aktivisten zurückzudrängen, die aktiv die Maßnahmen des Großen Sprungs propagiert und durchgeführt hatten. Die wirtschaftspolitischen Vorstellungen, die vor dem »Großen Sprung nach vorn« noch auf den Widerstand der revolutionären Kader gestoßen, und deren Realisierung durch die Politik des »Großen Sprungs nach vorn« zunächst verhindert worden war, konnten jetzt ohne Widerstand durchgesetzt werden. Damit war die von Chao Ching aufgeworfene Frage, wer die wirtschaftliche und politische Entscheidungsmacht habe – die, die sich als »Vertreter« der Arbeiterklasse aufspielten und sich in staatliche monopolistische Organisationen hineinschlichen, oder die, die den revolutionären Kampf befürworteten – nach dem »Großen Sprung nach vorn« in den Augen CHAO CHINGS sicherlich zugunsten der ersteren vorübergehend entschieden worden.

V

Nachdem die Befürworter einer Führung durch revolutionäre Kader und die Gegner monopolistischer Organisationen ihre Führungsrolle verloren hatten, konnte erwartet werden, daß die von einigen bereits Anfang 1957 ins Auge gefaßte Monopolisierung durch den Aufbau von Trusts wiederaufgenommen würde. Fraglich war nur, auf welchem Wege jetzt die Spezialisierung und effiziente Gestaltung des Wirtschaftslebens vorangetrieben würde – ob unter der Führung der lokalen Ebenen oder unter der Führung der Trusts – und in welchem Ausmaß finanzielle Indikatoren als Maß für die wirtschaftliche Effizienz verwendet würden.

Aus BARRY RICHMANS Studie über die wirtschaftliche Entwicklung Chinas, die er im Anschluß an seine Reise in die Volksrepublik China 1966 schrieb, ist zu ersehen, daß Trusts 1966 allgemein verbreitet waren.[22] Die von ihm besichtigten Trusts verfügten über ein Personal von je 25 bis 200 Personen und wurden von einem Generaldirektor geführt.[23] Sie unterstanden häufig städtischen Industriebüros, teilweise aber auch Büros auf Provinzebene. In Kiangsu soll es die ganze Provinz umfassende Trusts für Arzneimittel, für Holz, für Textilien und für Motorfahrzeuge gegeben haben.[24] Darüberhinaus berichtet RICHMAN von einer interessanten, als organisatorischer Versuch bezeichneten Umstrukturierung: In Wu-hsi wurden Ende 1965 Trusts nicht mehr den Industriebüros, sondern direkt dem städtischen Volkskomitee unterstellt, und in Peking wurde Anfang 1966 das Büro für die chemische Industrie in einen Trust umgewandelt.[25] Die organisatorische Änderung ist im folgenden Schaubild dargestellt:

Schaubild 2:

Industrieverwaltung in Wu-hsi

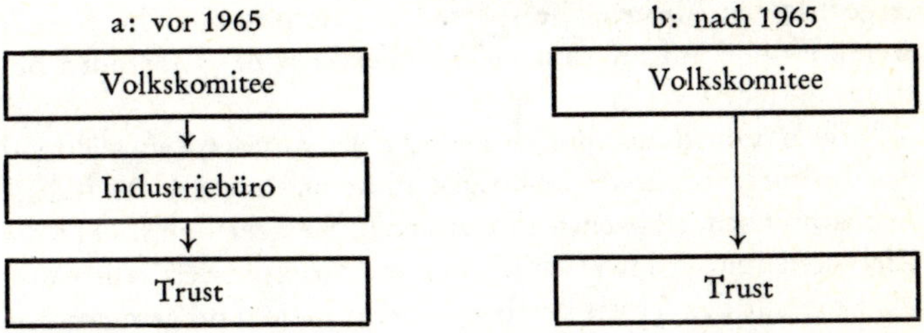

Begründet wurde die Umstrukturierung damit, daß man hierdurch zum Abbau der Bürokratie beitrage, die Kontakte zwischen den Einheiten verbessere und qualifizierte Kräfte freisetze, die Schlüsselposten in den Betrieben übernehmen könnten. Darüberhinaus könne man durch den Abbau einer Organisationsebene den lokalen Bedingungen durch angemessene und schnellere Entschlüsse besser gerecht werden.

Als Folge dieser organisatorischen Umstrukturierung war die Schwächung des administrativen Apparates der lokalen Verwaltungen und eine Stärkung der Position der Trusts und der Betriebe zu erwarten. Da jetzt anstelle von Industriebüros höchstens spezialisierte Ausschüsse der städtischen Volkskomitees die betreffenden Branchen überwachten,[26] ist anzunehmen, daß die lokalen Verwaltungen nur wenige wirtschaftliche Größen in relativ großen zeitlichen Abständen kontrollieren konnten. Das Experiment in Wu-hsi deutet daher darauf hin, daß man nach dem »Großen Sprung nach vorn« beabsichtigte, die Spezialisierung und die effiziente Gestaltung der wirtschaftlichen Prozesse durch den Abbau des Einflusses der lokalen Ebenen zugunsten der Trusts durchzusetzen. Dafür spricht auch das von RICHMANN erwähnte große Interesse der zentralen Behörden an diesem Experiment[27] und der Sachverhalt, daß man kurz nach dem Experiment in Wu-hsi die Chemieindustrie in Peking in der gleichen Weise organisierte. Die erwähnten Trusts auf Provinzebene weisen in die gleiche Richtung. Zwar wurden die Trusts in

Kiangsu nicht wie in Wu-hsi dem Volkskomitee unterstellt, sondern blieben weiterhin unter den Industriebüros der Provinz. Es kann jedoch angenommen werden, daß die der Provinz untergeordneten Ebenen, die speziellen Distrikte und die Kreise, wenig Einfluß auf die zu dem Trust der Provinz gehörenden Betriebe hatten.[28]

Informationen aus chinesischen Quellen aus der Zeit während der Kulturrevolution[29] bestätigen nicht nur die aus RICHMANS Beobachtungen gezogenen Folgerungen. Sie geben auch über die Zielvorstellungen im Hinblick auf die Struktur der Trusts und über die mit den Trusts verfolgten wirtschafts- und gesellschaftspolitischen Auswirkungen Auskunft.

Nach diesen Informationen richteten sich Vorschläge und Maßnahmen der Befürworter von Trusts gegen zwei wesentliche Merkmale der bisherigen Wirtschaftsführung: gegen die Einflußnahme lokaler Verwaltungsorgane auf wirtschafts- und betriebspolitische Entscheidungen und gegen die Einbeziehung politischer Ziele in die wirtschaftliche Entscheidungsbildung. Da die bisherige Wirtschaftsführung »administrative Methoden« verwendete und politische Ziele berücksichtigte, wurde sie als »supraökonomisch« und als »feudalistisch« bezeichnet.[30] Die erwünschte Trennung von Wirtschaft und Administration und von Wirtschaft und Politik sollte Umstrukturierungen herbeiführen, wobei den Trusts eine wesentliche Rolle zukam.[31] Administrative Methoden bei der Wirtschaftsführung wurden deswegen verneint, weil die Erfahrung gezeigt hätte, daß sie betrieblichen Aktivitäten im Wege ständen.[32] Die für die einzelnen Branchen errichteten Büros und Abteilungen der Wirtschaftsverwaltung auf den lokalen Ebenen sollten daher in Trustorganisationen umgewandelt und Befugnisse und Personal der für regionale Aufgaben errichteten Wirtschaftsverwaltung reduziert werden. Z. B. wurde beabsichtigt, in der Landmaschinenbranche einen nationalen Landmaschinentrust zu errichten, und die Büros der Wirtschaftsverwaltung auf Provinz-, Distrikt- und Kreisebene, die für die Landmaschinen zuständig waren, zu Organisationen des Landmaschinentrusts umzustrukturieren. Die auf diese Weise geschaffenen lokalen Organisationsebenen des Trusts sollten an erster

Stelle der nächsthöheren Organisationsebene innerhalb des Trusts unterstehen und erst an zweiter Stelle der Regionalverwaltung. Hierdurch sollte die Einflußnahme lokaler Ebenen auf die Wirtschaftsführung des Landmaschinentrusts weitgehend ausgeschaltet werden.[33] Als einen letzten Schritt zur Beseitigung des Einflusses lokaler Ebenen auf die Wirtschaftsführung hatte man die Errichtung von Trusts auf nationaler Ebene und deren direkte Unterstellung unter die von Po I-po geleitete Nationale Wirtschaftskommission ins Auge gefaßt.[34] In Schaubild 3 ist die beabsichtigte Umstrukturierung dargestellt.

Schaubild 3:

Industrieverwaltung durch nationale Trusts

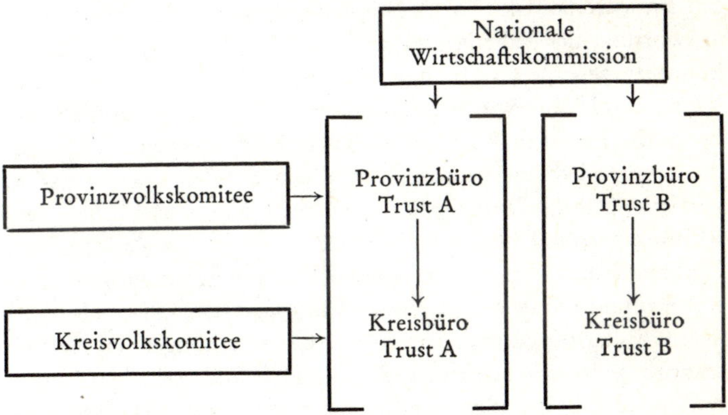

Aus dem Schaubild ist zu ersehen, daß die über verschiedene lokale Verwaltungsebenen hinweg vorgenommene branchenmäßige Konzentration von Betrieben, also der Zusammenschluß von Betriebseinheiten auf horizontaler Ebene, im volkswirtschaftlichen Rahmen wiederum zu einer branchenmäßigen Gliederung der Wirtschaftsverwaltung führte, die auch als Branchen- (*pu-men*) oder vertikales System (*t'iao t'iao* oder *ch'ui-chih hsi-t'ung*) bezeichnet wird.[35] Man beabsichtigte demnach anfangs der sechziger Jahre, die erst in den Jahren 1957 und 1858 vergrößerte Zuständigkeit lokaler Verwaltungseinheiten für Planung und Koordination wirtschaftlicher Tätigkeiten – als horizontales oder regionales System (*k'uai k'uai* oder *ti-ch'ü hsi-t'ung*)[36] bezeichnet – wieder zu reduzieren. Dieser vertikalen gesamtwirtschaftlichen Organisationsstruktur wurde auch die betriebliche Organisationsstruktur angepaßt. An die Stelle des während des »Großen Sprungs nach vorn« üblichen betrieblichen Managementsystems, bei dem das Parteikomitee des Betriebs die meisten Betriebsaufgaben wahrnahm, trat ein straffes, die Verantwortung klar definierendes Managementsystem mit dem Fabrikdirektor an der Spitze. Der Fabrikdirektor war allein für die im Betrieb getroffenen Entscheidungen verantwortlich.[37] Unklar ist die Beziehung zwischen dem Fabrikdirektor und dem betrieblichen Parteikomitee. In Punkt 52 der »Siebzig Artikel zur Industriepolitik«[38] vom Dezember 1961 wurde von der Verantwortung des Fabrikdirektors unter der Führung des Parteikomitees gesprochen. In den Veröffentlichungen während der Kulturrevolution wurde jedoch ausgeführt, daß die Führung durch die Partei in Wirklichkeit abgeschafft worden sei. Da sich die hierarchischen Strukturen im Betrieb wieder verfestigten, vertieften sich die Widersprüche zwischen dem betrieblichen Verwaltungspersonal und den Arbeitern. Die in der Anshan-Verfassung niedergelegten Prinzipien der »Zwei Beteiligungen, einer Reform und Dreierverbindung« (*liang-san i-kai san-chieh-ho*),[39] deren Einhaltung zwischenmenschliche Beziehungen im Betrieb schaffen sollte, wodurch u. a. die Widersprüche zwischen Experten und Arbeitern abgebaut werden sollten, wurden nicht mehr befolgt.[40] Das betriebliche Managementsystem näherte sich damit wieder der Einmannleitung (*i-chang-chih*) an, die Anfang der fünfziger Jahre in Anlehnung an die Sowjetunion propagiert worden war und die das Entstehen einer relativ unabhängigen Schicht industrieller Technokraten begünstigt hatte.[41]

Die Trennung der Wirtschaft von der Politik oder die Ausschaltung politischer Kriterien bei der wirtschaftlichen Entscheidungsbildung erfolgte auf zweierlei Weise. Der Profit wurde zum wesentlichen Effizienzkriterium sowohl für die Beurteilung der wirtschaftlichen Leistung der einzelnen als auch für die Beurteilung der Effizienz der Betriebe insgesamt.[42] Materielle Anreize wurden betont.[43] Ein bestimmter Teil des Profits und ein Teil der abzugsfähigen Geldsummen[44] sollte auf den verschiedenen Ebenen der Trusts zurückbehalten werden[45] und den Betriebsfond bilden, aus dem Prämien gezahlt und Investitionen finanziert wurden. Damit beseitigte man in den Augen der Kritiker wesentliche Elemente eines sozialistischen Betriebs. Denn sobald die betrieblichen Aktivitäten am Profit ausgerichtet werden, wird die politische Aufgabe, der Kampf gegen die Bourgeoisie und für das proletarische Denken, vernachlässigt und die ideologische Revolutionierung des Menschen nicht mehr vorangetrieben. Die Betriebe werden nicht mehr als eine Schule für die Gedanken Mao Tse-tungs geführt.[46]

Darüberhinaus erfolgte in den Augen der Trustgegner eine Trennung der Wirtschaft von der Politik dadurch, daß eine neue Art der Parteiorganisation eingeführt wurde. Die Parteikomitees der verschiedenen Ebenen innerhalb der Trusts wurden primär den Parteikomitees der höheren Ebene innerhalb der Trusts und erst an zweiter Stelle den regionalen Parteikomitees unterstellt.[47] Die Konsequenz einer Weiterentwicklung dieser Organisationsform wäre, daß von den Verwaltungsorganen auf lokaler Ebene und von den regionalen Parteikomitees unabhängige Systeme von der Basis über die Kreise und Distrikte bis zur Provinz existierten. Die Überwachung der Trusts durch die Partei würde dann letztlich durch die Trusts selbst vorgenommen werden.[48] Man hätte dann wie die »sowjetischen Revisionisten« eine Parteiorganisation auf der Grundlage der Produktionsprinzipien errichtet und eine »Industriepartei« aufgebaut.[49]

VI

Die beabsichtigte und teilweise bereits realisierte Reduzierung des Einflusses der lokalen Verwaltungsorgane bei wirtschaftlichen und damit verbundenen politischen Entscheidungsprozessen mußte auf deren Widerstand stoßen. Sicherlich konnte man teilweise dadurch eine zu starke Opposition verhindern, daß man einen Teil des Personals, das bisher in den Wirtschaftsbüros tätig war, auf die Trusts und die Betriebe transferierte.[50] Dort verfügte es im Zuge der Gewährung einer größeren Finanzautonomie wahrscheinlich über einen größeren Entscheidungsspielraum als in den Büros, wo es von den übergeordneten Büros und von der Partei kontrolliert worden war. Ein großer Teil des Personals in den Büros verlor jedoch die Möglichkeit, direkt auf das wirtschaftliche Geschehen Einfluß zu nehmen,[51] und mußte aus diesem Grund zur Opposition gerechnet werden.[52] Darüberhinaus waren jedoch auch entwicklungspolitische und ideologische Überlegungen und Überzeugungen wesentliche Gründe für eine oppositionelle Haltung gegen die Trusts. Denn viele hielten eine dynamische und unbürokratische Entwicklung nur dann für möglich, wenn der Enthusiasmus der Verwaltungseinheiten auf lokaler Ebene entwickelt und diesen eine größere Entscheidungsfreiheit eingeräumt würde. Diese Politik war von MAO TSE-TUNG bereits im April 1956 gefordert worden.[53] Zentralisierte Trusts, die den Einfluß der Basis weitgehend ausschalteten, mußten von den Anhängern dieser Entwicklungspolitik daher bekämpft werden. Eine dritte Gruppe schließlich, die sich gegen die Zentralisierung der Wirtschaft wendete, waren die Aktivisten und Massen, die während des »Großen Sprungs nach vorn« unter großen Anstrengungen und Opfern kleine Betriebe errichtet hatten, die nach dem Großen Sprung mit der Begründung geschlossen wurden, im Vergleich mit modernen Betrieben nicht kostengünstig zu produzieren.[54] Für diese Gruppe bedeutete die Errichtung von Trusts daher das Abwürgen der lokalen Industrie.[55] Zwischen 1960 und 1963 z. B. sollen 50 % aller Landmaschinenfabriken geschlossen und deren Personal um zwei Drittel reduziert worden sein.[56] Derartige Maßnahmen mußten dem Selbstverständnis der Aktivisten und der Bauern, deren Aufopferung und Einsatz während des »Großen Sprungs nach vorn« durch die Perspektive einer ländlichen Mechanisierung und Industrialisierung motiviert waren, zuwidergelaufen und auf deren Widerstand gestoßen sein.

Von welcher der Gruppen der größte Widerstand gegen

Trusts ausging, ist schwer zu sagen. Trusts waren jedoch zum Streitpunkt im »Kampf zwischen den beiden Linien« geworden, der während der Kulturrevolution auf allen gesellschaftlichen Gebieten geführt wurde.[57] Sie scheiterten schließlich, wie aus Informationen während der Kulturrevolution hervorgeht, am Widerstand des »proletarischen Hauptquartiers«.[58]

Mit dem Sieg des »proletarischen Hauptquartiers« sollte erwartet werden, daß Trusts nicht mehr zu finden wären, zumindest nicht in der ansatzweise von CHAO CHING und später massiv während der Kulturrevolution kritisierten Form. In neueren chinesischen Veröffentlichungen wurden aber wieder Trusts erwähnt. So ist in einem Bericht aus dem Jahr 1972 von einem Trust für Leichtmaschinen in Shanghai die Rede,[59] und im gleichen Jahr wird von einem Trust für die lokale chemische Industrie in Kirin[60] berichtet. Setzten sich damit wieder wirtschaftliche Organisationsformen durch, wie sie vor dem »Großen Sprung nach vorn« und vor der Kulturrevolution angestrebt und teilweise realisiert worden waren, oder führt man jetzt eine horizontale Konzentration von Betriebseinheiten durch, die sowohl zur wirtschaftlichen Rationalisierung und zur Erhöhung der Produktivität beiträgt als auch entscheidende Postulate der als »Mao-Linie« bekanntgewordenen entwicklungs- und gesellschaftspolitischen Vorstellungen erfüllt? Im zweiten Fall müßte vor allem folgendes berücksichtigt werden:

1. Die Verwaltungseinheiten auf lokaler Ebene können auf eine effiziente regionale Wirtschaftsadministration nicht verzichten. Nur so kann bei Konflikten zwischen Regionalverwaltung und Trusts gewährleistet werden, daß das Interesse der Region angemessen berücksichtigt wird. Z. B. darf das Streben der Trusts nach einer Erhöhung der Branchenproduktivität nicht dazu führen, daß kostenungünstig produzierende Betriebe geschlossen werden, wenn dadurch eine Versorgungslücke in der betreffenden Region auftritt.
2. Es ist sicherzustellen, daß die in Trusts tätigen »Experten« kein »unabhängiges System« aufbauen, das sie in die Lage versetzt, unkontrollierte Entscheidungen zu treffen und ihren

gesellschaftlichen Status zu institutionalisieren. Hierzu müssen die Trusts sowohl »von unten« entsprechend den Prinzipien der Anshan-Verfassung als auch »von oben« durch der Massenlinie verbundene Kader der regionalen Wirtschaftsverwaltung und Parteiorganisation kontrolliert werden. Letzteres bedeutet auch, daß Trusts nur auf unteren lokalen Ebenen zu errichten sind.

3. Eine Monopolisierung durch Trusts soll verhindert werden, so daß lokalen Einheiten wie Kommunen, Brigaden, Teams und Straßenkomitees die Möglichkeit gegeben wird, in der gleichen Branche Betriebe zu errichten. Die Anwendung traditioneller Produktionstechniken und relativ kostenungünstiger Produktionsverfahren soll nicht entscheidend sein.

Anmerkungen:

1 Allerdings ist einschränkend zu sagen, daß mit der Wahl verschiedener Bezeichnungen unterschiedliche Merkmale der horizontalen Zusammenschlüsse betont wurden und daß diese Merkmale in den betrachteten Perioden ungleich stark entwickelt waren.

2 Wang Hung-ting, S. 12. (Alle bibliographischen Angaben finden sich im Literaturverzeichnis.)

3 Ch'en Ta-lun, S. 33.

4 Wang Hung-ting, S. 12.

5 Zitiert nach Wang Hung-ting, S. 12.

6 Wang Hung-ting, S. 13 f.

7 Zitiert nach Wang Hung-ting, S. 13. – Berücksichtigt man, daß es 1956 in ganz China 32 166 gemischte staatlich-private Betriebe gab (vgl. Emerson, S. 136), so wird der hohe Anteil der Shanghaier Betriebe an der Gesamtzahl der staatlich-privaten Betriebe deutlich.

8 Wang Hung-ting, S. 13 ff. Dieser Teil des Berichts von Wang Hung-ting ist ins Englische übersetzt in Chao Kuo-chün, S. 95 ff.

9 Den Trusts der fünfziger Jahre in der Volksrepublik China sollen einige Charakteristika der Trusts in kapitalistischen Ländern gegenübergestellt werden, wie sie die Nan-k'ai Universität in einer Mo-

nographie aus dem Jahr 1974 über die wirtschaftliche Konzentration in kapitalistischen Ländern hervorhebt: Trusts sind unabhängige Unternehmensgruppen. Die angeschlossenen Unternehmen verlieren ihre juristische und geschäftliche Unabhängigkeit (*fa-lu shang ho yeh-wu shang ti tu-li-hsing*). Die Führungsorgane der Trusts organisieren die Produktion, den Ein- und Verkauf und die Finanzangelegenheiten der zugehörigen Unternehmen. Im Gegensatz zu den lockeren Zusammenschlüssen von Unternehmen in Kartellen (*k'a-t'e-erh*) und Syndikaten (*hsin-ti-chia*) sind die Unternehmen in Trusts vollständig verbunden (*wan-cheng ti ch'i-yeh lian-ho tsu-chin*). Vgl. Nan-k'ai Ta-hsüeh, S. 18 ff.

10 Kuo-wu-yüan, S. 57 ff. Ins Englische übersetzt in CHAO KUO-CHÜN, S. 104 ff.

11 WANG HUNG-TING, S. 16.

12 Ebd.

13 Ebd.

14 HSÜ TI-HSIN, S. 7.

15 Da die betrieblichen Führungskräfte zumeist auch Parteimitglieder waren, ging es weniger um den Konflikt zwischen Fachleuten und Parteimitgliedern, sondern um den Konflikt zwischen den mit ressortspezifischen Aufgaben befaßten Parteikadern, die vor allem »Experten« sind, und lokalen Parteikadern und Aktivisten, deren Interesse mit den regionalen Belangen verbunden ist.

16 CHAO CHING, S. 41.

17 Ebd.

18 Vgl.: The Revolutionary Leading Group . . ., S. 37.

19 SCHRAM, S. 142.

20 SCHURMANN weist darauf hin, daß Wirtschaftsplaner aufgrund der ihnen gestellten Aufgaben einen konservativen Einfluß ausüben. Denn der Staat stellt ununterbrochen Ansprüche an die Wirtschaftskapazitäten, und die Wirtschaftsplaner müssen die wirtschaftlichen Aktivitäten in der Weise koordinieren, daß die knappen vorhandenen Ressourcen nicht überbeansprucht werden und daß keine Engpässe auftreten. Im Interesse des Vermeidens von Engpässen und eines »gleichgewichtigen Wachstums« versuchen sie daher, die wirtschaftlichen Ziele an die vorhandenen Kapazitäten anzupassen. Vgl. SCHURMANN, S. 296. – Die Planung der wirtschaftlichen Aktivitäten während des Großen Sprungs, die auf die Auswertung und den Einsatz bisher nicht genutzter Ressourcen und Kapazitäten abzielten, stellte daher auch für enthusiastische Planungsfachleute eine schwere Aufgabe dar.

21 Vgl. die begeisterte Reaktion der Bevölkerung in Kanton auf die

Erklärung Anfang 1958, daß Kanton in fünf Jahren eine Industriestadt sein werde, in: VOGEL, S. 239.

22 RICHMAN, S. 690 ff. RICHMAN verwendet die Bezeichnung »corporation«.

23 Ebd., S. 700.

24 Ebd., S. 690.

25 Ebd., S. 695 f.

26 Die Einrichtung von spezialisierten Ausschüssen unter den Volkskomitees wird vom Verfasser angenommen. RICHMAN erwähnt lediglich, daß die Gesellschaften direkt den Volkskomitees unterstellt sind.

27 RICHMAN, S. 696.

28 Vgl. Schaubild 3 und den dazugehörigen Text.

29 Hinsichtlich der Art der Informationen muß allerdings hervorgehoben werden, daß die Veröffentlichungen während der Kulturrevolution den politischen »Kampf zwischen den beiden Linien« widerspiegeln und daß es in den von »Mao-Anhängern« beherrschten Publikationsorganen weniger um eine sachliche Abwägung der Vor- und Nachteile der »beiden Linien«, sondern um eine grundlegende Verurteilung des »Revisionismus« ging.

30 Mass Criticism Team . . ., S. 6.

31 The Revolutionary Leading Group . . ., S. 37.

32 The Mass Criticism Unit . . ., S. 27.

33 The Mass Criticism Unit . . . S. 24.

34 The »East is Red« Commune . . ., S. 22.

35 Eine Konzentration von Betrieben auf horizontaler Ebene ist also von einer vertikalen Struktur der Wirtschaftsverwaltung zu unterscheiden.

36 Vgl. MAO CHÜN-I, Chiang-su sheng chi-hua wei-yüan-hui (Planungskommission der Provinz Jiangsu), S. 16 ff. und WANG KUEI-WU, S. 13 ff.

37 The Mass Criticism Unit . . ., S. 26.

38 Union Research Instituts, S. 692.

39 Unter »Zwei Beteiligungen« versteht man die Teilnahme der Kader an der Handarbeit und die Teilnahme der Arbeiter an administrativer und technischer Arbeit. Unter »Eine Reform« versteht man die Reform aller der Bestimmungen, die nicht mit dem Prinzip der »Zwei Bestimmungen« in Einklang zu bringen sind. Unter der »Dreierverbindung« versteht man die Verbindung zwischen Arbei-

tern, Technikern und Führungspersonal. Vgl. Yeh-chin kung-yeh-pu hsieh-tso hsiao-tsu, S. 130.

40 Revolutionary Great Alliance Headquarters . . ., S. 44 f.

41 Zur Einmannleitung in der Sowjetunion vgl. FAINSOD, S. 435. Zur Einmannleitung in der VR China in den fünfziger Jahren vgl. SCHURMANN, S. 253 ff.

42 The Mass Criticism Unit . . ., S. 27.

43 Z. B. wurde folgendes Entlohnungssystem für landwirtschaftliche Maschinenbetriebe von T'AN CHEN-LIN propagiert: »Falls der Brennstoffverbrauch durch Sparmaßnahmen verringert würde . . ., wäre es am besten, mehr als die Hälfte des (eingesparten) Anteils denen zu geben, die ihn eingespart hatten. Für kleinere Reparaturen würde ein fester Betrag zur Verfügung gestellt. Falls die Ausgaben für Reparaturen geringer wären, sollte ein Drittel des so eingesparten Betrags als Belohnung angeboten werden.« Ebd., S. 30.

44 Es ist nicht klar, was mit den abzugsfähigen Summen gemeint ist. Möglicherweise beziehen sie sich auf die »Vier Kostenarten« (*szu hsiang fei-yung chi-chin*); vgl. *Jen-min shou-tse 1958*, S. 462.

45 The Mass Criticism Unit . . ., S. 27.

46 The »East is Red« Commune . . ., S. 22.

47 The Revolutionary Leading Group . . ., S. 37.

48 The »East is Red« Commune . . ., S. 22.

49 The Revolutionary Leading Group . . ., S. 37.

50 Die Auflösung der Industriebüros in Wu-hsi wurde u.a. damit begründet, daß dadurch Personal für Schlüsselpositionen in Trusts und in Betrieben frei würde. The »East Is Red« Commune . . ., S. 22.

51 Hierauf weist der Sachverhalt hin, daß die Einstellung: »Nur ich bin ermächtigt das zu tun, nicht Du« während der Kulturrevolution als verwerfliche Einstellung zitiert und kritisiert wird. Dieses Zitat kennzeichnet die Situation, in der sich das Personal der lokalen Büros angesichts der Übermacht der Trusts befand. Vgl. The Revolutionary Leading Group . . ., S. 36.

52 In Shensi sollten Trusts boykottiert worden sein: Als Anlagen, Stationen und Handel von den Trusts übernommen werden sollten, widersetzte man sich diesen Maßnahmen an vielen Orten. Da die Befürworter der Trusts aber bereits die Machfrage für sich entschieden hatten, teilten sie den Betrieben, die nicht in die Trusts eingegliedert waren, weniger Investitionsmittel, weniger Material und weniger Aufträge zu. Angeblich versprachen sie denen, die sich den Trusts anschlossen, Reichtum, und zerstörten die, die sich dem An-

schluß widersetzten. Vgl. The Revolutionary Leading Group . . ., S. 36.

53 Schram, S. 71 ff.

54 Vgl. z. B. *China Reconstructs,* August 1972 (a), S. 29: "Liu Shao-ch'i and his agents began claiming that 'small mines are not worth exploiting' and that involving the masses in steelmaking meant 'more loss than gain'. In 1961 and 1962 they ordered the small mines and steel works set up in the big leap forward close down. All the small mines in Kiangsu were closed and in the medium-sized one production dragged. The same was true in steel."

55 The Mass Criticism Unit . . ., S. 27.

56 Revolutionary Great Alliance Headquarters . . ., S. 41.

57 Der »Kampf zwischen den beiden Linien«, der in der vorliegenden Untersuchung als Konflikt betrachtet wird, der in China auf allen Ebenen und in allen Einheiten vorherrschte und schließlich offen ausgetragen wurde, wird häufig vereinfachend als Kampf innerhalb der chinesischen Führungsspitze betrachtet. Da in obigen Ausführungen das Gewicht auf Konflikte innerhalb der verschiedenen Ebenen und Einheiten gelegt wurde, soll hier die Position der Personen innerhalb der chinesischen Führungsspitze zur Frage der Trusts herausgestellt werden: Da sich die Kritiker der Trusts auf die Gedanken Mao Tse-tungs beriefen, ist Mao Tse-tung zu den Gegnern der Trusts zu zählen. Chou En-lai gehörte sicher nicht zu den Befürwortern der Trusts (vgl. Mass Criticism Team . . ., S. 7). Liu Shao-ch'i wurde vorgeworfen, die Errichtung von Trusts auf nationaler Ebene gefordert zu haben (ebd., S. 6). T'an Chen-lin, damals u. a. Mitglied des Politbüros, Leiter der Hauptverwaltung für Land- und Forstwirtschaft beim Staatsrat und stellvertretender Vorsitzender der Nationalen Planungskommission, soll Trusts vor allem auf dem Gebiet der Landwirtschaftsmaschinen gefördert haben (ebd.). Po I-po schließlich, damals u. a. Vorsitzender der Nationalen Wirtschaftskommission und Leiter der Hauptverwaltung für Industrie und Verkehr beim Staatsrat, soll kapitalistische Trusts in großem Umfang errichtet haben (vgl. Kuo-chia chi-hua wei-yüan-hui hsieh-tso hsiao-tsu).

58 Mass Criticism Team . . ., S. 7.

59 Shanghai shih chi-tien i chü ko-wei-hui tiao-ch'a tsu, S. 101.

60 *China Reconstructs,* August 1972 (b), S. 20.

Literaturverzeichnis

CHAO CHING: *Kuo-chia lung-tuan tzu-pen-chu-i shih-ho shei ti li-i* (»Wem dient der staatliche Monopolkapitalismus?«). In: *Hsin chien-she*, Jg. 1958, Nr. 7.

CHAO KUO-CHÜN: *Economic Planning and Organization in Mainland China. A Documentary Study.* Cambridge (Mass.), 1963.

CH'EN TA-LUN: *Wo-kuo kung-yeh kuan-li t'i-chih ti kai-pien* (»Die Reform des industriellen Verwaltungssystems in China«). In: *Ching-chi yen-chiu,* Jg. 1958, Nr. 3.

China Reconstructs, August 1972 (a): »Big Drive for Mines in Kiangsu Province«.
(b): »Kirin's Chemical Industry makes some changes«.

The »East is red« Commune of the Peking Institute of Agricultural Mechanization of the Capital Red Guard Congress: »The Reactionary Nature of China's Khrushchev in Promoting the Trust«. In: *Nung-yeh chi-hsieh chi-shu* (»Landwirtschaftliche Maschinentechnik«, 8. August 1967, No. 5. (Zitiert nach der Übersetzung in *Selections from China Mainland Magazines, No. 613.)*

EMERSON, J. PH.: *Nonagricultural Employment in Mainland China 1949–1958.* Washington (D. C.), 1965.

FAINSOD, M.: *Wie Rußland regiert wird.* Köln, 1965.

HSÜ TI-HSIN: »Pa tui tzu-pen-chu-i kung-shang-yeh ti kai-tsao kung-tso t'ui-chin tao i-ko hsin ti chieh-tuan« (»Die Arbeit zur Reform des kapitalistischen Handels und der Industrie in eine neue Etappe vorantreiben«). In: *Hsüeh-hsi,* Jg. 1956, Nr. 1.

Jen-min shou-ts'e 1958 (»Volkshandbuch 1958«). Peking, 1958.

Kuo-chia chi-hua wei-yüan-hui hsieh-tso hsiao-tsu (»Schreibgruppe der Nationalen Wirtschaftskommission«): »*Ta-chia tung-shou, tzu-li keng-sheng*« (»Alle beginnen die Arbeit, Wiedergeburt aus eigener Kraft«). In: *Jen-min jih-pao* vom 26. April 1970.

Kuo-wu-yüan (»Staatsrat«) »Kuan-yü kai-chin kung-yeh kuan-li t'i-chih ti kuei-ting« (»Bestimmungen zur Verbesserung des industriellen Verwaltungssystems«), 15. November 1957. In: *Hsin-hua pan-yüeh-k'an,* Jg. 1957, Nr. 24. (Zitiert nach der Übersetzung in CHAO KUO-CHÜN). MAO CHÜN-I, Chiang-su sheng chi-hua wei-yüan-hui (»Planungskommission der Provinz Kiangsu«): »Yeh lai t'an-t'an kai-chin ti-fang chi-hua chi-kuan ti-kung-tso fang-fa« (»Beitrag zur Reform der Arbeitsmethoden der lokalen Planungsorgane«). In: *Chi-hua ching-chi,* Jg. 1957, Nr. 3.

Mass Criticism Team, Revolutionary Great Alliance Committee of Agricultural Machinery Management Bureau, the 8th Ministry of

Machine Building: »T'an Chen-lin's Crime of Sabotage Against Farm Mechanization Must Be Reckoned With!« In: *Nung-yeh chi-hsieh chi-shu* (»Landwirtschaftliche Maschinentechnik«), Jg. 1968, No. 6. (Zitiert nach der Übersetzung in *Selections from China Mainland Magazines*, No. 624.)

The Mass Criticism Unit of Revolutionary Great Alliance Committee, Farm Machinery Management Bureau under the 8th Ministry of Machine Building: »*History of Struggle Between the Two Lines (on China's Farm Machinery Front)*«. In: *Nung-yeh chi-hsieh chi-shu* (»Landwirtschaftliche Maschinentechnik«), Jg. 1968, No. 9 (Spezialausgabe für Massenkritik und Ablehnung). (Zitiert nach der Übersetzung in *Selections from China Mainland Magazines*, No. 633.)

Nan-k'ai Ta-hsüeh: *Lung-tuan, Ts'ai-t'uan, Ta-kung-szu* (»Monopole, Finanzgruppen, Große Gesellschaften«). Bd. 1. Peking, 1974.

Revolutionary Great Alliance Headquarters and Revolutionary Great Criticism and Repudiation Group of Organizations under the 8th Ministry of Machine Building: »*Two Diametrically Opposite Lines in Agricultural Mechanization. Critizising and repudiating the counter-revolutionary revisionist line enforced in agricultural mechanization by the handful of top capitalist roaders in the Party*«. In: *Nung-yeh chi-hsieh chi-shu* (»Landwirtschaftliche Maschinentechnik«), Jg. 1968, No. 9. (Zitiert nach der Übersetzung in *Selections from China Mainland Magazines*, No. 633.)

The Revolutionary Leading Group of the Shensi Bureau of Agricultural Machinery: »T'an Chen-lin cannot shun his criminal responsibility of closely following China's Khrushchev in promoting capitalist trust«. In: *Nung-yeh chi-hsieh chi-shu* (»Landwirtschaftliche Maschinentechnik«), Jg. 1968, No. 9 (Spezialausgabe für Massenkritik und Ablehnung). (Zitiert nach der Übersetzung in *Selections from China Mainland Magazines*, No. 644.)

Richman, B. M.: *Industrial Society in Communist China*. New York, 1972.

Schram, St. [ed.]: *Mao Tse-tung Unrehearsed. Talks and Letters 1956–1971*. Harmondsworth, 1974.

Schurmann, F.: *Ideology and Organization in Communist China*. London, [2]1973.

Selections from China Mainland Magazines. Hongkong. No. 613, 624, 633 und 644.

Shang-hai shih chi-tien i chü ko-wei-hui tiao-ch'a tsu (»Untersuchungsgruppe des Revolutionskomitees des ersten Büros für Elektromotoren der Stadt Shanghai«): »Ta-p'o hang-yeh chieh-hsien wa-chüeh sheng-ch'an hsien-li« (»Die Branchengrenzen zerschlagen, die latenten Produktivkräfte ausgraben«). In: *She-hui-chu-i ching-chi tiao-ch'a pao-kao hsüan* (»Ausgewählte Untersuchungsberichte zur sozialistischen Wirtschaft«). Shanghai, 1972.

Union Research Institute: *Documents of China's Communist Party Central Committee Sept. 1956 – Apr. 1969*. Vol. 1. Hong Kong, 1971.

VOGEL, E.: *Canton under Communism. Programs and Politics in a Provincial Capital. 1949–1968*. New York, 1971.

WANG KUEI-WU: »Nien-tu chi-hua pien-chih fang-fa ti chung-ta kai-ko« (»Die wichtigsten Änderungen in der Methode zur Erstellung von Jahresplänen«). In: *Chi-hua ching-chi*, Jg. 1958, Nr. 9.

WANG HUNG-TING: »Lun kung-yeh chuan-yeh kung-szu ti hsing-chih ho tso-yung« (»Über Wesen und Funktionen der spezialisierten Industrievereinigungen«). In: *Hsin chien-she*, Jg. 1957, Nr. 2.

Yeh-chin kung-yeh-pu hsieh-tso hsiao-tsu; An-shan shih ko-ming wei-yüan-hui hsieh-tso hsiao-tsu (»Schreibgruppe der Abteilung für Hüttenwesen; Schreibgruppe des Revolutionskomitees der Stadt Anshan«): »›An-shan hsien-fa‹ sheng-li wan sui« (»Lang lebe der Sieg der Anshan-Verfassung«). In: *She-hui-chu-i ching-chi lun-wen hsüan* (»Ausgewählte Artikel zur sozialistischen Wirtschaft«), Shanghai, 1972.

Zur entwicklungspolitischen Relevanz der chinesischen Traditionalität

von Willy Kraus, Bochum

I

Es ist nicht von der Hand zu weisen, daß die noch vorindustrielle Gesellschaft Chinas ihren Platz in der industrialisierten wissenschaftlich-technischen Welt nach eigenen Vorstellungen einzunehmen sucht. Wenn auch das China Mao Tse-tungs sich vom »alten« traditionellen China abzusetzen versucht, so ist sicherlich nicht beabsichtigt, jede Verklammerung von Gegenwart und Zukunft mit der Vergangenheit in Frage zu stellen und von der bisherigen Geschichte Abschied zu nehmen. Manche Ereignisse der Kulturrrevolution waren dazu angetan, einen solchen Schluß zu ziehen, also anzunehmen, daß nun endgültig dem traditionellen China der Rücken gekehrt werde, nachdem auch die allerletzten Reste der chinesischen Vergangenheit hinweggefegt sein würden. Die Konturen dieser stürmischen Jahre sind heute nach gewonnener Distanz deutlicher erkennbar als unmittelbar nach dieser ereignisreichen Periode, und es wird allenthalben klar, daß vorschnell Einzelaktionen verallgemeinert, Grundanliegen indes vielfach übersehen oder allzu einseitig gedeutet wurden. Die Kulturrevolution, der nachträgliche Protest gegen die alte Sozialordnung, die China über Jahrhunderte gehindert hatte, am Fortschritt teilzunehmen, kann wohl als die bisher umfassendste Erziehungskampagne angesehen werden, um den Selbstbehauptungswillen bewußt zu machen, die Eigenständigkeit zu wahren und Chinas Erneuerung aus der eigenen Mitte vorzunehmen. Auch muß zu denken geben, daß Mao Tse-tung wie zahlreiche Mitglieder der chinesischen Führungsspitze sich eingehend mit der eigenen Geschichte, mit der chinesischen Vergangenheit und dem vielfältigen, vielschichtigen »großen kulturellen Erbe Chinas« befaßt haben,[1] und die alten chinesischen Schriften immer wieder zitieren. Mit den geistigen Traditionen Chinas waren sie längst vertraut, als sie erstmalig mit dem Marxismus-Leninismus in Berührung kamen. Offenbar zeigt sich besonders im Fall Chinas, einer der ältesten Kulturnationen, eine Kulturkonstanz, ein Kontinuum eingeprägter Verhaltensmuster, das Jahrhunderte miteinander verbunden hat und auch in unsere Gegenwart hinein weiter wirksam bleibt und, gewollt oder ungewollt, bewußt wie unterschwellig unbewußt, Einfluß nimmt.[2] Selbst Anti-Konfuzius-Kampagnen vermögen nicht die noch anhaltende Wirksamkeit der unbewußt fortbestehenden konfuzianischen Ideen in Frage zu stellen. Sie haben vielmehr dazu beigetragen, den Blick rückwärts auf die vergangene chinesische Geschichte zu lenken und diese erneut bewußt zu machen. In diesem Zusammenhang ist vielfach auf den ideographischen Charakter der chinesischen Schrift verwiesen worden, die nicht dem zeitlichen Wandel der Sprache unterliegt. »Sie war und ist bis heute die Klammer, die die chinesische Kultur über die Zeitalter hin zusammenhielt und die Vergangenheit unmittelbar in die Gegenwart hineinbrachte.«[3] Schriftzeichen bewahren im Zeitablauf meist ihren Sinngehalt – bei modernen Sinngebungen schwingt die traditionelle Bedeutung mit.[4] Ferner sind die drei so großen wie extrem divergierenden geistigen Traditionen des agnostischen Konfuzianismus, spekulativ-mystischen Taoismus und hoffnungsspendenden Buddhismus als die Hauptrichtungen chinesischer Weltanschauung zu nennen, die die Vergangenheit in allen Lebensbereichen mitgeformt haben und auch ihre Wirksamkeit weiter fortsetzen – trotz Abstrichen und Preisgabe jener vielfach ohnehin verfließenden tradierten Haltungen und Vorstellungen, überlieferten Normen und institutionalisierten Bindungen. Da ist jenes rückwärts gewandte Geschichtsbild konfuzianischer Prägung mit seinem bewahrenden Charakter gesellschaftlicher Stabilität (»überliefern, ohne Neues zu gründen«) auf der Grundlage elitärer Herrschaftsideologie. Da ist das »Reich unter dem Himmel« – ohne Nation, die Bürokratie und die Mandarine – ohne Kontakt zum Volke, ein Prüfungssystem – ohne Bezug auf eine zukünftige Welt. Ein rein literarisches, technikfeindliches Bildungsideal schafft die tiefe Kluft zwischen Theorie und Praxis, zwischen gesittetem Meditieren, gelehriger Schriftexegese und der fast als anstößig geltenden Güterproduktion als Teil vulgärer Lebenspraxis. Schließlich ist auf jene Fesseln zwischen Herrscher und Untertan, Vater und Sohn, Mann und Frau zu verweisen, die zum Kernstück der konfuzianischen Moral gehören.[5] All das war längst nicht mehr tragfähig und mußte bereits der Frühphase der Konfrontation mit der Moderne zum Opfer fallen, als die innere Brüchigkeit Chinas allenthalben offenkundig wurde. Aber damit war keineswegs die Vergangenheit in ihrer ganzen Komplexität aufgeben oder abgeschüttelt.

Bereits Ende des vorigen Jahrhunderts hatte T'ANG SZU-T'UNG (1866–1898), der erste Märtyrer für die Erneuerung Chinas, den Konfuzianismus als praktiziertes System der Despotie, der Reglementierung und der Ungleichheit scharf verurteilt und dem Untergang überantwortet. Aber gleichzeitig war T'ANG SZU-T'UNG bemüht, den Kern der konfuzianischen Lehre freizulegen und mit seiner Hilfe den Weg der Erneuerung zu beschreiten.[6] Hier wurde also vorweggenommen, was fünfzig Jahre später im kommunistischen China in langen Debatten und heftigen Auseinandersetzungen zu klären versucht wurde: die Übernahme des überkommenen Kulturerbes.[7] Der Weg selbst war von MAO TSE-TUNG vorgezeichnet. In seinem Referat auf dem 6. Plenum des auf dem VI. Parteitag gewählten Zentralkomitees, *Der Platz der Kommunistischen Partei Chinas im nationalen Krieg*, verwies er bereits im Oktober 1938 nachdrücklich auf die Aufgabe, das historische Erbe zu studieren und es »mit Hilfe der marxistischen Methode kritisch zusammenzufassen.« Es hieß hier weiter: »Unsere Nation blickt auf eine mehrtausendjährige Geschichte zurück, weist ihre Besonderheiten auf, hat eine reiche Schatzkammer an Werten gesammelt. In bezug auf all das sind wir noch Schulkinder. Das heutige China ist das Entwicklungsprodukt der chinesischen Geschichte; wir sind Anhänger des marxistischen Historismus, wir dürfen den Faden der geschichtlichen Kontinuität nicht abschneiden. Wir müssen unsere Geschichte von Konfuzius bis Sun Yat-sen zusammenfassen und von diesem wertvollen Erbe Besitz ergreifen.«[8] Ohne auf Details näher einzugehen, kann die Auseinandersetzung hinsichtlich der Übernahme des überkommenen Kulturerbes – insbesondere während der Hundert-Blumen-Bewegung 1956–1957 und der nach Unterbrechung wieder einsetzenden Kunfuziusdebatte – dahingehend zusammengefaßt werden, daß die Hauptbeteiligten wiederum bemüht waren, den von ihrem Standpunkt aus bleibenden Kern der konfuzianischen Lehre freizulegen und dem Aufbau nutzbar zu machen.[9] Die Übernahmekriterien waren allerdings nunmehr weitgehend marxistisch: Klassencharakter der Philosophie, Beiträge zur Entwicklungsgeschichte des dialektischen Materialismus, Klassenposition des Konfuzius, Klassenstruktur der ausgehenden Ch'un-ch'iu-Zeit u.a.m.[10]

Auch der Führer der Reformbewegung der 90er Jahre, K'ANG YU-WEI (1859–1927), sah sich wie T'ANG SZU-T'UNG veranlaßt, zur Wiederentdeckung des »wahren Konfuzius«[11] aufzurufen. Für ihn, den zukunftsorientierten Politiker, Wissenschaftler und Dichter, war Konfuzius weitaus mehr Reformer als Weiser, ein Erneuerer seiner Epoche, der auch einem neuen China Vorbild sein könne. »Es gelte, den ›wahren‹ Konfuzius wiederzuentdecken und in seinem Geist ein neues China zu schaffen, das der übrigen Welt wieder in Vollmacht gegenübertreten könne.«[12] In seiner Hauptschrift *Ta-t'ung shu* (»Buch von der Großen Gemeinschaft«), die auf seinen Wunsch hin erst nach seinem Tode veröffentlicht wurde, geht K'ANG YU-WEI weit darüber hinaus.[13] Seine Vision des Weltstaates mit regionaler Autonomie wird sichtbar. Familiäre Bindungen sind aufgehoben. Alle Menschen sind gleich, mit gleicher Bekleidung für Frauen und Männer. Die ganze Bevölkerung arbeitet für die Gemeinschaft. Es gibt keine privaten Liegenschaften; Banken unterstehen der Gemeinschaftsregierung. An die Stelle der bäuerlichen Einzelwirtschaft tritt die gemeinschaftliche Agrarwirtschaft, an die Stelle der Privatindustrie die Gemeinschaftsindustrie, an die Stelle des Privathandels der Gemeinschaftshandel. Neue Gemeinschaften entstehen als neue Lebenseinheiten mit kollektiver Produktion, ohne Eigennutz und Unfrieden – eine Vorwegnahme des späteren Konzepts der Volkskommune.[14] Einzelne Gedanken K'ANG YU-WEIS hatten bereits fünfzig Jahre vorher – wenn auch nur kurzfristig – eine konkrete Realisierung erfahren. In dem 1851 nach dem Taiping-Aufstand gegründeten Staat des »Himmlichen Reiches des allgemeinen Friedens« bildeten jeweils 25 Familien unterste Einheiten, die zu größeren Gemeinschaften zusammengefaßt wurden. Eigentum von Grund und Boden war abgeschafft. Männer und Frauen waren gleichgestellt. Frauen übernahmen Ämter und dienten als Soldaten.[15]

Es erscheint angebracht, an dieser Stelle auch auf CH'EN TU-HSIU (1874–1942) zu verweisen, der in der 1915 von ihm gegründeten Zeitschrift *Neue Jugend* pausenlos zur Loslösung von den konfuzianischen Normen aufforderte, die in einer modernen Welt der Industrieproduktion, der Großstädte, der sozialen Probleme, der neuen politischen Gruppierungen und der Parteien nicht mehr zu halten seien. Tradition war für ihn unvereinbar mit Fortschritt – undenkbar die Anknüpfung revolutionärer Konzepte an traditionsbestimmte Vorstellungen. Er forderte den vollständigen Bruch mit der Vergangenheit. Ganz anders indes LI TA-CHAO (1888–1927), der neben CH'EN TU-HSIU ebenfalls maßgeblich an der Gründung der Kommunistischen Partei Chinas beteiligt war. Er griff auf die chinesische Substanz zurück, bezog sich auf die eigenen Voraussetzungen und beschwor seine Zeitgenossen, die »wahren Probleme Chinas und ihres eigenen Lebens auf dem Lande und bei den Bauern zu finden.«[16] »Das neue China erwächst aus dem alten.«[17] TILEMANN GRIMM hat mit Recht darauf verwiesen, daß CH'EN TU-HSIU bei aller Radikalität der Distanzierung von den überkommenen Anschauungsweisen die Grundprobleme Chinas mit seiner weithin ländlichen Bevölkerung verschlossen blieben.[18] Nicht minder war die Position jener verfehlt, die alle Veränderungen in China nur unter dem Aspekt beharrlicher Wahrung des Überlieferten sahen, ohne den lähmenden Kräften der Tradition auch nur einigermaßen Rechnung zu tragen.[19]

II

Offenbar bilden die Einschätzung der Wirksamkeit traditioneller Elemente auf das gegenwärtige und zukünftige Geschehen, die Nutzbarmachung des Überkommenen für Erneuerung oder Dynamik und ein gesundes Augenmaß für Umstellung und Bewahrung ein signifikantes Indiz für geschichtsnahen, politischen Realismus. Es besteht wohl kein Zweifel, daß Mao Tse-tung sehr frühzeitig solche Zusammenhänge mit ihren fruchtbaren inneren Spannungen überblickt hat – und auch entsprechend handelte. Allerdings waren die Bruchstellen mancher geistigen Überlieferung schon längst offengelegt, und es bedurfte nicht einmal sonderlicher Mühen, um von diesen endgültig Abschied zu nehmen.[20] Entscheidend war, daß die zu bewahrende Traditionsmasse zukunftsorientiert auf einen neuen Weg gebracht wurde:

1. Neue, u. U. entwicklungsrelevante Gedanken, Verhaltensnormen, Institutionen und Konzepte sind vielfach durch bewußtes oder unbewußtes Anknüpfen an das Bestehende eingeführt worden. Zu einem guten Teil gilt dies auch für die Durchsetzung der Kommunistischen Revolution.[21]

Es ist verschiedentlich darauf verwiesen worden, daß Chinas Anspruch, den wahren Marxismus zu vertreten, auf tradierten Vorstellungen vom »Land der Mitte« und der »Zuständigkeit für die Menschheit« beruhe. Diese überkommene Sicht mahne die neue »rote« Dynastie mit ihrem »Himmelssohn« Mao, auch weiterhin Mittelpunkt zu bleiben, demnach das Zentrum des Kommunismus und der Weltrevolution zu bilden. Wie auch immer man zu diesen vermeintlichen Ansprüchen stehen mag, so ist doch eines vor aller Welt deutlich geworden: China hat sich »mit erstaunlicher Schnelligkeit und Selbstverständlichkeit« an die Spitze geschoben. »Es ist« – um die Formulierung WOLFGANG BAUERS zu benutzen – »zum Kristallisationspunkt der Unruhe namentlich unter den jungen Ländern, den ›Entwicklungsländern‹ geworden, die sich in einer eigentümlichen Horizontverschiebung als die Proletarier unter den Völkern zu begreifen scheinen, aber zunehmend auch zum Kristallisationspunkt der

Unruhe unter den jungen Menschen in den westlichen Ländern, selbst wenn sie von China und seinen Führern bisweilen nicht sehr viel mehr wissen als ihre Namen.«[22]

TILEMANN GRIMM hat das Augenmerk auf die Ähnlichkeit MAOS ausgewählter Worte hinsichtlich Form und Inhalt mit alter Spruchweisheit verwiesen: »Die Unbedingtheit, mit der auf rechter Gesinnung und rechter Lebensführung bestanden wird, würde den Beifall orthodoxer Konfuzianer gefunden haben; zuerst der Mensch und dann die Technik – wem fiele bei dieser Mao'schen Maxime nicht die Formel von 1898 ein, nach der die chinesischen, sprich: konfuzianischen Studien die Substanz bilden und die westlichen, sprich: technologischen Studien nur zum praktischen Gebrauch bestimmt sein sollten, womit schon damals die Lösung aus dem Dilemma zwischen Tradition und moderner Welt gesucht wurde?«[23] Jedenfalls hat sich MAO auch nicht gescheut, sich der Konfuzius-Zitate zu bedienen, wenn dies im Interesse seiner Zielsetzungen angebracht war.[24] Aber auch dann, wenn das China Mao Tse-tungs betont vom alten China abzurücken versucht, so kann kaum übersehen werden, daß es einen nicht geringen Teil des Nationalstolzes und des Prestiges nach außen »aus der Würde [bezieht], die ihm seine lange Vergangenheit verleiht.«[25]

Die totale Einflußnahme des Staates auf alle Lebensbereiche von der Güterproduktion bis zur Literatur und Bühne, auf den Lebensablauf des Einzelnen von der Geburt bis zum Greisenalter ist zwar ein typisches Wesensmerkmal kommunistischer Systeme in aller Welt. Aber im Falle der Volksrepublik China besteht auch ein höchst wirksamer tradierter Sachzusammenhang, auf den insbesondere ROBERT JAY LIFTON aufmerksam gemacht hat: »Der Gedanke, daß der Staat und seine Beamten den kulturellen Stil einer Gesellschaft regulieren, die Lieder, die gesungen werden, die Rituale und Lebensprinzipien der Bevölkerung überwachen sollten, geht weit in die chinesische Geschichte zurück. Es ist ein Ausfluß der ganzheitlichen Auffassung von der Beziehung des Menschen zu Staat, Gesellschaft und Natur, die sich in der kommunistischen Praxis erhalten hat.«[26]

Chinesische Staatstradition ist jedenfalls sehr schnell innerhalb der kommunistischen Partei zum Durchbruch gekommen. Auch die vom Konfuzianismus geprägte Gesellschaftshierarchie mit ihrer hohen Einschätzung des Gelehrten und Bauern, die gleichzeitig dem Kaufmannsstande nur Verachtung entgegenbrachte, fügt sich hier ein. Jedenfalls ist WOLFGANG BAUERS Auffassung zuzustimmen, daß sich in China »jede antikapitalistische Ideologie auf eine lange Tradition stützen kann.«[27] Staatliche Wirtschaftsbetriebe und staatliche Initiative haben in China stets eine weitaus größere Rolle gespielt als private Aktivitäten, ganz abgesehen davon, daß die traditionelle Gesellschaftsordnung mit ihrem kollektivistischen Charakter der individuellen Initiative und Freiheit kaum den erforderlichen Freiraum bot.

Ferner ist der Glaube an die Erziehbarkeit des Menschen hervorzuheben. Klassen werden nicht ausschließlich aus objektiven ökonomischen Verhältnissen abgeleitet. In zahlreichen Analysen MAO TSE-TUNGS sind sie weit mehr Ergebnis der Bewußtseinsbildung. Politische Erziehung schafft Klassenbewußtsein. Über die Klassenzugehörigkeit entscheidet also nicht nur der Besitz von Produktionsmitteln, sondern auch die Gesinnungszugehörigkeit zum Proletariat, die Einstellung zum Sozialismus, Kommunismus und zur Revolution.[28] Während orthodoxe Marxisten nur der Arbeiterklasse die Weihe zum Träger der Revolution erteilen, sind aus chinesischer Sicht die verschiedenartigen sozialen Gruppen mit Hilfe der Bewußtseinsbildung in das Revolutionspotential einbeziehbar. Auch obliegt den kommunistischen Führern, unabhängig von Rangabstufungen, die Pflicht der permanenten eigenen Bewußtseinskontrolle. Ohne Zweifel steht hinter dieser Verpflichtung zur fortwährenden Selbstreform die konfuzianische Tradition der Schule eines Menzius »mit ihrem Glauben an die ursprünglich gute Natur des Menschen, die zwar durch widrige äußere Umstände pervertiert, aber durch einen richtig angesetzten Sozialisationsprozeß jederzeit wieder in akzeptable Bahnen geführt werden kann.«[29] Damit wird der Einzelne zwar umfassend in Hinblick auf Gesinnung und Verhalten in Anspruch genommen, aber entscheidend ist, daß nicht Menschen – wie in der Stalin-Ära –, sondern »falsche« Einstellungen liquidiert werden. Menschen sind wie Patienten heilbar.

Schließlich ist noch auf die dualistische Weltsicht von den polaren Seinsformen und Urkräften Yin und Yang zu verweisen, die offenbar MAOS Widerspruchslehre nachhaltig beeinflußt haben. »Wo das Yin weicht, stellt sich das Yang ein, wo das Yin den Platz behauptet, weicht das Yang.«[30] Beide bedingen sich »dialektisch« einander, ohne sich zu vermischen.[31] Diese dialektische Spannungseinheit schließt wie die maoistische Dialektik die Synthesis aus. Ständiger Kampf dient dem Aufbau einer neuen, glücklichen Gesellschaft, die aber wiederum keinen festen Platz hat. Das Glück »kann gleichsam nur im Flug, nur in der revolutionären Bewegung erhascht werden; es kann aber auch immer wieder entfliehen, wenn man nicht bereit ist, es immer wieder neu einzufangen.«[32]

2. Speziell die chinesische Entwicklungspolitik konnte sich auf eine Reihe von tradierten Normen und Konstanten stützen, die trotz Umwertung der Werte, Erneuerungen und revolutionären Umgestaltungen weiterwirken. Von diesen vorgegebenen Möglichkeiten hat sie bei ihren Entscheidungen vielfach Gebrauch gemacht.

Da ist die Gruppenkohäsion zu nennen, sei es in Form der Sippenkohäsion bzw. des Familismus, sei es in Form der Gruppensolidarität, wie z. B. auf Grund der landsmannschaftlichen Zugehörigkeit zu einer Provinz. Das Ichbewußtsein war nur ein Teil einer Gruppenbezogenheit und der sozialen Solidarität. Immer wieder konnte die chinesische Führung an den spontanen Gemeinschaftssinn appellieren, an die Gemeinsamkeit des Chinesentums als durch Sprache, Schrift und Geschichte geprägte Einheit. Individuelle Freiheit hatte in China einen anderen Sinngehalt als im Westen. Sie bedeutete Verlust der sozialen Bindungen und Überantwortung an willkürliche Machtausübung. Stets waren indes kollektive Arbeitsformen auf dem Lande und bei Großbauvorhaben üblich wie z. B. Erschließung von Neuland, Bau von Kanälen, Wasserregulierungen und Eindeichung der großen Flüsse. Im Verlaufe der chinesischen Geschichte konnten die erforderlichen Bewässerungssysteme nur in Gemeinschaftsarbeit errichtet und erhalten werden, ohne daß an solche Sachverhalte notwendig die Folgerung WITTFOGELS über die dadurch zwangsläufig bedingte Despotie zu knüpfen ist.[33]

Die Theorie vom allgemeinen Friedenszustand mit ihren drei Zeitaltern, die in die »Große Gemeinschaft» ausmünden, verheißt Friedfertigkeit und soziale Gerechtigkeit. In dem klassischen Ritualwerk *Li-chi* (»Buch der Sitte«) aus dem 2. vorchristlichen Jahrhundert heißt es:

> Als Meister Kung einst bei dem Fest aller Götter anwesend gewesen war, ging er nach Beendigung des Festmahls hinaus und ging auf dem Aussichtsturm vor dem Schloßtor hin und her. Er seufzte tief, wohl über Lu. Yen Yen war an seiner Seite und sprach: »Warum seufzt Ihr, Meister?« Meister Kung sprach: »Die Zeiten, da der große Weg auf Erden herrschte, und die Zeiten der großen Männer der drei ersten Herrscherhäuser habe ich nicht erlebt, aber ich kenne Überlieferungen darüber. Zur Zeit, als der große Weg herrschte, war die Welt gemeinsamer Besitz. Man wählte die Tüchtigsten und Fähigsten zu Führern; man sprach die Wahrheit und pflegte die Eintracht. Darum liebten die Menschen nicht nur ihre eigenen Eltern und versorgten nicht nur ihre eigenen Kinder. Die Alten konnten in Ruhe ihrem Ende entgegensehen; die kräftigen Männer hatten ihre Arbeit; die Witwer und Witwen, die Waisen und Kinderlosen und die Kranken hatten alle ihre Pflege; die Männer hatten ihre Stellung und die Frauen ihr Heim. Die Güter wollte man nicht ungenutzt verlorengehen lassen; aber mann suchte sie nicht unter allen Umständen für sich selbst aufzustapeln. Die eigene Kraft wollte man nicht unbetätigt lassen, aber man arbeitete nicht um des eigenen Vorteils willen. Mit allen Listen und Ränken war es zu Ende; man brauchte sie nicht. Diebe und Räuber, Mörder und Totschläger gab es nicht. Darum hatte man zwar draußen Tore, aber man schloß sie nicht. Das war die Zeit der großen Gemeinsamkeit.«[34]

TILEMANN GRIMM hält es für nicht zu weit hergeholt, »wenn wir annehmen, daß Gedanken, wie sie in einer solchen Beurteilung des idealen Zustandes der menschlichen Gesellschaft ausgedrückt sind, auch bei dem kommunistischen Versuch eine Rolle mitgespielt haben, über die Volkskommunen mit einem großen Sprung dem Endzustand des Kommunismus näherzukommen.«[35]

Jedenfalls läßt sich der Gedanke der »Großen Gemeinschaft« durch die ganze chinesische Geschichte verfolgen, und zwar, wie

WOLFGANG FRANKE hervorgehoben hat, »nicht nur in philosophisch orientierten Schriften, sondern auch in der Praxis vieler Geheimgesellschaften und von ihnen hervorgerufener Bauernaufstände.«[36]

Im traditionellen China bot die konfuzianische Lehre vom Staat und der Gesellschaft die verbindlichen Verhaltensnormen und Ratschläge für alle Lebenslagen, überwacht durch den Staat, der darauf bedacht war, ketzerische Irrlehren und unorthodoxe Auffassungen abzuwehren. Die kanonischen Schriften des KONFUZIUS sind heute ersetzt durch die Schriften MAO TSE-TUNGS. Der Inhalt ist grundlegend gewandelt. Geblieben sind indes der staatliche Schutz der neuen Lehre und ihr Verbindlichkeitscharakter. Übte das alte China eine geistige Kontrolle gegenüber »unorthodoxer Gesinnung« aus, so ist das neue China auf Einhaltung von »Linientreue« bedacht. Giftiges, antisozialistisches oder revisionistisches Unkraut wird vertilgt.

Das kommunistische China kann sein Rechtswesen weitgehend auf die traditionellen Rechtsauffassungen stützen. Das von der Kuomintang-Regierung vom Westen rezipierte Recht wurde außer Kraft gesetzt. Damit wurde wieder an die überkommene Rechtspraxis angeknüpft. WOLFGANG FRANKE hat darauf aufmerksam gemacht, daß sich sogar der traditionelle Gegensatz der konfuzianischen und legalistischen Rechtsauffassung im heutigen chinesischen Rechtswesen wiederfindet.[37]

3. Der chinesische kommunistische Alltag zeigt immer wieder, daß Grundelemente der Tradition selbst dann in ihrer ganzen Zählebigkeit wirksam bleiben, wenn deren Abbau zum vorrangigen Revolutionsprogramm gehört. Jedenfalls sieht sich die Führung der Volksrepublik China veranlaßt, sich mit zahlreichen Problemen und Erscheinungen auseinanderzusetzen, die bereits im alten China offenkundig waren.

Jede Erneuerungsbewegung in China war, unabhängig von ihren konkreten ideologischen Positionen, darauf angewiesen, sich mit der chinesischen Bürokratietradition, mit der seit Jahrhunderten bestehenden Staatsbürokratie auseinanderzusetzen, der Trägerin der faktischen Macht in der Gesellschaft. Zudem hatte es diese omnipotente kaiserlich-konfuzianische Staatsbürokratie – wie THEODOR LEUENBERGER hervorgehoben hat – über viele Jahrhunderte verstanden, »alle Veränderungen und neuen Bewegungen zu regulieren und zu kontrollieren. Es war diese bürokratische Tradition, die den stagnierenden Neo-Traditionalismus bis ins zwanzigste Jahrhundert aufrechterhielt.«[38] Angesichts der Schwerkraft und des Beharrungsvermögens[39] der chinesischen Bürokratiestruktur war aber nur dann mit ihrem erfolgreichen Abbau und der Etablierung einer neuen, entwicklungskonformen Verwaltungsorganisation zu rechnen, wenn gleichzeitig wirksame Sicherungsvorkehrungen getroffen wurden, um die zu erwartenden Rebürokratisierungstendenzen und Verfestigungen der neuen Apparate von vorneherein wirksam zu blockieren.

An die Stelle der einst hierarchisch gegliederten Beamtenschaft sind inzwischen kommunistische Kader getreten, denen als revolutionäre Vorhut die Aufrechterhaltung der Revolution oberstes Gebot sein sollte. Gleichwohl sieht sich die chinesische Führung immer wieder veranlaßt, den auswuchernden Partei- und Verwaltungsstrukturen, den drohenden Erstarrungszuständen, dem angestammten Hang zur Verselbständigung und zum Aufleben eines neuen rangbewußten wie selbstgefälligen »roten« Mandarinats vehement entgegenzutreten. Offenbar sind in diesem Bereich der Gesellschaftsorganisation die überkommenen Bindungen noch so stark, daß die als Gegenkraft dienende Propagierung der Massenlinie und der Vorrangigkeit der Revolution vor der Expertenkompetenz nicht ausreichte, um Rebürokratisierungsvorgängen Einhalt zu gebieten. Wahrscheinlich hat nicht einmal die Kulturrevolution als »antibürokratisches Experiment« (TH. LEUENBERGER) ausreichend zur Lösung dieser Frage beigetragen, so daß es angezeigt erschien, in Permanenz durch Kaderschulen, Verpflichtung zur körperlichen Arbeit, Lernen vom Volk u. a. m. die soziale Dynamik aufrechtzuerhalten.

China wird bei seiner geographischen Ausdehnung weiterhin unter Berücksichtigung des Eigengewichts der Provinzen zentral verwaltet. Auch die lokale Selbstverwaltung kann auf eine lange Tradition zurückblicken. Das alte Balancespiel zwischen zentraler und regionaler Gewalt ist ebenfalls geblieben und fordert immer wieder zu adäquaten Maßnahmen, wie z. B. Revirements, heraus, die das ganze System in einem administrierbaren, machtausgleichenden Gleichgewicht halten und regionale Sonderentwicklungen ausschalten. Angesichts des regionalen Selbstbewußtseins und der regionalen Gegensätze hat sich jedenfalls das alte wie das neue China mit Provinznotablen unterschiedlicher Prägung auseinanderzusetzen.

Skepsis oder gar Widerwillen bestehen seit alters her gegenüber Spezialisten und Experten,[40] und selbst unter dynamischen Bedingungen hat sich bis heute nicht allzuviel daran geändert. Tilemann Grimm hat in diesem Zusammenhang auf das »Dilettantenideal« verwiesen, das dem konfuzianischen Beamten »das Privileg der Muße sicherte, so daß er in der gleichen Manier Kunsttheorien formulieren wie Steuern und Renten festsetzen konnte.«[41] Dilettantismus war gesellschaftsfähig, Expertentum indes verpönt. Inmitten des wissenschaftlich-technischen Modernisierungsprozesses, der nach europäischen Erfahrungen Fachleute und Fachkompetenzen beansprucht, stellt sich heute für China die Frage, ob es der »Herrschaftsstruktur der technologischen Gesellschaft« auf Dauer auszuweichen vermag – trotz Übernahme moderner und modernster Technologien der westlichen Welt.[42] Die chinesische Führung ist jedenfalls vorerst noch entschlossen, dem Expertentum keine Führungsrollen zuzuweisen, sein Herrschaftswissen zu zügeln, dem Trend der wissenschaftlich-technischen Eigengesetzlichkeit auszuweichen und die Sachkompetenz dem Primat der politisch-revolutionären Führung unterzuordnen. Und man geht wohl nicht fehl bei der Vermutung, daß die letzten Wurzeln dieser Einstellung in der chinesischen kulturellen Vergangenheit zu suchen sind.[43]

4. Es muß vermutet werden, daß überall dort, wo völlig neue Wege beschritten werden oder der Versuch unternommen wird, Althergebrachtes radikal zu beseitigen, zahlreiche ernste Probleme auftauchen. Manche werden wahrscheinlich erst mit Blickrichtung auf das Überkommene bzw. nur mit den auch in der Vergangenheit bewährten Mitteln lösbar sein.

WOLFGANG BAUER sieht die »entscheidendste, die radikalste Wende«, die das moderne China vollzogen hat, darin, daß an die Stelle des ›Alten‹, »das fast unwidersprochen die ganze chinesische Geschichte hindurch zugleich Ausgangspunkt und Fluchtpunkt allen Denkens gewesen war«, nunmehr »die mit Ungeduld herbeigesehnte Zukunft einer völlig neuen, idealen Welt« getreten ist. »Zugleich aber wandelte sich auch der langgehegte Traum von der Wiederkehr des Altertums zum Trauma.«[44] Das Heil der Welt soll nicht mehr in der Vergangenheit liegen. Durch zukunftsorientierte Kampagnen werden die Chinesen in ständiger Bewegung gehalten und immer wieder wachgerufen. Der revolutionäre Faden soll nicht abreißen. Die Revolution in Permanenz mit Blickrichtung auf die Zukunft ist zum konstitutiven Bauelement des chinesischen Entwicklungsganges geworden. Gleichzeitig soll das konfuzianische autoritätsgläubige China überwunden werden. Rebellion ist nicht nur erlaubt, sondern auch einer der Kernsätze der Lehre Maos.

Beide Prinzipien können sich ergänzen und gegenseitig fördern. Sie können aber auch von einer bestimmten Stufe der Entwicklung an in heftige Kollision geraten. Waren in der Vergangenheit Massenkampagnen Mittel der gewünschten Rebellion, so muß immerhin die Möglichkeit in Rechnung gestellt werden, daß in Zukunft auch gegen Massenkampagnen rebelliert wird. Ferner kann davon ausgegangen werden, daß es mit zunehmender wirtschaftlicher und sozialer Entwicklung immer schwieriger wird, Kader wie breite Massen durch politische Kampagnen zu begeistern. Offenbar stumpft das Instrument der politischen Massenkampagne zur Indoktrinierung und ideologischen Aufladung in dem Maße ab, indem nicht äußerst dosiert damit umgegangen wird. Zudem wird die Wahl der sachlichen Inhalte der einzelnen Kampagnen mit zunehmendem Bildungsstand immer schwieriger werden. All dies war bisher durch das Charisma Maos nicht akut, der »höchst persönlich«, wie es immer hieß, Kampagnen einleitet, sie führt und auch persönlich festlegt, wann sie beendet werden und damit die Chinesen zur Ruhe kommen. Hierbei stellt sich ebenfalls die Frage nach der Zukunft, nach einer nachfolgenden, ähnlich charismatischen Persönlichkeit, die in der Lage ist, den Übergang in einen neuen Beharrungszustand aufzuhalten.

Nicht minder bedeutungsvoll erweist sich in unserem Zusammenhang die inzwischen vorgenommene Abänderung der traditionellen Rangfolge der Gesellschaft – Bauern, Handwerker und Kaufleute, über die sich die Gruppe der Literaten bzw. Gelehrten erhob. Parallel zur Geringschätzung der Kaufleute wurden die Soldaten eingestuft. WOLFGANG BAUER hat hierbei wohl mit Recht die Frage aufgeworfen, »inwieweit nicht die alten Vorbilder doch noch irgendwie lebendig sind.«[45]

III

Diese Reihe der angeführten Beispiele ließe sich sicherlich noch fortsetzen, ohne in den Bereich vager Vermutungen oder fragwürdiger Spekulationen zu kommen. Auch sind manche der erwähnten Sachzusammenhänge an Ort und Stelle deutlich wahrnehmbar. Jeder Besucher der Volksrepublik China, der mit wachen Augen zu sehen versteht, muß wohl den Eindruck gewinnen, daß dieses Land mit fortschreitender Entwicklung zu sich selbst findet und sich dem alten China wieder annähert, nachdem jener Ballast an überkommenen Leitbildern, Verhaltensmustern und institutionellen Bindungen abgeworfen ist, der einer Entwicklung im Wege stand.

All dies läßt erkennen, daß die »chinesische Entwicklungspolitik zahlreiche eigenständige, autochthone Elemente aufweist, die ihr spezifischen Rang verleihen. Zudem wird hierbei deutlich, wie fragwürdig es ist, Tradition und Fortschritt, geistigkulturelle Kontinuität und Anpassung als Alternativen oder gar Antagonismen zu sehen.«[46] Das mag in konkreten selektiven Fällen oder bei einseitigen Bindungen an die Vergangenheit möglich sein. »Nur dort, wo die historische Substanz ›Vergangenheit‹ absolut gesetzt wird, kommt es zum Polarisierungsschema Tradition gegen Modernität.«[47] Darüber hinaus macht gerade das chinesische Beispiel die Aufrechterhaltung geschichtlicher Kontinuität bewußt – trotz kommunistischer Revolution und betonter Distanzierung vom »alten« traditionellen China. Kein geringerer als Mao Tse-tung war stets bemüht, durch intensives Studium der chinesischen Geschichte Einsichten zu gewinnen, die zur Lösung der Gegenwartsprobleme beizutragen vermochten. Auch war sich Mao stets der Einheit von großer Vergangenheit und moderner Revolution bewußt. Diese Eigenständigkeit und originäre Verwurzelung in der eigenen Kulturüberlieferung muß natürlich die universale Übertragbarkeit der chinesischen Entwicklungspolitik bzw. der bisher erfolgreich verwendeten Entwicklungsstrategien auf die gesamte Dritte Welt, wie Übereifrige mit Nachdruck fordern, erheblich einschränken. Es kommt hinzu, daß zu dieser Eigenständigkeit noch eine Reihe spezifisch chinesischer Rahmenbedingungen treten. Zu nennen ist der administrative, organisatorische Rahmen, der – so wie vorgefunden – vorerst übernommen wurde, solange jedenfalls, bis er einigermaßen nach eigenen Vorstellungen umgebildet werden konnte. Alte Eliten standen zur Verfügung oder wurden zur Rückkehr aus Hongkong animiert, bis eigene Leute mit Sachverstand und Fachwissen bereitstanden, das Heft selbst in die Hand zu nehmen. Konkrete geographische und geologische Bedingungen waren gegeben, die entwicklungspolitisch zu beachten waren. Und schließlich sind alle Konzepte und entwicklungspolitischen Strategien durch die weltpolitischen Konstellationen beeinflußt und mitgeformt worden.

All dies sollte dazu angetan sein, ungezügelten, aber verständlichen Übertragungsenthusiasmus zu dämpfen. Wenn auch China inzwischen zum »Kristallisierungspunkt der Unruhe«[48] unter den Entwicklungsländern geworden ist, so legitimiert dies noch nicht, die typisch chinesischen, die eigenständigen, entwicklungsstrategischen Verhaltensmuster und die konkreten in China vorherrschenden Rahmenbedingungen zu übersehen. Das besagt natürlich nicht, daß die inzwischen gewonnenen chinesischen Entwicklungserfahrungen ohne Bedeutung für die Entwicklungsländer sind. Gerade weil die Volksrepublik China erfolgreich und nachhaltig die Entwicklung Chinas vorangetrieben hat, werden Entwicklungsforschung und Entwicklungspolitik bestrebt sein müssen, detaillierten Aufschluß über die gewonnenen Erfahrungen zu erhalten, um sie im Interesse der gesamten Dritten Welt sinnvoll zu nutzen.

Anmerkungen:

1 Vgl. hierzu auch TILEMANN GRIMM, »Zu Mao Tse-tungs ›Gedichte im alten Stil‹«, in: *Nachrichten der Gesellschaft für Natur- und Völkerkunde Ostasiens* 84 (1958), S. 24–33.

2 Zu den Gründen für die Kontinuität vgl. WOLFGANG BAUER, *Chinas Vergangenheit als Trauma und Vorbild,* Stuttgart, Berlin, Köln, Mainz 1968, S. 19.

3 Ebenda.

4 WOLFGANG FRANKE, »Die Rolle der Tradition im heutigen China«, in: *Moderne Welt: Zeitschrift für vergleichende geistesgeschichtliche und sozialwissenschaftliche Forschung* 3 (1961/62), Heft 2, S. 150.

5 STUART R. SCHRAM, *Das Mao-System: Die Schriften von Mao Tsetung,* München 1972, S. 24.

6 TILEMANN GRIMM, *Chinas Traditionen im Umbruch der Zeit,* in: Rheinisch-westfälische Akademie der Wissenschaften, Geisteswissenschaften, Vorträge, G 174, Opladen 1971, S. 23 f.

7 Vgl. hierzu die ausführliche Darstellung und Analyse bei RUDOLF HERZER, »Konfuzius in der Volksrepublik China«, in: *Zeitschrift der Deutschen Morgenländischen Gesellschaft* 119 (1970), S. 320 ff.

8 MAO TSE-TUNG, *Der Platz der Kommunistischen Partei Chinas im nationalen Krieg,* in: MAO TSE-TUNG, *Ausgewählte Werke,* Band II, Peking 1968, S. 245 f.

9 Vgl. hierzu den Sammelband zu dieser Diskussion: *Chung-kuo chehsüeh-shih wen-t'i t'ao-lun chuan-chi,* Peking 1957.

10 R. HERZER, »Konfuzius in der Volksrepublik China«, a.a.O., S. 329 f.

11 T. GRIMM, *Chinas Traditionen im Umbruch der Zeit,* a.a.O., S. 27 Vgl. hierzu auch HSIAO KUNG-CH'ÜAN, »The Case for Constitutional Monarchy: K'ang Yu-wei's Plan for the Democratization of China«, in: *Monumenta Serica* 24 (1965).

12 T. GRIMM, *Chinas Traditionen im Umbruch der Zeit,* a.a.O., S. 27.

13 Dem Vorwort zur deutschen Ausgabe von WOLFGANG BAUER ent-

nehme ich, daß 1913 bereits ein kleiner Teilauszug aus dem Manuskript veröffentlicht wurde. 1929 folgte ein größerer Abschnitt, 1935 erschien das vollständige Manuskript im Druck, s. K'ANG YU-WEI, *Ta T'ung Shu: Das Buch von der Großen Gemeinschaft*, Herausgeber der deutschen Ausgabe WOLFGANG BAUER, Düsseldorf/Köln, 1974, S. 16. Vgl. hierzu auch *Ta T'ung Shu, The One-World Philosophy of K'ang Yu-wei*, translated from the Chinese with Introduction and Notes by LAURENCE G. THOMPSON, London 1958.

14 Vgl. hierzu die Darstellung der »Drei Zeitalter« bei K'ANG YU-WEI, *Ta T'ung Shu: Das Buch von der Großen Gemeinschaft*, a.a.O., S. 93 ff.

15 HERBERT FRANKE und ROLF TRAUZETTEL, *Das chinesische Kaiserreich* (Fischer Weltgeschichte, Band 19), Frankfurt/M. und Hamburg 1968, S. 317.

16 T. GRIMM, *Chinas Traditionen im Umbruch der Zeit*, a.a.O., S. 35.

17 Ebenda, S. 34.

18 Ebenda, S. 32.

19 Vgl. hierzu WOLFGANG FRANKE, *Chinas kulturelle Revolution*, München 1957, S. 47 f; OTTO FRANKE, »Das konfuzianische System und sein Ende«, in: *Zeitschrift für Missionskunde und Religionswissenschaft* 44 (1929), Heft 3, S. 583.

20 Vgl. hierzu JOSEPH R. LEVENSON, *Confucian China and its Modern Face*, 3 Vols., London 1958, Berkeley 1964/65.

21 TILEMANN GRIMM, »Tradition und Revolution in China: Überlegungen zur Konsistenz asiatischer Traditionen«, in: *Historische Zeitschrift*, Heft 204/1 (1967), S. 97.

22 W. BAUER, *Chinas Vergangenheit als Trauma und Vorbild*, a.a.O., S. 14.

23 T. GRIMM, *Chinas Traditionen im Umbruch der Zeit*, a.a.O., S. 9.

24 Vgl. hierzu auch die ausführliche Arbeit von VSEYOLOD HOLUBNYCHY, »Der dialektische Materialismus Mao Tse-tungs im Vergleich mit den Klassikern des Marxismus-Leninismus«, in: *Der Ostblock und die Entwicklungsländer*, Friedrich-Ebert-Stiftung. 8/9 (1962).

25 W. BAUER, *Chinas Vergangenheit als Trauma und Vorbild*, a.a.O., S. 8.

26 ROBERT JAY LIFTON, *Die Unsterblichkeit des Revolutionärs*, München 1970, S. 50.

27 W. BAUER, *Chinas Vergangenheit als Trauma und Vorbild*, a.a.O., S. 88. Vgl. hierzu auch OTTO FRANKE, »Staatssozialistische Versuche im alten und mittelalterlichen China«, in: *Sitzungsberichte der Preuß. Akad. d. Wissenschaften, Phil.-Hist. Klasse*, 1931, XIII, Berlin 1931.

28 Vgl. hierzu IRING FETSCHER, *Von Marx zur Sowjetideologie*, Frankfurt/Main, Berlin, München 1972, S. 242.

29 PETER WEBER-SCHÄFER, »Die ›Weltanschauung‹ Mao Tse-tungs«, in: *Zeitschrift für Politik*, Bd. IV, S. 316. Vgl. hierzu auch I. FETCHER, *Von Marx zur Sowjetideologie*, a.a.O., S. 231.

30 WERNER SCHILLING, *Einst Konfuzius, heute Mao Tse-tung: Die Mao-Faszination und ihre Hintergründe*, Weilheim/Oberbayern 1971, S. 171.

31 Ebenda.

32 WOLFGANG BAUER, *China und die Hoffnung auf Glück*, München 1971, S. 544.

33 Vgl. KARL AUGUST WITTFOGEL, *Oriental Despotism: A Comparative Study of Total Power*, New Haven 1957; *Die orientalische Despotie*, Köln 1962.

34 Übersetzung in deutscher Sprache von RICHARD WILHELM: *Li-Gi – Das Buch der Sitte des älteren und jüngeren Dai: Aufzeichnungen über Kultur und Religion des alten China*, aus dem Chinesischen verdeutscht und erläutert von RICHARD WILHELM, Jena 1930, S. 30 f. Vgl. hierzu HANS-HASSO VON VELTHEIM-OSTRAU, *Götter und Menschen zwischen Indien und China*, Hamburg 1965, S. 311 ff.

35 T. GRIMM, »Tradition und Revolution in China: Überlegungen zur Konsistenz asiatischer Traditionen«, a.a.O., S. 89.

36 W. FRANKE, »Die Rolle der Tradition im heutigen China«, a.a.O., S. 151.

37 Ebenda, S. 162. Vgl. hierzu auch M. H. VAN DER VALK, *Conservation in Modern Chinese Family Law*, Leiden 1956.

38 THEODOR LEUENBERGER, *Bürokratisierung und Modernisierung der Gesellschaft*, Bern und Stuttgart 1975, S. 104.

39 LEUENBERGER hat mit Recht auf den Sachverhalt verwiesen, daß in Hinblick »auf das lastende Schwergewicht der bürokratischen Tradition« dem Anti-Institutionellen des Maoismus besondere Bedeutung beizumessen ist. Ebenda, S. 104.

40 Vgl. hierzu JOSEPH R. LEVENSON, »The Amateur Ideal in Ming and Early Ch'ing Society: Evidence from Painting«, in: JOHN R. FAIRBANK (ed.), *Chinese Thought and Institutions*, Chicago 1957, 320 ff. Hierzu auch die ausführliche Besprechung von TILEMANN GRIMM, »Aspekte der konfuzianischen Herrschaft«, in: *Oriens Extremus* 6 (1959), S. 236 ff.

41 Ebenda, S. 244.

42 TH. LEUENBERGER, *Bürokratisierung und Modernisierung der Gesellschaft*, a.a.O., S. 114.

43 Vgl. ebenda, S. 118.

44 W. BAUER, *Chinas Vergangenheit als Trauma und Vorbild*, a.a.O., S. 11.

45 Ebenda, S. 10.

46 Auf der 27. Versammlung deutscher Historiker in Freiburg i. Br. hat TILEMANN GRIMM in seinem Bericht und Schlußwort zu der Diskussion der Vorträge am 13. Oktober 1967 die Frage gestellt, »ob man den Antagonismus von Tradition und Anpassung als Erklärungsschema bei der Analyse sich modernisierender alter Hochkulturen nicht besser durch den Zwang zur Übernahme westlicher Verhaltensnormen und Industriekultur als hinlänglichen Erklärungsgrund ersetze« (Saeculum 19, Heft 1/1968, S. 90). GRIMM ist durchaus zuzustimmen, daß im Rahmen der Entwicklungsdiskussion Tradition und Anpassung bzw. Tradition und Fortschritt keine Alternativen bzw. Antagonismen bilden. Gegen die von ihm vorgeschlagene Handhabe spricht allerdings – wie THEODOR LEUENBERGER hervorgehoben hat – die japanische Entwicklung. Sie beweist, »daß das dem Westen eigene Organisationssystem samt der geistigen Umstrukturierung nicht unbedingt notwendig ist für die Einführung von industrieller Produktion in ein anderes soziales System« (THEODOR LEUENBERGER, *Modernisierung durch Traditionalisierung: Japan*, Sonderdruck aus *Grenzen der Leistung*, Olten und Freiburg i. Br. 1975, S. 92).

47 Ebenda, S. 93.

48 W. BAUER, *Chinas Vergangenheit als Trauma und Vorbild*, a.a.O., S. 14.

Abkürzungsverzeichnis

Das Verzeichnis enthält nur die Abkürzungen, die in einzelnen Beiträgen nicht erklärt sind.

HJAS	Harvard Journal of Asiatic Studies
KKHP	K'ao-ku hsüeh-pao
MN	Monumenta Nipponica
MOAG	Mitteilungen der (Deutschen) Gesellschaft für Natur- und Völkerkunde Ostasiens (OAG)
MS	Monumenta Serica
NOAG	Nachrichten der (Deutschen) Gesellschaft für Natur- und Völkerkunde Ostasiens (OAG)
OE	Oriens Extremus
OR	Ostasiatische Rundschau
SPPY	Szu-pu pei-yao
SPTK	Szu-pu ts'ung-k'an
TP	T'oung Pao